高等院校工商管理专业系列教材

现代商务管理
(第 2 版)

刘 安 杨建新 编著
王 坤 刘元元

清华大学出版社
北京

内 容 简 介

本书共分十二章,内容包括:现代商务与商务管理概述、现代商务管理的思想与理论、现代商务环境与商圈设定拓展、现代商务信息与商机管理、现代销售管理、现代采购管理、现代物流管理、现代无形商品贸易管理、现代国际商务管理、现代电子商务管理、现代商务冲突管理、现代资本运营与商务风险管理。

为适应本科教学改革的需要,本书在体系设计和具体内容上以"注重理论与实践相结合,重在实践"为指导思想,理论上做到通俗易懂,实践上做到易于操作。

本书适合作为本科院校经济与管理类专业教材,也可作为 MBA 的实训教材,同时还可作为现代公司从事业务活动的参考书。

图书在版编目(CIP)数据

现代商务管理/刘安等编著. —2 版. —北京:清华大学出版社,2018(2022.1重印)
(高等院校工商管理专业系列教材)
ISBN 978-7-302-48441-7

Ⅰ. ①现… Ⅱ. ①刘… Ⅲ. ①商业管理—高等学校—教材 Ⅳ. ①F712

中国版本图书馆 CIP 数据核字(2017)第 231709 号

责任编辑:陈冬梅
装帧设计:刘孝琼
责任校对:王明明
责任印制:宋 林
出版发行:清华大学出版社
      网　　址:http://www.tup.com.cn, http://www.wqbook.com
      地　　址:北京清华大学学研大厦 A 座　　邮　编:100084
      社 总 机:010-62770175　　邮　购:010-62786544
      投稿与读者服务:010-62776969, c-service@tup.tsinghua.edu.cn
      质量反馈:010-62772015, zhiliang@tup.tsinghua.edu.cn
      课件下载:http://www.tup.com.cn, 010-62791865
印 装 者:北京嘉实印刷有限公司
经　　销:全国新华书店
开　　本:185mm×230mm　　印　张:23.75　　字　数:575 千字
版　　次:2014 年 8 月第 1 版　2018 年 1 月第 2 版　　印　次:2022 年 1 月第 6 次印刷
定　　价:56.00 元

产品编号:074634-01

前　　言

　　现代商务管理是管理类专业的必修课程，主要研究现代社会背景下商务活动的类型与方式、商务管理的环境与模式。为了能使同学们更好地了解现代社会的商务活动、商务管理，我们编写了本书。本书以适应理论教学改革的需要为出发点，突出了应用能力的培养，强化实践性教学环节，把握"理论与实践"并重的原则，从内容到形式上都力求有所突破与创新。

　　商务环境变化迅猛，商务实践活动也在发生着日新月异的变化，在知识经济、网络经济和电子商务的发展背景下，商务也已进入立体商务和全民商务阶段，因此，更需要广泛地普及基本的商务管理知识。本书以基本的商务活动为主线，以培养商务能力为主要目标，在第一版的基础上编写而成，涵盖了工商管理类专业学习本课程应掌握的基本知识点、基本理论。本书第 2 版的主要修改之处是：对第 1 版中存在的诸多不足进行了认真修改，部分重要概念及观点进行了重新表述；并适当介绍了该领域中的新观点或教学中的体会，如第三章中增加了移动商务环境等内容，第四章中增加了大数据及商务智能的阐述等；对部分案例进行了更新，使之更加与时俱进。为了适应教学要求，第 2 版整体框架结构和章节目录保持了第一版的面目。

　　全书共分为十二章。第一章，现代商务与商务管理概述，本章主要介绍了现代商务活动的特征、趋势，现代商务管理的职能、历史经验与发展趋势，讲述了商务活动与商务管理的关系。第二章，现代商务管理的思想与理论，本章作为商务管理的灵魂，重点分析了现代商务管理的思想，以及现代商务管理理论的发展，以传统商务的思想和理论为根基，将现代商务管理思想剖析得更加透彻。第三章，现代商务环境与商圈设定拓展，本章对现代商务环境进行了分析，规划了现代商圈的范围，同时结合现代社会的大背景，制定了现代商务的战略策略。第四章，现代商务信息与商机管理，商务信息是商务管理最重要的因素，只要把握住商务信息系统的建立模式，就能更快地捕捉商业机会，对获得的商业机会进行分析与选择，便构成了商业机会管理体系。第五章，现代销售管理，本章以提高销售效率、销售规模为主线，分析了现代销售方式、销售手段、服务质量管理以及客户关系管理等。第六章，现代采购管理，本章主要讲述了采购的模式、策略，以及在某些特定情况下如何对供应商进行选择和评价，重点论述了在现代供应链条件下如何进行采购管理的问题。第七章，现代物流管理，本章介绍了我国传统的物流方式及其选择、传统商品的储存控制与技术，现代物流(电子物流)的过程、模式及管理。第八章，现代无形商品贸易管理，当代中国越来越多的无形产品商业化成为商品，本章重点讲解无形商品贸易管理的步骤与方法。第九章，现代国际商务管理，本章讲述了国际商务的概念、经营方式，分析了国际商务进出口管理、营销管理、财务管理等三种管理模式。第十章，现代电子商务管理，本章重点讲述电子商务的基本原理、基础设施、电子采购、电子营销等电商活动。第十一章，现代商务冲突管理，本章主要讲了商务冲突的形成与影响、商务冲突管理的基本原则以及商务冲突管理的具体方式。第十二章，现代资本运营与商务风险管理，本章介绍了资本运营的基本理论和知识，以及商务风险的识别与防范、管理与控制。

为便于读者学习，本书在每章章前都设置了"学习要点及目标""核心概念""引导案例"模块，以便读者了解本章讲述的主要观点、理论和方法。在每章章后，都针对本章内容给出"本章小结"，概括本章的要点，"本章小结"后都给出本章的"复习思考题"，以便读者检查自己的学习效果。

本书由刘安任主编，杨建新任副主编。具体分工为：第一、七、十章由刘安、东彬编写；第二、五、八章由杨建新编写；第三、四、十二章由刘元元编写；第六、九、十一章由王坤编写。

本书在编写过程中，得到清华大学出版社李晓红老师和各位编辑的倾力帮助与指导，在此深表谢意！

由于编者的水平和经验有限，书中难免有纰漏之处，恳请同行及读者斧正。

编　者

目　　录

第一章　现代商务与商务管理概述

【学习要点及目标】

- 重点掌握现代商务的概念和特征，了解生活中常见的商务活动。
- 掌握商务活动的基本内容，了解其发展趋势。
- 了解现代商务组织的种类。
- 掌握现代商务管理职能与管理原理。
- 了解商务管理的历史经验及其发展趋势。

【核心概念】

商务管理　商务组织　商务活动　商务管理职能

【引导案例】

沃尔玛的商务活动

沃尔玛全球概况

沃尔玛百货有限公司由美国零售业的传奇人物山姆·沃尔顿先生于1962年在阿肯色州成立。经过50多年的发展，沃尔玛公司已经成为世界最大的私人雇主和连锁零售商，多次荣登《财富》杂志世界500强榜首及当选最具价值品牌。

沃尔玛致力通过实体零售店、在线电子商店，以及移动设备移动端等不同平台不同方式来帮助世界各地的人们随时随地节省开支，并生活得更好。每周，超过2.6亿名顾客和会员光顾沃尔玛在28个国家拥有的超过63个品牌下的约11 500家分店以及遍布11个国家的电子商务网站。2016财政年度(2015年2月1日至2016年1月31日)的营业收入达到近4 821亿美元，全球员工总数约230万名。一直以来，沃尔玛坚持创新思维和服务领导力，一直在零售业界担任领军者的角色；更重要的是，沃尔玛始终履行"为顾客省钱，从而让他们生活得更好"的这一企业重要使命。

与在世界其他地方一样，沃尔玛在中国始终坚持"尊重个人、服务顾客、追求卓越、始终诚信"的四大信仰，专注于开好每一家店，服务好每一位顾客，履行公司的核心使命，以不断地为我们的顾客、会员和员工创造非凡成就。

沃尔玛中国概况

沃尔玛对中国经济和市场充满信心，并致力于在中国的长期投资与发展。沃尔玛于1996年进入中国，在深圳开设了第一家沃尔玛购物广场和山姆会员商店。经过20年的发展，沃尔玛中国现在已拥有约10万名员工。

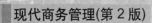

目前沃尔玛在中国经营多种业态和品牌，包括购物广场、山姆会员商店等。截至 2016 年 12 月 31 日，沃尔玛已经在全国 189 个城市开设了 439 家商场、8 家干仓配送中心和 11 家鲜食配送中心。

沃尔玛在中国的经营始终坚持本地采购，目前，沃尔玛中国与超过 7 000 家供应商建立了合作关系，销售的产品中本地产品超过 95%。

同时，沃尔玛中国注重人才本土化，鼓励人才多元化，特别是培养和发展女性员工及管理层。目前沃尔玛中国超过 99.9%的员工来自中国本土，商场总经理 95%以上由中国本土人才担任，女性员工占比超过 60%，管理团队(职等 7 级以上)约 42%为女性。2009 年公司成立了"沃尔玛中国女性领导力发展委员会"，以加速推动女性的职业发展。2013 年初，公司又成立沃尔玛女性领导力学院，更好地推动了女性领导者在公司的成长与发展。

2015—2017 年，沃尔玛计划加大对中国市场不同业务的投资，预计新增 115 家门店，包括大卖场和山姆会员店，预计创造 3 万多个就业岗位。同时，沃尔玛将继续升级现有门店、加强食品安全，与本土供应商共赢发展。沃尔玛希望能更好地适应中国经济新常态，创造更多就业岗位，在与中国经济共发展的同时成为消费者信赖的优秀企业公民。

沃尔玛中国经营业态

沃尔玛在中国经营多种业态，购物广场、山姆会员商店是两大主力业态。

1) 沃尔玛购物广场

沃尔玛购物广场营业面积约 6000 多至 10 000 多平方米不等，主营生鲜食品、服装、家电、干货等两万多种商品，为顾客提供独特的"一站式购物"体验。同时作为主力店，为相邻的小零售商、餐厅及商店等商家吸引客流。

沃尔玛购物广场不仅注重食品安全和商品质量，还一直致力于实现"为顾客省钱、让他们生活得更好"的目标。每家购物广场努力为顾客核查更多的商品，在全国范围力推"省心价"商品，为消费者省去比价的烦恼。同时，通过市场调研甄选消费者喜爱的商品组合，配合以不断改良的陈列方式，持续推动店面改造，以提升顾客购物体验，在满足顾客需求的同时带来产品整体销售的增长。

2) 山姆会员商店

山姆会员商店是世界 500 强企业沃尔玛旗下的高端会员制商店，其名取自零售界传奇人物——沃尔玛创始人山姆·沃尔顿先生。自 1983 年 4 月首家商店在美国俄克拉荷马州的米德韦斯特城开业起，山姆已有超过 30 年的历史。90 年代初，山姆开始进入国际市场，发展至今已成为全球最大的会员制商店之一。目前，山姆在全球已拥有 800 多家门店，为 5 000 多万个人与商业会员提供优质的购物体验。中国第一家山姆会员商店于 1996 年 8 月 12 日落户深圳。目前，山姆已在中国开设了 14 家商店，分别坐落在北京、上海、深圳、广州、福州、大连、杭州、苏州、武汉、常州、珠海和天津。未来，山姆会员商店将继续扩大在中国的投资，让更多的中国家庭享受山姆带来的优质生活。

每家山姆会员商店平均拥有 20 000 平方米的超大购物空间，主要经营各类日用杂货及百货商品。为满足顾客对于更高品质商品的需求，山姆会员商店只精选同类商品中最佳品质或者最畅销品牌，提供 4 000 多种高性价比单品，包括生鲜食品、干货、家电、家居、服装等品类，既帮助会员免除挑选商品的烦恼，也可以为会员节省时间和金钱。山姆销售的产品大多为大而简单的复合包装，通过大批量进货降低成本。山姆会员店的选址强调交通便利，拥有足够的停车场，通常提供给会员至少 1 500 个停车位。

沃尔玛中国电子商务发展动态

(1) 从 2010 年底开始，山姆会员网上商店(www.samsclub.cn)陆续在深圳、北京、大连、上海、广州、福州、杭州、苏州、武汉、常州和珠海在内的所有已开设山姆会员商店的城市开通了山姆会员网购直送服务。

(2) 2011 年 5 月，沃尔玛百货有限公司宣布与 1 号店控股公司达成协议，购入这家正在快速发展的中国电子商务企业少部分股权。

(3) 2012 年 10 月 26 日，沃尔玛宣布已完成对发展迅速的中国电子商务网站 1 号店控股公司的增加投资，沃尔玛持有股份增至近 51%。沃尔玛的增资将有助于 1 号店的继续发展，也将使沃尔玛更好地通过电子商务来服务中国顾客。自 2008 年 7 月上线以来，1 号店一直和中国电子商务市场保持快速的发展。1 号店拥有 9 000 万注册用户，在北京、天津、上海、广州、深圳、东莞、苏州、昆山等 8 个城市已实现当日达，全国 166 个城市实现次日达。

(4) 2012 年 10 月开始，山姆会员网上商店在深圳、广州、上海、北京、苏州等地区，陆续上线了生鲜、冷藏、冷冻食品，并提供一日两送、上午下单当日送达的网购服务。未来，生鲜食品网购直送服务还将在更多地区推广。山姆会员可以很方便在山姆网站购买数百种果蔬、肉蛋、新鲜面包、冷藏冷冻食品。

(5) 为了方便山姆会员多渠道购物，继开通微信服务后，山姆的 APP 移动客户端在 2014 年 4 月正式发布。上网搜索关键词"山姆会员商店"下载安装 APP，即可随时随地了解实体店信息和商品信息。会员网购下单更方便，还可以在移动客户端查询购物记录和常购清单，并获取最新优惠信息，非会员也可以通过移动客户端购买山姆会籍成为山姆会员。

(6) 2014 年 12 月底，山姆会员网上商店银联在线和购物卡在线支付服务上线。其中新发行的带网上支付密码的沃尔玛购物卡在沃尔玛、山姆门店及山姆网站均可使用，丰富和完善山姆会员商店多渠道的支付工具，为会员朋友提供更灵活便捷的支付服务。

(7) 2015 年 5 月，沃尔玛在深圳宣布推出大卖场 O2O 服务平台，该平台包括同时宣布推出的"沃尔玛"手机 APP、供顾客自提货的门店"速购服务中心"，以及线上线下多种移动电子支付方式。沃尔玛将率先在拥有门店数量最多的深圳市进行试点，借由 23 家大卖场的门店网点覆盖全市(除盐田和大鹏外)。

(8) 2015 年 7 月，沃尔玛宣布已收购 1 号店余下股权，全资控股 1 号店，沃尔玛全球电子商务亚洲区总裁兼首席执行官王路的部分管理职责将包括领导 1 号店。在全资控股 1 号店后，沃尔玛计划投资加速电商业务的发展。

(9) 2016 年 3 月，沃尔玛宣布在其 APP 上推出覆盖全国范围的跨境电商服务"全球 e

购",所售商品不仅有正品和价格优势的保证,还享有实体店一样的退货服务。沃尔玛APP上"全球e购"频道提供200多个来自美国、英国、日本、韩国、澳大利亚等全球知名产地的食品、保健、个护化妆和母婴商品。

(10) 2016年6月,沃尔玛(纽交所股票代码: WMT)和中国最大的自营电商企业京东(纳斯达克股票代码: JD)宣布达成一系列深度战略合作,通过整合双方在电商和零售领域的巨大优势,为中国消费者提供更优质的商品和服务。作为此次协议的一部分,沃尔玛将获得京东新发行的144 952 250股A类普通股,约为京东发行总股本数的5%。同时各方将在多个战略领域进行合作。

(11) 2016年10月,沃尔玛与京东双方宣布在电商、跨境电商、O2O等领域的合作取得了多项重要进展,将携手为中国消费者提供更丰富的海内外优质商品、更便捷高效的物流服务。在"双11"期间,沃尔玛与京东共同开拓的一系列全新服务使中国消费者的网购体验再上一个新的台阶。

◆ 山姆会员商店独家入驻京东。
◆ 全球官方旗舰店入驻京东全球购。
◆ 沃尔玛购物广场入驻"京东到家"平台。

(资料来源: www.wal-martchina.com 2017-3-24.)

【案例导学】

沃尔玛为什么能多次荣登《财富》杂志世界500强榜首及当选最具价值品牌? 除了在世界范围内采取连锁和超市两种业态相结合的优势之外,还积极地、创造性地、与时俱进地大力发展电子商务,使其销售规模、销售速度均居世界之首。其购物广场、山姆会员商店两大主力业态已做到了极致,值得我们学习与借鉴。

第一节 商务的概念和特征

人类社会的生产和生存离不开商品交换活动,"交换"是市场经济的主旋律。这是由社会劳动分工导致的,因此,交换就成为社会再生产过程中必不可少的四环节(生产、交换、分配、消费)之一,缺少了这一环节,社会生产的发展速度和规模将会极大地受阻,人们的消费也很难得到满足。一个社会在交换上的发达程度,直接决定了这个社会的发达程度。

显然,人们为获取一定的物质、能量和信息,转让自己的产品或服务,需要开展一系列的交换活动,通常称之为商务活动或商业活动。本章主要阐述商务的概念、商务活动的内容、商务活动的重要性及商务发展的新趋势等基本商务问题。

一、有关"商务"的各种学说

对"商务"概念的科学界定是准确把握商务活动的实质和意义的前提。商务印书馆出版的《现代汉语词典》中收录了"商务"一词,把"商务"解释为"商业上的事务",同时把"商业"定义为"以买卖方式使商品流通的经济活动"。将两个词条结合起来理解,就可以把"商务"界定为:买卖商品的事务。

英文中将"business"译作"商务",而"business"在英文中是一个多义词,与"商务"相关的解释有:①买卖、商业、贸易;②商店、工商企业。这些不同的解释及"business"在不同场合的使用,使中文中"商务"的含义产生明显的差异。

目前国内外经济学、管理学论著及实践中对"商务"的理解,大致可归纳为以下四种。

第一,买卖说。商务就是买卖商品的事务。一切买卖商品和直接为买卖商品活动服务的活动都是商务活动;一切旨在达成商品交易的行为也都是商务行为。

第二,营销说。商务即市场营销。一切买卖商品的活动都是市场活动,都要以销售为中心。市场营销活动就是以销售为中心的市场活动,也就是商务活动。

第三,转让说。商务是指各种经济资源(包括物质产品、劳动、土地、资本等有形产品和无形产品)有偿转让的活动。只要这种资源通过交换的方式实现所有权的转移,那么这种所有权转移的活动就是商务活动。

第四,营利说。商务是指一切营利性的事业。只要人们从事的活动是以营利为目的的,那么这种活动就是商务活动,它包括商业活动,以及生产和服务活动。

二、商务的概念

商务是指以营利为目的的微观经济主体出售和购买各种经济资源及为此而服务的各种活动的总称。这一定义明确了以下主要问题。

(1) 商务的主体:以营利为目的的微观经济主体,包括自然人和法人。不以营利为目的的行为主体被排除在商务概念之外,如消费者购买商品是为了自己消费,不是商务主体;政府、学校、军队、宗教组织等都不是经济组织,其活动均不以营利为目的,其行为也就不是商务行为。

(2) 商务的客体:可供买卖的所有经济资源,不仅包括各种有形商品和资产(如劳动力、物资、货币、房地产等),而且包括无形商品(如商标、专利、工业产权、计算机软件、信息等)和资产。

(3) 商务的实质:通过买卖方式实现商品所有权的转移,它反映微观经济主体为获得收益的各种交易行为。一切不通过买卖方式而实现商品所有权转移的行为都不是商务行为,如国家征税、企业捐赠物品、个人继承、个人拾得等。

(4) 商务的范围:包括直接买卖经济资源以及为此而服务的全部活动,如商情调研与发

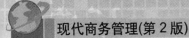

现商业机会、供应分析与选择商业机会、交易磋商、商务合同的签订、处理商务冲突与对外形象塑造、制定竞争战略、资本营运与风险控制等。

综上，该定义从主体、客体、实质、范围等四个方面，综合地、系统地阐述了商务的概念。

三、商务活动的基本特征

从商务的定义可以看出，商务活动具有如下特征。

(1) 交易性：任何商务活动都要涉及交易，即买卖。买卖(商品销售与采购)是商务活动的核心内容和最基本的业务活动。

(2) 竞争性：市场中从事商务活动的经济主体成千上万，为消费者或经销商提供的商品在质量、功能、价格、交易条件上，谁占有优势，谁就在市场竞争中占有有利地位。竞争性是商务活动的必然属性。

(3) 利益性：从事商品买卖的最终目的是要盈利，而不是自己消费或无偿为社会提供商品或服务。这一特性是商务组织存在的前提和发展的理由。

对商务活动基本特征的认识水平，将在很大程度上决定商务工作者的工作水平。针对这三个基本特征，商务工作者在实际工作中应特别注意以下问题：选择好符合特定消费者需求及自身能力的商品和服务进行交易；如今的商务竞争是商品质量、功能、价格、交易条件、服务设施和水平等全方位的竞争，而不是简单的价格竞争；商务组织取得利益的唯一合法途径是向社会提供合法的商品或服务，提供任何非法的商品或服务，都将使该组织化为乌有。

第二节　商务活动的基本内容与发展趋势

一、商务活动的基本内容

根据商务的定义，可以明确地看出商务活动的内容非常丰富，其范围包括营利性组织和个人除生产活动以外的全部对外经济活动。以现代商事组织——企业为例，商务活动的内容包括以下八个方面。

(一)商情调研与发现商业机会

商情调研与发现商业机会是现代商务活动的起点。其原因是：商务活动的核心是商品销售，销售什么、能销售多少、以什么价格销售等问题，均取决于目标市场的需求。而对目标市场需求的把握，必须依靠商情调研。

商情调研与发现商业机会的关系是：商情调研是发现商业机会(市场需求点)的手段，发现可能的商业机会是商情调研的真实目的。只有发现商业机会，企业才知道社会和消费者需要或可能需要什么，进而才能确定企业应该供应什么。

最具价值的商情调研是预测到市场需求的未来趋势。因为"市场需求的未来趋势"不是任何组织、任何人都能够预测到的。只有准确看到"市场需求的未来趋势"的组织或人员，才能够提前为满足该市场需求做好相应的准备，从而使组织在供应方面提高竞争能力。

根据这一结论，企业应当成立专门从事商情调研工作的部门，至少要责成专人专门从事商情调研工作，从而使企业具备灵敏的商业嗅觉。现实商务活动中，商情调研工作往往是由所有者或高级管理人员代劳，这么重要的工作，仅仅寄托在某个人或几个人身上是非常危险的。

(二)供给分析与选择商业机会

所谓选择商业机会，是指企业从若干个商业机会中选择一个或几个商业机会予以满足的过程。供给分析与选择商业机会二者的关系是：供给分析是前提，选择商业机会是目的。企业为什么要对商业机会进行选择？是因为在一个特定的时空中，商业机会多种多样，一个组织不可能满足所有的市场需求点(即商业机会)，一方面从事满足这些需求工作的主体(即供应者)千千万万，竞争性很强，另一方面企业的资源又有限，不可能满足所有的需求。故一个企业要想盈利，必须将市场需求状况、竞争状况和自身条件紧密结合起来统筹考虑，选择一个或几个市场需求点予以满足，所以，选择商业机会是企业将一般商机转化为盈利商机的重要前提。

商业机会(市场需求点)随时随地都会存在，通过商情调研可以发现一系列的商业机会，但企业并不是每一个商业机会都能抓住，都能使其转化为盈利机会。一个营利性组织要使某个商业机会转化成盈利机会，必须遵循商业运营三要素的规则，搞好三要素的平衡，即商业机会、供给状况和自身条件。具体来说就是：商业运营不仅要从市场中找到满足消费需求的商业机会点，而且要认真分析供给状况和自身条件，把商业机会点与供给及自身条件有机地结合起来。这里的关键是：企业首先要看清外部条件(供需状况)，再看自身条件(能否以低于市场平均价格的价格向社会提供产品或服务)，先外后内，做到市场需要什么、需要多少，我就提供什么、提供多少。商业运营最忌讳的是：我能生产什么，就向社会提供什么。据此三要素理论，进行供给分析和对自身状况的判断，就成为企业最终选择适合自己商业机会的前提条件。供给分析是选择商业机会的手段，选择商业机会是供给分析的真实目的。这里最终选择的商业机会，才有可能是企业的盈利机会。

供给状况包括：①生产资料的供给状况，即是否具有生产和组织某种产品或服务供给的经济资源，获得这些资源需要花费多大的代价；②产品或服务的供给状况，即社会现存的产品或服务的供给能力、供给的竞争强度。

自身条件包括生产能力、技术能力、开发和经营能力，也可以说就是企业自身的供给能力。

如果商业机会与企业的自身条件和供给状况相适应，就能够迅速将商业机会转化为盈利机会；反之，就很难使商业机会转化为盈利机会，商业机会对企业来说也就无任何意义可言。

选择的商业机会，实质是确定了企业未来的产品结构或服务结构，也就是规定了企业的发展战略，这是关系到企业生死存亡的重大问题。

(三)商务磋商与签订商务合同

商务磋商，即商务谈判，是指为达成交易，买卖双方就商品买卖的相关问题反复进行交涉、商量的过程。这是双方讨价还价、斗智斗勇、体现着谈判科学与谈判艺术的过程，它是签订商务合同的前提。

商务磋商的具体内容包括：交易的标的、价格、品质、数量、交付地点、交付时间、包装要求、运输方式、验收方法、付款方式、商品所有权转移的时间、违约责任、争议的解决方式等。

商务合同是买卖双方就交易的各种条件在平等、自愿、互惠互利的原则下达成的书面协议，它要对各商务主体的权利与义务(磋商的13项内容)做出明确而具体的规定。签订商务合同是成功进行商务磋商的必然结果，没有商务合同，双方的交易便没有了规则，也就无法形成有效的市场交易秩序，商务行为便不能有效地进行。

合同一般有三种形式：口头、书面、行为。我国《中华人民共和国合同法》(以下简称《合同法》)规定：当事人双方即时能结清的合同，可以采取口头形式，否则应当采用书面合同。现代商务活动是有组织的活动，除了直接面对最终消费者的零售业务活动以外(这种业务是一手钱、一手货的钱货两清的业务，是即时能结清的业务)，大多数商务活动都是以书面合同为纽带的。要保证交易的顺利进行和合同的有效履行，商务主体之间首先要进行交易磋商，就交易的标的、价格、品质、数量、交付地点、交付时间、包装要求、运输方式、验收方法、付款方式、商品所有权转移的时间、违约责任、争议的解决方式等进行谈判，达到双方一致的进行交易的意思表示，并通过契约的形式固定下来，使之成为约束双方交易行为的依据。

书面合同的形式包括：纸质、传真、电子邮件、微信、微博等。

以行为表示的合同是指双方虽没有书面合同，但一方以一定条件进行交易，对方接受的行为。我国法律不提倡用此种形式表示合同，因为此种形式必然会给商务双方带来不必要的争议。

明确而具体的商务合同，是约束双方交易行为的依据，是保证交易顺利进行的必要条件。

据此，每个商务工作者必须掌握商务谈判技巧这一交易技能，同时对商务合同的形式、内容、签订原则等必须有准确、全面的理解，具备必要的、基本的法律知识。商务组织建立法务部门是业务的基本需求。

(四)商品购销与履行商务合同

传统的商务活动与现代商务活动在指导思想上截然不同。一个以生产为中心，一个以市场为中心。传统的商务活动是从采购开始的，即以购买生产所需的经济资源为起点，经过生产过程创造出产品或服务后，再把产品或服务推销出去，最终实现产品或服务的价值。也就是说，传统的商务活动是围绕着生产进行的，以生产定采购，以生产定销售，生产是中心，商务为生产服务，这是商品短缺时代(或计划经济)的指导思想。

现代商务活动是围绕着市场进行的，生产和商务活动都要以市场为中心，因此，现代商务活动以发现商业机会为起点，以商务合同为纽带，生产围绕着商务活动展开，购销运存过程直接体现为履行商务合同的过程，这是商品丰富时代(或市场经济)的指导思想。

当商务合同签订以后，商务活动的中心任务就是按合同要求组织好购销运存活动，保证合同的有效履行。

对于商务组织而言，合同的履行状态有三种：完全履行、完全不履行、部分履行部分不履行。

所谓完全履行，是指商务主体双方均按照合同条款的规定各自履行了义务。此时，双方无任何争议，长此以往，双方将形成亲密无间的合作伙伴，为自己、为社会都会带来最大的利益。

所谓完全不履行，是指商务主体双方均没有在规定的时间内各自履行合同规定的义务。至此的原因，可能来自外部环境，也可能来自内部主观或客观条件的变化。无论何种原因，均可导致双方争议，不利于长期合作关系的建立。

所谓部分履行部分不履行，是指商务主体的任何一方或双方在规定的时间内只是履行了合同中规定的一部分义务。这种状态，也极易招致守约方的争议。

只有严格、完全地履行商务合同，才能使企业得以迅速发展、社会得以快速进步，其他两种履行状态必然导致商务冲突，使企业信誉受到损失，长此以往，必然导致全社会的道德、信誉缺失，这对一个企业、一个民族、一个国家来说将是一场灾难。因此，商务组织作为国民经济的一个细胞，必须坚决、牢固地树立严格履行合同的观念，视信誉为生命。

(五)处理对外关系与塑造企业形象

商务活动总是面对市场、面向外部的活动，企业与外部的各种经济联系，主要是通过商务活动实现的，由于商务活动面临的外部环境总是不断变化的，因此，商务活动必须经常保持与外部环境的适应性，理顺企业与外部的关系。

企业商务活动面临的对外关系主要包括：供应商、经销商、顾客、股东、竞争者、银行及其他金融机构(如保险公司、证券公司、证券交易所、金融公司、融资租赁公司、财务公司、信托公司、典当行等)、传播媒体、政府部门、社区及社会团体等。商务活动在理顺

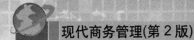

对外关系中的重要职能是：妥善处理商务冲突、讲求诚信交易、扩大对外宣传、塑造良好形象。

处理好对外关系，是塑造企业良好形象的重要途径之一；对外关系的恶化，是企业形象的最大破坏者。就二者之间的关系而言，处理好对外关系是原因，塑造企业良好形象是结果。

基于此，商务组织必须建立一个强有力的公关部门，妥善处理好企业对外的十大关系，使企业在和谐的外部环境中生存与发展。

(六)制定实施竞争战略与保持企业长期发展

制定适合本企业的竞争战略是保持企业长期发展的关键。现代社会高科技的发展和世界经济一体化的到来，使得同行业竞争者的数量和实力得以空前地发展，竞争的激烈程度前所未有。企业为了在竞争的夹缝中生存，必须从事有效的商务活动。为此，现代商务活动要把制定和实施竞争战略作为重点，从企业的长期发展出发来确定商务竞争的目标、手段和方式，并始终围绕着企业的发展目标来展开商务竞争，把长期利益和短期利益有机地统一起来。制定、实施有效的竞争战略是保持企业长期发展的先决条件，二者是手段与目的的关系。

所谓竞争战略，是指企业在面对竞争这一问题上应当干什么，即确定干什么，才能确保企业取得竞争优势。企业可选择的竞争战略一般有三种：成本领先战略、差异化战略、集中一点战略。成本领先战略是指与竞争者生产相同的产品，但追求规模生产，以降低生产成本，从而取得销售价格的优势以获取竞争优势，这一战略又称"航空母舰"战略。差异化战略是指与竞争者生产不相同的产品，即"你无我有"，进而选择不同的目标市场，避开激烈的市场竞争。这是竞争的最高级形式，即达到无竞争的境地，这一战略又称"潜水艇战略"。实施这一战略，当产品投放到市场后，必将引起其他竞争者的仿造，因此，这一战略的出路是：发展成"航空母舰"战略，或制造新的"潜水艇战略"。集中一点战略是指竞争者生产A产品，我也生产A产品，但我的A产品在某一点上就是比竞争者的强，我是站在某一点上生产或销售A产品的，竞争者永远也达不到或很难达到我的这一点，从而取得竞争优势，即"人无我有，人有我新，人新我优"。例如茅台酒，就是站在"国酒"这一点上生产和销售的，别的酒再好，也无法站在这一点上与茅台酒竞争。

商务组织应把市场供求与自身条件紧密结合起来，制定自身的竞争战略，确保企业长期发展。

(七)稳定市场份额与开拓新市场领域

市场份额可以用市场占有率和市场覆盖率两个指标来表示。

稳定市场份额是商务组织生存的基础，开拓新市场领域是商务组织生存与发展的前提。二者在层次上是递进的关系。商务组织的当务之急是稳定市场份额。因为产品或服务能否最终出售是实现企业利润的关键,只有稳定的市场份额,才能使企业拥有最忠实的顾客,才能有稳定的利润来源。当市场份额稳定后,企业才会以稳定的心态开拓新的市场领域。心态稳定,心智才会不乱;心智不乱,才会有正确的判断;有正确的判断,才会有正确的决策;有正确的决策,开拓新的市场领域才会卓有成效。

商务活动的最终目的是实现企业的盈利目标。企业要实现一定的盈利目标,必须保持与自身生产技术和经营能力相适应的市场份额,同时,还必须不断地开拓新的市场领域,开拓新市场领域的方法有三:扩大原有产品或服务的市场范围,提高市场占有率;开发相关或连带产品和服务的市场领域;开发新产品,拓展新的产品和服务市场领域。这是企业拓宽利润来源,保持旺盛生命力的重要商务活动。

因此,商务组织首先要把精力放在稳定市场份额上,切不可在原有的市场份额还未稳定时,就把精力转投到开拓新市场领域上,否则,新的据点没打下来,原有的根据地也丢掉了。

现实的很多商务活动实践表明:以同等的资金分别投入到稳定市场份额和开拓新市场领域两个点上,从所得的收益来看,前者比后者大。

(八)资本营运与商务风险控制

资本是能够带来剩余价值的价值,资本营运是指资本的筹集和运用的过程。商务活动的核心内容是商品的购销活动,这一活动的实质是资本营运的过程。因此,企业商务活动的集中体现就是科学营运资本,有效达成产权交易,也就是说,如何有效营运资本是企业商务活动的最高形式。古语云:"多财者善贾,长袖者善舞。"据此,商务组织应当善于筹集资本、运用资本,才能使商品流通规模迅速扩张,实现企业"跳跃式增长"。现代经济又称"速度经济",你的竞争对手在快速地成长,当你发展的速度缓慢时,必将被发展速度快的竞争对手"吃掉"。因此,搞好资本营运是当代商务组织快速发展的重要途径之一。

无论是资本营运还是商品交易,都有着一定的风险,所谓风险,是指事物出现的可能性处于一种不确定的状态。由交易而产生的风险是商务风险,如融资风险、投资风险、采购风险、运输风险、储存风险、销售风险等。

商务活动面临大的风险,可能带来大的收益,也可能带来灾难性的损失。如何有效进行资本营运与控制商务风险,是确保企业盈利的两个重要支点。

二、商务活动的层次

(1) 基本层。为保证生产活动的正常运行所进行的采购、销售、储存、运输等活动,这是微观经济主体最基本的商务活动。

(2) 服务层。为稳定微观经济主体与外部的经济联系及有效开展购销活动所进行的商情调研、商业机会选择、商务洽谈、合同签订与履行、商务纠纷(冲突)处理等活动,这是为生产和购销服务的商务活动。

(3) 战略层。为保持自身的竞争优势和长期稳定发展所进行的塑造组织形象、制定和实施竞争战略、扩张经营资本、开拓新市场、防范经营风险等活动，这是战略性的商务活动。

将商务活动进行层次划分的重要意义在于使商务工作者明白：第一，商务工作是一个完整的工作系统。由三个层次相互联系、相互制约、相互影响，构成一个完整的商务体系。作为商务活动的管理者，不可忽视任何一个层次、一个环节的作用。任何一个层次、一个环节的失误，都有可能导致整个商务活动的彻底失败。第二，商务工作应当进行主次工作的划分，以达到事半功倍的工作效果。很显然，基本层的工作是重中之重。

三、商务活动的发展趋势

商务的核心内容是商品销售，所以商务活动的发展趋势便是商品销售的发展趋势。商品销售，追求的必然是规模和速度，凡是有利于扩大流通规模和速度的方法，必然成为商务活动的发展趋势。随着新技术的革命和经济竞争的加剧，商务活动的重要性明显增强，商务的组织形式和活动方式也随之发生革命。现代商务的发展趋势如下。

(一)流通形式多样化

企业适应市场快速多变的要求，有针对性地采用多种多样的流通经营形式。

1. 流通组织大型化

流通组织朝着大型化方向发展，原因如下：第一，经济高度发展，出现了大量消费。原来分散的中、小商业企业不能满足大量消费的需要，这在客观上要求出现大批量销售的流通组织。第二，为了在商业竞争中取得优势，必须实现规模销售。现实生活中，批发公司、百货公司、超级市场、连锁商店，其规模越来越大，销售额也越来越高。沃尔玛这一流通组织在世界范围内以超级市场加连锁的方式，在美国《财富》杂志世界500强排名中，连续5年荣登榜首。

2. 批发形式多元化

批发是对大宗商品进行集散的活动。批发的对象是经销商，一般是下一级批发商或零售商，再由零售商转售给最终消费者。批发企业是流通环节中第一层次的企业，一般不从事零售业务，但现在很多批发企业往往也从事着零售业务，出现了批兼零的状态。为了加速商品流通，批发多元化成了基本的趋势。以美国为例，其批发商业主要有四种形式：一是专职批发商，包括完全职能批发商和有限职能批发商；二是代理商和经纪人；三是生产厂家销售分支机构和办事处；四是其他批发商业组织，包括农产品收购批发商和拍卖行等。不同的批发形式均在市场竞争中发挥着优势，拓展自己的生存空间。我国的批发业已高度呈现这一趋势，在商品流通领域发挥着重要的、积极的作用。

3. 零售形式多样化

零售业是直接面对消费者进行商品销售的行业，是流通领域中第二层次的企业，一般不从事批发业务，但现在很多零售企业往往也从事批发业务，出现了零兼批的状态。零售形式多样化的原因是：商品品种繁杂、消费者需求差异性大。零售形式多样化的表现是：从经营商品来看，有专业商店、百货公司、超级市场、方便商店、综合商店等；从价值特点来看，有廉价商店、仓库商店等；从有无店铺来看，有店铺零售商和无店铺零售商(网上零售商)；从管理形式来看，有独立零售商、连锁商店、消费合作社和商业集团等。这些零售形式在营业面积、商品种类、硬件环境、服务方式、商品价格等方面各具特点。

流通形式多样化这一商务活动的发展趋势提示我们：无论在流通的哪一环节(批发或零售)从事经营活动，都要适应流通组织大型化的发展趋势，从线上、线下两个方面拓展业务以壮大流通组织。

(二)商事组织联合化

商事组织联合化的原因在于流通领域的竞争和垄断都逐渐加剧，为了增强综合竞争能力及实现规模效益，走联合化的趋势已成必然。联合化的最大优势在于：可以最大限度地进行资源优化配置，在资金、设备、信息等经营要素方面发挥更大、更强的优势。目前联合化的形式表现为以下几方面。

1. 工商一体化

工商一体化方式是企业兼顾生产、销售双重职能，实行市场调查、产品设计、生产制造、市场销售、售后服务全覆盖，可分为以下几种类型。

(1) 以"生产联合公司"为中心建立起来的工商一体化。它是控制批发和零售环节的专门系统。

(2) 以"大商业公司"为中心，由该公司投资设厂，使有关厂家拥有股份，并由这些厂家为其供货的工商一体化。

(3) 通过一系列合同实行的一体化经营。如由批发商发起，通过签订合同，由若干独立的零售商自愿参加的一体化系统。

(4) 以连锁商店为形式的横向一体化经营。

从现实发展来看，以连锁商店为形式的横向一体化经营已成为工商一体化的主流。

2. 跨国一体化

跨国一体化是指企业根据国际市场的需要和自身可能，把相关行业有机结合起来，形成经济实体，进行生产、销售、服务、国际化经营。跨国一体化包括如下类型。

(1) 工贸结合型跨国经营。工业企业以其生产规模、科技开发的强大实力与贸易公司的市场信息、销售网络优势相结合，组成强大的工贸集团参与竞争。

(2) "五位一体型"跨国经营。这一趋势是适应国际竞争的需要而产生的，其特点是：

以产品为基础，以科技为主体，以贸易为纽带，以金融为后盾，以服务为辅助，实现多功能优势互补，形成巨型公司，参与国际经营大循环。在国际经济一体化、无贸易保护的背景下，"五位一体型"跨国经营的组织会愈发的重要。

(3) 综合商社。综合商社(general trading company)是一个以贸易为主体，多种经营并存，集贸易、金融、信息、综合组织与服务功能于一体的跨国公司组织形式，是集实业化、集团化、国际化于一身的贸易产业集团。其基本特点有：第一，以贸易为窗口，以产业资本、金融资本为依托，具有交易、金融、信息等多种功能；第二，部门专业化和经营综合化相结合，大规模、大批量经营，追求低成本、低风险、高利润；第三，实现内贸和外贸相结合，连接国内外市场。

日本综合商社，作为一种具有独特机能的贸易组织，在战后日本的高速增长时期，曾发挥其综合性经营机能，为推进"贸易立国"国策，实现流通效率化和经济领域的开发，振兴本国贸易做出了巨大贡献并因此享誉世界。

20 世纪 90 年代，随着我国经济体制由计划经济向市场经济的全面转轨，我国曾效仿日本综合商社的模式，在政府主导下打造过一些典型的商社，如中华集团、浙江物产等。但后来因为不适应中国的经济发展，相继被兼并或者破产，这说明我国办综合商社还没有领会综合商社的精髓，如今，我国设立综合商社的条件(如政府调控能力、贸易基础组织、经营动机等)已经具备，适时打造以贸易为主体、兼具多功能的综合商社已成为时代的迫切要求。

(三)销售方式多样化

企业对目标市场、目标顾客的消费要求划分得越来越细，只有这样才能不断适应消费者的变化需求，为消费者提供适销对路的商品。据此，在日益剧烈的商业竞争中，依据满足消费需求的不同，销售方式也要作相应的调整，使销售方式呈现出多样化的趋势。其主要表现在：第一，更新改造型的销售方式，即在巩固原有店铺销售的基础上，进行某些经营方针、经营环境改良，使之适应新的市场竞争；第二，填齐补缺型的销售方式，即在充分掌握市场变化信息的基础上，寻找市场空当，以销售方式的变换来吸引顾客；第三，推陈出新型的销售方式，即摒弃传统销售模式，以一种崭新的经营环境、观念来吸引顾客；第四，引导潮流型的销售方式，即依据商业自动化、信息化发展的特点，开辟符合未来型商业主流方向的销售方式。

商务实践中，依据不同类型的企业、不同的商品、不同的销售对象，需要采取不同的销售方式。可选择的销售方式有：①按商品所有权的转移来划分，有经销方式、自销方式、代销方式、代理制；②按商品销售方法的不同来划分，有门市销售、会议销售、展览销售、上门销售；③其他销售方式，如函电销售、信贷销售、网上销售等。企业应根据自身经营状况、产品特点、市场状况和经营管理体制以及政策规定，选择有利于企业发展的销售方式：可以采取以一种方式为主、多种方式并用的办法，也可以采取灵活多样的销售方式，以增强企业在市场竞争中的应变能力和竞争能力，不断扩大销售。

(四)经营战略多角化

经营战略，是指企业面对激烈变化的环境，严峻挑战的竞争，为谋求生存和不断发展而做出的总体性、长远性的谋划和方略，是企业家用来指挥竞争的经营艺术。多角化经营战略(strategy of diversification)又称为多元化经营战略，亦称多角化增长战略(diversification growth strategies)、多产品战略，是企业发展多品种或多种经营的长期谋划，实质上是企业在区位结构、行业结构、商品结构等环节上进行全方位开发，属于开拓发展型战略。

经营战略实行多角化的原因，从社会原因看是：社会需求的发展变化、新技术革命对经济发展的作用、竞争局势的不断演变；从内部原因看是：企业资源未能充分利用、企业本身具有拓展经营项目的实力、企业家的个性。

实施经营战略多角化可以达成以下目的：第一，分散经营风险。如果企业经营范围较宽、产品多样，则企业抗击市场风险的能力将大大增强。第二，争取协同效应。因协作的作用，两个(或两个以上)事物结合在一起，能产生大于两个(或两个以上)事物简单加和的效果，即"1+1>2"，这就是所谓的协同效应。多元化发展能帮助企业获得管理、广告、商誉、销售等各方面的协同效应，使企业的人员、设备、资源的生产效率得到提高。另外，多元化经营可以让企业获得批量采购原材料、设备等的规模经济，使企业获得成本优势。第三，充分利用富余资源。企业特别是大型企业，在发展过程中，因科技水平的提高、人员素质的提升、管理理念和方法的改进、企业发展方向的变化等，一般都会产生大量的富余资源，包括设施设备等有形资源、信誉等无形资源以及人力资源等。这些富余的资源如果没有得到充分利用，就会造成企业大量人、财、物的浪费，成为企业的负担。如果企业采取多元化经营的战略，这些富余的资源就能得到充分利用，可为企业创造更多的效益。

经营战略如何实行多角化？西方学者鲁梅尔特(R.R.Rumelt)给出了基本思路。梅尔特采用专业比率、关联比率、垂直统一比率等三个量的标准和集约——扩散这一质的标准，将多角化经营战略分为专业型、垂直型、本业中心型、相关型、非相关型五种类型：①专业型战略。企业专业化比率很高(在95%以上者)，称为专业型多角化战略，这是把已有的产品或事业领域扩大化的战略，如由超级商场分化而来的自我服务廉价商店、小型零售店、百货店等。②垂直型战略。某种产品的生产，往往只取从原材料生产到最终产品销售整个系统中的一个阶段，而每个阶段都有其完整的生产体系。垂直型战略就是或向上游发展，或向下游渗透。如一个轧钢厂生产各种钢材，采取垂直型多角化战略，进一步向上游发展，投资发展炼钢、炼铁，甚至采矿业。③本业中心型战略。企业专业化比率较低的多角化战略(在70%~95%之间)，称为本业中心型战略。即企业开拓与原有事业密切联系的新事业而仍以原有事业为中心的多角化战略。④相关型战略。企业专业化比率低(低于70%)，而相关比率较大的多角战略。一般来讲，多角化战略的核心是经营资源。实行相关型多角化战略就是利用共同的经营资源，开拓与原有事业密切相关的新事业。⑤非相关型战略。企业相关比率很低，也就是企业开拓的新事业与原有的产品、市场、经营资源毫无相关之处，所

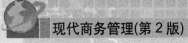

需要的技术、经营资源、经营方法、销售渠道必须重新取得。

(五)经营手段现代化

经营手段现代化是指将现代科技革命成果应用于商流、物流、信息流，使其快速、高效、协调运转，以实现企业经营目标。"二战"后，随着科学技术的发展，商业的现代化程度空前提高，经商手段和方式发生了深刻的变化。经营手段现代化高度体现在互联网、物联网、通信技术的应用上。

互联网、物联网、通信技术的高度发达，极大地促进了商品流通规模和速度。现在，消费者足不出户进行网上购物，快捷的物流系统使商品2~3天即可送达消费者手中；全覆盖的通信工具保证了商流和物流的畅通无阻。

近年来，中国网购比重不断提升，2012年网购销售额占社会消费品零售总额比重接近6%，对传统零售企业渠道已经产生明显的替代作用。从艾瑞咨询提供的数据看，服装网购占全部服装零售额比重连年快速攀升，2011年已达到14.30%；3C和家电也面临同样的情况：2011年3C和家电网购交易额分别占到其品类全部零售额的15.6%和6.3%，并且上升趋势还将继续；此外，化妆品网购占比也于2011年达到16.3%。因此，商家必须学会使用现代化的经营手段，否则将会被淘汰。

第三节　现代商务组织

一、商务组织的定义

商务这一概念包含于"商事"这一概念之中，即商事活动含有商务活动。商事活动是指自然人和法人所从事的全部商品生产和商品交换活动，包括以盈利为目的的一切生产、服务和交换活动。商事组织包括企业、银行、旅店、酒店、保险公司、服务公司等各种营利性组织。商务活动是指以交换为中心的全部活动。因此，商务组织是指商事组织中从事交易活动的一个职能部门和专门媒介商品交换的商业组织。由此可见，商务组织有两种表现形式：一是商事组织中从事交易活动的一个职能部门，由此可看出，任何商事组织中均含有商务组织；二是专门从事媒介商品交换的商业组织，也就是商业企业。商务组织的核心职能是从事商品交换，商务组织是商务活动的主体。

二、现代商务组织的基本形式——企业

(一)企业的概念

企业是指从事生产、流通、服务等经济活动，为满足社会需要并盈利，进行自主经营，

实行独立核算，具有法人资格的基本经济单位。据此可看出企业具有如下特点。第一，经济性。企业是将一定的生产资料和劳动力聚结在一起从事生产、流通、服务等活动的经济组织。第二，营利性。企业是以盈利为目的的独立商品生产经营者。没有了营利性，企业便没有存在的基础和理由；独立性是确保营利性的前提条件；企业的独立性体现在自主经营、独立核算上。所谓独立核算，是指企业有自己独立的银行账户，有自己可支配的自有资金。第三，法人可能性。一般来说，企业是法人，但个人独资企业、合伙企业不是法人，只有公司才是法人。我国绝大多数企业一般采取公司形态，因此，只能说企业具备法人的可能性。

企业是现代商务活动的基本单位和基本组织，也是市场活动最重要的主体，是市场机制运行的微观基础。企业是一个历史概念：在封建社会及以前的社会，人类社会没有企业这个名称，当人类发展到资本主义社会时，企业这个名称才应运而生。企业在客观上有大、中、小之分，但只要是企业，就要有一定的组织体系和规模，按一定的章程来运作。

(二)企业的类型

依据企业开展商务活动的性质、特点、规模，商务活动的类型，以及所在国家、地区法律的规定，可以将企业分成多种组织形式。在我国，依据企业的组织形式，将企业分为个人独资企业、合伙制企业和公司制企业。

1. 个人独资企业

个人独资企业是指在中国境内依法设立的，由一个自然人投资，财产为投资人所有，投资人以其个人财产对企业债务承担无限责任的经营实体。个人独资企业有如下特征。

(1) 自然人属性。个人独资企业是由一个自然人投资的企业。个人独资企业的投资人必须为一个具有中国国籍的自然人，国家机关、国家授权投资的机构或者国家授权的部门、企业、事业单位都不能作为个人独资企业的投资人，外商独资企业也不能作为个人独资企业的投资人。个人独资企业本质上属于自然人企业，而非法人企业。虽然个人独资企业是独立的民事主体，可以用自己的名义从事民事活动，但个人独资企业不具有法人资格，无独立承担民事责任的能力，它的民事责任是由投资人个人承担的。

(2) 责任无限性。投资人可以以自有财产出资，也可以以家庭财产出资。如果是以家庭财产出资，必须在进行工商登记时明确说明。当企业的资产不足以清偿到期债务时，投资人应当以自己个人的全部财产(如果是以家庭财产出资，则以家庭全部财产)用于清偿，投资人对个人独资企业的债务负无限责任，因此说：个人独资企业之债，实质是投资人个人之债。个人独资企业即使解散，个人独资企业之债仍不能免除，由投资人个人继续偿还。我国《个人独资企业法》明确规定：个人独资企业自解散之日起 5 年内，债权人未向该投资人主张偿债请求的，该债权消灭。

(3) 机构精简性。个人独资企业一般规模较小，因此内部机构设置简单，经营方式灵活。

从以上个人独资企业的特征可以看到，个人独资企业一般规模较小，内部管理机构简单，容易设立。其优点是决策自由、创办简单、完全所有权。其缺点是本身财力有限、资本筹集困难，企业规模小，经营分散。商业银行一般不会为一个没有声誉的小企业提供有风险的贷款，因此，个人独资企业经济上不够稳定，承担市场风险的能力较差。

2. 合伙制企业

个人独资企业的最大弊端在于资本有限，无法适应大生产、大流通的要求。为了聚集更多的资本，合伙企业应运而生。合伙企业是指依法在中国境内设立的由两个以上的合伙人订立合伙协议，共同出资、共同经营、共享收益、共担风险，并对合伙企业债务承担无限连带责任的经济性组织。合伙企业具有如下特征。

(1) 组织性。一个合伙企业至少由两个以上的合伙人组成，并且最少有一个普通合伙人(即对合伙企业的债务承担无限责任的合伙人)。合伙人共同筹资、共负盈亏，可以减小经营风险，增强企业筹资能力，并且有助于提高企业的信誉度；但同时也增加了决策层次，加大经营管理难度。

(2) 协议性。合伙协议是合伙人建立合伙关系，确定合伙人各自权利、义务的重要法律文件，是合伙企业得以设立的前提，也是合伙企业的法律基础。没有合伙协议，合伙企业便不能成立。

(3) 人合性。所谓人合，是指合伙内部人与人之间相互信任，大家具有相同的价值观、信仰，有共同的追求。全体合伙人共同出资、共同经营、共享收益、共担风险，对外承担责任，以全体合伙人的信用为基础。

(4) 责任无限性。普通合伙人对合伙企业债务承担无限连带责任，即任一普通合伙人对合伙企业之债，都要首先以其在合伙企业中的财产份额承担责任，当财产份额不足以偿债时，全体普通合伙人将以其个人财产对外承担无限连带责任。对普通合伙企业而言，合伙企业之债，对内是全体合伙人按份之债，对外是全体合伙人的连带之债。

有限合伙企业中的有限合伙人对合伙企业之债，仅以其在合伙企业中的财产份额为限承担责任。

3. 公司制企业

1) 公司的定义及特征

公司是指依法成立、以盈利为目的的，能够以自己的名义行使民事权力、承担民事责任的独立的经济组织。据此可以看出公司具有以下特征。

第一，社团性。即公司通常是由两个或两个以上的股东出资组成，需要一定的组织机构进行运营，具有强烈的组织性——社团性。

第二，法人性。体现在两个方面：一是公司必须依法设立。根据我国现行公司法律规定，我国公司一般采取登记制度，即只要符合设立公司的条件(有确定的注册资本额、公司章程、公司名称、经营地点、明确的经营范围、合理的组织机构、必要的物质条件等)，在工商部门登记即可成立；特殊公司(如三资企业、金融性质的公司等)采取批准加登记制度，即要想设立这类公司，首先必须经政府或相关行政部门核准，取得批准证书后，再去工商部门进行登记。二是公司独立承担责任。即公司以其全部法人财产(非注册资本)对公司的债务承担独立的责任，该责任是无限的。

第三，营利性。公司是从事经济活动的企业法人，既然是企业法人，就区别于行政法人、事业法人、军队法人、宗教法人、社会团体法人，企业法人的最大特点是追求利润，而其他法人则不以追求利润为目的。

2) 公司种类

(1) 以股东的责任范围为标准，可将公司分为无限公司、两合公司、股份两合公司、股份有限公司和有限责任公司。

无限公司是指由两个以上股东组成，全体股东对公司债务负无限连带责任的公司。

两合公司是指由部分无限责任股东和部分有限责任股东共同组成，前者对公司债务承担连带无限责任，后者仅以其出资额为限承担责任的公司。

股份两合公司是指由部分对公司债务负连带无限责任的股东和部分仅以其所持股份对公司债务承担有限责任的股东共同组成。

股份有限公司是指由一定发起人发起设立或社会公众募集设立的，公司资本分为等额股份，投资者以其所持股份对公司承担责任，公司以其全部资产对公司债务承担责任的公司。

有限责任公司是指由不超过法定人数(1～50人)的股东出资组成，股东仅以其出资额为限对公司承担责任，公司以其全部资产对公司债务承担责任的公司。

(2) 以公司信用基础为标准，可将公司分为人合公司、资合公司和人合兼资合公司。

人合公司是指公司的经营活动以股东个人信用而非公司资本的多寡为基础的公司。无限公司是典型的人合公司。

资合公司是指公司的经营活动以公司的资本规模而非股东个人的信用为基础的公司。股份有限公司是最典型的资合公司。

人合兼资合公司是指公司的设立和经营同时依赖股东个人的信用和公司资本为基础的公司。两合公司即属人合兼资合公司。

(3) 以公司相互之间法律上的关系为标准，可将公司分为母公司与子公司、总公司和分公司。

母公司通常是指拥有另一公司一定份额的股份，或者根据协议能够控制、支配其他公司的人事、财务、业务等事项的公司。

子公司是指一定数额的股份被另一公司控制或者依照协议被另一公司实际控制或支配的公司。特别要注意的是，子公司拥有独立的法人资格，拥有自己的财产，自己公司的名称、章程和董事会，对外独立开展业务和承担责任。但是涉及公司利益的重大决策或重大人事安排，仍由母公司决定。

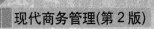

总公司又称本公司，是指具有独立的法人资格，能够以自己的名义直接从事各种业务活动，并管辖公司全部组织的总机构。

分公司是指在业务、资金、人事等方面受本公司管辖而不具有独立法人资格的分支机构，其民事责任由总公司承担。需要注意的是，分公司能够在本公司授权范围内以自己的名义从事法律行为，有相应的权利能力和行为能力，也可以代表本公司进行诉讼，但行为和诉讼的效力当然及于本公司。

(4) 以公司的国籍为标准，可将公司分为本国公司、外国公司和跨国公司。

本国公司是指按本国法律登记成立的公司。所有依中国法律在中国境内登记成立的公司，都具有中国国籍，属中国公司。特别需要指出的是："三资企业"(即中外合资经营企业、中外合作经营企业、外商独资企业)，均是按照中国法律登记成立的企业，均属本国公司或本国企业。

外国公司是指依照外国法律在中国境外登记成立的公司。依照我国《公司法》的规定，允许外国公司在我国境内设立分支机构，从事生产经营活动，但是外国公司属于外国法人，其在中国境内设立的分支机构不具有中国法人资格，该分支机构在中国境内进行经营活动而产生的民事责任，由其所属外国公司承担。

跨国公司是指由两个或两个以上国家的经济实体所组成，并从事生产、销售和其他经营活动的国际性大型企业。跨国公司主要是指发达资本主义国家的垄断企业，以本国为基地，通过对外直接投资，在世界各地设立分支机构或子公司，从事国际化生产和经营活动的垄断企业。联合国跨国公司委员会认为跨国公司应具备以下三要素：第一，跨国公司是指一个工商企业，组成这个企业的实体在两个或两个以上的国家内经营业务，而不论其采取何种法律形式经营，也不论其在哪一经济部门经营；第二，这种企业有一个中央决策体系，因而具有共同的政策，此等政策可能反映企业的全球战略目标；第三，这种企业的各个实体分享资源、信息以及分担责任。

现实的商务活动中，公司已成为从事商务活动的最高组织形态。无论是企业集团，还是跨国公司，均没有脱离公司的形态。

第四节　现代商务管理职能与管理原理

一、现代商务管理职能

商务管理的职能就是商务管理者在管理过程中到底要做什么，包括商务管理者的基本职责以及执行这些职责的程序或过程。管理学界的普遍观点认为，管理的职能包括计划、组织、领导和控制，因此，商务管理的职能也是计划、组织、领导和控制。

(一)商务计划职能

商务计划是商务管理的首要职能，它与其他商务管理职能有着密切的联系。商务计划职能既包括确立目标，又包括确定实现这些目标的途径和方法。

1. 商务计划的含义

商务计划是一种预测未来、设立目标、决定决策、选择方案的连续过程，通过有效的商务计划，以期能够经济地使用现有资源，更好地把握未来的发展，获得最大的组织成效。由此可见，商务计划工作主要与未来有关，商务计划工作本身的目的就是力图使商务组织在将来获得最大的成效。正如哈罗德·孔茨(Harold Koontz)所言，计划工作是一座桥梁，它把我们所处的此岸和我们要去的彼岸连接起来。

商务计划包括"5W1H"，即商务计划必须清楚地确定和描述下列要求。what(做什么)：明确商务计划工作的具体任务和要求——目标与内容；why(为什么做)：明确商务计划的宗旨、目标和战略，论证可行性，说明为什么做——原因；who(谁去做)：规定商务计划中每个阶段由哪些部门负责、哪些部门协助、具体执行者是谁——人员；where(在何地做)：规定商务计划的实施地点和场所，了解环境条件和限制，以便安排商务计划实施的空间布局——地点；when(何时做)：明确工作的开始和完成的进度，以便有效地控制及对能力与资源进行平衡——时间安排；how(怎么做)：制定实施措施，以及相应的规则和程序，对资源进行合理分配和集中使用，对人力、物力、财力进行平衡——手段和方式。

2. 商务计划的特征

商务计划工作是商务管理工作的一个重要职能，是组织、领导、控制等商务管理活动的基础，是组织内不同部门、不同成员行动的依据。其基本特征如下。

(1) 目标性。商务计划的制订总是以一定的组织目标为基础的，任何组织和个人制订商务计划都是为了有效地完成某种目标。商务计划工作为实现组织目标服务。所谓目标，就是在特定的时间完成特定的任务或工作，即希望组织未来达到的状态。

(2) 首位性。商务计划工作在管理职能中处于首要地位，这主要是由于商务管理过程中的其他职能都是为了促进目标的实现，而这些职能只有在商务计划工作确定了目标之后才能进行。因此，商务计划工作先于其他商务管理职能。商务计划工作的首位性还在于商务计划工作影响和贯穿于整个商务管理工作的全过程。目标是组织、指挥的依据，是进行控制的标准。

(3) 普遍性。虽然商务计划工作的特点和范围随着各级管理人员职权的不同而有所不同，但它却是各级商务管理者的共同职能。所有商务管理人员，从最高层到第一线的基层都要从事商务计划工作。当然，商务计划的普遍性中还蕴含着一定的秩序，这种秩序随着组织的性质不同而有所不同，主要表现在商务计划工作的纵向层次性和横向协作性。通常，高层商务管理人员制订战略计划，中层商务管理人员制订战术计划，基层商务管理人员据

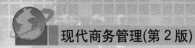

此拟定具体的工作计划，从而保证实现组织的总目标。

3. 商务计划类型

商务计划的种类有很多，根据不同的标志对计划进行分类，有利于深刻地了解计划的性质以及分析计划工作的规律和方法。

(1) 按期限分类，商务计划可分为长期计划、中期计划和短期计划。

长期计划通常是指 5 年以上的计划，描述组织在较长时期的发展方向和方针，规定组织各个部门在较长时期内从事某种活动应达到的目标和要求，绘制组织长期发展的蓝图。长期计划一般较为宏观、概略和总结。

中期计划介于长期计划和短期计划之间，一般是 1 至 5 年，由中层管理者制订，是组织较长时期内的宏伟蓝图。

短期计划是指 1 年或 1 年以内的计划，具体地规定组织的各个部门从目前到未来的各个较短的时期内，特别是最近的阶段中，应该从事何种活动。

不同组织因其性质不同(如生产周期长短、环境变动程度等)，长、短期计划的时间期限和意义也不尽相同。

(2) 按层次分类，商务计划可分为战略计划、战术计划和作业计划。

战略计划是指重大的、带有全局性的谋划。它的作用是为组织设立总体目标和任务。它是组织最基本的计划，也是制订其他计划的依据。战略计划是由高层管理者制订的，具有全局性、长远性、稳定性和综合性等特征。

战术计划(管理计划)是将战略计划中具有广泛性的目标和政策，转变为确定的目标和政策。它是战略计划的实施计划，是在战略计划的指导下制订的，通常按组织的管理职能进行。战术计划由中层管理者制订，往往时间跨度不是很大，比战略计划具体，涉及的范围包括某些职能领域，是从属性的计划。

作业计划是指战术计划的具体执行计划，根据战术计划确定的目标，为各项作业活动制定详细具体的说明、规定或工作流程，是实际工作和现场控制的依据。作业计划是由基层管理者制订的，它具有局部性、短期性、针对性和灵活性等特点。

(3) 按内容分类，商务计划可分为综合计划和专项计划。

综合计划(整体计划)是以整个组织为范围进行的全面计划，是对组织的整体安排，一般指具有多个目标和多方面内容的计划，关联到整个组织或组织中的许多方面。其特点是从整体出发，强调综合性，促使各部门、各环节协调发展。

专项计划(项目计划)是指为完成某一特定重要任务而拟定的计划。例如，某种新产品的开发计划、某项新技术攻关计划、企业扩建计划、办公楼修建计划等。专项计划的特点是内容的单一性、具体性、新颖性和挑战性。

4. 商务计划的制订方法和技术

目前比较成熟的制订商务计划的方法有：滚动计划法、甘特图法、计划评审技术。

1) 滚动计划法

(1) 滚动计划法的含义。

滚动计划法是一种定期修订未来计划的方法。其特点是：根据计划的执行情况和环境变化情况，定期修订未来的计划，并逐期向前推移，将短期计划、中期计划和长期计划有机地结合起来制订计划。

(2) 滚动计划法的具体做法。

在商务计划制订时，同时制订未来若干期的商务计划，但计划内容采用近细远粗的办法，即近期计划尽可能地详尽，远期计划的内容则较粗；在计划期的第一阶段结束时，根据该阶段计划执行情况和内外部环境变化情况，对原计划进行修订，并将整个计划向前滚动一个阶段，以后根据同样的原则逐期滚动。滚动计划法适用于任何类型的计划。

(3) 优缺点。

滚动计划法的优点：第一，使计划更加切合实际。由于滚动计划相对缩短了计划时期，加大了对未来估计的准确性，能更好地保证计划的指导作用，从而提高了计划的质量。第二，确保各项计划内容的衔接。由于滚动，使长期计划、中期计划和短期计划相互衔接，短期计划内部各阶段相互衔接，这就保证了能根据环境的变化及时地进行调节，并使各期计划基本保持一致。第三，增强了计划的弹性。滚动计划法能有效避免环境不确定性可能带来的不良后果，从而提高了组织的应变能力。其缺点是计划编制的工作量较大。

2) 甘特图法

(1) 甘特图法的含义。

甘特图(Gantt chart)是在 20 世纪初由美国管理专家亨利·甘特开发的，它基本上是一种线状图：横轴表示时间；纵轴表示安排的活动；线条表示在整个期间上计划的和实际的活动完成情况。

(2) 甘特图法的作用。

甘特图直观地表明：任务计划在什么时候进行，以及实际进展与计划要求的对比。它虽然简单，但却是一种重要的工具，它使管理者很容易搞清楚一项任务或项目还剩下哪些工作要做，并能够评估工作是提前了还是拖后了，或是按计划进行了。

3) 计划评审技术

(1) 计划评审技术的含义。

计划评审技术(Program Evaluation and Review Technique，通常称为 PERT 或 PERT 网络分析技术)是在 20 世纪 50 年代末开发出来的。PERT 网络是一种类似流程图的箭线图，它描绘出项目包含的各种活动的先后次序，标明每项活动的时间或者相关的成本。

据此定义，对于 PERT 网络，项目管理者必须要考虑的问题有：第一，为了实现目标，要做哪些工作(程序)；第二，确定时间之间的依赖关系；第三，辨认出潜在的可能出问题的环节。

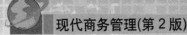

(2) 使用计划评审技术的关键概念和步骤。

为了运用 PERT 网络技术，应该掌握事件、活动和关键路线三个基本概念。所谓事件，表示主要活动结束的那一点；所谓活动，表示从一个事件到另一个事件之间的过程，它要花费时间和资源；关键路线是 PERT 网络中花费时间最长的事件和活动的序列。

开发 PERT 网络可以按以下步骤来进行：第一，确定完成项目必须进行的每一项有意义的活动，完成每项活动都产生事件或结果。第二，确定活动完成的先后次序。第三，绘制活动流程从起点到终点的图形，明确表示出每项活动及与其他活动的关系。用圆圈表示事件，用箭线表示活动，结果得到一幅箭线流程图，这就是 PERT 网络。第四，估计和计算每项活动的完成时间。在理想条件下完成活动所需的时间为乐观时间；以最可能时间表示正常情况下活动的持续时间；以悲观时间表示在最差的条件下完成活动所需的时间。

(3) 使用计划评审技术的优点。

第一，重点突出，兼顾一般。计划评审技术能把整个工程的各项任务的时间顺序和相互关系清晰地表示出来，并指出完成工程的关键环节和路线，使管理人员在制订计划时既可统筹安排，又不失去重点。

第二，优化时间与资源。通过调动非关键路线上的人力、物力与财力，加强关键作业，既可节省资源，又能加快工程进度。借助 PERT 还可以方便地比较不同行动方案在进度和成本方面的效果，因此，PERT 可以使管理者监控项目的进程，识别可能的瓶颈环节，以及必要时调度资源，确保项目按计划进行。

第三，预知风险。计划评审技术可事先评价达到目标的可能性，指出实施中可能发生的困难点和这些困难点对整个任务产生的影响，以便准备好相应的措施，以减少完不成任务的风险。

第四，便于组织和控制。特别对于复杂的大项目，可分成许多子系统来分别控制。

第五，简单易懂。具有中等文化程度的人就能够掌握，对复杂的多节点工作，可以利用已有的软件在计算机上进行优化。

第六，应用范围十分广泛，适用于各行各业。

(二)商务组织职能

1. 组织的含义

组织是按照一定的目标、原则、程序和分工组合起来的人群或团体。组织是一个职务结构或职权结构。组织需具有如下特征：①团体性，组织必须具有一定数量的、自愿加入的成员(这些成员拥有相同的目的和价值观)；②目标性，组织必须具有相对明确的目标；③结构性，组织必须具有相对固定的分工和结构，形成一定的层级；④规则性，组织必须具有相对稳定的规则(规章或制度)。

2. 商务组织的作用

(1) 汇集资源力量。个人力量渺小、分散，只有联合起来，互相协作，共同从事某项活动，才能把个人的力量汇集起来。组织就是通过各种形式，把分散的个人汇聚成为集体，把个人力量汇集成为集体力量。

(2) 扩大资源力量。当个体汇集成集体，组织的作用就是要使集体的能力大于组成集体的各个个体的能力之和，即不是简单的 1+1=2，而是 1+1>2，这既是对个体能力的放大和超越，也是对集体力量的整合和放大。

(3) 满足需要的交换。每个个体具有不同的需要，组织正好提供了人们交换需要的场所和机会。例如，投资人和劳动者可以在一个企业组织中共存，是因为他们可以在同一企业中交换各自的需求。投资人投入的是资金，获得的是利润；劳动者投入的是劳动，获得的是报酬。这种相辅相成、平等互换的关系，满足了双方的需要。

(4) 促进学习。随着社会的发展、竞争的加剧，组织必须成为学习型组织才能具有持久的竞争力。促进学习是组织的又一作用。组织不仅是人们工作、取得收益、获得安全感和心理满足的场所，还是人们通过学习不断提高的场所。

(5) 维持社会发展。组织把不同的个体联系在一起，同时众多的组织又把不同的人群联系在一起。经济组织、政治组织、群众组织等组织形式使得社会众多成员有了归属感，其活动得以协调。于是，社会的稳定状态得到维护，在稳定状态得到维护的同时，社会发展有了可能和基础。

3. 商务组织的类型

按照不同的标准，可以把商务组织分为以下不同的类型。

(1) 按照组织在社会再生产过程中存在的环节划分，可以将商务组织分为生产领域的商务组织、流通领域的商务组织和服务领域的商务组织。

(2) 按照组织在流通领域中存在的环节划分，可以将商务组织分为批发组织和零售组织。

4. 商务组织设计

1) 商务组织设计基础

商务组织设计的任务是提供组织结构系统图和编制职务说明书。为完成这两个任务，设计者要做好职务设计与分析、部门划分、组织结构的形成三方面的工作。

组织设计的依据主要有：战略、环境、技术、规模、组织所处的发展阶段。

组织设计的原则主要有：因事设职与因人设职相结合；权责对等；命令统一。

2) 组织结构类型选择

组织结构是一个组织内各构成部分及各部分间所确立的关系。常见的组织结构有：直线型结构、职能型结构、直线职能型结构、矩阵型结构、事业部型结构、网络结构、集团

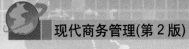

控股型结构。

5. 商务组织人员配备

人员配备是为组织的每个岗位配备适当的人。

通过人员配备，可以实现以下作用：使组织的每个岗位都有合适的人选；为组织的发展培养管理力量；维持成员对组织的忠诚；留住人才；使每个人的知识和能力不断发展。

人员配备的主要工作内容有：确定人员需要量；选配人员；制订和实施人员培训计划；人员考评。

人员配备应遵循的原则是：因事用人；因材适用；人事动态平衡。

(三)领导职能

1. 领导与管理

领导一词具有名词和动词两种属性。作为名词的"领导"，其含义是指领导者本身，即一种类型的管理人员；作为动词的"领导"，其含义是指领导者所从事的活动，或者说作用于被领导者的一种活动。

领导与管理有着密切的关系。从表面上看，领导者所从事的活动就是管理活动。一个组织的管理者往往也就是这个组织的领导者。因此，人们在日常工作中，常常把"领导"与"管理"混为一谈。但事实上，领导与管理有共性，也有着本质的区别。共性体现在行为方式与权力构成上。从行为方式看，领导和管理都是一种在组织内部通过影响他人的协调活动，实现组织目标的过程；从权力构成看，两者都是组织层级的岗位设置结果。区别体现在行使权力的基础有所不同。管理是建立在合法的、有报酬的和强制性的权力基础上，对下属命令的行为；领导则是可能建立在合法的、有报酬的和强制性权力的基础上，也可能更多地建立在个人影响力和专长权以及模范作用的基础上。因此，一个人可能既是管理者，也是领导者，而领导者和管理者两者分离的情况也会存在。

2. 领导的含义与作用

领导的作用取决于对领导含义的理解。所谓领导，就是调动、引导、推动和鼓励部下为实现目标而努力的过程。这一定义包括以下三个要素。①追随者。领导者必须有部下或追随者。②个人影响力。领导者拥有影响追随者的能力或力量，既包括组织赋予的领导者的权利和职位，也包括领导者个人由于品德和才能所产生的影响力。③组织目标。领导的目的是通过影响部下来达成组织目标。

在这种含义基础上，领导的作用是指领导者在调动、引导、推动和鼓励部下在为实现组织目标而努力的过程中，产生指挥、协调和激励三方面的作用。

3. 领导方式

领导方式是一个领导者怎样领导的问题，大体上有三种类型：专权型领导、民主型领导和放任型领导。专权型领导是指领导者个人决定一切，布置下属执行。这种领导者要求下属绝对服从，并认为决策是自己一个人的事情。民主型领导是指领导者发动下属讨论，共同商量，集思广益，然后决策，要求上下融洽、合作一致地工作。放任型领导是指领导者撒手不管，下属愿意怎样做就怎样做，完全自由，他的职责仅仅是为下属提供信息并与企业外部进行联系，以利于下属的工作。

4. 领导艺术

领导既是一门科学，也是一门艺术。领导工作是科学，是指领导工作是有科学规律可循的；领导工作是艺术，是指领导工作是富有创造性的工作。领导艺术是一种富有创造性的领导方法的体现。一般而言，领导艺术包括授权艺术、决策艺术、会议艺术、用人艺术等。

1) 授权艺术

授权是指上级主管委授给下级一定的权利和责任，使下属在一定的范围内，有相当的自主权、决定权，授权者对被授权者有监督权，被授权者对授权者有报告和完成相应工作的责任。

授权过程一般有三种情况。一是授权留责——这是正常的授权；二是权责均授——这是不正常的授权；三是只授责，不授权——这是错误的授权。因此，授权中一条重要的原则是，领导者把一部分权利和责任授予下属后，领导者依然负有责任。

为了确保任务的完成，领导者授权时应当遵循必要的授权原则。

第一，因事择人，视能授权。

第二，授权之前，应当对被授权者进行严格的考察。

第三，必须向被授权者明确交代任务目标及权责范围。

第四，授权者只能对直接下属授权，而不应越级授权。

第五，涉及组织全局的问题，不可轻易授权。

第六，授权者对被授权者应保持必要的监督。

2) 决策艺术

决策是管理的心脏，管理是由一系列决策构成的，管理就是决策。作为管理者，必须根据组织发展目标，科学地、正确地决策，因此必须十分注意讲究决策艺术。决策艺术体现在决策时应灵活、系统地遵循以下原则。

第一，系统原则。应用系统论的观点进行决策。

第二，可行原则。决策应遵循事物发展变化的客观规律，在操作过程中，充分考虑有利条件与不利因素，理性地估量机会，正确地确立决策目标，选择较为合理的、较优的实施方案。

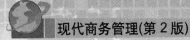

第三，信息原则。信息是决策的前提条件。掌握大量的、可靠的、高质量的信息是决策科学化、最优化的重要条件。

第四，民主原则。在决策实施的过程中，领导者充分听取各方面意见，尤其是专家、学者的意见，是决策科学化、最优化的重要保证。

第五，效益原则。决策必须以提高效益为中心，实现经济效益与社会效益、长期效益与短期效益、全局效益与局部效益的有机结合。

3) 开会艺术

作为领导者，因工作需要，经常召集各种会议研究、讨论许多问题，做出许多决定，指导下属工作。

会议有许多功能，主要有：会议是整个社会或整个组织活动的重要反映，也是与会者在组织中、在社会上的身份、地位、影响力及所起作用的表示；会议是集思广益的重要场所；会议对每个与会者将产生一种约束力；会议是显露人才、发现人才的重要场所。

开会的艺术主要体现在：不开无准备的会议；开短会，不开长会；准时开会，不拖拉；注意合理安排议题的先后次序。

4) 用人艺术

王夫之说："能用人者，可以无敌于天下。"可见，用人应是领导者的看家本领。精于领导艺术的领导者，其下级总是劲头十足，同级乐于配合，上级大力协助；不擅领导艺术的领导者，则下级怀才不遇，同级不愿与之合作，上级感到头疼，不好领导。

用人艺术集中体现在以下用人原则上。

(1) 要善于调动他人之长。坚持用人所长；正确对待他人之短。知人者智，自知者明。

(2) 要尊重他人的职权。做到用人不疑、疑人不用；尊重上级；同级之间要做到权力不争、责任不让，通力合作。

(3) 领导者要宽严并济。领导者律己要严，绝不做损害别人和集体之事，绝不做为自己谋私利之事；领导者要忠诚待人，令人乐于与之亲近；宽严并济并不是无原则地迁就，对待别人的错误，一定要和风细雨地指出，直到心悦诚服地接受，并给人改正的机会。

(四)控制职能

1. 控制的内涵

控制主要是组织在动态环境中为保证完成既定目标的实现而采取的检查和纠正偏差的过程。在这一概念中，揭示了以下问题。①组织环境的不确定性。组织必须通过控制来及时了解环境变化的程度和原因，对原计划和目标采取有效的调整和修正。②控制有很强的目的性，即控制是为了保证组织中各项活动按照计划进行，最终实现组织目标。③控制是通过"监督"和"纠偏"来实现的。④控制是一个过程，是一个发现问题、分析问题、解决问题的过程。在实际工作中，无论计划制订得如何周密，由于各种各样的原因，人们在执行过程中都会或多或少地出现偏差。管理中的控制职能就是要及时地发现问题，并且深入了解实际情况，找出原因，提出解决问题的措施。⑤控制职能的完成需要一个科学的程序。实现有效控制必不可少的三个步骤是制定控制标准、衡量实际工作和纠正偏差。

2. 控制的作用及基本过程

控制是管理工作的重要职能之一，是管理过程中不可分割的一部分，是组织各级管理人员的一项重要工作内容。控制是保证企业计划与实际作业动态相适应的管理职能，没有控制就难以保证一切活动按照计划进行。一个有效的控制系统可以保证各项活动朝着达到组织目标的方向进行，而且控制系统越完善，组织目标就越容易实现。

控制的基本过程：制定控制标准、衡量实际工作、鉴定并矫正偏差。

3. 控制方法

企业管理实践中，管理人员除采用现场巡视、监督或分析下属提供的工作报告等手段进行控制外，还经常借助预算控制、比率分析、审计控制等方法进行控制。

(1) 预算控制就是根据预算规定的收入与支出标准来检查和监督各个部门的生产经营活动，以保证各种活动或各个部门在充分达到既定目标、实现利润的过程中对资源的利用，从而费用支出受到严格有效的约束。预算内容主要涉及：收入预算、支出预算、现金预算、资金支出预算、资产负债预算。

(2) 比率分析就是将企业资产负债表和收益表上的相关项目进行对比，形成一个比率，从中分析和评价企业的经营成果和财务状况。常用的有财务比率和经营比率。

财务比率可以帮助我们了解企业的偿债能力和盈利能力等财务状况，主要有：流动比率(流动资产与流动负债之比)、负债比率(总负债与总资产之比)、盈利比率(企业利润与销售额或全部资金等相关要素的比例关系，如销售利润率、资金利润率等)。

经营比率也称为活力比率，是与资源利用有关的集中比率关系，反映了企业经营效率的高低和各种资源是否得到了充分利用，主要有：库存周转率(销售总额与库存平均价值的比例关系，反映了销售收入相比库存数量是否合理)、固定资产周转率(销售总额与固定资产之比，反映了单位固定资产能够提供的销售收入)、销售收入与销售费用的比率(表明单位销售费用能够实现的销售收入)。

(3) 审计控制。审计是对反映企业资金运动过程及其结果的会计记录及财务报表进行审核、鉴定，以判断其真实性和可靠性，从而为控制和决策提供依据。

依据审查主体和内容的不同，可将审计分为以下三种类型。

外部审计：是由外部机构(如会计师事务所)选派的审计人员对企业财务报表及其反映的财务状况进行独立的评估。外部审计人员需要抽查企业的基本财务记录，以验证其真实性和准确性，并分析这些记录是否符合公认的会计准则和记账程序。

内部审计：是由企业内部的机构或财务部门的专职人员独立进行的。它不仅兼有外部审计的目的，还要分析企业的财务结构是否合理；不仅要评估财务资源的利用效率，还要

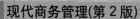
检查和分析企业控制系统的有效性；不仅要检查目前的经营状况，还要提出改进这种状况的建议。

管理审计：是利用公开记录的信息，从反映企业管理绩效及其影响因素的若干方面将企业与同行业其他企业或其他行业的著名企业进行比较，以判断企业经营管理的健康程度。该方法虽然可以组织内部的有关部门使用，但为了保证某些敏感领域得到客观的评价，企业通常会聘请外部专家来进行。

二、现代商务管理原理

原理是揭示自变量与因变量之间恒常不变的关系式，即要揭示自变量与因变量之间的规律。管理原理是指对管理工作的实质内容进行科学分析总结而发现的基本规律，透过对现实中纷繁复杂的管理现象的抽象，对各种管理规律进行高度的概括，因而对现实的管理活动具有普遍的指导意义。

根据原理的基本定义，管理原理可描述为：管理效率(果)=f(人本，系统，效益，责任)。其中，管理效率为因变量，人本、系统、效益、责任分别为四个自变量，两者之间有着必然的因果关系。每个自变量与管理效率(果)的关系又可分别表述为以下四个基本原理。

(一)人本原理

人本原理是指管理的一切活动要以人为核心，以调动人的主观能动性和创造性为出发点。管理理论发展到20世纪末才充分认识到这一原理。在传统工业社会时代，人被视为机器的一部分或一种工具，只要采取"胡萝卜+大棒"的政策，人就会在外在刺激之下努力工作。此时人的主观能动性和创造性丝毫没有被考虑到。到20世纪中后期，知识经济逐渐成为社会发展的主流趋势。知识经济以人的知识和创造性为核心要素，管理理论开始充分认识到了这一客观社会现实，并进行了归纳和总结。在知识经济社会，人不仅会受外在的物质待遇和奖惩制度的影响，而且会具有极强的主观能动性，实现自身价值和成就一番事业的动力会推动人努力地去工作。人本原理的主要内容如下。

1. 人是管理的主体

管理活动的对象包括人、财、物、技术、时间、信息等基本要素。在这些要素中，只有人是管理的主体，其他要素都是管理的客体。虽然在一定意义上人也是管理的客体，但首先它是作为管理的主体而存在的。从一般角度来看，激发人的积极性和主动性是管理的首要问题。现代管理理论和大量管理实践都表明，对任何一个组织的管理，都要贯彻人本原理，而贯彻这一原理的首要问题就是如何调动人的积极性和主动性。而要调动人的积极性和主动性，就必须从存在千差万别的人的内在需求出发，结合管理的情境，运用不同的手段和方法进行人本管理。在现实管理实践中，待遇、感情、晋升、授权、培训等手段都会被用来调动员工的积极性和主动性。

2. 有效管理的关键是员工参与

员工对工作的满意感不仅来自工作条件、工作环境、工作待遇等外部因素，而且更为重要的是来自员工参与工作本身的成就感和成长感。要想让员工对工作总是充满主动性和创造性，让员工参与管理是一个很好的方法。员工参与管理以后，管理者不是自上而下地发号施令，而是鼓励员工对自己的工作负责，勇于探索、敢于尝试，同时，通过培训和教育不断提升员工的工作心态和工作技能，使员工更有能力积极参与到工作之中。让员工参与到工作中有许多形式，比如有权力决定工作时间和工作地点、对工作方式拥有发言权、工作丰富化、参与到工作决策之中等。

3. 管理是为人服务的

管理是以人为中心的，是为人服务的，最高目标是为了实现人的全面发展。在组织中，管理者一方面以制度和职权为条件，利用监督、约束、强制和惩罚等手段对组织成员进行管理；另一方面，他们也会以情感和文化为基础，使用尊重、激励、引导和启发等方式进行管理。人本原理更加提倡在组织中进行民主管理、自我管理和文化管理。人本管理不仅强调如何以柔性的方式来管理员工，而且主张善于发现人才、培养人才和合理使用人才。在人才管理领域中，人本原理要求管理者在工作中能实现人岗匹配、人尽其才、才尽其用的目标。

(二)系统原理

系统原理是指任何一种组织都可视为一个完整的开放的系统或某一大系统中的子系统。企业属于整个社会大系统中的一个子系统，如果把企业简单地视为一个生产加工单位，那么它的输入端和输出端都与整个社会大系统密切相连。输入端需要从企业之外的社会大系统中获取原材料、零部件、劳动力、资本、技术等要素投入到生产中；输出端则是把生产加工的产品或创造的服务投入企业之外的社会系统中来满足顾客或用户的需求，从而获得资金回报或声誉回报。企业内部本身也存在着许多子系统和亚系统。比如一个典型的大中型工业企业系统通常包括研发子系统、生产子系统、销售子系统、财务子系统和信息子系统等。依据系统原理的含义，我们可将系统原理的外延分解为以下内容。

1. 整体性原理

整体性原理是指系统要素之间的相互关系及要素与系统之间的关系，以整体为主进行协调，要求局部服从整体，使整体效果为最优。整个系统是由不同的要素构成的，但整体并非部分或要素之和，整体可能大于各个部分之和，也可能小于各个部分之和。当企业中各个部门之间群策群力、资源共享、优势互补时，整个企业的系统功能就会优化，从而实现整体功能大于部分之和；当企业中各个部门之间相互争权夺利、对责任相互推诿时，整个企业的系统功能就会出现退化，此时整体功能可能小于各个部分之和。管理者必须要善

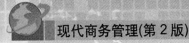

于协调局部和整体之间的关系,保证局部之间能够实现有效协同。

2. 动态性原理

系统作为一个不断运动着的有机体,其稳定状态是相对的,运动状态是绝对的。在外部环境的影响和作用之下,系统总是存在着变化的状态。特别在今天知识经济的时代,变化成为唯一不变的主题。企业是社会经济系统中的一个子系统,它为了更好地在变化的市场环境中生存和发展,必须不断地完善和提升自己的系统功能,即从外部以低成本获取高质量的资源,在内部加快把投入品转化为产出品的速度,然后把高质量的产品或服务以最便捷的方式送到顾客面前以满足顾客的需求。为此,企业内部的系统必须要进行不断的调整和变革,包括企业的产品结构、工艺过程、生产组织、管理机构、规章制度等,都必须做到与变化的环境相适应。

3. 开放性原理

任何系统都具有开放性特点,不存在一个与外部环境完全没有物质、能量、信息交换的系统。从理论角度来看,完全封闭的系统其熵(体系的混乱程度)将逐渐增大,活力逐渐减少,最终将会消灭。任何有机系统都是耗散结构(耗散结构是自组织现象中的重要部分,它是在开放的远离平衡条件下,在与外界交换物质和能量的过程中,通过能量耗散和内部非线性动力学机制的作用,经过突变而形成并持久稳定的宏观有序结构)系统,系统通过与外界不断交流物质、能量和信息获得生存的基础和动力。并且只有当系统从外部环境获得的能量大于系统内部消耗散失的能量时,系统才能不断克服熵,从而不断发展壮大。对于企业系统来说,环境中总是蕴含着大量丰富的能量和信息。

(三)效益原理

效益原理是指组织的各项管理活动都要以实现有效性、追求高效益作为目标。现代管理学大师彼得·德鲁克认为:作为管理者,不论职位高低,都必须力求有效。管理者的"有效"即指管理者通过自己的付出和投入,帮助组织实现良好的绩效和结果。对企业管理者来说,最主要的有效性是指能帮助企业节省成本,创造更多的利润。现实中除了管理水平会影响企业效益之外,科技水平、资源消耗和占用的合理性等因素都会产生直接或间接的影响。管理者应该充分发挥管理功能,利用先进的科技工具,在资源获取、资源配置和资源使用等方面为企业节省更多成本,创造更多的效益。效益原理的主要内容如下。

1. 正确认识效果、效率、效益三者的关系

效果是指人们或组织采取某种行动所带来的各种结果。这些结果是为满足组织内外的各种利益相关者服务的。当结果能满足主要的利益相关者的需求时,说明效果比较好,否则说明效果比较差。比如,企业引入某项先进的生产流水线,管理者希望能推动劳动生产率的提高。可是由于生产工人担心被辞退,因而经常消极怠工,甚至故意破坏先进设备。

结果显然没能达成管理者的初衷，导致引进先进流水线的行为没有取得很好的效果。

效率是指在单位时间内的投入与所取得的效果之间的比率。这个比率经常用来衡量管理水平的高低。比如，要衡量企业的管理水平，就必须要考察企业投入的时间、资金、技术、人力等各种资源投入与所获得的产出利润之间的比率。在单位时间里，如果消耗的资源投入越少，获得的效果越好，说明效率越高；相反，则说明效率越低。

效益是某种活动所产生的有益效果及其所达到的程度，是效果和利益的总称，主要包括经济效益和社会效益两个部分。经济效益主要是指用金钱来衡量的各种收益性成果；而社会效益则是指用声誉和名声来衡量的各种收益性成果。对企业来说，经济效益的获得是最根本的，没有经济效益企业就无法生存和发展；企业又不能单纯停留在对经济效益的追求层面上，必须以履行更多的社会责任来体现对社会效益的追求。对社会效益的追求反过来会促进企业经济效益的提高。

2. 树立可持续发展的效益观

可持续发展(sustainable development)是指既满足当代人的需求，又不损害后代人满足需要的能力的发展。我们将其引申为：既满足企业当前需求，又不损害企业将来满足需要的能力。

企业作为一个经济系统，它与自然生态系统密切相连，企业需要从自然界获取各种自然资源作为生产投入品，同时企业的整个生产制造过程可能会对自然生态系统产生各种不好的影响，比如排放废水、废渣、废气等对环境造成破坏。因此随着自然资源的短缺与自然环境的恶化，在企业与自然界之间我们必须树立可持续发展的效益观。此外，在与企业密切联系的经济系统中存在着各种各样的利益相关者。企业在追求自身效益的同时还必须要具有长远眼光和全局视野，充分兼顾各个利益相关群体的利益和偏好，否则企业将无法获得长期的生存和发展机会，一遇到危机事件就可能朝夕不保。比如为节省成本，在奶粉中加入对消费者身体健康产生重大影响的三聚氰胺，三鹿集团因为这个危机事件而破产倒闭。总之，对企业管理者来说，无论是从与自然界和谐相处的角度，还是从与其他利益相关者长期共赢的角度来看，都必须要树立可持续发展的效益观。

(四)责任原理

责任原理是指在合理分工的基础上明确规定各部门和个人必须完成的工作任务和必须承担的相应责任。管理过程就是追求责、权、利相统一的过程，职责是特定职位应承担的责任，是行使权力应付出的代价，其本质是一种义务，它是组织维持其正常秩序的一种约束力。它会在数量、质量、时间、效益等方面对组织成员的行为进行规范。职权是为完成工作任务而授予的权力，是支使他人进行工作的一种力量，其本质是一种利益。任何管理者都必须具有一定的职权才能实行真正的管理。在现实中要特别注意职权和职责对等问题。从理论角度来看，职权和职责必须对等，即有多大的职权就应承担多大的职责。

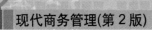

在管理中落实责任原理，必须做好以下几个方面。

1. 明确每个人的职责

在设计组织架构时要重点解决职位设计、权责关系的确定问题，明确这个职位应该做什么，不应该做什么，要承担什么责任，出现任何后果都能找到相关责任部门和责任人。要保证职责分配到人，首先要划清职责界限。在实际工作中，有些责任界限容易搞清楚，而有些则比较困难。一般遵循现场第一责任人制度，在事前确定好每项工作的直接责任人。保证职责内容的具体化，便于检查、考核和奖罚。无法具体化的职责内容不要写进岗位职责说明书中。

2. 授权要恰当

作为一个管理者，能力、时间和精力都是有限的，此外有时出于培养下属和接班人的目的，许多工作都要授权给下级去干。管理者必须要做到善于授权，不必像三国时的诸葛亮那样事必躬亲。领导者通过授权，既能使自己从一些具体事务中脱离出来，专心处理重大事项和进行战略决策，同时也能借此充分调动下级的工作积极性。管理者的授权必须要恰当：授权太少，下级不好开展工作；授权太多，下级缺乏应有的能力，导致无法顺利完成交付的任务，同时也容易失控，影响组织全局。

3. 奖惩要分明、公正而及时

只有职权和职责的划分，而没有完善的考核，也经常会使管理偏离目标，组织失去控制。加强员工工作完成情况的考核，并进行及时公正的奖惩是管理者日常工作中的两个重要环节。在明确的绩效考核标准的指导下，对有成绩有贡献的成员进行及时的肯定和奖励，有助于维持和调动他们的积极性。对于没有按照要求和规定完成工作的员工要进行惩罚。惩罚的目的在于改变员工所表现出来的不利于组织绩效的行为，通过惩罚少数人来教育多数人，从而强化管理的权威。不管是奖是罚，都要做到制度化、规范化，要做到公正和及时，并以提高组织绩效为出发点和归宿。

第五节　商务管理的历史经验和发展趋势

一、商务管理的历史经验

(一)顺应流通革命潮流，选择最佳经销方式

在西方商业发展过程中，已出现过三次"流通革命"，它们都是以新的零售商业组织形态的出现为标志的。所谓"流通革命"，是指新的流通方式较之之前传统的流通方式要产生颠覆性的变化，这种颠覆性体现在：能极大地加速商品流通速度和扩大商品流通规模。这

三次流通革命分别是 19 世纪后期兴盛起来的百货商店、20 世纪 30 年代出现的超级市场和 20 世纪 60 年代后期兴盛起来的连锁商店。但这三次"流通革命"的背景和影响远远超过了零售商业的范围。19 世纪后期，资本主义由自由竞争向垄断竞争过渡，大规模的生产体系初步形成，这就要求有相适应的市场销售系统，在这个背景下，百货商店产生了。由于百货商店大多采取了股份公司的形式，资金雄厚和对零售市场实行垄断，从而改变了过去零售领域零星小资本经营依赖于批发的状况，使整个商业体系发生了革命性的变革，既适应了消费者大量购买的需要，又使产业资本的作用更为明显。20 世纪 30 年代超级市场在美国出现，由于它采取了自我服务的销售方式和电子计算机等先进技术手段，从而开始了商业现代化的进程，比之百货商店更能适应大生产和广大消费者的需要。20 世纪 60 年代后期连锁商店的广泛发展，一方面是因为资本积累和集中的需要，另一方面则因垄断产业资本始终都排除商业的倾向，而连锁形式有利于他们直接控制零售商。

综上，"三次流通革命"不仅使产业资本侵入流通领域，而且通过连锁化，朝着产销一体化的方向发展。"三次流通革命"同时表明：商业经销方式是不断发展变化的，企业开展商务活动要善于掌握这种变化规律，选择最有利于扩大销售的经销方式。

(二)重视跨国经营，开拓世界市场

跨国化是当代经营的一个重要趋势，企业要发展，要拓展商务领域，不能无视跨国化的潮流。因为市场经济发展的内在要求必然是市场无限扩张，直至全球，形成生产要素的跨国性配置。随着国际分工的发展和分工体系的形成，各国在经济上的相互依赖程度空前提高，特别是科技、交通、运输、通信、信息事业的巨大进步，使商品流通成为世界经济领域中变化最为突出的领域。跨国公司已经成为世界经济舞台的主角，它通过市场在全世界范围内调集和配置资源，通过公司内部的分工，将产品(劳务)的生产过程和销售过程连成一体，极大地促进了世界经济一体化的形成和发展。在跨国公司的推动下，国际经济合作成为一种潮流，合资经营、合作经营、外资经营、补偿贸易、许可证贸易等投资经营方式层出不穷。这些变化必然会给企业的商务活动带来机遇和挑战。企业要善于运用跨国公司的经营方式，加强经济合作，努力开拓世界市场，扩大企业产品的市场范围和生存空间，以期在世界范围内赢取利润。

(三)加强战略研究，防范经营风险

随着竞争的加剧，战略经营的重要性日益明显。一个企业的成败不在于某一次、两次商务活动的成功与失败，而在于经营方向决策的正确与否。如果经营方向错了，将导致竞争的失败。现代商务活动已经超出了经营商品的范围，扩展到对企业发展全局产生深刻影响的资本经营领域。尤其是企业实行多角化经营战略后，企业的商务活动不是固定在某一产品或服务领域，而是涉及多个产业领域，资本的流动更为频繁，商务的风险明显增大。为此，商务管理的思维方式要产生革命性变革，不能单纯地把商务活动的重点放在已经形

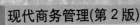

成的某种或某几种产品及服务上,不能单纯研究如何扩大这些产品的市场占有率,而应把管理的重点放在制定经营战略、开拓新的市场领域以及资本的有效运营和经营风险的有效防范上面,用动态管理的思想去指导企业的商务活动。

(四)营造商业环境,塑造良好形象

以市场需求为导向的商务活动,客观上要求商务管理要树立强烈的市场观念,满足消费者的需要。随着消费需求的高级化,人们对商业环境的要求越来越高,对企业形象的要求越来越突出。在这方面,商务管理的经验如下:①现代商业利润在很大程度上同商业环境密切相关。良好的商业环境是一种重要资源,可以带来不可估量的经济效益和社会效益。②商业"硬环境"包括两方面的内容,一是企业的地理区位;二是基础设施方面的条件。商业"软环境"是指政治、经济、社会、文化等方面的条件。由于商业环境具有强烈的国际化比较性,必须高度重视环境的美化、优化,以适应现代市场竞争的需求。③环境营造是一项系统工程,要从劳动者素质、经营管理水平最基础的工作着眼,激发职工的积极性与创造性。

二、商务管理的发展趋势

(一)商品和服务的个性化

在商品活动领域,实现产品和服务的个性化是现代化的一个重要内容。在信息技术出现以前,为了提高生产效率,工业生产主要采用大批量的生产方式。这样虽然降低了成本,但造成了产品的单一,而且不能适应市场变化的需要。要实现服务和产品的个性化,只有在信息技术和信息网络的支持下,才能够既实现个性化服务,又不提高服务成本。例如,戴尔计算机公司利用互联网推出了用户在网上定制微机的业务,顾客可以根据自己的需要,选择微机的配置,也就是说,顾客可以在网上自己组装一台计算机。这种网上定制微机的服务,不仅因其个性化的服务而使顾客满意,同时还因其网络化营销而节约了成本,使戴尔公司产品的价格富有竞争力,从而在美国荣登微机生产销售的榜首。再如,海尔集团于2000 年 3 月 10 日在家电企业中率先推出电子商务开放式交易平台,在集团的网站上,除了推出产品的在线订购销售外,最大的特色就是面对用户的四大模块:个性化定制、产品智能导购、新产品在线预订和用户设计建议。这些模块为用户提供了独特的信息服务,并且使网站真正成为与用户保持零距离接触的平台。

由于商品和服务的个性化需求趋势,导致商务管理活动也必须追求个性化管理,表现在商品定制、销售、运输、服务等均应实行个性化管理。

(二)经营环境的法制化

为了有效地开展市场竞争和保护经营者的合法权益,以及维护消费者权益等,世界各

地都非常重视经营环境的法制化，同样，商务管理的发展趋势也朝着这个方向改变着。在商品买卖的过程中，各个经济主体之间存在着复杂的产权关系、交易关系，只有对这些关系加以法律规范，明确各自的责、权、利，才能为商务活动的开展提供前提条件。因此，商业经营的法制化是现代商务管理发展的重要趋势。以美国为例，涉及商业的主要立法有《劳资安全法》《联邦贸易法》《消费者安全法》等。在我国，合同法、公司法、反不正当竞争法、反垄断法、产品质量法、消费者权益保护法、食品安全法、劳动合同法等一大批法律、法规逐步健全与完善，已经对我国的商务管理活动产生了深层影响。商务管理活动适应这一趋势已成必然。

 本章小结

(1) 本章重点介绍了现代商务及其基本的特性，并简单介绍了商务活动在生活中的应用，能使读者更形象深刻地理解现代商务活动的确切含义。同时还为大家介绍了商务活动有哪些内容，将会有怎样的发展趋势。

(2) 从商务的定义，还可以看到商务活动的如下特征。

第一，交易性：任何商务活动都要涉及交易，即买卖。买卖(商品销售与采购)是商务活动的核心内容和最基本的业务活动。

第二，竞争性：市场中从事商务活动的经济主体成千上万，谁能为消费者或经销商提供的商品在质量、功能、价格、交易条件上占有优势，谁就在市场竞争中占有有利地位。竞争性是商务活动的必然属性。

第三，利益性：从事商品买卖的最终目的是要盈利，而不是自己消费或无偿为社会提供商品或服务。这一特性是商务组织存在的前提和发展的理由。

(3) 本章还介绍了现代商务组织与管理原理。现代商务组织的基本形式是企业，企业是现代商务活动的基本单位和基本组织，也是市场活动最重要的主体，是市场机制运行的微观基础。企业是一个历史概念，在封建社会及以前的社会，人类社会没有企业这个名称。当人类发展到资本主义社会时，企业这个名称才应运而生。企业在客观上有大、中、小之分，但只要是企业，就要有一定的组织体系和规模，按一定的章程来运作。

(4) 本章重点罗列了现代商务的管理职能：计划职能、组织职能、领导职能和控制职能。同时伴随职能一起产生的还有管理原理。现代商务的管理原理包括人本原理、系统原理、效益原理和责任原理。

(5) 商务管理的历史为我们提供了宝贵的经验：第一，顺应流通革命潮流，选择最佳经销方式；第二，重视跨国经营，开拓世界市场；第三，加强战略研究，防范经营风险；第四，营造商业环境，塑造良好形象。

海尔：攻占世界市场

韦尔奇说："如果中国企业因自封在国内生产，向其他国家出口，这就不是一个可持续发展的方式。如果你要问一个特定的战略，那就是我的战略。"他的话最主要的一点，就是我们要到世界市场的8848(珠穆朗玛峰高度)去建厂，这是一般的机制。客户经济的一个重要特点是在客户经济条件下最重要的资源不是一般学者所讲的资金、劳力、技术、专利、品牌等。第一资源是市场，即通常说的一切资源都可以买来，只有市场是买不来的。市场本身是不可以拿钱买来的。科特勒曾说过，市场就是拿着钱来买你的产品的那些人。市场不是说一个买的一个卖的，从营销学上来讲，市场就是拿着钱来买你产品的客户群。买产品的人叫作市场，而卖产品的人叫作产业。所以，科特勒这个定义是很准确的。在营销实践上不管你经济学怎么讲，最后买卖之间是讲操作的。包括官员们也常说，拿市场换技术，但是换来了没有？没有换来，或者说没有换好，为什么呢？因为真正要换来的是那些拿钱去买你的产品的客户群，但要做到这一层可就不容易了。

我们先把这样一个概念弄清楚，就是客户经济条件下第一资源是市场，是市场本身。这是我们谈问题的出发点，如果不从这一点来进行分析，好多事你就没法理解。什么劳动力成本优势、资源优势、资本优势、资金优势，这一切的优势莫不是第二位、第三位的，或者说是派生的。这些都是可以用金钱买来的。然后，我们来分析"市场"。市场又可划分为高端、中端、低端三个层次。在国内，比方说上海、北京的市场肯定是高端市场；西部不发达地方，那是低端市场；其他的一些较为发达的地方为中端市场。国际市场同样如此。像美国、欧洲的一些重要国家，是高端市场，那么其他地区有的是中端市场、有的是低端市场。显然，如果一个企业想做世界级品牌，它就必须攻高端市场。不攻高端市场，怎么能做世界级品牌呢？海尔下决心去做世界级品牌，那它就必须去攻高端市场。

我一直认为，首要的还是要不要去攻高端，其次才是时机问题。若确定要攻了，那么就攻世界级高端市场，也就是要攻世界市场的8848(珠穆朗玛峰)，那只能到美国去。法国阿尔卡特老总也是这么说的。当然，日本的、欧洲的也是高端市场了，但是它们当中最高的还是在美国。纵观世界各国企业的战略，人们看到日本是这么做的，德国是这么做的，法国也是这么做的，几乎没有谁不是这么做的。刚才引用的韦尔奇的那段话已说得很清楚了。当年日本把美国吓得要命，据说是因为"日本人要买下整个美国"，当时的一些美国人害怕了。华尔街有好多大公司被日本人买去了，被日本人买去了他们也害怕。这是一般规律，在这个意义上说，进军南卡并不是海尔的独创。它的目标就在创造世界级品牌。它要创世界级品牌这一点似乎是没有什么疑问的，因此，就要占领高端市场，否则就无法说是一个世界级品牌。这后面更深一层的内涵，在许多人那里似乎不曾想过或未曾深深地思考过。

(资料来源：管益忻·海尔创业二十年演讲稿)

讨论题

1. 企业最重要的资源到底是什么？为什么？
2. 市场的本质何在？如何抓住市场？
3. 海尔攻占世界市场的原因何在？

 思考题

1. 什么是商务？什么是商务管理？
2. 说说现代商务管理的基本职能。
3. 列举出生活中常见的商务活动。
4. 商务管理将会有什么样的发展趋势？
5. 现代商务管理的原理有哪些？

第二章 现代商务管理的思想与理论

▦【学习要点及目标】

- 了解中国传统商业思想的基本构成。
- 掌握商德、仁义、忠信与礼和的基本含义。
- 了解重商主义和自由贸易主义的基本思想。
- 掌握重商主义和自由贸易主义的主要政策、措施。
- 了解马克思流通思想的基本观点。
- 掌握现代商务思想与理论的基本内容。

▦【核心概念】

商品流通　交易　商务管理　思想　理论

▦【引导案例】

中国为什么没有独立的商业伦理？

中国为什么没有独立的商业伦理？为什么在西方文明中，而且只有在西方文明中，出现了一个(我们认为)其发展具有世界意义和价值的文化现象，这究竟应归结于怎样一些环境呢？1904 年，40 岁的德国宗教社会学教授马克斯·韦伯提出了这个问题。要回答上述疑问，并不容易，在本人看来，答案有两个：其一是经典儒学大师对经济行为的蔑视。在先秦诸子中，孔孟对工商业的阐述很少，到汉武帝时期采取独尊儒术的国策之后，历代儒家在经济政策上少有突破。其二，则与中国的大一统政体有关。自公元前 221 年，秦始皇统一中国以来，在中央集权的帝国模式之下，历代治国者形成了丰富的、中国式的行政模式和经济治理经验，与之相伴随的，则出现了极富特色的、先盛后衰的工商文明。当中央集权形成之时，必是专制生成、民间羸弱之际，而当地方做大之时，又必然产生割据分裂的景象。中国所有朝代的兴衰更替，无一不是这一逻辑的具体表现而已。而在这一轮回中，工商经济一次次地成了牺牲品和殉葬品。于是，2000 余年来，我们看到的景象正是，在独特的国家治理模式之下，中国从来没有独立的工商运行体制，所以，从来就没有独立的商业伦理。在这样的前提下，造成的另外一个结果是，企业家阶层对自身的身份认同感非常薄弱。

自古以来，对经商者身份的鄙视不仅仅来自统治者及知识阶层，甚至连他们自己也对此颇为不齿。费正清就曾经说过，中国商人最大的理想就是，他的子孙不再是商人。即便到了晚清，张謇也把自己的下海经商称为舍身喂虎。20 世纪 20 年代期间，上海的出版事业空前繁荣，杂志及图书印刷总量竟已超过美国，各种杂志百家齐放，可是却没有一本商业杂志——仅见的一本是张公权等人创刊的银行公会内刊，在社会上并没有公开的影响力。我们可以认定，企业家阶层开始对自己具备了一定的身份认同意识，是本次改革开放的一个重大事件。当然，从现今的景象来看，这种身份认同仅仅体现在财富自觉的层面上，在阶层自觉上，还远没有开始。

（资料来源：吴晓波. 中国的商业伦理[J]. 东方企业家，2010(10).）

【案例导学】

对于理论的价值，中国人民的伟大领袖毛泽东在《实践论》中明确指出，"我们的实践证明：感觉到了的东西，我们不能立即理解它，只有理解了的东西才更深刻地感觉它。感觉只解决现象问题，理论才解决本质问题"。

商务活动是一种具有多个环节的社会经济过程，客观地受到社会经济发展状况的制约。在现代企业商务管理过程中，既要遵循商品流通中特殊的经济规律，又要研究现代社会经济发展中支配社会经济活动的共有经济规律对商品流通的作用。一般而言，这些基本经济规律共有四类：一是商品流通必须要遵循人类社会发展的一般规律，如生产关系要适应生产力发展的规律和劳动生产率不断提高的规律；二是商品流通要遵循社会主义市场经济发展的规律，如社会主义经济发展规律和按劳与按生产要素相结合的分配规律；三是商品流通应当遵循商品经济的发展规律，如价值规律、供求规律、竞争规律；四是商品流通领域中特殊的经济规律，如商品等价交换规律、商品自由流通规律、节约流通时间规律、流通费用不断降低规律、商品流通资本运动规律等。为了提高经济活动的科学性，取得理想的经济效益，企业商务活动必须研究、认识、掌握和运用这些经济规律，认真地按照规律的要求办事。只有这样，才能使商务管理更加科学，才能实现企业商务管理的预期目标，促进企业经营管理工作持续、健康地发展。

在社会主义市场经济条件下，作为满足社会商品与服务需求的企业，流通是生产得以进行和维持的必要前提，而生产则是流通赖以进行的基础和归宿。生产和流通二者是相互决定、相互制约、互为媒介的矛盾统一体。从生产对流通的决定作用来看，生产决定着流通的内容、流通的规模，从流通对生产的影响和制约来看，流通是商品生产、存在和发展的前提条件，流通对社会扩大再生产的速度、比例、结构都起着决定性的影响。而且，随着商品生产的发展，流通对生产的决定性影响作用将会越来越大。可以这么说，现代经济社会中的流通比生产更为重要。

第一节　传统商务思想与理论

一、中国传统的商务思想与理论

相对而言，商业既是一种经济活动，也是一种文化活动，其存在和发展有着自身的特殊规律。中华文化源远流长，其中古老而优秀的商业思想、商业伦理积淀深厚，与现代市场经济存在着不少同构与契合的因素，对现代商业文明的培育能产生积极的促进作用。

(一)商德之道与"货畅其流"思想

中国的古人常说："君子爱财，取之有道。"这个"道"实际上就是理财文化加商德，真正把经商作为事业的人都深明此理。具体而言，"爱财"就是追求效益，"取之有道"就是在追求效益中要讲有德之道法。这里的"德"起码包括四个方面：依法经营；规范经营；依靠优质服务而不是投机取巧和邪门歪道；符合国家的宏观经济政策。也就是说，商人获取效益的"道"绝不是建立在损害他人利益的基础上，而是追求自身效益、企业及社会效益的统一。作为一种商业思想，我国传统商业文化和伦理有着广泛、丰富和深刻的内涵，如以诚待客、以义制利、公平守信、货真价实、童叟无欺、和气生财、薄利多销等思想，曾经对我国商业的繁荣和发展起过良好的导向作用，并对东亚、东南亚一些国家和地区的经济发展产生过重大影响。

日本著名企业家涩泽荣一说过："所谓商才，原应以道德为本，舍道德之无德、欺瞒、诈骗、浮华、轻佻之商才，实为卖弄小聪明、小把戏者，根本称不上真正的商才。商才不能背离道德而存在。因此，论道德之《论语》自当成为培养商才之'圭臬'。"他以《论语》治商，创办了日本首批银行、保险、电信、铁路、纺织、电力等多行业的大企业，事业上获得极大成功，被誉为日本"企业之父"。

松下电器公司在旅游胜地建有松下电器商业学院，将《大学》《论语》《孟子》和《孝经》四部儒家经典列为必修课程，将《中庸》中的"明德、亲民、止于至善"作为学员的研修目标。具体来说，就是强调企业人在商业道德实践中竭尽所能、身体力行，在人际交往中至诚无欺，为人处世力求完美，实践"商业之道在于德"的思想，并以此建立人性化管理模式。

我国清末著名晋商乔致庸曾谆谆告诫子孙："经商之道首重信，即以信誉赢得顾客。次讲义，不以权术欺人，该取一分取一分，昧心黑钱坚决不挣。第三才是利，不能把利摆在首位。"他不仅言传，而且身教。也正因为如此，乔氏家族才能在谲诡多变的商海角逐中站稳脚跟，从一家简陋的乡村小店，逐渐发展成为"雄踞包头"、在全国各地拥有20多个"码头""汇通天下"的"一代财雄"。

(二)仁义之道与"逐利思义"思想

在中国传统社会，商人形象常常与"无商不奸""为富不仁"等概念联系在一起，构成了农业社会特有的"贱商"心理。乐善好施既可以满足商人积功立德的心理欲望，又可以借此造成社会效益，同时也为商人赢得良好的声誉。实际上，多数成功商人所奉行的"贾道"，并非商业欺诈，而是根植于儒家伦理的商业道德。"仁"是儒家伦理的核心，它的基本内涵是推己及人的仁爱之心。

孔子曰："己欲立而立人，己欲达而达人。"要求人人持恻隐心，克己复礼，以爱化同天下。"义"，指是非善恶之心，凡符合社会道德之事皆为义。董仲舒把"爱人""正我"视为仁义的根本，提出"仁之法，在爱人，不在爱我。义之法，在正我，不在正义"。商业以逐利为目的，在"逐利"与"克己""正我"的矛盾之间，古代商人选择了既不违背仁义之道，又不影响获取利益的两全之策，即化义为利、逐利思义。体现在商人行为中则表现为公平交易，互惠互利，乐善好施。这样做既顾全了"仁爱"之心，又可开辟更加广阔的商业市场。司马迁在总结"廉贾五利之术"时认为，贪贾以奸盈利，只能得三分之利，廉贾以义化利，能得五分之利。历史上许多商人致富的经验，也证明了义利互动的奥妙。如商人始祖陶朱公范蠡，在帮助越王勾践成就大业后，毅然辞官入齐国经商，很快积资数十万，但他奉行取之社会，造福于社会的原则，散尽资财，转入陶经商，不久又积累了大量财富，再次分散给贫苦百姓，从而为中国商人树立了仗义疏财、慷慨捐赠的榜样。

也曾有中国古人说："天下熙熙，皆为利来，天下攘攘，皆为利往。"可见，从事生产和经营赚钱，是天经地义的事。孔子曰："富与贵，是人之所欲也，不以其道得之，不处也；贫与贱，是人之所恶也，不以其道得之，不去也。"故"君子爱财，取之有道"。孟子曰："义，人之正路也。""义"作为儒家重要的道德规范之一，指人的思想和行为要符合一定的标准。做人要讲义，而做生意要赚钱，这就产生"义""利"之矛盾。如何处理义、利之间的矛盾呢？儒家的态度是"见利思义""舍生取义""利以养其体，义以养其心"。可见，儒家伦理反对以利为中心，强调要先义后利，不发不义之财，不做不义之事，反对重利轻义、见利忘义甚至不择手段的唯利是图。

儒家的以上主张在古往今来的经济活动中，得到了很好的验证。以百年老店同仁堂为例，其创始人乐显扬一开始就以"养生""济世"为宗旨，提出"制药虽无人见，存心自有天知"的信条，坚守"炮制虽繁必不敢省人工，品味虽贵必不敢减物力"的古训，向社会提供配方独特、选料上乘、工艺精湛、疗效显著的治病良药，深受消费者信任。其实，不仅仅是同仁堂，历史上业绩卓著的生产经营者大都先义后利，把发展企业、谋求利润的行为服从于国家兴旺、民众幸福的大局，为国效力，为民造福。而那些见利忘义的生产经营者，虽然一时能聚敛一大笔无义之财，但最终必然是"以不义得之，必以不义失之，未有苟得而长也"。

(三)忠信之道与"诚信无欺"思想

中国儒家视"忠""信"为待人处事的准则，儒家文化中诚信作为一条重要的道德原则，既是人立身处世、自我修养的基本原则，也是人们进行市场交易活动的基本原则。在儒家文化的影响下，逐渐形成了儒商"诚信为本"的商业伦理，"人无信不立，店无信不开""言必信，行必果"，履行对顾客的承诺，成为生产经营活动中商业道德的重要内容，也是形成市场主体良好商誉的必要条件。中国历来有崇尚诚商信贾的传统，把信誉视为企业的生命，由此也孕育出一条格言："诚招天下客，信揽四方财。"

中国古代社会是一个以"人治"为特色的封建制社会，国家法律的效力十分有限，尤其是有关商品经济的法律更是微乎其微。因而在商业社会内部，赖以维持其秩序的主要是道德上的信誉，这便是"诚交天下客，誉从信中来"等商业俗语的文化内涵。能否做到"诚信无欺"，不仅关系到商人的道德评价，而且直接影响商人的长远利益。孔子认为："人而无信，不知其可也。"孟子将仁、义、忠、信视为人的四大美德，希望人们乐善不倦。宋代理学大师朱熹进一步发展了孔、孟的忠信观，指出："忠信者，真实而无虚伪也。"传统商人将儒家的忠信观应用于商业，形成了"诚信无欺"的贸易原则。司马迁把商人分为"义商"和"奸商"两类。"义商"即"廉商"，义商恪守诚信无欺，公平交易，深知"黄金有价，信誉无价"。"奸商"即"贪商"，奸商作伪欺诈，牟取暴利，唯利是图，到手为快，不知"信义"为何物。

明代徽商强调"忠诚立质"，晋商强调"笃守信用"。在营销过程中，有长远目光的商户，皆能做到重然诺、守信用、市不二价，保证商品质量，童叟无欺，力求与贸易伙伴和顾客建立长期的相互信赖关系，以保障贸易关系的稳定、持久。

明代徽商吴南坡称"人宁贸诈，吾宁贸信，终不以五尺童子饰价为欺"。由于他坚持以诚取信于人，故四方百姓皆争购他的货，甚至在市场上只要看到货物的包装上有"坡公"的封识，就持货便去，毫不担心货物的精恶长短。

晋商樊现晚年以自己的贸易经验告诫子弟，认为自己数十年来能在商海沉浮中处于不败之地，唯一的诀窍便是坚持"诚信无欺"，在别人以欺诈牟取暴利的时候，始终以信接物，诚实经营。诚者，诚实，讲求货真价实，童叟无欺。信者，讲求遵规守约，以信立商。

此外，杭州"胡庆余堂"堪称义商的典范，其店内挂两块匾，一块向外一块向里。向外的匾牌对顾客，写的是"言不二价"，向里的对店员，写着"戒欺"，旁边刻有一段话："凡贸易均不得欺字，药业关系性命，尤为万不可欺。余存心救世，誓不以劣品代取厚利，惟愿诸君心余之心，采办务真，修炼务精，不致欺予以欺世人，是则造福冥冥。谓诸君之善为余谋也可。"由于坚持"戒欺"的店规，"胡庆余堂"便在消费者心目中建立了良好的企业形象，其经营百年不衰。

(四)礼和之道与"和气生财"思想

孔子的伦理思想主要表现为"仁""仁者，爱人""四海之内，皆兄弟也""己所不欲，勿施于人"。孟子曰："天时不如地利，地利不如人和。""仁"就是解决如何做人以及如何处理人与人之间的关系，如何在尊重、关怀他人的基础上，获得他人的尊重和关怀。儒商主张顺应人性的自然关系的建立与协调，注重人与人相处的和谐氛围与环境。生产经营活动中以人为本，首先体现在对内要善待员工，即了解、尊重、信任员工。知人善任，以信任换来员工对组织的忠诚，使员工和组织同呼吸，共命运，水乳交融，最终换来企业的业绩。在中国古代的许多店铺，受儒家传统仁爱思想的影响，"掌柜的"善待"伙计"，"伙计"遵从"掌柜的"，他们同心协力达到合义生利的目的，已成为商界的美德。此外，以人为本在生产经营活动中还应体现在"消费者第一"的营销理念中。市场主体应为消费者提供质量过硬的产品和服务，在消费者满意中获得企业的利润。诚如商谚："人叫人千声不语，货叫人点头自来。"

儒家伦理中的"礼"，指谦让恭敬之心。孟子曰："辞让之心，礼之端也。""和"，指人与人之间的和睦、和谐。孟子认为，在天时、地利、人和诸因素中，"人和"最为重要，是取得成功的必备前提，中国传统商人在经营实践中，充分认识到协调贸易关系的重要性，遂将儒家的礼和之道用于润滑贸易中的人际关系，总结出"和气生财""人无笑脸休开店"等处理公共关系的经验。明朝中后期被商人视为经商指南的《士商类要》告诫人们"凡人存心处世，务在中和，不可因势凌人，因财压人，因能侮人，因仇害人"。实际上，传统商人的谦让、恭敬之德不仅限于顾客至上，礼貌待客，而是泛指以和气、友善的态度处理一切与贸易有关的人际关系，包括顾客、贸易伙伴、竞争对手、政府官员，力求在自己的周围创造出一种祥和的气氛，从而减少贸易阻力。

二、西方传统的商务思想与理论

(一)重商主义理论

重商主义是在15—17世纪中叶，欧洲一些国家为了资本的原始积累、以商业资产阶级为利益代表，以政治经济为主要对象的一种经济理论和政策体系。早期重商主义理论的代表人物是尼可罗·马基雅维利，他强调物质的繁荣是政治活动的基础，他追求的最高目标是通过繁荣生产和发展贸易来建立一个强有力的进步国家。晚期重商主义的代表人物是英国大商人托马斯·孟，他认为，要增加货币财富，就必须把货币投入贸易中进行流转，即所谓"货币生产贸易，贸易增多货币"。简而言之，重商主义是在封建社会晚期和资本原始积累时期出现的一种重商主义政策和重商主义学说。因此，重商主义有两层含义：一是就经济政策而言，是指其在资本原始积累时期采取的为资本主义生产方式创造条件的经济政策；二是指反映商业资本利益和论证重商主义政策合理性的经济学说。二者不是截然分开的，而是相互促进、相互交织的。因为政策本身是在一定思想基础上产生的，而经济学说又是以社会经济实践为源泉的。

欧洲重商主义的发展经历了两个阶段：15世纪到16世纪中叶为早期重商主义阶段；16世纪下半叶到17世纪中叶为晚期重商主义阶段。这两个发展阶段是按其认识水平所达到的程度来划分的，它们都是资本原始积累时期商业资产阶级的意识形态，因此，两个阶段重商主义的基本思想是一致的，这主要表现在以下几点。

(1) 它们研究的对象都是流通领域，研究的方法都是把经济现象和商业实践经验加以描述和总结，研究的目的都是为了实用即增加货币财富。重商主义是以商业资本的运动作为其考察对象，从流通领域来研究 G—W—G′ 的运动，即考察商业资本是如何通过商品交换

来增值的,它反映了在封建社会内部逐渐成长起来的代表商业资本利益的资产阶级观点。

(2) 它们都认为金银(即货币)是财富的唯一形态,把拥有金银或货币的多寡作为衡量一国富裕程度的标准。重商主义者反对古代思想家维护自然经济和反对货币财富的观点,他们从商业资本出发,认为一切经济活动的目的都是获得金银,把金银(即货币)作为财富的唯一形态,重商主义的财富观念反映了新兴资产阶级对货币资本的渴望。

(3) 它们都认为财富(即金银货币)的来源是流通领域,但并非所有流通领域都是财富的源泉,只有输出的商品换回金银货币的对外贸易才能增加一国财富,国内贸易不能增加一国财富。因为利润是一种"让渡利润",是商品贱买贵卖的结果,而国内贱买贵卖,一人之所得为他人之所失所抵消,所以,只有对外贸易才能带来利润。

(4) 它们都认为工业生产是为商业服务的,商品生产只是贸易的条件,财富的增加必须从对外贸易中取得"让渡收入"。为此,生产活动应当紧紧围绕商业需求而展开,鼓励和发展那种生产在国外可高价畅销的商品的工场手工业。此外,在对外贸易中应遵守多卖少买的原则,对外贸易的差额必须是顺差,只有这样才能使金银流入本国。

(5) 它们都认为国家应当干预经济生活,以法令的形式保护国内工商业,奖励和督促工业生产,促进对外贸易的发展,保证本国财富的增加。因为当时商业资本的力量还比较薄弱,为保证获取大量的货币财富还需要借助封建集权国家的力量,而封建统治阶级由于开支巨大,也把商业资本作为它的经济来源的强大后盾,这是重商主义者强调国家干预经济的思想基础。

作为一种具有广泛实践性的经济思想与理论,重商主义理论主要是在新大陆、新航线发现之后随着欧洲庄园经济的解体,在文艺复兴和宗教改革的影响下,新兴商业资产阶级对一国财富的增长和财富的实现,以及与此相关的生产和流通方面所作的最初的理论探索和概括。在经济学说史上,重商主义是古典经济学产生以前对资本主义生产方式进行的第一次理论探讨。它反映的是资本主义前驱者——商业资本家的要求。因为当时资本主义生产方式还没有确定起来,产业资本才刚刚发生,在经济生活中占统治地位的是商业资本和高利贷资本,商业资本的发展促进了封建自然经济的解体和国内外贸易的发展。在这种情况下,为进一步发展商品货币关系,商业资本家便要求采取新的措施和政策,重商主义就是这一系列新措施、新政策在理论上的表现。因此,重商主义理论不再从宗教和伦理上对经济现象作规范性的论述,而是根据客观立场的因果论对社会经济做出观察,它的核心思想是以货币和商业为中心,来振兴国家经济。

(二)商品价值理论

在经济学说史上首先提出使用价值和交换价值概念的是英国经济学家亚当·斯密。斯密在考察了分工、交换和货币以后,接着研究商品价值,由货币和商品的交换比例问题进入交换价值问题的研究,并且在概念上第一次对商品的商业价值与交换价值做出了区分。斯密明确指出:"价值一词有两个不同的意义,它有时表示特定物品的效用,有时又表示由于占用某物而取得的对他种物品的购买力。前者可叫作使用价值，后者可叫作交换价值。"
继而，斯密又借助著名的"钻石与水"的悖论分析了使用价值和交换价值的关系，他认为，
使用价值很大的东西，往往具有极小的交换价值，甚或没有；反之，交换价值很大的东西，
往往具有极小的使用价值，甚或没有。例如水的使用价值很大，但交换价值很小，而钻石
的使用价值很小，但交换价值却很大。斯密在区分了使用价值和交换价值之后，进一步提
出了价值学说所要解决的三个问题：第一，什么是交换价值的真实尺度，换言之，构成商
品真实价格的究竟是什么？第二，构成真实价格的各部分究竟是什么？第三，什么情况使
上述价格的某些部分或全部，有时高于其自然价格或普通价格，有时又低于其自然价格或
普通价格。以上三个问题及其研究，对后来的商品价值理论的发展产生了深远的影响。

对于商品的价值，斯密认为，商品的交换价值不是由商品的使用价值决定的，劳动是
衡量一切商品交换价值的真实尺度。在他看来，人们之间既然有劳动分工，那么每个人所
需要的必需品，绝大部分要依赖于别人的劳动，同时每个人也都在为别人工作。因此，人
们彼此之间要交换商品，而且商品的交换不过是体现在这些商品中的劳动量的交换，所以
商品的价值就十分自然地取决于劳动。然而，斯密虽然把商品价值归结为一般的社会劳动(实
际上就是抽象劳动，即一般的无差别的人类劳动)，但是他并没有进一步分析劳动的社会性
质，使得他的劳动价值研究陷入混乱和矛盾之中，导致他的价值决定学说也是二重的。其
一，决定商品价值的劳动是生产商品时所耗费的劳动。也就是说，人们要取得任何物品，
必须经历一定的"辛苦"和"麻烦"，这种"辛苦"和"麻烦"就是生产产品所必须付出的
"代价"，这些"代价"就是劳动。因此，劳动是一切商品交换价值的真实尺度，生产商品
耗费的劳动决定商品的价值。其二，决定商品价值的劳动是该商品在交换中购买到的或能
支配的劳动。也就是说，一个人占有某种货物，但不自己消费，而用以交换其他物品，对
他来说，这种货物的价值，就等于使他能购买或能支配的劳动量。在简单商品生产条件下，
劳动者的全部生产物是属于劳动者自己的，这时，商品的价值就由生产它所耗费的劳动量
来决定，因为当商品卖出时，生产者仍将从购买者那里换回耗费了同样多的劳动时间的其
他产品。这种交换是以一种形式的劳动换回等量的物化劳动，即耗费的劳动与购买到的劳
动是等量的，因而耗费的劳动决定商品价值。

对于商品价格，斯密认为，价值规律只适用于"初期蒙昧社会"，即资本主义以前的简
单商品经济，而不适用于资本积累和土地私有权产生以后的"进步社会"，即资本主义社会。
在资本主义社会，商品价值不再由耗费的劳动量决定，而由购买到的劳动量决定，这种购
买到的劳动量则可分解为工资、利润和地租三种收入。因此，商品价值由工资、利润和地
租三种收入构成，三种收入决定商品价值，即工资、利润和地租是一切收入和一切交换价
值的三个根源。此外，斯密还认为，商品的市场价格有时高于它的自然价格，有时低于它
的自然价格，有时和它的自然价格完全相同，价格波动的原因是供求关系的变化。如果市
场上一种商品的供给量不能满足对该商品的有效需求，即供不应求，那么它的市场价格就
会高于自然价格；反之，如果供大于求，市场价格就会低于自然价格；如果供求相等，市

场价格就会和自然价格趋于一致，这是一种"自然趋势"。因为当市场上供大于求时，市场价格低于自然价格，资本家便会把资本抽掉一部分，减少该商品的生产，于是市场上的供求不久便趋于一致，市场价格也因此而升到自然价格的水平；反之，当市场上商品供不应求时，市场价格高于自然价格，资本家便会投入更多的资本扩大该商品的生产，于是市场上的供求不久又会趋于一致，市场价格也会下降到自然价格的水平。

(三)自由贸易理论

自由贸易理论始于英国的古典经济学派，其最具代表性的人物是经济学家亚当·斯密和大卫·李嘉图。在他们看来，自由发展对外贸易的好处是可以输出本国多余的产品，同时输入本国需要的原料和消费品，这样就可以以另一种形式扩大国内市场，商品的销售规模得以扩大，从而使每个行业的分工日益提高和完善，促进劳动生产力的提高和国民财富的增长。因此，对外贸易对于参加交易的双方国家都是有利的，政府应当鼓励和促进。与贸易保护主义相反，自由贸易理论主张取消一切限制内外贸易的政策，国家对进出口贸易既不限制，也不给予任何优惠补贴，使商品自由进出口，在国内外市场上自由竞争。英国是世界上产业革命最早的国家，它为了发展工业，需要从外国获得原料和粮食，而它的工业产品物美价廉、竞争力强，因而大力主张自由贸易。后来法国、德国、美国在完成工业革命之后，也采取了程度不同的自由贸易政策。"二战"后，在关税及贸易总协定的推动下，发达国家普遍采取了自由贸易政策。现今的世界贸易组织(WTO)和一些地区性经贸组织的宗旨也都是发展自由贸易。

自由贸易所追求和遵循的目标和准则是使整个商品交换活动，不论是在国内还是在世界范围，都应当依靠价值规律去调整和支配，让市场在资源配置中发挥基础和决定作用。任何一个国家的政府都不可能单纯依靠本国的政策、法律甚至计划，去直接限制其他国家、经济组织以及个人在世界市场及国内市场的正当交易行为。在商品经济不断发展，经济活动日益国际化的今天，尽管各国各地间存在利益差别和矛盾，但总的发展趋势是在寻求通过多边的自由贸易来促进各国各地的经济增长和生活水平的提高。自由贸易理论主张贸易自由的基本理由如下：一是商事活动面对的是复杂多变的国内外市场，商业机会往往瞬息变化，稍纵即逝。这在客观上要求不允许有过多的外在干涉，而必须由经营者高度自主、迅速地做出决策，否则就会丧失良好的交易机会。二是商业是一项风险事业，在法律上对风险的承担应尽可能做到责权对称，谁享有权利，谁就要承担相应的义务和责任。在交易活动中，风险责任既然要由投资者、经营者承担，自然应当给予他们自主配置资源的权利。三是人权的要求。人们广泛推崇的法治社会应当是民主的社会、自由的社会、依法办事的社会，其中，人们行为的自由是根本所在。四是竞争的需要。只有充分自由，才能适应国内外激烈竞争的市场。

在商业实践中，自由贸易的具体实施主要体现在组织形式的自由、经营方式的自由以及订立契约的自由，例如商业组织形式是采取独资、合伙，还是公司；公司是设立有限责任公司，还是其他形式；在经营方式上是批发，还是零售；商品从哪里进货，商品卖到何处等，都由经营者根据自己的主客观条件进行市场定位，自主决策。人们之所以普遍认同自由贸易论，而抛弃贸易保护主义，是因为商事活动的复杂性和残酷性。有竞争就必然有选择，而如何去选择，要由当事人根据各国各地的资源禀赋和技术水平所形成的比较利益去判断，自由决策。如果说婚姻自由选择的宗旨在于维护人权，那么贸易自由的主旨既在于维护人权，同时还在于维护财产权。因为自由贸易可以提高世界资源配置的效率，增加世界性生产和消费，从而促进整个商品经济的发展。

第二节　现代商务思想与理论

一、马克思的商品流通理论

作为无产阶级政治经济学的创立者，卡尔·马克思在其政治经济学中对社会经济流通进行了充分的考察和研究，并且创立了独树一帜的流通理论，即马克思的流通理论。该理论是在对社会生产和再生产总过程进行全面分析和研究的基础上确立的，是马克思再生产理论的重要组成部分，它涉及社会再生产过程中的生产、分配、交换和消费各个环节。按照马克思的观点，生产、分配、交换和消费，是生产总过程中的四个相互联系、不可分割的环节，它们之间并不是孤立的，而是一个统一体内部的各个不同环节。

(一)马克思商品流通理论的主要内容

1. 对商品流通的含义进行了科学的阐述

马克思指出，流通是商品使用者的全部相互关系的总和。每个商品的形态变化系列所形成的循环，同其他的商品循环不可分割地交错在一起，这一过程表现为商品流通。流通首先具备两个条件：第一，以价格为前提的商品；第二，不是单个的交换行为，而是一连串的交换，即一种交换行为体系。

2. 阐明了商品流通产生的必要性和重要性

马克思指出，假定生产过程不能过渡到流通过程，便要陷入绝境。因为商品包含的价值和剩余价值都必须在流通过程中才能得以实现。在任何不是为了直接满足生产者自身需要的生产中，产品都必须作为商品来流通，也就是说，商品必须卖掉，这不仅是为了获得利润，也是为了使生产者能够可持续地生活下去。

3. 揭示了商品流通中商流、物流、货币流和信息流的分工原理

马克思指出，商品流通直接赋予货币的运动形式，也就是货币不断地离开起点，从一个商品所有者手里转到另一个商品所有者手里，这就是货币流通。此外，要使商品实际进

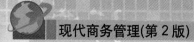

行流通,就要有运输工具,而这是货币所无能为力的。商品运输是商品在空间上的流通,即实际的移动。

4. 论述了流通与生产、分配、消费的相互制约关系

马克思指出,一定的生产关系决定一定的消费、分配、交换和这些不同要素相互之间的一定关系。当然,生产就其片面形式来说也取决于其他因素。当市场扩大,即交换范围扩大时,生产规模也就增大。在商品生产中,流通和生产本身一样必要,从而流通当事人也和生产当事人一样必要。

(二)马克思商品流通理论的主要观点

1. 流通是商品经济发展的内在动力

马克思指出,流通同交换是两个不同的概念,交换是商品生产的起点,也是流通的起点。作为商品,产品必须在流通过程中通过出售来实现它的价值,取得货币形式。流通出现之后,大大推动了商品经济的发展,流通发展的程度标志着商品经济发展的历史进程。由直接产品交换到商品流通反映了人类从自然经济到商品经济的历史进程;从商品流通到资本流通反映了简单商品经济到资本主义商品经济的历史进程;社会主义社会在人类历史上出现以后,仍然存在着商品生产和商品交换,而且商品经济还将得到进一步发展。只有大力发展商品经济,社会生产力才能得到不断增强,才能在世界之林立于不败之地,为人类社会做出应有的贡献。总之,流通起源于简单的商品交换,但并不停留于简单的商品交换。流通发展的广度和深度体现出商品经济发展的总水平。随着生产的社会化程度越来越高,流通的范围越来越广,流通对社会再生产总过程的影响将会越来越大。

2. 流通是社会再生产的媒介

马克思认为,每个商品的形态变化系列所形成的循环,同其他商品的循环不可分割地交错在一起,整个过程就表现为商品流通。一般的流通既包括社会资本各个不同独立部分的循环的相互交错,即各个单个资本的总体,也包括那些不作为资本投入市场而进入个人消费的价值的流通。因此可以说,流通是商品形态变化系列构成的再生产的媒介,即流通是社会再生产的媒介。因为社会再生产过程是由生产、分配、交换、消费四个环节构成的。生产是为了消费,而在商品经济条件下,社会产品的最终实现必须经过分配和交换两个环节。生产者要获取的是商品的价值,消费者要获取的是商品的使用价值,只有通过以货币为媒介的商品交换,才能使货币形态的价值转化为实物形态的有使用价值的商品,这样生产者和消费者双方的需要才能得到满足。这种担负着价值、使用价值相互转换活动的媒介就是流通。可见,流通在社会再生产过程中处于媒介地位。

3. 流通是一个不断运动的经济过程

马克思商品流通理论是迄今为止最完整、最深刻的流通理论，现代流通理论是在这一理论的基础上构建起来的。马克思认为，商品流通过程是社会再生产过程的一个阶段，流通过程就其纯粹的形式来说，要求等价物的交换。而且，商品流通是一个不断运动的经济过程。因为在现实的流通过程中，资本总是只表现为商品或货币，并且它的运动总是分解为一系列的买和卖。作为一个不断运动的经济过程，商品流通过程表现为三种具体形式：第一，狭义流通过程，即连续不断的交换过程或以货币为媒介的商品买卖过程；第二，较广义的流通过程，即商品资本在流通领域的运动过程，包括在流通领域发生的生产与分配活动，如商品在流通领域的加工和储藏等；第三，广义的流通过程，即资本依次经过生产领域和流通领域的循环过程。

4. 商品流通过程涵盖着生产、分配和消费的要素

按照马克思的观点，商品流通是价值的转化过程，这一过程表现为各种不同的形式：货币的形式、生产过程的形式、产品的形式、产品再转化为货币和追加资本的形式。商品流通过程涵盖着以下四项经济内容：①商品流通过程是使用价值的交换或称"物质代谢"过程。交换有两种，一种是属于生产条件的交换，另一种是属于产品的交换。②商品流通过程是价值补偿和剩余价值实现过程。在资本循环过程中，原来预付的资本价值只形成运动始极的一部分，因而运动一开始就表明是产业资本的总和运动，既是补偿生产资本的那部分产品的运动，又是形成剩余产品的那部分产品的运动。③商品流通过程是各种生产要素进行社会组合的媒介过程。在社会再生产过程中，只有通过流通，生产资料和劳动力才能有机地结合起来，从而进行生产。④商品流通过程是个别企业的生产费用和社会生产费用的比较过程。个别企业的劳动消耗在多大程度上得到社会承认，这是企业能够在多大程度上进行再生产的基本前提。

二、需求理论

需求理论是由英国经济学家阿弗里德·马歇尔提出的。马歇尔用边际效用论来说明需求，他认为需求取决于购买者买进这件商品所给予他的边际效用，这个边际效用决定着他的需求及其变化。因此可以说："一个人从一物的所有量有了一定的增加而得到的那部分新增加的利益，随着他已有的数量的增加而递减。在他要买进一件东西的时候，他刚刚被吸引购买的那一部分，可以称为他的边际购买量，因为是否值得花钱购买它，他还处于犹豫不决的边缘。他的边际购买量的效用，可以称为此物对他的边际效用。"马歇尔同时指出，愿望是不能直接衡量的，而只能通过它们所引起的外部现象加以间接地衡量，而且这种衡量是以一个人为了实现或满足他的愿望而付出的价格来表现的。也就是说，决定需求的边际效用虽然无法直接加以衡量，但可以通过购买者为满足他的愿望所愿意支付的货币量即

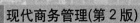

价格间接加以衡量。这样，马歇尔就把需求转化为需求价格，并且认为，由于商品对购买者的边际效用是随商品量的增加而递减，因此边际需求价格也是随商品量的增加而递减，这便是边际价格递减规律。

马歇尔在分析价格和需求的关系时还提出了需求弹性这个概念。根据需求的一般规律，价格低则需求量大，价格高则需求量小，价格与需求量是按照相反的方向发生变化的。但是，价格变化所引起的需求量变化程度是不同的。有的商品价格上涨一点，需求量便减少很多，价格下跌一点，需求量便增加很多；而有的商品价格上涨很多，需求量却减少很少，价格下跌很多，需求量也增加很少。这种需求量随价格的涨跌而变化的程度就称为需求弹性。对此，马歇尔所做出的结论是：在市场中，需求弹性(或感应性)的大小，是随着需求量在价格的一定程度的下跌时增加的多寡和在价格的一定程度的上涨时减少的多寡而定的。如果需求量变动幅度大于价格变动幅度，就称需求弹性大；如果需求量变动幅度小于价格变动幅度，就称需求弹性小。

在提出需求弹性的一般原则之后，马歇尔又指出了需求弹性会因商品的不同和消费者情况的不同而存在差异，并分析了影响弹性的一般原则。一般来说，奢侈品的需求弹性大，必需品的需求弹性小。有些物品，如肉类、牛奶和牛油、羊毛织品、烟草、进口水果以及普通医疗用品等，对于工人阶级和下层中等阶级来说是很有弹性的，价格每有变化就会使他们的消费量发生很大的变化；而对于富裕阶级的消费量则不会发生什么变化。有些物品，如温室里的水果、上等的鱼类以及其他昂贵的奢侈品，中等阶级对于它们的需要是很有弹性的，而富人和工人阶级对这些物品的需要却没什么弹性，因为对富人而言需求已经几乎达到饱和了，对工人阶级而言价格仍然太高了。

三、销售成本理论

销售成本理论是由美国经济学家爱德华·张伯伦提出的。所谓销售成本，是指为了改变产品的需求曲线的位置或形状而支出的成本，即为创造需求或增加需求而花费的开支。销售成本包括广告费用、推销员的工资、橱窗陈设、新产品的介绍等支出。按照张伯伦的观点，在垄断竞争下，决定厂商均衡的因素有价格、产品性质和销售成本。把这三个因素作为变数，厂商可以通过调整价格、产品性质和销售成本来达到最大利润。对此，他指出，假定产品性质和销售成本不变，厂商就通过调整价格及产量来获取最大利润；假定价格和销售成本不变，厂商可通过改变产品的品质、设计、颜色、包装等，以相应地引起产品的成本和需求的变化，使之能取得最大利润；假定产品性质和价格不变，厂商则通过调整销售成本来得到最大利润。

依据张伯伦的论述，厂商必须把销售成本与生产成本区别开来。因为生产成本是创造产品和效用的费用，而销售成本则是创造需求和增加需求的费用。前者是创造满足欲望的效用，后者则是创造需求或改变需求。对此，一个简单的标准是：在某种产品制造和销售的一切成本中，改变需求曲线的那些成本是销售成本，而不改变需求曲线的那些成本是生产成本。在纯粹竞争条件下，由于产品完全一致或标准化，没有任何差别，厂商在既定的价格下可以销售任何数量的产品，因此没有必要花费广告开支，即使做广告也不能吸引更多的顾客购买其产品。在纯粹垄断条件下，由于一个厂商就控制了整个市场，该厂商没有竞争对手而成为独家垄断者，因此广告对他来说也毫无意义。在现代经济生活中，通过创造需求而获利有了更为重要和紧迫的意义，因为广告对增加需求、促进销售有着重大影响。在这种情况下，如果厂商仍然把一切成本看作只是增加货物的供给，而把需求看作已经固定的东西，不需要任何经费去开拓，显然已经不能适应现实的经济情况。因此，必须把销售成本单独提出来加以分析。

在对销售成本的分析中，张伯伦以广告费用作为销售开支的代表。他认为，广告增加需求的作用表现在：一方面，由于购买者对产品的了解不完全，广告则可以为购买者提供市场知识，弥补购买者对商品的不了解，使需求增加；另一方面，由于购买者的欲望有改变的可能，广告可以使人们了解商品的品质、特征、商标等，引诱购买者去购买广告的产品，而不去购买非广告产品，从而改变了购买者的欲望，增加了需求，使厂商的需求曲线的形状和位置发生变化。即使厂商需求曲线富有弹性，并向右上方移动，广告增加需求也同样受报酬递增、报酬不变和报酬递减规律的支配，即当广告支出增加时，所增加的销售量比增加的广告支出以更大的比例增加，此为报酬递增；反之，当广告支出增加时，所增加的销售量小于增加的广告支出，此为报酬递减。

四、交易费用理论

美国经济学家罗纳德·科斯在 20 世纪 30 年代发表了《企业的性质》一文，并首次提出了交易费用理论。所谓交易费用，是指在市场机制下，交易双方用于寻找交易对象、签约及履约等方面的所有支出，包括金钱的、时间的和精力的支出。一般情况下，交易费用可以分成两类：一是谈判费用，即为签订交易协议而付出的寻找成本、信息成本、商谈签约费用等；二是履约费用，即用于防止一方违反签约或协议条款而付出的代价。交易费用理论认为，人类原始的物品交换活动可以被视为交易的起源。但是，长期以来，人们只关注交易活动所带来的巨大社会经济利益，而忽略了与此同时可能会产生的交易成本。交易活动对人类社会发展的贡献是毋庸置疑的，它极大地促进了劳动分工，方便了人们的生活，刺激了技术和商业的发展。但是，交易是有成本的，而且成本有时会高得惊人，原因如下。

(1) 市场的不确定性。对于交易的签约者双方来说，准确的市场预测很难实现，未来的市场总是处于不确定状态。市场的不确定性包括市场环境、价格、质量、合作伙伴、投资风险的不确定性等，这些不确定性构成买卖双方进行谈判和达成合作协定的障碍。由于任何一方的违约行为都会减少另一方的利益，因而双方都想尽可能全面地了解合作所需的一切细节，这既增加了达成合作的成本，也降低了适应市场条件变化的灵活性。

(2) 资产的专用性。资产的专用性是指耐用人力资产或实物资产在何种程度上被锁定而投入特定贸易关系，也就是在何种程度上它们在可供选择的交易中所具有的价值。一般来说，资产特殊性的高水平意味着双边垄断的存在。对某个厂商来说，潜在的交易对象数目的减少也可能增加市场的交易费用。如果交易者对于交易对手的选择受到了约束，交易人数的减少会增加交易的"搜寻"和"等待"成本，会降低合同谈判成功的概率，从而增加交易完成的费用支出。

(3) 人类的有限理性。有限理性是指人们由于受到信息的不完全、知识的缺乏等影响，在对事物进行分析、判断时无法做到完全的客观和准确。在交易活动中，人们的行为常常处于欲望的合理性与有限条件之间，也就是说，人们在收集、储藏和加工处理那些为更准确地达到目标所需的大量信息方面，其能力受到相当严重的限制，使得人们的决策会出现一定的偏差，在交易行为上也会发生不理性行为，从而导致交易费用的增加。

(4) 个别人的机会主义。机会主义是一种狡诈地追求利益的利己主义，是一些人为实现个人效用最大化而损害他人利益的行为。在人类的交易活动中，偷窃、欺骗、撒谎、偷懒和违背诺言等机会主义或投机取巧行为不仅经常发生，而且会产生巨大的交易费用，甚至可能导致交易的低效率和交易失败。在制度缺失的情况下，总有一些人在交易中缺乏正直和诚实，总想通过蒙骗对方来达到自己的目的，这就使得交易过程更加复杂，交易费用额外增加。

五、消费者主权理论

消费者主权理论是奥地利经济学家弗里德曼·哈耶克在亚当·斯密的经济自由主义学说的基础上提出的。根据消费者主权理论，消费者和生产者之间存在着这样一种关系，消费者在确定商品生产的数量和类型方面起着决定性作用，生产者最终听命于消费者，即消费者根据自己的意愿和偏好到市场上选购所需的商品，这就把这种意愿和偏好通过市场传达给了生产者，于是生产者听从消费者的意见来安排生产，提供消费者所需要的商品。这就是说，生产者生产什么，生产多少，最终取决于消费者的意见和偏好。这一过程的实现犹如一场"民主选举"：消费者在市场上每花一元货币来购买某种商品就等于给这一商品的生产者投了一张选票；生产者为了多得货币选票，争取最大利润，就必须展开竞争，改进技术，降低成本，增加花色品种。通过市场机制的竞争作用，消费者可以买到物美价廉的商品，生产者可以获得最大利润，资源的使用可以最大限度地符合社会需要。所以，消费者主权的实现也就等于资源配置的最优化和社会经济活动的高效率化。

自从 20 世纪 30 年代资本主义经济危机以后，通过市场自由竞争使资源得到有效配置的学说失去了阵地。同时，随着生产社会化程度的空前扩大、现代计算技术的普遍应用，以及凯恩斯主义的广泛影响，西方经济学界一度普遍认为，经济的计划化和国家干预是一股历史潮流，而消费者主权在当今时代已经变得无足轻重了。而哈耶克完全不同意这种观点，他重新强调消费者主权理论，同时论证自由市场经济可以使资源得到最优配置，从而提高经济效益，促进经济增长。从整体上看，哈耶克有针对性的理论学说主要表现在以下三个方面。

(1) 随着私人垄断资本的实力日益强大，少数大公司垄断了产品的生产和销售，使市场基本上成为可以通过公司的生产和销售计划来加以调解的市场。在这种情况下，有些经济学家认为，消费者主权已经不存在或不必要了。哈耶克则认为，大公司的出现并没有改变市场经济的性质，大公司仍然要在市场上实现自己的最大利润，仍然要听从消费者的意愿来安排生产和销售。此外，大公司既是生产者，又是生产资料的消费者，如果不存在消费者主权，大公司本身的发展也会受到限制，所以，哈耶克断言，消费者主权原则仍然有效。

(2) 由于数学在经济学中的应用日益普遍，计算技术发展越来越迅速，使得通过集中的计划管理来安排社会生产和合理配置资源有了技术上的可能性。于是，有些经济学家认为，消费者主权不再是实现资源有效配置的必要条件。但是，哈耶克认为，现代技术并不能取代消费者主权的作用，因为市场上的产品千差万别，消费者的个人喜好各异，供求和价格变化无常，即使用先进技术也难以及时反映和处理如此复杂的情况。只有通过在市场经济中生产者与消费者之间无数次自发的交换活动，才能灵活、准确地反映出来。所以，消费者主权原则并不因计算技术的进步而失去效力。

(3) 在国家垄断资本主义时期，政府拥有越来越大的权力，越来越大规模地干预社会经济生活。对此，哈耶克指出，政府干预经济的结果，会使消费者主权受到限制，妨碍消费者主权的实现。如果国家违背了消费者主权，把国家的意志强加给市场，强加给生产者与消费者，那么对于资源的合理配置是有害的，而且时间越长其危害性越大。哈耶克抨击了凯恩斯主义关于国家调节经济的理论和政策，指责这种违背消费者主权的理论和政策带来了严重的后果，导致资源配置失调，失业现象更加严重。

六、创新理论

创新理论是由美籍奥地利经济学家约瑟夫·熊彼特最先提出的。熊彼特认为，所谓"创新"，就是建立一种新的生产函数，把一种从未有过的关于生产要素和生产条件的"新组合"引入生产体系。这种组合具体包括以下五种情况：其一，引进一种新的产品或提供一种产品的新质量；其二，采用一种新的生产方法；其三，开辟一个新市场；其四，获得一种原料或半成品的新的供给来源；其五，实行一种新的企业组织形式。熊彼特将社会经济活动区分为两种类型：经济循环和经济发展。其中，经济循环是指经济生活中的"循环流转"状态；经济发展是指现代的经济成长。他首先假定经济生活中存在一种"循环流转"的静态均衡状态。在这种状态下，不存在企业家，没有"创新"，没有变动，没有发展，企业总收入等于总支出，生产管理者所得到的收入只是"管理工资"，没有利润，也不存在资本和利息。因此，这种生产过程实际上是一种简单再生产模式，它只能适用于历史上某个特定

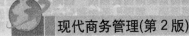

时期，而不适用于资本主义经济变动或发展的过程。

熊彼特认为，在经济活动中存在着一种破坏均衡而又恢复均衡的力量，这种力量就是"创新"活动，正是"创新"引起了经济发展。经济增长的动力是创新者——有远见卓识、有组织才能、敢于冒险的企业家。他指出，在近代史上的某些国家里，政府或者代表企业家进行"创新"，或者把企业家的能力汇集到一起，使之通过一定的制度机构来发挥作用，因此政府也起到了经济增长发动者的作用。按照熊彼特的观点，创新活动之所以发生，是因为具有远见卓识、敢于冒险的企业家看到了通过创新活动能给他带来额外的盈利机会。如果没有盈利机会，就不会有创新，也就不会有经济增长，追求利润的动机是导致创新活动的重要原因。此外，熊彼特还看到了文化、心理上其他因素对创新活动的刺激作用。他认为，企业家具有显示个人成功愿望的心理特征，在推动企业家进行创新活动的过程中，起到了不可忽视的作用。企业家为了证明自己出类拔萃的才能而竭力争取事业成功的这种非物质的精神力量，支配着企业家的创新活动，他把这种精神称为企业家精神。

熊彼特以"创新"理论为基础，提出了他的经济周期理论，认为经济周期是由"创新"所引起的旧均衡的破坏和新均衡的形成过程，并对两阶段周期的"纯模式"进行了深入的阐述。所谓两阶段周期的"纯模式"，是指排除了失误和过度投资行为等因素干扰的模式。在这种模式中，经济周期是由繁荣和衰退两个阶段构成的，以一般均衡经济体系作为论证的出发点。在这个体系中，产品的价格受生产费用法则支配，企业的总收入等于企业的总成本，生产者既无利润，也没有损失。当企业家看到了"创新"能给他带来盈利机会时，便开始进行"创新"活动。繁荣是因"创新"活动使经济离开原来的机会位置，而衰退则意味着回到新的均衡位置。由于"创新"活动不断出现，因此繁荣和衰退两个阶段循环往复，周而复始。

七、电子商务理论

从 20 世纪末到 21 世纪初，世界范围的电子商务进入到一个平稳发展的时期。在这一时期，随着电子商务思想的产生及其对电子商务活动的影响，人们逐渐意识到电子商务活动要实现"四流"的协同与和谐，必须要构建一个能够协同多个方面的商务平台，并在一定的理论指引下进行运作。作为发展之中的电子商务理论，主要包括三个组成部分，即虚拟企业理论、协同商务理论和移动商务理论。

虚拟企业理论最初由美国里海大学的雅柯卡(Iacocca)研究所和通用电气公司(GM)共同在《振兴与发展美国制造企业的战略——灵捷制造》一文中提出的。其核心要义是，企业为了满足市场上的特定需要，将多家企业的核心能力集中在一起，组成合作伙伴的虚拟组织，共同参与竞争。依托多项核心能力的有机结合，伙伴企业能够创造更多的复杂产品和劳务，获得更多的经济利益。虚拟企业理论包含了两个基本观点，即"动态"和"跨企业"，其中，动态观点直接引导了动态企业模型的理论，而跨企业观点则直接促生了供应链理论。

协同商务理论最初是由高德纳·格鲁普(Gartner Group)在1999年提出的,其基本要义是"一种能够激励具有共同商业利益的价值链上的合作伙伴的商业战略,主要通过信息的共享来实现"。协同商务理论充分体现了在全球经济一体化的大背景之下,利用Internert等新兴技术为实现手段,在企业供应链内以及跨供应链进行的多种业务合作,最终通过改变商务经营模式与方法来达到商业资源充分利用的目的。就一般而言,协同商务包含了两个层面的含义,即企业内部协同和企业外部协同。其中,企业内部协同的主要作用是整合企业内部资源,排除信息死角,使企业内部活动按照既定的规划与流程协调进行。而企业外部的协同是指具有商业关系的企业之间信息共享及企业间相关业务流程的整合,不再从单个企业的自身角度出发,而要兼顾整个协同体的最优化。

移动商务是指通过移动通信网络进行信息与数据传输,同时利用移动信息终端参与商业活动的一种电子商务模式,它是新技术条件和新市场环境下的新电子商务形态。在移动商务活动中,参与者可以在任何时间、任何地点实时获取和采集各种商业信息,并营运移动通信技术和使用移动终端进行信息交流。凭借移动通信的实时性,移动商务的用户可以通过移动终端在第一时间准确地与对象进行沟通,与商务信息中心进行交互,使用户摆脱固定设备和网络环境的束缚,最大限度地活动于自由广阔的商务空间。相对于传统的商务活动,移动商务具有四个显著的特点:一是更具开放性,使得网络范围的延伸更加广阔;二是具有无处不在、随时随地的特点,使得人们可以随时随地结算、订票或购物;三是巨大的潜在用户规模,使得商家可以不断地拓展交易市场;四是能够较好地确认用户的身份,使得商务信用认证的基础更加可靠。

第三节　新中国商务思想与理论及其发展

中华人民共和国成立后,国家从根本上摆脱了半殖民地、半封建的束缚,整个社会经济进入一个全新的发展时期,为社会主义商业经济的发展提供了制度条件。

一、引进苏维埃商务思想与理论时期(1949—1977年)

1. 社会主义商学理论的引进和形成(1949—1965年)

中华人民共和国成立之初,我国商学基础理论十分薄弱,在国内理论界,既没有对西方商学理论进行必要的研究与介绍,也没有对马克思商学理论进行深入系统的研究和认识,更没有对苏维埃传统商学理论进行认真的扬弃,几乎全盘照搬了苏联早期以斯大林经济思想为基础的商业理论,即完全以计划经济思想为主导的行业分工理论。

2. 社会主义商学研究的停滞时期(1966—1977年)

1966—1977年,我国处于"文化大革命"时期。在这一时期,我国商学理论的研究受

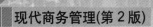

到极大的破坏，使得刚刚开始的社会主义商业问题的探讨，不但没有进一步深入下去，反而由于受极"左"思想的影响，全面否定了国内商务理论研究中已取得的成果，倡导了一些极"左"的观点，严重影响和制约了国内的商务实践。

二、基于商品经济的商务思想与理论探索时期(1978—2012 年)

在党的十一届三中全会以后的 30 多年，是我国社会主义商业经济大发展的时期，在这一历史时期，依托改革开放的经济发展，商品经济的观念与知识得以引入，新的商务思想不断涌现，商务理论的研究与运用进入一个全新的阶段。

1. 20 世纪 80 年代初我国的商务思想与理论

在这一时期，国内先后开展了对"无流通论"的批判，对个体经济与长途贩运的争论，在理论上确立了生产资料的商品地位。针对当时存在的流通渠道单一的状况，提出了"三多一少"的改革思想。同时，开始了对流通规律的认识，达成了一些共识，如等价交换规律、节约流通时间规律、商品供求规律、竞争规律、贱买贵卖规律、商品使用价值规律、自愿让渡规律等。

此外，理论界还进一步开展了流通与生产关系的讨论，其中，具有代表性的观点包括"生产与流通并重论""生产与流通相互决定论""生产与流通相互转化论""流通中心论""流通决定论""生产流通决定论与非决定论的统一""生产决定流通、资金流通决定生产"等。同时，对"双轨制"现象、"消费早熟"和"买方市场论"的出现进行了一些理论探讨。

2. 20 世纪 80 年代末我国的商务思想与理论

在这一时期，适应商品流通体制的改革，商务理论开始触及一些敏感领域，有人提出"价格改革是经济体制改革"的关键，有人认为"所有制的改革是经济体制改革"的关键，人们集中对中国商品流通体制改革及其目标模式进行了比较深入的探讨，就商品经济条件下商品流通的内在规律达成了共识，为国内商业企业的发展指明了方向。

此时，期货理论的禁区被打破，提出"抽出资本主义社会期货市场的特殊性，就期货市场的一般性而言，期货市场能够被社会主义商品经济所用"的新观点。此外，市场营销理论也得到快速发展，并在中西市场营销结合方面做出了许多有益的探索，农产品产销一体化流通渠道理论获得新的发展，为国内各类企业的商务活动开阔了视野。

3. 20 世纪 90 年代初我国的商务思想与理论

在这一时期，伴随着我国新一轮改革开放的热潮，理论界对于市场经济条件下商务的发展规律进行了广泛的研究，与此对应，国内工业品批发市场体制改革政策相继出台，为此，理论界提出了中国批发体制改革的基本目标：建立同社会主义市场经济相适应的，以厂商批发、专业批发，以及批零兼营、代理、配销为主要形式，商品自由流通、企业公平竞争的批发体制。

根据发达的市场经济中批发体系的一般特征，相关部门对我国批发体制改革所应借鉴的结构框架进行了总体规划，对省际贸易的主要问题进行了分析研究，对 "建立长江商贸走廊"和建立"中国特色的综合商社"进行了探讨，提出并倡导了商业文化和商业文化力的理论，进一步丰富了商学理论的内容，推进了国内商业企业改革与股份制试点的探索。

4. 20 世纪 90 年代末的商务思想与理论

随着我国社会主义市场经济的发展，在社会经济活动中，流通的地位得到提高，流通的作用进一步加强，企业的商务活动更加活跃。在这样的背景条件下，国内理论界先后有学者提出了"流通决定生产论""流通产业论""流通生产力论""商业贡献率论"等理论观点，促进了国内商务思想和理论进一步向深度和广度拓展。

在这一时期，适应国内商业的改革与开放，理论界就国有商业是否应该从竞争领域退出、如何构建市场经济的新秩序、零售领域全面对外开放、国内贸易与国际贸易一体化、商业企业的商品经营与资本经营、商业业态的扩展与升级等问题也展开了讨论，并取得了较为丰富的理论成果，为国内企业的商务工作给予了思想与理论引导。

5. 21 世纪以来我国的商务思想与理论

进入 21 世纪，特别是我国加入 WTO 以后，随着国内市场经济的进一步发展，流通的国际化与信息化问题受到人们的普遍重视。在此形势下，北大著名学者厉以宁教授提出了"流通应由末端产业变为先导产业；应当进一步开拓农村市场；大力发展连锁经营、电子商务、现代物流和假日经济，以及开展粮食流通体制的改革"等观点、思想和基本理论，为我国企业商务活动的国际化提供了理论依据。

至此，我国商务及流通理论的研究已由对流通的各种经济关系为主，转向重点研究流通生产力及其构成、商品服务效用和价值、流通产业生产过程、流通成本与效益、流通生产力的组织与管理、流通科技对流通生产力的影响、流通基础产业、流通战略产业、流通产业集群、流通产业结构、流通产业体系等方面的问题，商务理论研究开始向深度转移。

三、加快完善现代市场体系时期(2013 年至今)

2012 年 11 月，中国共产党第十八届代表大会召开，对新的历史条件下我国国民经济的发展，以及流通领域的进一步改革提出了新的要求。2013 年 11 月，在党的十八届三中全会之后，中共中央发布了《中共中央关于全面深化改革若干重大问题的决定》，在这一纲领性文件中，党中央明确指出，建设统一开放、竞争有序的市场体系，是使市场在资源配置中起决定性作用的基础。必须加快形成企业自主经营、公平竞争，消费者自由选择、自主消费，商品和要素自由流动、公平交换的现代市场体系，着力清除市场壁垒，提高资源配置效率和公平性。为此，国家将实施以下几个方面的措施。

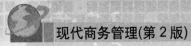

1. 建立公平、开放、透明的市场规则

实行统一的市场准入制度，探索对外商投资实行准入前国民待遇加负面清单的管理模式。推进工商注册制度便利化，削减资质认定项目，由先证后照改为先照后证，把注册资本实缴登记制逐步改为认缴登记制。推进国内贸易流通体制改革，建设法制化营商环境。同时，实行统一的市场监管，清理和废除妨碍全国统一市场和公平竞争的各项规定和做法，严禁和惩处各类违法，实行优惠政策行为，反对地方保护，反对垄断和不正当竞争。建立健全社会征信体系，褒扬诚信，惩戒失信，健全优胜劣汰市场化退出机制，完善企业破产制度。

2. 完善主要由市场决定价格的机制

凡是能由市场形成价格的都交给市场，政府不进行不当干预。推进水、石油、天然气、电力、交通、电信等领域价格改革，放开竞争性环节价格。政府定价范围主要限定在重要公用事业、公益性服务、网络型自然垄断环节，提高透明度，接受社会监督。完善农产品价格形成机制，注重发挥市场形成价格作用。同时，加快自然资源及其产品价格改革，全面反映市场供求、资源稀缺程度、生态环节损害成本和修复效益。建立有效调节工业用地或居住用地合理比价机制，提高工业用地价格。

3. 建立城乡统一的建设用地市场

在符合规划和用途管制的前提下，允许农村集体经营性建设用地出让、租赁、入股，实行与国有土地同等入市、同权同价。缩小征地范围，规范征地程序，完善对征地农民合理、规范、多元保障机制。扩大国有土地有偿使用范围，减少非公益性用地划拨。建立兼顾国家、集体、个人的土地增值收益分配机制，合理提高个人收益。完善土地收益、转让、抵押二级市场。同时，保障农民宅基地用益物权，慎重稳妥地推进农民住房财产权抵押、担保、转让，探索农民增加财产性收入渠道，建立农村产权流转交易市场。

4. 完善金融市场体系

扩大金融业对内对外开放，在加强监管前提下，允许具备条件的民间资本依法发起设立中小型银行等金融机构。推进政策性金融机构改革。健全多层次资本市场体系，推进股票发行注册制改革，多渠道推动股权融资，发展并规范债券市场，提高直接融资比重。完善保险经济补偿机制，建立巨灾保险制度。同时，完善人民币汇率市场化形成机制，加快推进利率市场化，健全反映市场供求关系的国债收益率曲线。推动资本市场双向开放，有序提高跨境资本和金融交易可兑换程度，建立健全宏观审慎管理框架下的外债和资本流动管理体系。

5. 深化科技体制改革

建立健全鼓励原始创新、集成创新和引进消化吸收再创新的体制机制，健全技术创新市场导向机制，发挥市场对技术研发方向、路线选择、要素价格、各类创新要素配置的导向作用。建立产学研协同创新机制，强化企业在技术创新中的主体地位，发挥大型企业创新骨干作用，激发中小企业创新活力，推进应用型技术研发机构市场化、企业化改革，建设国家创新体系。同时，加强知识产权运用和保护，建立主要由市场决定技术创新项目和经费分配、评价成果的机制，促进科技成果资本化、产业化。

 **本章小结**

(1) 在社会经济活动中要涉及四类基本经济规律：一是商品流通必须要遵循人类社会发展的一般规律，如生产关系要适应生产力发展的规律和劳动生产率不断提高的规律；二是商品流通要遵循社会主义市场经济发展的规律，如社会主义经济发展规律和按劳与按生产要素相结合的分配规律；三是商品流通应当遵循商品经济的发展规律，如价值规律、供求规律、竞争规律；四是商品流通领域中特殊的经济规律，如商品等价交换规律、商品自由流通规律、节约流通时间规律、流通费用不断降低规律、商品流通资本运动规律等。

(2) 作为一种商业思想，我国传统商业文化和伦理有着广泛、丰富和深刻的内涵，如以诚待客、以义制利、公平守信、货真价实、童叟无欺、和气生财、薄利多销等思想，曾经对我国商业的繁荣和发展起过良好的导向作用。

(3) 重商主义有两层含义：一是就经济政策而言，是指其在资本原始积累时期采取的为资本主义生产方式创造条件的经济政策；二是指反映商业资本利益和论证重商主义政策合理性的经济学说。

(4) 自由贸易理论主张贸易自由的基本理由：一是商事活动面对的是复杂多变的国内外市场；二是商业是一项风险事业，在法律上对风险的承担应尽可能做到责权对称；三是人权的要求，人们广泛推崇的法治社会应当是民主、自由、依法办事的社会；四是竞争的需要，只有充分自由，才能适应国内外激烈竞争的市场。

(5) 马克思认为，流通同交换是两个不同的概念，交换是商品生产的起点，也是流通的起点。每个商品的形态变化系列所形成的循环，同其他商品的循环不可分割地交错在一起，这全部过程就表现为商品流通。

(6) 根据需求的一般规律，价格低则需求量大，价格高则需求量小，价格与需求量是按照相反的方向发生变化的。

 **本章案例**

稻盛和夫的商业哲学

27 岁时，在朋友的援助下，我创办了京瓷公司，当时是生产电视机显像管使用的绝缘零部件。在京瓷成立之初，准备工作该如何进行，我一无所知。从创业后的第一个月开始，虽然只有 28 名员工，但为了向他们支付工资、奖金，资金的周转应该如何运作，我摸不着头脑。作为经营者，我对此烦恼不已。

1. 道不同不相为谋

为了做好工作，从那时起，每当我有所感悟时，就把自己的想法记在笔记本上。当我开始经营京瓷时，我常常把记录了我工作要诀的笔记本拿出来，再添上在经营中新的体悟，将这些要点重新加以整理，这就形成了所谓的哲学。我自己投身于工作，埋头于经营，在实践中反复思考究竟该怎么做，工作和经营才能顺利开展。在这一过程当中，终于领悟了有关工作和经营的理念、思维方式以及具体的方法模式，归纳起来就是哲学。有人说，拥有什么思维方式，难道这不是个人的自由吗？但是，企业为了员工的幸福，需要确立一个远大的目标，需要不断地成长，这就要求有正确的哲学、正确的思维方式，作为共同的标准。在此基础上，来统一全体员工的方向，特别是领导众多员工的公司干部，必须充分理解公司的思维方式，从内心与公司的哲学产生共鸣。你的哲学与我的不一致，我无法接受，如果有这样的干部，公司的力量就无法凝聚起来。当然，不光是干部，一般员工也要与公司一条心，一起朝着相同的方向努力奋斗。为此，他们必须加深理解公司的哲学、思维方式，大家共同拥有这种哲学。虽然这样强调，但是一直有人会有抵触情绪。尽管如此，首先大家必须理解一个道理，企业是一个集体，为了实现高的目标、远大的目标，大家在工作中，必须配合协调。不管个人的好恶，全体人员都需要拥有共同的思维方式，需要理解并赞同这样的思维方式。这是做好工作，实现企业目标的前提。不理解、不赞同公司的哲学，表面又装出理解赞同的样子，彼此都不愉快。我认为在这一点上必须要明确，没有任何商量的余地。

2. 诚信是最基本的

所谓哲学，首先应该是经营公司的规范、规则，或者说是必须遵守的事项。经营公司无论如何都必须有全体员工共同遵守的规范、规则或事项，必须在企业里明确确立起来。但事实上，公司的这种规范、规则或者说必须遵守的事项，并不明确的企业比比皆是。就是这个原因，古今中外，各式各样的企业丑闻不断发生。历史上一些有名的大企业，甚至因为这类丑闻而遭无情淘汰。回顾过去，在日本因食品造假的公司都消失了。在美国，大型企业安然公司，因财务作假而崩溃；在中国，大型的乳制品企业三鹿集团，因为对三聚氰胺事件负有责任，导致资不抵债，这件事在日本也有所报道。这些例子都说明了，企业忽视了必须遵守的规范规则。企业舞弊丑闻之所以发生，都是因为没有明确自己的职责，或者说这种哲学没有在企业内部得以渗透。在多数企业里，首先没有经营者向员工们提出作为人何为正确这个问题。而我思考的所谓哲学，却正是针对这个问题的解答。同时这也是孩童时代父母、老师所教导的做人的最朴实原则，要正直，不能骗人、撒谎等。这起码的东西，还需要在企业里讲吗？或许有人感到惊奇，但是，正因为不遵守上述理所当然的做人原则，才产生了各种各样的企业丑闻。例如，为了获利，这种程度的违规没有关系吧？将公司内部的规范、规则稍微扭曲一下、变通一下，就会行通了。于是，稍进一步的违规也没有问题吧，把规范规则又抛到一边，这样的企业或者产品肯定会发生问题。如果将问题公开，企业可能蒙受巨大的损失，于是采取不如实公布、沉默应对的态度。而由于内部的告发，问题暴露时，企业又出面掩饰。结果，舆论谴责企业说谎骗人掩盖真相，事态愈加复杂，最后导致企业崩溃。

3. 不妥协、不示弱

京瓷创业后的第九年，当时还是一家中小型企业，在日本企业中，也算是最早进军美国市场的。在现在的硅谷的斯坦福大学附近成立事务所，在美国开展营业活动。当时，正好是硅谷的"黎明时期"，事务所的周围还是樱桃园，种了很多樱桃，我们就是在这样的环境下营业的，雇用了当地的一位日裔员工，面孔和日本人完全一样，但思维方式完全是美国人的一套，各方面都与我们持有不同的意见。我们不得不面对这个问题。后来，我们在圣地亚哥市场聘用了一位美国人做厂长，也总是意见对立，格格不入。因为有了上述的经验，我认识到在海外经营企业，归根到底就是如何治人的问题。当时，只要现场一发生问题，我立刻飞往美国，穿上与生产工人一样的工作服，到车间巡视。看到工作态度差的员工，就要他们改进。比如，看到当地的女工在进行装配时手忙脚乱，我会走到她身旁，教给她作业方式。这时候，身穿西装的当地经理就会过来，说："稻盛社长，您这样做让我们很难堪，只要到办公室听我们汇报就可以了。您穿着工作服到工厂，和女工们做一样的工作，会被人小看。"我并不介意别人怎么想，此后还是同在日本一样，深入现场，与员工们一起拼命工作。那么，怎样做才能让对方信任和尊敬呢？那就是优秀的人格。要想赢得外国人的尊敬，必须具备特别优秀的人格，即具备做人的德行。这个"德"字超越国界，普遍适用，不能以德服人，企业在海外的运行就无法成功。

（资料来源：根据 2010 年 8 月 12 日的网易财经频道刊文"稻盛和夫：

企业经营是一门优秀的哲学"整理)

讨论题

1. 稻盛和夫为什么把企业经营方法置于哲学的高度？
2. "道不同不相为谋"的基本含义是什么？
3. 在企业经营中为什么"诚信是最基本的"？

 思考题

1. 中国传统商务思想的主要表现是什么？
2. 简述欧洲重商主义的主要表现。
3. 自由贸易理论主张贸易自由的基本理由是什么？
4. 马克思流通理论的主要内容是什么？
5. 说说交易费用产生的主要原因。
6. 我国未来市场体系改革的基本方向是什么？

第三章　现代商务环境与商圈设定拓展

■【学习要点及目标】

- 了解经济全球化与区域经济一体化的全球背景。
- 掌握现代商务环境因素的构成及分析框架。
- 重点掌握商圈的概念及构成。
- 理解影响商圈拓展的主要因素及商圈的划定方法。
- 思考未来商圈模式，了解网络商圈等概念。
- 掌握现代商务战略的类型及其制定。
- 思考商务活动的全球化发展趋势，了解国际商务的重要性。
- 熟悉国际商务环境的影响因素，并能理解国际商务战略的发展。

■【核心概念】

商务环境　经济全球化　电子商务　商圈　网络商圈　雷利法则　赫夫法则　商务战略　商务策略

■【引导案例】

北京的传统商圈迎来转型

近年来，随着互联网经济的兴起，电商的冲击波使实体商贸有些"蒙"。再加上城市土地价格和房地产价格的大幅上涨，让实体商圈运营成本步步攀升。在种种因素作用下，城市商圈的色彩似乎开始黯淡了。

随着北京疏解非首都功能进程加快，北京市新老商圈以此为契机纷纷转型，其目标客户群越发清晰，自身特色越发鲜明。不断改造硬件设施、完善各项服务、提升客户体验，是商圈中众多商户的追求，也是整个商圈保持吸引力的法宝。随着城市不断发展，一些老商圈面临升级，一些新商圈正在形成。在北京这个特大型城市，王府井、西单等传统商圈变得越来越年轻，随着北京非首都功能的疏解，动物园、木樨园等周边商圈也在加速升级。

1. 注重细节，吸引年轻客户

北京王府井商圈可谓寸土寸金。这里集中了王府井百货大楼、北京 APM 购物中心、东安市场、新中国儿童用品商店、王府井书店等名店，国内外游人如织。客流中，年轻人是主力，他们在这里逛街、看电影、吃东西。经营者要关注商场的每一个细节，包括儿童淋浴间、智能手机充电、商场的背景音乐、门店的营运、保安的服务等。北京新东安有限公司总经理蔡志强几乎每天都会巡店，只要能提升消费者满意度，即便改变再小，也会用心去做。他告诉记者："电商确实带来了冲击，所以我们要注重细节，让消费者每次来都有新鲜感。零售业要吸引消费者，除了提升服务，别无他法。"

2. 融入科技，提升消费体验

西单商圈内，西单大悦城是吸客能力最强的购物中心，管理者的服务意识也极强。在核心商圈，停车难让人头疼，大悦城的智慧停车破解了这一痛点。商场内，智慧停车的招牌很醒目，顾客尚未进入停车场时，通过微信就能看到还有多少车位，分布在哪一层。如今，西单大悦城服务号已经涉及智能停车、智能排队、商场全景地图等多种便捷服务。

在鲁卡科幻乐园内，各种高科技的体验项目很有吸引力。游戏通过将虚拟场景交互技术与传统娱乐、教育手段相结合，给小朋友带来更多超越现实的体验。

3. 商圈改造持续进行

首先，从商圈硬件体系的升级和互联网化方面来看，以王府井商圈为代表，市内主要商圈已基本完成移动互联网基础设施覆盖，实现了停车、公共交通等领域的信息实时联通，并在此基础上开发了多种场景应用，为新生代消费群体提供了舒适的空间，奠定了未来进一步发展的基础。其次，从商圈业态改造和提升品质消费方面来看，城市核心区的所有商圈业态调整目前基本上告一段落，大部分商圈的餐饮、娱乐、教育等消费板块成为主流，是聚集人气的主要抓手，新生代消费者用脚投票，效果良好。第三，从品质消费角度来看，各大商圈非常注意相关商品的提档升级、特色化和本地化。但是，奢侈品消费近两年来呈现下滑态势，部分品牌关店明显，影响了核心区商圈的聚客能力，不利于北京打造成世界消费之都。

4. 营造良好的商圈生态

回顾北京商圈的变迁，中国步行街工作委员会主任、中国商旅文产业联盟主任韩健徽说，北京商圈经历了从"中心三点"到"东拉西扯"、环状节点、多点多极四个发展阶段。20世纪80年代前，北京核心商圈有王府井、西单、前门，它们位于城市的几何中心，也是传统商业中心；80年代末到90年代初，城市格局发生变化，以长安街为中心，商圈向东西延伸，出现了国贸、百盛等新商圈；90年代，城市发展沿环路扩张，在二三环路的交叉节点出现了宣武门、崇文门、城外城等商圈；2000年以后，随着城市半径扩大，大型住宅区不断出现，商圈呈现多点多极特征，新的业态也开始出现，如购物MALL、奥特莱斯等。城市规模不断扩大，新业态不断产生，出现了人口分流、商业分流的态势。商圈发展出现了功能复合化、街区化、立体化、商旅文产业融合化、生态化、品牌化、智慧化的趋势，其中生态化指的是各种业态、商业设施结构更趋合理，所谓"无大店不稳，无小店不活"。

(资料来源：王晋. 传统商圈迎来转型之春[N]. 经济日报，2017(13).)

【案例导学】

随着环境的变化，传统商圈也不断出现新的特点。未来商圈转型应注意：一是集中与分散。既要有集中的核心商圈，也要有遍布社区、街道的便民商业和便民设施。二是线上与线下。引入互联网技术，让购物更便捷，同时引入物流配送体系。三是高端与大众。既需要国际化的品牌、时尚，也需要接地气的服务大众的体系。四是地域消费与辐射消费。既要有辐射性强的商圈，也要有服务区域的商圈。五是综合与特色。既要有综合性、一站式的商圈，也要有特色鲜明的商街。六是兼顾规模与效益。杜绝商圈盲目做大带来的招商难、同质化等弊端，更重视效益与规划。环境因素与商圈的范围及拓展有着重要的联系。

第一节　现代商务环境分析

一、经济全球化与区域经济一体化

当前，世界经济呈现经济全球化、区域经济一体化两大发展趋势，经济全球化无论利弊，都成为不可逆转的重要趋势，是当代世界经济的重要特征之一，而区域经济一体化正向更高层次、更广阔领域发展。

(一)经济全球化

1. 经济全球化的概念及理解

经济全球化(economic globalization)是指世界经济活动超越国界，通过对外贸易、资本流动、技术转移、提供服务、相互依存、相互联系而形成的全球范围的有机经济整体的过程，是商品、技术、信息、服务、货币、人员等生产要素跨国跨地区的流动。简单地说，也就是世界经济日益成为紧密联系的一个整体。

而经济合作与发展组织(OECD)认为，"经济全球化可以被看作一种过程，在这个过程中，经济、市场、技术与通信形式都越来越具有全球特征，民族性和地方性在减少"。为此，可从三方面理解经济全球化：一是世界各国经济联系的加强和相互依赖程度日益提高；二是各国国内经济规则不断趋于一致；三是国际经济协调机制强化，即各种多边或区域组织对世界经济的协调和约束作用越来越强。

2. 经济全球化带来的影响

2016 年，中国对全球经济增长贡献率达 34%，未来 5 年，中国还将进口 8 万亿美元商品，吸收 6 000 亿美元外来投资，对外投资总额将达 7 500 亿美元，出境旅游将达 7 亿人次。经济全球化作为不可阻挡的历史浪潮，到底给我国带来了哪些机遇呢？

第一，有利于吸引和利用外资，引进世界先进管理理论和经验并实现管理的创新。据统计，流入中国的外国直接投资在改革开放之初(1979—1982 年)累计为 11.66 亿美元。以后逐年上升，进入 20 世纪 90 年代迅速增加，到 2002 年底，累计达到 4416 亿美元，实际利用外国直接投资额自 1993 年以来一直居世界第二位，居发展中国家的第一位。在过去 20 年，中国吸引的外国直接投资，占所有发展中国家吸引外国直接投资的 32.47%。由于经济全球化实现了人才、资本、信息、知识和物质在全球范围内的流动，中国能够引进、吸收世界上的先进管理理论和经验，并根据中国的国情进行管理创新。事实上，进入中国的跨国公司在经营管理方面已经给了人们很多启迪和借鉴。

第二，有利于加速中国工业化进程，提升产业结构。经济全球化使中国能更快地融入到世界经济体系之中，充分利用发达国家进行产业结构调整的机会，将其技术相对先进的劳动密集型产业或生产环节转移过来，加速中国工业化进程。根据国内和国际市场的需要，不断调整和优化产业结构及出口商品结构，强化经济竞争力。

第三，有利于深入地参与国际分工，发挥本国现实和潜在的比较优势，拓展海外市场。经济全球化为我国企业提供了在更广泛的领域内积极参与国际竞争的机会，可以通过发挥比较优势实现资源配置效率的提高，拓展海外市场，提高企业的竞争力。

第四，有利于抓住新技术革命带来的机遇，发挥后发优势，发展高新技术产业，实现经济的跨越式发展。经济全球化促进了各国科技人才、跨国公司、国家之间以及民间的全球性科技活动日趋活跃，如能加以有效地利用和积极参与，就能有效地促进中国技术水平的提高。中国企业可以利用国外的技术或在外国产品的技术基础上进行创新，建立和发展高新技术产业，实现经济的跨越式发展。

经济全球化对每个国家来说，都是一柄双刃剑，既是机遇，也是挑战。特别是对经济实力薄弱和科学技术比较落后的发展中国家，面对全球性的激烈竞争，所遇到的风险、挑战将更加严峻。经济全球化中急需解决的问题是建立公平合理的新经济秩序，以保证竞争的公平性和有效性。经济全球化是指贸易、投资、金融、生产等活动的全球化，即生存要素在全球范围内的最佳配置，从根源上说是生产力和国际分工的高度发展，要求进一步跨越民族和国家疆界的产物。进入 21 世纪以来，经济全球化与跨国公司的深入发展，既给世界贸易带来了重大的推动力，同时也给各国商务带来了诸多不确定因素，使其出现了许多新的特点和新的矛盾。

(二)区域经济一体化

1. 区域经济一体化的概念及发展原因

区域经济一体化是指两个或两个以上的国家和地区，通过相互协助制定经济政策和措施，并缔结经济条约或协议，在经济上结合起来，形成一个区域性经济联合体的过程。

区域性国际经济组织可以分为一般区域性国际经济组织和区域性经济一体化组织。后者比前者反映了更紧密的地区经济依赖和协作。大量的和重要的区域性国际经济组织都是经济一体化组织。区域经济一体化的进程大大推动了区域性国际经济组织的建立和发展。

区域经济一体化发展的主要原因有以下几方面：①联合一致抗衡外部强大势力，是区域经济一体化的直接动因。②"二战"后，科学技术和社会生产力的高速发展，是区域经济一体化的客观基础。③维护民族经济利益与发展及其政治利益是地区经济一体化形成与发展的内在动因。无论是发达国家的经济一体化，还是发展中国家的经济一体化，其根本原因都在于维护自身的经济、贸易等利益，为本国经济的发展和综合国力的提高创造更加良好的外部环境。④贸易与投资自由化是区域经济一体化产生并持续发展的经济源泉。⑤贸易创造等各种积极的经济效应，是区域经济一体化产生并持续发展的重要原因。

2. 区域经济一体化的影响

区域经济一体化的根本特征是"对内自由贸易，对外保护贸易"，因此，它对多边贸易体制和全球经济的影响必然是双重的，既有一定的积极影响，同时又具有一定的消极影响。随着经济全球化的不断发展，区域经济一体化的消极影响将会变得越来越突出。

1) 区域经济一体化的积极影响

一是区域经济一体化有助于自由贸易思想的发展。区域经济一体化在区域内奉行自由贸易原则，清除各种贸易壁垒。自由贸易政策实施所带来的各种好处将有助于成员国增强自由贸易意识，同时区域内部保护贸易的约束机制对于成员国内部贸易保护主张起到一定的遏制作用。发挥其经济效应、示范效应和约束效应。二是区域经济一体化可以成为多边贸易体制的基础。三是区域谈判与多边谈判具有重要的"协同作用"。四是区域经济一体化可以为多边贸易谈判提供经验和技巧。

2) 区域经济一体化的消极影响

一是区域性经济集团都实行对内自由贸易、对外保护贸易的贸易政策，这种"内外有别"的政策明显背离多边贸易体制的非歧视原则，形成保护主义的贸易壁垒；二是区域经济一体化组织都具有不同程度的"贸易转移效应"，背离比较优势原则，对区域外的国家造成损害，往往导致区域内外的贸易摩擦和冲突，使世界贸易组织经常处于"救急"状态；三是区域经济一体化组织增加了国际市场上的垄断力量，抑制了竞争，削弱了 WTO 体制的作用；四是区域经济一体化组织把各国追求自由贸易的目标由多边贸易协定转向区域性一体化组织安排，不利于 WTO 体制发挥作用和进一步发展。

目前，区域经济一体化对我国经济起到了重要作用，使贸易额大幅增长，投资大幅增长，为我国企业走出去创造了良好条件，增强了我国影响力。

二、宏观环境分析

环境对商务企业成长的影响是巨大的。宏观环境如社会经济环境、科学技术环境和政策环境对企业成长的影响是方向性和整体性的；而居民收入水平、社会人口数量和结构、生活方式等状况是制约企业成长的重要因素；竞争环境对企业经营质量的提升和经营规模的壮大有着直接促进作用。下面主要针对政治法律环境、经济环境、社会文化环境、科学技术环境等因素进行简单介绍。

(一)政治法律环境因素

政治法律因素是指对商务活动具有现存和潜在作用与影响的政治力量，以及对商务活动加以限制和约束的法律、法规等。这些政策和法律既可以使商务活动受到保护，也可以使商务活动受到限制。

1. 对经营商品的约束

出售的商品状况与消费者的利益密切相关，也与商品的来源和商标的使用有着密不可分的联系。因此，法律对商业企业提供的商品质量及安全、专利、商标使用等做出了具体的、明确的规定。不仅要按照《中华人民共和国产品质量法》《中华人民共和国商标法》《中华人民共和国经济合同法》《中华人民共和国消费者权益保护法》《食品安全卫生法》等法律、法规的要求开展经营活动，还要在商品出售前进行严格的商品检测，同时也要对消费者提供商品质量及安全的保证。

2. 对商品价格的约束

商务经营的商品通常是自行定价，但这并不意味着商品可以随意定价。销售价格与消费者的经济利益直接相关，对消费者安居乐业、社会稳定起着很大的作用，因此，国家与当地政府对价格在不同时期根据不同的商品会给予不同的控制。如《中华人民共和国价格法》《价格违法行为处罚规定》对部分商品的价格制定与管理提出了要求。

3. 对开展促销活动的约束

商家为向消费者出售商品而开展的促销活动也与消费者的利益密切相关，因此，国家对商务活动中开展的促销活动也有明确的法律法规。如《中华人民共和国广告法》《中华人民共和国反对不正当竞争法》《中华人民共和国消费者权益保护法》对利用广告促进商品销售、采用公平的促销手段开展竞争、保护消费者合法权益等方面提出了约束和要求。

(二)经济环境因素

经济环境是指一个国家的经济制度、经济结构、产业布局、资源状况、经济发展水平以及未来的经济走势等。其中，对商务活动影响较大的经济因素包括国民经济发展状况、消费者收入和消费者支出等。

(1) 国民经济发展状况，主要包括总体经济走势、社会生存状况、社会分配状况，它们会在总体上影响和制约企业的经营和发展。

(2) 消费者收入，是指消费者个人所能得到的所有货币收入的总和。消费者收入中的可支配收入和任意支配收入是研究的重点，其中可任意支配收入是影响消费者需求构成中最

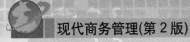

活跃的因素。

(3) 消费者支出,如消费者收入水平对支出模式的影响、收入分配平均程度对消费模式的影响等。

(三)社会文化环境因素

1. 人口环境

人口是构成城市的基本因素,在收入水平一定的条件下,一个国家或地区人口规模的大小决定了该地区市场容量的大小。此外,企业还要研究人口的地理分布、年龄结构、性别、家庭单位和人口数量、教育构成、职业构成等因素,以确定自己的目标市场。

2. 文化环境

文化是指经过学习获得的、用以指导消费者行为的风俗、价值观和习惯的总和,包括文化、亚文化、社会阶层等。文化对顾客购买行为有着广泛而深远的影响,使消费者需求和购买行为具有相似性、习惯性和相对稳定性的特点。其中,宗教信仰和价值观对消费者的影响最大。因此,开展商务活动应注重相关文化因素的影响。

3. 消费习俗和消费规范

消费习俗是人们在长期经济活动和社会活动中所形成的一种消费风俗习惯,是人们历代传递下来的一种消费方式。不同的消费习俗具有不同的商品需要,研究消费习俗,不但有利于组织好消费习俗用品的生产与销售,而且有利于积极正确地引导消费者健康消费。

不同的道德规范决定不同的交往行为,决定不同的家庭模式及消费模式。我国向来以"礼仪之邦"著称于世,广大消费者对人与人之间的关系和情感极为重视,个人行为往往习惯于与周围环境或他人保持一致,这种重人情、求同步的心理对商务决策和行为也产生了较大的影响。

(四)科学技术环境因素

科技创新是实现商务企业战略成功的关键,科学技术的应用已经成为现代商务企业创造竞争优势的一个重要手段。科技发展不仅带来了社会产品的极大丰富,为企业提供了坚实的物质基础,而且还深刻影响着人们的生活方式和消费行为。从实践上看,科技对商务企业的经营管理的直接影响体现在以下几个方面。

(1) 创造商务新形式。如可视图文系统、家庭购物网络、电子目录商店、无线射频技术的应用等,如电子交易、网络会议、全球整合等在商务领域的应用,都得益于信息与技术的发展。

(2) 提高商务活动的效率。如视频订货系统可以使顾客直接在电视柜台订货并在家等待零售商送货上门;介绍商品的可视文件,在网站上展示,大大地方便了消费者了解和选择商品；高技术收款机的使用可以加快收款速度等。

(3) 改善企业经营控制。如 POS、EDI 不仅减少了排队和劳动力成本、获得销售和库存的最新信息，还加强了企业与供应商的联系，从而使企业更有效地管理库存商品，减少库存商品投资。

三、行业环境分析

企业的核心竞争力是企业成长发展至关重要的因素，而面对复杂多样的商务环境，了解行业内企业的竞争力和企业内部竞争力，可进一步明确企业的目标市场选择和市场定位。

(一)行业环境分析：五力分析模型

行业环境是对企业影响最直接、作用最大的外部环境。行业环境分析通常采用迈克尔·波特的五力分析模型(如图 3-1 所示)，结合行业的具体情况，以此作为分析行业内竞争的框架。

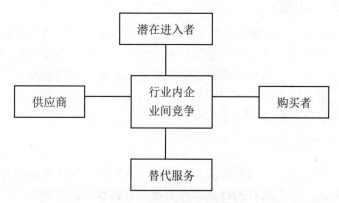

图 3-1　波特五力分析模型

1. 行业内部的竞争

导致行业内部竞争加剧的原因可能有下述几种：①行业增长缓慢，对市场份额的争夺激烈；②竞争者数量较多，竞争力量大抵相当；③竞争对手提供的产品或服务大致相同，或者至少体现不出明显差异；④某些企业为了规模经济的利益，扩大生产规模，市场均势被打破，产品大量过剩，企业开始诉诸降价竞销。

2. 顾客的议价能力

行业顾客可能是行业产品的消费者或用户，也可能是商品买主。顾客的议价能力表现在能否促使卖方降低价格、提高产品质量或提供更好的服务。行业顾客的议价能力受到下述因素的影响：①购买数量，如果顾客购买的数量多、批量大，作为卖方的大客户，就有更强的讨价还价能力；②产品性质，若是标准化产品，顾客在货源上有更多的选择，可以利用卖主之间的竞争而增强自己的议价能力；③顾客的特点，消费品的购买者，人数多且分散，每次购买的数量也不多，他们的议价能力相对较弱；④市场信息，如果顾客了解市场供求状况、产品价格变动趋势，就会有较强的议价能力，就有可能争取到更优惠的价格。

3. 供货厂商的议价能力

供货厂商的议价能力表现在供货厂商能否有效地促使买方接受更高的价格、更早的付款时间或更可靠的付款方式。供货厂商的议价能力受到下述因素的影响：①对货源的控制程度，如果货源由少数几家厂商控制，供货厂商就处于竞争有利地位，就有能力在价格、付款时间等方面对购货厂商施加压力，索取高价；②产品的特点，如果供货厂商的产品具有特色，那么供货厂商就处于有利竞争地位，拥有更强的议价能力；③用户的特征，如果购货厂商是供货厂商的重要客户，供货厂商就会用各种方式给购货厂商比较合理的价格，乃至优惠的价格。

4. 潜在竞争对手的威胁

潜在竞争对手是指那些可能进入行业参与竞争的企业，它们将带来新的生产能力，分享已有的资源和市场份额，结果是行业生产成本上升，市场竞争加剧，产品售价下降，行业利润减少。潜在竞争对手的可能威胁，取决于进入行业的障碍程度，以及行业内部现有企业的反应程度，进入行业的障碍程度越高，现有企业反应越强烈，潜在竞争对手就越不易进入，对行业的威胁也就越小。

5. 替代产品的压力

替代产品的压力是指具有相同功能，或能满足同样需求从而可以相互替代的产品，如石油和煤炭、铜和铝。几乎所有的行业都有可能受到替代产品的冲击，替代产品的竞争导致对原产品的需求减少，市场价格下降，企业利润受到限制。

(二)企业内部条件分析

企业的内部条件是指影响零售商生存和发展的内部因素，如企业的经营观念、管理体制与方法、经营目标与宗旨、企业精神与文化、业务流程管理水平等。企业内部条件分析方法主要有三种：经营资源分析法、企业能力分析法和价值链分析法。

(1) 经营资源分析法用于确定企业的资源状态，发现企业在资源上表现的优势和劣势，从而找出在资源使用中所需要进行的变革，内容包括企业现有资源及其利用情况、资源的平衡性和适应性等。

(2) 企业能力是企业将资源加以统筹整合以完成其任务和目标的能力。企业能力分析法的目的在于了解企业在基础管理能力、信息管理能力、研发能力、门店运营能力、分销与配送能力等各方面的能力，发现其能力的优势或劣势。

(3) 价值链分析主要研究包括采购、营销、陈列以及辅助作用的一系列价值创造活动共同组成的链条。价值链活动分为基本活动和辅助活动。前者是企业经营的实质性活动，多与商品实体的流转有关，包括进货、分类整理与配送、上架陈列、促销宣传、售后服务等；后者是配合基本活动用于完成商品增值目的的活动，包括商品采购、技术开发、人力资源管理以及企业的总体计划、财务、行政和质量管理等活动。

(三)SWOT 分析模型

在以上对内外环境因素分析的基础上，SWOT 分析模型为商业企业提供了四种可供选择的战略，即从企业外部环境分析发展的机会和威胁，从企业自身分析所具有的优势和劣势，从而找到企业的发展方向，如图 3-2 所示。

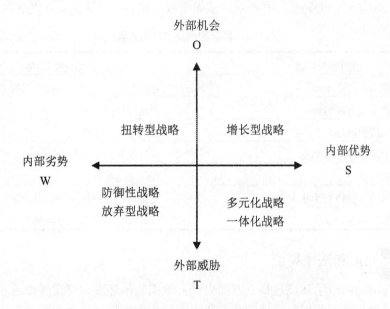

图 3-2　SWOT 分析模型

SO 象限内的区域是企业机会与优势最理想的结合，此时企业拥有强大的内部优势和众多的环境机会，可以采取增长型战略。WO 象限内的业务有外部市场机会，但缺少内部条件，可以采取扭转型战略，尽快改变企业内部的不利条件，从而有效地利用市场机会。WT 象限内是最不理想的内外部因素结合的状况，处于该区域的业务在其相对弱势处恰恰面临着大量的环境威胁，此时，企业可以采取减少产品或市场的紧缩型或防御型战略，或改变产品或市场的放弃型战略。ST 象限内的业务尽管在当前具有优势，但正面临着不利环境威胁，此时，企业可以考虑多元化战略，利用现有的优势在其他产品或市场上寻找和建立机会；另外，在实力非常强大、优势十分明显的情况下，企业也可以采用一体化战略，利用自身优势正面克服存在的障碍。

四、国际商务环境分析

当人们的地理活动区域扩展时，也增加了资源、产品和服务的品种，扩大了市场，全球整合时代到来之际，在所有商业活动中国际商务所占比例越来越大，而且这种比例仍在扩大。企业在进行商务活动时，在不同的国家所要面临的环境不同，其中包括经济、政治和法律、文化、区域经济一体化组织以及国际货币体系等因素。首先，如果公司开展国际经营，经营模式如进出口将不同于国内；其次，国外的条件也影响你在那里开展商业活动，如为产品定制最佳市场策略。这些条件包括物理条件、社会条件和竞争条件，因为这些条件因地、因时而异，国际经营环境比国内更加多样化和复杂，如表3-1所示。因此，企业应深入研究各个国家环境的差异，并针对性地做出战略调整，以达到企业发展的目标。

表 3-1　国际国内商务环境差异

国内商务环境	国际商务环境
单一货币	各国货币的稳定性与比价不同
相同的财政金融与商业环境	不同的经济环境
相对同质的市场	市场分散且多样化
统一的法律与会计制度	各种各样的法律与会计制度
政治相对稳定	政治变化无常
文化习俗与价值观念基本相通	文化习俗与价值观念难以沟通
获取信息相对容易	有效信息的收集十分困难

(一)国际政治和法律环境

国际商务活动的政治环境包括三方面内容：本国政治环境、东道国政治环境以及国际政治环境。法律环境是指国际或地区政府所颁布的各项法规、法令和条例等，它是企业经营活动的准则，企业只有依法进行各种经营活动，才能受到国家法律的有效保护。国际商务环境的其他因素往往是通过法律形式最终表现出来的。

各国政治法律制度的差异会对企业进行国际商务活动产生巨大的影响。

(1) 政治风险，由于一国的政治环境因素的显著变化，如东道国政局变动和社会稳定情况可能造成的影响对企业的利润及其他目的产生了负面影响。政治风险主要包括政变、战争、政府违约以及政策等。例如，东道国政府可能会调高油价进而影响汽车的购买力，也可能会通过征收产品税使得汽车售价提高而影响其购买力。因此，企业应该注重东道国政府推行的各种相关政策，企业的商务战略应与东道国政府实施的政策相一致。同时，企业要遵守东道国对所有企业以及对国外企业制定的法律法规。例如，在芬兰、中国、挪威、法国、新西兰等国家禁止播放香烟广告，那么香烟企业就应通过其他方式来推广产品。

(2) 法律风险，从广义上讲，就是指外国企业的商业行为与东道国所颁布的法律法规有相抵触的风险，可能会产生外部合规风险；从狭义上讲，主要关注企业所签署的各类合同、承诺等法律文件的有效性和可执行能力。

(二)国际经济环境

经济环境是指企业从事国际商务活动所面临的国际经济状况及其发展趋势，影响经济环境的因素主要包括经济制度和经济发展水平。

(1) 经济制度。经济制度是指国家的统治阶级为了反映在社会中占统治地位的生产关系的发展要求，建立、维护和发展有利于其政治统治的经济秩序，是确认或创设的各种有关经济问题的规则和措施的总称。经济制度可以分为市场经济、指令性经济和混合经济三种类型，不同的经济制度会对经济环境产生不同的影响。

(2) 经济发展水平。经济发展包括三层含义：第一，经济量的增长，即一个国家或地区的产品和劳务的增加；第二，经济结构的改进和优化，即一个国家或地区的技术结构、产业结构、收入分配结构、消费结构以及人口结构等经济结构的变化；第三，经济质量的改善和提高，即一个国家和地区经济效益的提高、经济稳定程度、卫生健康状况的改善、自然环境和生态平衡以及政治、文化和人的现代化进程。经济发展阶段不同，居民的收入不同，顾客对产品的需求也不一样，进而对一国的经济环境产生影响。

(三)国际文化环境

文化是国际商务活动中最具挑战性的一个要素。在文化环境分析中包含了一系列的动态变量：语言、宗教、价值观和人生态度、风俗习惯、审美观、技术、教育和社会制度等。具体分析时应包含以下要素。

(1) 文化意识。首先要认识到文化差异是什么，是普遍的还是个别的，是深层次的还是表层的等；其次，注意文化也不能简单地与经济和政治形势之类的因素分离。

(2) 文化认同和力量。在此需要了解：①以国家为中心的文化参考标准，因为人们之间的基本共性既是国家边界的原因，也是国家边界的结果；②文化结构和力量，以及文化传播的途径、文化演变的方式等；③语言和宗教对文化稳定的重要性。

(3) 影响商务的行为惯例，包括社会阶层、工作激励、关系选择、冒险行为、信息和作业处理、交流等。

(4) 应对文化差异。一般的做法有接受当地文化、建立合作关系、雇用本地人以了解当地文化知识，帮助员工了解公司，根据当地市场调整公司产品等。

(四)其他环境因素

国际商务环境还包括：①自然地理环境，包括东道国的气候、地形、区位、自然资源等，都会影响到国际商务活动。例如，不可能将冰箱卖给北极的爱斯基摩人。②东道国的社会基础设施,即投资环境中的所谓的"硬件"部分,包括交通运输、通信和商业设施、能源供应等内容。社会基础设施的水平是企业关注的重要的外部物质条件,直接影响企业在当地的经营活动能否顺利进行。③东道国的科学技术水平,包括产品创新能力、技术应用能力以及民间和政府研发费用的流向。④东道国的竞争环境,包括竞争氛围、企业竞争手段、竞争激烈程度及竞争对手的动向等。

第二节 电子商务和移动商务环境

一、电子商务带来的影响

电子商务是基于信息网络、信息社会的产物,其活动领域可以从政府到市场,从市场到生产,从生产到消费者,即将原有的商务活动扩散,从而形成了全球统一、规范竞争的有序的大市场。近年来,电子商务模式发展迅速,2017年中国电子商务市场交易规模预计达21.6万亿元,直接就业人数达到305万。电子商务凭借其低成本、高效率的优势,不但受到普通消费者的青睐,还有效地促进中小企业寻找商机、赢得市场。

传统商务和电子商务的区别如表3-2所示,信息化时代电子商务的发展对传统商务活动带来了许多新的改变,表现在采购、生产、销售和服务多个环节。

表3-2 传统商务与电子商务的区别

项　　目	传统商务	电子商务
交易对象	部分地区	世界各地
交易时间	在规定的营业时间内	实施一周7天×24小时服务
营销推动	销售商单方努力	交易双方一对一沟通,是双向的
顾客购物方便度	受限于时间、地点及店主态度	按自己的方式,无拘无束地购物
顾客需求把握	商家需很长时间掌握顾客需求	能快速捕捉顾客的需求并及时应对
销售地点	需要销售空间(店铺、货架和仓库)	虚拟空间(提供商品列表和图片)
销售方式	通过各种关系买卖,方式多样	完全自由购买
流通渠道	流通环节复杂,流通成本高	简化了流通环节,降低了流通成本

1. 对企业采购带来的影响

电子商务可以成为减少企业采购成本支出的一种有效途径。电子商务的发展,使企业之间的竞争不再取决于企业所实际占有的资源多少,而取决于企业可控制运用资源的多寡。因此,企业必须利用外部资源尤其要发挥好网络的作用,通过互联网使自己与合作伙伴、供应商互通互连,做到信息资源实时共享,最大限度地提高运作效率,降低采购成本。这一点主要体现在以下两个方面：①在电子商务模式下，企业能通过互联网快捷地在众多的供应商中找到适合的合作伙伴，及时了解供应商的产品信息，如价格、交货期、库存等，并可以获得较低的价格；②企业可以加强与主要供应商之间的协作关系，并形成一体化的信息传递和信息处理体系，从而降低采购费用。

2. 对企业生产加工过程带来的影响

电子商务对企业的生产运作方式、生产周期、库存等都会带来巨大的影响。具体而言，主要体现在以下三个方面：①传统经营模式下的生产方式是大批量、规格化、流程固定的流水线生产，是产品的全程生产，外协加工工序较少。基于电子商务的生产方式是顾客需求拉动型的生产。②缩短了生产与研发的周期。通过提高信息和资金等的转移速度，提高工作效率，缩短生产周期，从而降低单位产品的生产成本，并缩短其研发周期。③减少企业库存，提高库存管理水平。更多先进生产方式(如 MRPⅡ、ERP、JIT)的应用，为企业实现精确生产、零库存奠定了基础。

3. 对销售带来的影响

电子商务可以降低企业的销售成本，网上销售突破了时间与空间的限制，增强了企业利用互联网展示产品及服务的优势，具体表现在如下三个方面：①电子商务可以降低企业的交易成本。②突破了时间与空间的限制。传统经营模式通过各种媒体做广告，需要对复杂的销售渠道进行管理，并且目标市场受到地域的限制，而电子商务环境下的网络营销是一种主动方在客户的软营销。③全方位展示产品，促使顾客理性购买。

4. 对企业客户服务的影响

客户是企业最重要的资源，不断满足顾客的需求，提高客户满意度和忠诚度是企业能否在市场上立足的关键。电子商务对企业客户服务的影响主要体现在以下三个方面：①电子商务使企业与客户之间产生一种互动的关系，极大地改善了客户服务质量；②通过实时互动式沟通，加深了双方的相互了解，密切用户关系，改善售后服务；③促使企业引入更先进的客户服务系统，从而提升客户服务水平。

二、移动电子商务的发展

移动商务(Mobile Business，MB)是指通过无线通信来进行网上商务活动。移动商务可高效地与用户接触，允许他们即时访问关键的商业信息和进行各种形式的通信。移动商务主要的功能包括：移动电商营销、移动商务管理等。

我国移动电子商务市场交易规模依然保持快速增长的趋势，2016 年国内手机网民规模达 6.6 亿人，移动购物市场交易规模为 3.3 万亿元，同比增长 57.9%，在整体网络购物交易规模中占比 68.2%。其迅速发展的原因有：①手机用户数量和用手机上网用户数量攀升；

②智能手机及平板电脑的普及;③上网速度提升、无线宽带、资费下调;④传统电商的沉淀,为移动电子商务的发展奠定了基础。

随着时代与技术的进步,人们对移动性和信息的需求急速上升,移动互联网已经渗透到人们生活、工作的各个领域,移动电子商务成为各个产业链竞相争抢的"大蛋糕"。因其可以为用户随时随地提供所需的服务、应用、信息和娱乐,同时满足用户及商家从众、安全、社交及自我实现的需求,而深受用户的欢迎。

(一)移动电子商务的特点

移动电子商务是移动信息服务和电子商务融合的产物,而与传统电子商务相比,移动电子商务具有独有的优势。

(1) 具有方便、随时随地的特点。移动电子商务的最大特点是随时随地和个性化。移动终端既是一个移动通信工具,又是一个移动 POS 机,一个移动的银行 ATM 机。用户可在任何时间、任何地点进行电子商务交易和办理银行业务,包括支付。

(2) 用户规模大。移动电话的普及程度远远超过了计算机。手机用户中基本包含了消费能力强的中高端用户,以移动电话为载体的移动电子商务不论在用户规模上,还是在用户消费能力上,都优于传统的电子商务。

(3) 有较好的身份认证基础。对于传统电子商务而言,用户的消费信誉成为最大的问题,而移动电子商务手机号码具有唯一性,手机 SIM 卡上存储的用户就具有这一优势。

(4) 移动电子商务领域更易于技术创新。移动电子商务领域因涉及 IT、无线通信、无线接入、软件等技术,并且商务方式更具多元化、复杂化,因而在此领域内很容易产生新的技术,并能将这些新兴技术转化成更好的产品或服务。

(5) 定制化服务。由于移动电话具有比 PC 机更高的可连通性与可定位性,因此移动商务的生产者可以更好地发挥主动性,为不同顾客提供定制化的服务。例如,开展依赖于包含大量活跃客户和潜在客户信息的数据库的个性化短信息服务活动,以及利用无线服务提供商提供的人口统计信息和基于移动用户位置的信息,商家可以通过具有个性化的短信服务活动进行更有针对性的广告宣传,从而满足客户的需求。

(6) 开放性、包容性。移动电子商务因为接入方式无线化,使得任何人都更容易进入网络世界,从而使网络范围延伸更广阔、更开放;同时使网络虚拟功能更带有现实性,因而更具有包容性。

当然,由于基于固定网的电子商务与移动电子商务拥有不同特征,移动电子商务不可能完全替代传统电子商务,两者是相互补充、相辅相成的。移动通信所具有的灵活、便捷的特点,决定了移动电子商务应当定位于大众化的个人消费领域,应当提供大众化的商务应用。

(二)移动商务市场的分类

1. 按移动电商的商品市场分

1) 虚拟商品

主要是依附于各运营商旗下的，收费图铃、游戏下载或其他资讯类业务。工商银行、建设银行等多家银行和支付宝也开通了通过手机交水电费、话费等业务。

2) 实体商品

目前国内主要有淘宝网、立即购、"掌店"移动商城在涉足这一领域，为我们带来更多生活便利。

2. 按移动电商的应用方式分

1) 远程电商

移动电商中的"远程电商"是指传统电商通过 PC 端的购物方式自然转化为通过移动终端的购物方式。远程电商的购物方式是对传统电商购物方式的延伸，远程电商与传统电商购物的品类可完全重合，差异之处在于购物终端的不同与购物应用软件的不同。传统电商是通过浏览器购物，移动电商是通过 App 购物，很多电商网站都推出了各自的移动 App 来吸引消费者。

2) 近场电商

移动电商中的"近场电商"是在"移动支付中的近场支付"与"O2O 中的本地化服务"共同发展下衍生出来的一个便于理解的概念。近场电商就是指通过移动终端选择本地化服务的消费场所，最后可以通过近场支付进行消费。

(三)移动电商与大数据

随着互联网络和信息技术的飞速发展，手机网民的数量逐年增加，越来越多的用户习惯在网上购物，消费者在网络上创造大量数据的同时这些数据也蕴藏了巨大的商机，在"大数据"时代，如何在大数据环境中发现影响移动商务的相关因素并通过收集一定的数据进行分析已经成为企业在发展中成功的关键。在电子商务刚刚起步的时候，淘宝网、当当网等一些网站通过对海量数据的挖掘分析获得了顾客的需求信息，从而为顾客提供了个性化服务。在当当网订购产品，在页面下面会有相似的产品推荐以及淘宝网的产品个性化定制等功能都大大地方便了消费者。在大数据环境下，企业的决策是越来越精确化和实时化，它从大量积累的数据中分析出过去企业很难发现的消费者需求，从而制订了相应的营销计划，以期快速占领市场，减少网络运营者因为决策不准确而带来的投资浪费。移动电商具有的便捷性及客户身份信息的可认证性等特点，与大数据技术相结合，会对商务活动的各方面产生深远的影响。

第三节 现代商圈设定与拓展

商圈(trading area)是指以店铺所在地点为中心，沿着一定的方向和距离扩展，那些优先选择到该店来消费的顾客所分布的地区范围，换而言之就是店铺顾客所在的地理范围。

一、商圈的构成及类型

(一)商圈的构成

店铺的销售活动范围通常都有一定的地理界限，即有相对稳定的商圈。不同的店铺由于经营商品、交通因素、地理位置、经营规模等方面的不同，其商圈规模、商圈形态存在很大差别。即使是同一个店铺，在不同时间也会因为不同因素的影响而导致商圈的变化。如原商圈内出现了竞争，吸引了一部分顾客，商圈规模时大时小，商圈形态则表现为各种不规则的多角形。为了便于分析，通常是以店铺设定地点为圆心，以周围一定距离为半径所划定的范围作为商圈的设定，由主要商圈、次要商圈和边缘商圈三部分组成，如图 3-3 所示。

图 3-3 商圈的构成

主要商圈(primary trading area)是指最接近商店并拥有高密度顾客群的区域，一般包含店铺顾客总数的 55%～70%，是最靠近店铺的区域。主要商圈内顾客的平均购货额最高，很少同其他同类商店的商圈发生重叠。次要商圈一般包含店铺顾客群的 15%～25%，是位于主要区外围的商圈，顾客较为分散。边缘商圈包含其余部分的顾客，这类顾客往往是分散的、次要的，不超过总顾客数的 10%。日用品商店吸引不了边缘区的顾客，只有选购品商店才能吸引他们。

(二)商圈类型

从商业区域间相互关系的角度来看，商圈的类型可以分为互补性商圈、竞争性商圈和独立性商圈。

1. 互补性商圈

商圈与商圈之间，由于地域分布不同和市场特色、市场定位不同，也会产生互补前提下的效益叠加现象。商圈之间的互补性主要表现在主要商圈层的地域独占性上。在经济全球化日益发展的今天，资源和生产要素在全球范围内流动，次要商圈层和边缘商圈层都发生了深刻的变化，它们的范围将变得更加不规则和不确定，单纯的、内向型的经济循环必然束缚现代商圈的发展。因此加强商圈之间的合作可以为商圈带来互利双赢的机会，扩大整个城市的商业辐射功能。

2. 竞争性商圈

每个商圈都有自己的商圈层，相邻的商圈之间，必然存在着次要商圈层和边缘商圈层的交叉重合现象。信息化时代，地域上不相邻的两个商圈也会在网上进行商业的竞争和交锋，这些都是竞争性的表现。对于竞争性商圈，政府应该积极引导，支持它们在一个合理的范围内进行竞争，而不是无节制的恶性竞争。

3. 独立性商圈

两个商圈可能由于种种原因相互没有什么影响，一种原因是两个商圈分布的都是某一类特定商品的经营网点，这些商品属性并无多少关联，导致商圈彼此相互独立。例如，服装市场形成的商圈与家用电器市场形成的商圈之间影响力就很微弱。除了空间绝对距离外，交通的状况也可能导致商圈之间并无关联，许多自然和人为的地理障碍，如山脉、河流、桥梁、铁路等会截断商圈的界限，使得空间相邻的商圈相互独立。当然，商圈之间绝对没有关联是不可能的，只是这种关联性相对于商圈本身的空间扩散性来讲很微弱而已。

二、影响商圈需求的因素

好的地区和商圈是那些能为零售商带来最高需求或销售额的地区。为评估一特定地区市场或商圈的总需求，需考虑商务环境、同一地区其他商家的竞争等因素。具体包括以下几个方面。

1. 店铺规模

店铺规模越大，其市场吸引力越强，从而有利于扩大其销售商圈。这是因为店铺规模大，可以为顾客提供品种更齐全的选择性商品，服务项目也将随之增多，吸引顾客的范围也就越大。当然，店铺的规模与其商圈的范围并不一定成比例增长，因为吸引商圈范围的大小还受许多其他因素影响。

2. 经营商品的种类

对于经营居民日常生活所需的饰品和日用品的店铺，一般商圈较小，这些商品购买频率高，顾客为购买此类商品，常为求方便而就近购买。而经营珠宝首饰类商品的店铺，由于客户购买此类商品时需要精心挑选和比较，因而店铺的商圈范围相对要大一些。

3. 店铺经营水平及信誉

一个经营水平高、信誉好的店铺，由于具有较高的知名度和信誉度，可以吸引许多慕名而来的顾客，因而可以扩大自己的商圈。即使两家规模相同，且坐落在同一个地区、街道的店铺，由于经营水平的不同，其吸引力也可能相差很大。

4. 促销策略

商圈规模可通过广告宣传、推销方法、服务方式、公共关系等各种促销手段赢得顾客，如优惠酬宾、有奖销售、礼品券以及各种顾客俱乐部等方式都可能扩大商圈的边际范围。

5. 家庭与人口因素

店铺所处外部的人口密度、收入水平、职业构成、性别、年龄结构、家庭构成、生活习惯、消费水平以及流动人口数量与构成等，对于店铺商圈的构成，也具有决定性的意义。

6. 竞争对手的位置

竞争对手的位置对商圈大小也有影响。如果两家具有竞争性质的店铺，即使相距有一定距离，而潜在的顾客又位于其间，则两家店铺的商圈都会缩小；相反，如果同行业店铺相邻而设，由于零售业的"群体竞争效应"，顾客会因有更多的选择机会而被吸引过来，则商圈可能因竞争而扩大。

7. 交通状况

交通地理条件也影响着商圈的大小，交通条件便利，会扩大商圈范围；反之，则会缩小商圈范围。很多地理上的障碍，如收费桥梁、隧道、河流、铁路以及城市交通管理设施，通常都会影响到商圈的规模。

三、传统商圈划定方法

商圈划定方法对已开店铺和新开店铺有所不同。对于已开店铺，通过抽样调查记录、售后服务登记、顾客意见征询等途径搜集有关顾客居住地点资料，从资料统计中即可掌握店铺客流量的大小，其中哪些是固定消费群，哪些是流动顾客，根据固定消费者住址，在地图上标明，即可分析出商店的主要商圈、次要商圈和边缘商圈。

对于新开店铺，划定商圈主要依据当地市场的销售潜力，运用趋势分析，包括有关部门提供的城市规划、人口分布、住宅建设、公路建设、公共交通等方面的资料，预测未来的发展变化趋势。还可以用各种调查方法，收集有关客流和购物距离等资料进行类比和综合分析，大体测出新建商店的商圈。常见的商圈划分方法主要有以下几种。

(一)雷利法则

雷利法则是美国学者威廉·J. 雷利(W.J. Reilly)利用三年时间调查了美国 150 个城市商圈后，于 1931 年根据牛顿力学的万有引力理论提出的用以预测商圈规模的"零售引力法则"，总结出都市人口与零售引力的相互关系。雷利法则以万有引力为核心，用城市人口取代物体质量，用城市之间的距离取代物体之间的距离，认为两个城市从其间某一点吸引顾客的能力与两城市的人口成正比，与两城市至该点的距离的平方成反比，如公式(3-1)所示。

$$\frac{B_a}{B_b} = \frac{P_a}{P_b} \times \left(\frac{D_b}{D_a}\right)^2 \tag{3-1}$$

式中，B_a——城市 A 对 A、B 城市中间某地 C 处顾客的吸引力；

B_b——城市 B 对 C 处顾客的吸引力；

P_a——城市 A 的人口；

P_b——城市 B 的人口；

D_a——城市 A 与 C 处的距离；

D_b——城市 B 与 C 处的距离。

雷利法则证实了城市人口越多、规模越大、商业越发达，当地供应的商品和服务在数量、品种、方式方面就会有较大的发展，必然吸引更多的顾客去该地区购买商品，接受商业服务，对顾客购买的吸引力就越大。具有零售中心地机能的两个城镇对位于其中间的某一城镇的零售交易的吸引力与两城镇距离的平方成反比，这是由于顾客消费还要考虑购物成本，距离越远购物成本越高，所以吸引力下降。

应注意的是，雷利法则的提出是基于以下几个假设。

(1) 零售交易的吸引力可以用零售额或者购物人数来衡量。

(2) 各地具有相同的价格水平。

(3) 各地之间的交通条件相同。

(4) 各地所提供的商品其顾客价值相同，即指各地提供的商品在质量、服务、促销策略等方面无差异。

因此，雷利法则的局限性在于：只考虑距离，未考虑其他交通状况(如不同交通工具、交通障碍等)，若以顾客前往商店所花费的交通时间来衡量会更适合；顾客的"认知距离"会受购物经验的影响，如品牌、服务态度、设施等，通常会使顾客愿意走更远的路；因消费水准的不同，人口数有时并不具代表性，如果以销售额来判断则更能反映其吸引力。

"雷利法则"是最原始、最基本的商圈理论法则，以后的众多法则均源于该法则关于零售吸引力的思想。这个法则对研究城市商圈的贡献在于：如果企业无法在投资地获得更为详尽的资料，只能通过官方资料大概了解该地人口和地理情况，那么就可以利用雷利法则对该地进行初步的吸引力判断。雷利法则运算方法简单，数据获得容易，是企业在决策早期经常使用的方法。

(二)康弗斯法则

1943—1948年间，美国伊利诺伊大学的经济学者康弗斯(P.D. Converse)依据雷利法则，进一步研究两个都市的行商势力范围，找出两都市之间的商圈均衡点，即在两个城镇之间设立一个中介点，顾客在此中介点可能前往任何一个城镇购买，两个城镇商店对中介点居民的吸引力完全相同，这一地点到两商店的距离即是两商店吸引顾客的地理区域，其计算公式如下。

$$D_{AB} = \frac{d}{1 + \sqrt{P_B / P_A}} \tag{3-2}$$

式中，D_{AB}——A城镇商圈的范围(以从A往B方向到中介点的里程衡量)；

P_A——A城镇的人口；

P_B——B城镇的人口；

d——城镇A到B的里程距离。

假设：A城镇人口9万人，B城镇人口1万人，A城镇距B城镇20千米。则根据式(3-2)可以计算出A、B城镇商圈的范围如下。

$$D_{AB} = \frac{20}{1 + \sqrt{1/9}} = 15(千米)$$

$$D_{AB} = \frac{20}{1 + \sqrt{9/1}} = 5(千米)$$

则中介点与A、B两个城镇的相对位置如图3-4所示。

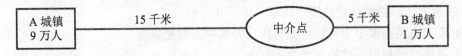

图3-4 中介点位置图

计算结果表明，A城镇吸引与中介点距离为15千米以内的顾客，B城镇吸引与中介点距离为5千米以内的顾客。即中介点往A城镇这边的居民主要在A城镇购物，中介点往B城镇这边的居民主要在B城镇购物。这一结果为零售商划定A城镇和B城镇中商店的商圈范围提供了依据。

如果有各自独立的A、B、C、D四个城镇，每个城镇人数以及A城镇到其他城镇之间的距离已知，可以利用式(3-2)计算出A城镇与其他三个城镇之间的中介点，将三个中介点连接起来，就可以得出A城镇大致的商圈范围。在此商圈内的消费者通常都愿意到A城镇购物，如图3-5所示。

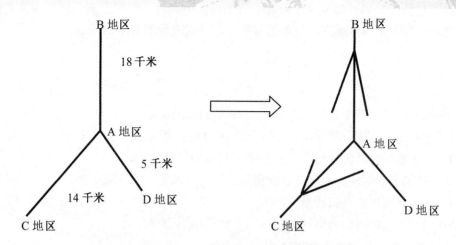

图3-5　A地区大致的商圈范围

康弗斯法则同样也遵循雷利法则的三个假设条件，在实际运用中也有一定的局限性：该方法也只有在交通条件和购物环境相同的情况下才成立；只考虑了两地的里程距离，没有考虑实际的行程距离；城市人口的规模并不能完全反映城市的实际吸引力；只适用于出售日常用品的商店，不适用于出售挑选性强的高档消费品商店；如果考虑广告的影响和顾客的忠诚度影响，也会削弱该法则的有效性。

(三)赫夫法则

赫夫法则是美国加利福尼亚大学经济学者戴维·赫夫(D.L.Huff)教授于1963年提出的用于预测城市区域内商圈规模的模型。赫夫法则依然是引用万有引力原理，提出了购物场所各种条件对消费者的引力和消费者去购物场所感觉到的各种阻力决定了商圈规模大小的规律。与其他模型的区别在于，赫夫法则模型考虑到了各种条件产生的概率情况。

赫夫认为，从事购物行为的消费者对商店的心理认同是影响商店商圈大小的根本原因，商店商圈的大小规模与消费者是否选择该商店进行购物有关。通常而言，消费者更愿意去具有消费吸引力的商店购物，这些有吸引力的商场通常卖场面积大，商品可选择性强，商品品牌知名度高，促销活动具有更大的吸引力。相反，如果前往该店的距离较远，交通系统不够通畅，消费者就会比较犹豫。根据这一认识，赫夫提出其关于商店商圈规模大小的论点：商店商圈规模大小与购物场所对消费者的吸引力成正比，与消费者去消费场所感觉的时间距离阻力成反比。商店购物场所各种因素的吸引力越大，则该商店的商圈规模也就大；消费者从出发地到该商业场所的时间越长，则该商店商圈的规模也就越小。

赫夫从消费者的立场出发，认为消费者前往某一商业设施消费的概率取决于该商业设施的营业面积、规模实力和时间三个主要因素：商业设施的营业面积大小反映了该商店商品的丰富性；商业设施的规模实力反映了该商店的品牌质量、促销活动和信誉等；从居住地到该商业设施的时间长短反映了顾客到目的地的方便性。同时，赫夫模型中还考虑到不同地区商业设备、不同性质商品的利用概率，其公式表达如式(3-3)所示。

$$P_{ij}=\frac{S_j/T_{ij}^{\lambda}}{\sum_{j=1}^{n}S_j/T_{ij}^{\lambda}} \tag{3-3}$$

其中，P_{ij}——i 地区的消费者在 j 商业区(或商店)购物的概率；

S_j——j 商店的规模(营业面积)或 j 商业区内某类商品总营业面积；

T_{ij}——i 地区的消费者到 j 商业区的时间距离或空间距离；

λ——消费者对时间距离或空间距离的敏感性参数，通常取 $\lambda=2$；

n——相互竞争的商店数量；

S_j/T_{ij}^{λ}——j 商业区(商店)对 i 地区消费者的吸引力。

赫夫法则运用的前提假设如下。

(1) 消费者光顾卖场的概率会因卖场面积而变化，卖场面积同时代表商品的齐全度及用途的多样化。

(2) 消费者会因购物动机而走进卖场。

(3) 消费者到某一卖场购物的概率受其他竞争店的影响。竞争店越多，概率越小。

赫夫模型是国外在对商圈规模调查时经常使用的一种方法，主要依据卖场引力和距离阻力这两个要素来进行分析，运用赫夫模型能求出从居住地去特定商业设施的出行概率，预测商业设施的销售额，商业集聚的集客能力，从而得知商圈结构及竞争关系会发生怎样的变化。此外，在调查大型零售店对周边商业集聚的影响力时也经常使用这一模型。

赫夫法则的最大特点是更接近于实际，它将过去以都市为单位的商圈理论具体到以商店街、百货店、超级市场为单位，综合考虑人口、距离、面积、规模等多种因素，将各个商圈地带间的引力强弱、购物比率发展成为概率模型的理论。赫夫模型不仅是从经验推导出来的，而且表达了消费者空间行为理论的抽象化，考虑了所有潜在购物区域或期待的消费者数。这个模型考虑了营业网点的面积、顾客的购物时间、顾客对距离的敏感程度等因素，经统计可得出消费者对不同距离到目标店购物的概率。

当然，赫夫法则也有其局限性。模型中，通常用到卖场的时间、距离作为阻力因素，而用卖场的面积来代替卖场的吸引力，但如果仅用卖场的面积来代替卖场吸引力，那相同面积的百货店、超市、商业街就具有相同的魅力，显然过于武断。模型中确定敏感性参数 λ 的值比较麻烦。如果取实际值，需花费相当多的时间和费用通过市场调查才能计算得出；由于不同地区的商业情况和消费文化各有不同，其敏感性参数也会不同，如果取固定值，则又难以准确反映实际情况。

(四)实验法

实验法是通过观察或访问方式，对潜在顾客进行直接调查，搜集资料，进行分析，然后依次划定商圈的一种有效方法。具体有以下几种方法。

(1) 实地调查。访问前往邻近其他店铺购买商品的顾客，了解顾客住址及其所购产品，以此推断店铺的商圈范围。这是唯一的面对面交谈方法，成功访问的百分比很大，还有可能借此对商圈内的顾客情况进一步了解分析，但需耗费过多的人力与时间。

(2) 电话访问。通过电话了解顾客住址和购买情况。这种方法获取资料快，调查成本低，但易打扰被调查者，可能会造成调查对象的反感而不易获得合作；且近来由于电话诈骗案的频繁播报，被调查者可能不会轻易透露其居住地址等信息。

(3) 邮寄问卷。通过邮寄方式询问潜在顾客，用返回的资料推断开设店铺的地理区域，划定商圈。这种方法价格低廉，可广泛了解受询者的分布情况，不受时间和空间控制；缺点是回收率低，可能只有 10%，且花费时间较长。为克服这些缺点，可随之附上赠品来诱导回信，如奖券、优惠折扣等。

(4) 提供服务。向顾客提供信用购买、售后服务时获得顾客住址及工作地点资料。这种方法容易取得资料，但有一定局限性，主要适用于出售挑选性强的耐用消费品。由于我国信用购买不太普遍，故采用此方法有一定的困难。

四、传统商圈的转型

传统商圈面临的挑战主要来自三个方面：一是随着新型城镇化的快速推进，一些过去自发形成的老商圈物业条件逐渐老化，在环境上需要提档升级；二是区域内其他商圈对传统商圈形成了分流；三是电商时代，终端消费者发生了很大变化。新一代 90 后天然就是"电商动物"，如何适应他们的消费理念和消费方式，是传统商圈必须思考的问题。

重重压力之下，传统商圈转型的思路正逐渐变得清晰。电商的优势来自两个方面：一是价格便宜，二是便利性。在大城市交通拥堵成为常态后，人们为适应快节奏的生活，更愿意"宅"在家里购物。尽管如此，传统商圈依然具有难以替代的优势，其竞争力来自"体验经济"。人是社会性动物，实体店的体验式消费环境，可以满足人们对家庭和社会交往的需求。互联网是在给传统商圈锦上添花，为传统商圈的发展插上了翅膀。在"互联网+"时代，传统商圈要更好地与互联网融合，探索服务新模式，让消费者在实体购物环境中也能够享受到电商、App 带来的便利，获得更好的消费体验。

1. 网络商圈

网络商圈是一种基于互联网的商脉网络，即大批商业活动的主体，包括买卖双方、政府监管、平台内容商等，通过互联网建立联系，产生信任并结成商业伙伴或联盟。

网络商圈已经成为新的经济模式下新的热点，各行各业的从业者可以通过各类网络，

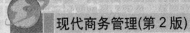

例如即时通信工具、博客论坛、网络电话、邮件等在电子商务平台上进行交流，在分享经验、洽谈贸易的同时，缔结良好的伙伴关系，消除信息不对称现象。无数商机在沟通中孕育而生，这正是网络商圈的价值所在，网络经济由此将不断发展增长。网络商圈是一个社会分工下的必然，是一个人类进入信息时代的产物，是人类情商的体现。

2. 未来商圈：更懂消费者的需求

在数据时代和智慧经济的背景下，政府与线下商圈应该开放思维，主动拥抱移动互联网的新技术、新业态和新模式，推动传统产业的转型发展。通过模式创新，引领和带动经济转型与发展。未来商圈的研究应该是对顾客深入分析基础上的更懂消费者需求的商圈。

例如，武林商圈与阿里巴巴达成战略合作，计划将商圈内的商户与阿里巴巴的电子商务平台结合，探索移动互联网时代商圈运营的新模式。普通消费者在逛武林商圈时，只需要一部智能手机，所有信息就可尽在掌握。通过手机即可打车、订餐、购物、逛街吃饭和看电影。不同业态的交叉营销也能给消费者带来更多优惠，比如在看完电影后，可获得餐饮的优惠券，或者在吃完饭之后，获得KTV等休闲娱乐商户的优惠券。而且，所有的消费均可通过手机支付。这是阿里在"云+端"战略上一次大胆的尝试，它整合了移动电商、移动支付和大数据平台，为武林商圈提供了一站式的整体服务解决方案。

五、商圈理论的创新

传统商圈理论多建立在封闭式区域内，有一定的合理性。但随着社会的发展、技术的进步、信息的传播以及交通条件的改善，商圈理论也要创新。现代商圈理论认为，大型百货、大型超市、仓储式商店、专门店、专卖店等业态的商圈远不是以居民居住的距离来决定的，而是取决于这些业态经营所产生的诱惑力、服务水平所形成的内聚力以及业态特点所形成的特色经营的辐射力。

(一)聚焦理论

商圈的大小取决于商业业态和功能的集聚程度。商业功能越多，可以为消费者提供的消费空间越多，也能吸引更多的消费者来这里购买，不仅对当地居民产生内聚力，减少购买力外流，同时，也吸引周围的购买力，产生"盆地效应"，增强辐射力，扩大商圈范围。而功能越少，消费越单一，就使消费者的购物成本(包括购物支出、购物时间、寻租成本)更高，它的商圈就越小。

集聚包含两个方面的内容。一是功能的集聚，如商业广场、商业环岛、社区商业中心所形成的商圈，完全是由功能的多少决定商圈的大小。市级商业中心商圈之所以大于区级商业中心或社区商业中心，完全取决于它所集聚的商业功能和合理配套。二是同业种的集聚，如商业一条街、专业市场，完全是同类商品的集聚。这种集聚标志着同类商品的品牌、规格、款式和花色的集聚，质量和功能的对比，形成均衡价格。消费者在这里不仅可以任意挑选，还可以货比三家，节省购物时间，以合适的价格买到合适的商品。同类商店、同类商品集聚越多，其商圈越大。

(二)规模理论

商圈的大小还取决于它的经营规模，集聚理论受到规模理论的制约和影响，集聚所产生的规模效应不是越多就越大，任何事物都要有个度的限制。不管是单位企业规模，还是集聚所产生的群体规模，都要以现实的购买力来支撑。特别是要以基础商圈(包括最佳的步行购物距离、骑车距离和不换乘的公共交通距离所能集聚的人口和购买力)为基础，加上购买力可能产生的流进和流出相抵来预测销售总量，除以保本销售额，就可以得出相对规模的参照数。

(三)层次理论

单一业态形成单一商圈，而多业态、多商业功能的集聚形成多层次的商圈。如一般生活必需品，人们都愿意就近购买，这就形成了基本商圈，而多业态集聚各有自己的消费对象和购物群体，百货店的商圈不同于专门店，超市的供应范围有别于专业店，而这些店在一个地区的集聚就构成该地区商圈的多层次。不仅要计算基本商圈的购买力水平，还要研究其对次要商圈、边缘商圈的吸纳能力。

(四)碰撞理论

商业企业(包括单位和群体)所形成的商圈不是以等距离计算的，它的辐射面往往由于受到外在的阻力而改变。如受到铁路和河流阻隔，商圈可能呈现半圆形或扇形，特别是周围地区的同一业态、同一商业功能所形成的辐射力就会产生相互碰撞和抵触，一方面可能导致中间地带购买力分流，以就近购买为标准，泾渭分明，分别计算；另一方面可能产生交叉购买，相互渗透。特别是网点比较密集的城区，商圈难以以单一业态、单一商业设施计算，往往形成你中有我、我中有你的商圈。

(五)开放性理论

传统的商圈基本上都是封闭式的，特别是在计划经济条件下，实行划片定点，按行政区划规定供应范围，主要生活品是封闭式供应。而在市场经济条件下，人们的消费是自主的、自由的，不仅存在着消费主体的流动性和多向选择，而且存在着业态不同的特点所产生的不同吸引力，它们形成了相互交叉、重叠、多向的购买力集群，使商圈产生变异，出现块状、带状和点状的模块，向多样化发展。

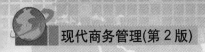

第四节　现代商务战略的制定

一、基本竞争战略

20世纪80年代初，著名的美国管理学家迈克尔·波特提出了企业发展的竞争战略理论以及获得竞争优势的方法。波特的竞争战略管理思想为指导企业竞争行为提供了基本方向，使企业更主动地培养竞争力，掌握自己的命运。

波特提出的基本竞争战略有三种：成本领先战略、差异化战略和集中战略。企业必须从这三种战略中选择一种，作为其主导战略。要么把成本控制到比竞争者更低的程度；要么在企业产品和服务中形成与众不同的特色，让顾客感觉到你提供了比其他竞争者更多的价值；要么企业致力于服务某一特定的市场细分、某一特定的产品种类或某一特定的地理范围。这三种战略架构上差异很大，成功地实施它们需要不同的资源和技能。

(一)成本领先战略

成本领先战略(overall cost leadership)也称为低成本战略，是指企业通过有效途径降低成本，使企业的全部成本低于竞争对手的成本，甚至是在同行业中最低的成本，从而获取竞争优势的一种战略。根据企业获取成本优势的方法不同，成本领先战略有简化产品型成本领先战略，即将产品或服务中添加的花样全部取消；改进设计型成本领先战略；材料节约型成本领先战略；人工费用降低型成本领先战略；生产创新及自动化型成本领先战略等几种类型。

尽管在质量、服务以及其他方面也不容忽视，但贯穿于整个战略中的主题是使成本低于竞争对手。为了达到目标，企业必须在经营管理方面进行严格控制，发现和开发所有具有成本优势的资源。而企业一旦获得成本优势，则该企业就可以获得高于行业平均水平的收益，其成本优势可以使企业在与竞争对手的争斗中受到保护，因为它的低成本意味着当别的企业在竞争过程中已失去利润时，这个企业仍然可以获利。此外，成本领先战略要求企业进行大规模的生产，但这种大规模的生产往往面临转产困难等风险。而且当竞争对手运用新技术，或更低的人工成本，形成低成本优势时，企业原有的成本优势可能会丧失。

当企业采用成本领先战略时，要注意两个盲区：第一个是过分强调成本优势而忽视了其他战略；第二个是人们极易将成本领先看成简单的价格竞争，从而步入低价竞争的风险之中。

(二)差异化战略

差异化战略(differentiation)又称别具一格战略，是指为使企业产品、服务、企业形象等与竞争对手有明显的区别，以获得竞争优势而采取的战略。这种战略的重点是创造被全行业和顾客都视为独特的产品和服务。差异化战略的方法多种多样，如产品的差异化、服务差异化和形象差异化等。实现差异化战略，可以培养用户对品牌的忠诚。因此，差异化战略是使企业获得高于同行业平均水平利润的一种有效的竞争战略。

一个能创造和保持差异化的企业，如果其产品价格溢价超过了它为产品的独特性而附加的额外成本，它就成为其产业中盈利高于平均水平的佼佼者。因此，一个差异化的企业必须一直要探索能导致价格溢价大于为差异化而追加的成本的经营形式。由于差异化的企业的价格溢价将会被其显著不利的成本位置所抵消，所以它绝不能忽视对成本地位的追求。这样，维持差异化战略的企业必须通过削减所有不至于影响差异化的各方面成本，旨在实现以比竞争对手更低的成本创造价值相似或较高价值的市场地位。

差异化的逻辑要求企业选择那些有利于竞争的并使自己的经营独具特色的特质。企业如果期望得到价格溢价，就必须在某些方面真正差异化或被视为具有独特性。然而，与成本领先相反的是，如果存在多种为顾客广泛重视的特质，产业中将可能有不止一种成功的差异化战略。

推行差异化战略有时会与争取占有更大的市场份额的活动相矛盾。差异化战略往往要求企业对于这一战略的排他性有思想准备。这一战略与提高市场份额两者不可兼顾。在建立企业的差异化战略的活动中总是伴随着很高的成本代价，有时即便全产业范围的顾客都了解企业的独特优点，也并不是所有顾客都将愿意或有能力为差异化的产品或服务而支付高价格，而同行业的竞争者也随时有可能创造出更高级的差异化战略。

(三)目标集聚战略

目标集聚战略(focus)也称为重点集中战略，是指企业把经营的重点目标放在某一特定的顾客群体、某产品系列的一个细分区段或某一特定的地区市场上，很好地为某一特定目标服务的战略。这种战略的核心是瞄准某个特定的用户群体、某种细分的产品线或某个细分市场。具体来说，目标集聚战略可以分为产品线集中化战略、顾客集中化战略、地区集中化战略和低占有率集中化战略。

目标集聚战略有两种形式：在成本集聚战略指导下，企业寻求其目标市场上的成本优势；而差异化集聚战略中，企业则追求其目标市场上的差异化优势。集聚战略的这两种形式都是以目标集聚企业的目标市场与行业内其他细分市场的差异为基础，这些差异意味着市场上的竞争者不能很好地服务于这些细分市场，他们在服务于部分市场的同时也服务于其他市场。因此，目标集聚战略的企业可以通过专门致力于这些细分市场而获取竞争优势。

实施目标集聚战略的优势在于：①便于集中使用整个企业的力量和资源，更好地服务于某一特定的目标；②将目标集中于特定的部分市场，企业可以更好地调查研究与产品有关的技术、市场、顾客以及竞争对手等各方面的情况，做到"知彼"；③战略目标集中明确，经济效果易于评价，战略管理过程也容易控制，从而带来管理上的简便。

实施目标集聚战略虽然也具有赢得超过产业平均水平收益的潜力，但常常意味着对获取整体市场占有率方面的限制。所以企业在制定这种战略时有必要在获利能力和销售量之间进行权衡，有时还要在产品差异化和成本状况之间进行权衡。

二、国际商务战略

当商务企业选择跨国经营时，一般有四种基本战略选择，即国际战略(international strategy)、多国战略(multinational strategy)、全球战略(global strategy)、跨国战略(transnational strategy)，这些战略给企业提供了进入和挑战国际市场的指导方法，如图3-6所示。每一种战略对价值创造活动的地区分配和管理方式有着本质的区别。

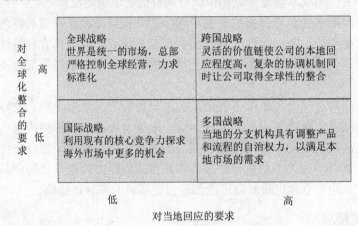

图3-6　整合—回应网格与战略类型

(一)国际战略

采取国际战略的企业往往期望通过向国外市场的扩张将核心竞争力最大化，麦当劳、沃尔玛、微软等都属于国际化战略企业。这种战略依赖各国当地的分支机构在总部的指导下监督管理业务，总部掌握最终的、绝对的控制权。

采用国际战略的企业将核心竞争力转移到尚未开发或是在该方面无竞争能力的国外市场，从而创造价值。因此，该战略极大地帮助了总公司向分公司技能、专业知识和产品的输出。总公司在关键事项上的控制力和专业水平使其处于领导者的有利地位，这种控制力和专业水平在生产活动和管理技巧中都存在。总的来说，当企业具有其他市场同类企业所没有的核心竞争力，行业条件也没有给公司施加成本控制或是地区回应的压力时，国际化战略是可行的。在这种情况下，国际化战略带来的通常是中等水平的成本和巨额的回报。

国际战略的负面影响在于总部的中央集权限制了公司当地回应的能力。总部以自我为中心的单一观察角度可能会使公司错失良机，并导致形成总部所在的国内市场永远比国际市场重要的观念。如果公司想要强调产品服务本土化，就会大大提高公司成本。如家乐福因为转向实现本土化的成本过高，最后不得不停止在美国的运营。

(二)多国战略

采用多国战略的企业允许每一个国外的分支机构自由行动，也就是说，每个分公司在各自的本地市场拥有设计、生产、营销的权利，并直接回应当地消费者偏好。使用多国战略的目的在于打造能够赋予各个分公司大量自由的价值链，从而获得对本地文化、法律政策和经济环境的有效回应能力。如果公司对快速的本地回应能力需求高，但对通过全球整合降低成本的需求较低时，多国战略非常可行。多国战略还有其他好处：根据当地要求运营能将政策风险最小化；对资金返回母公司的要求不高从而降低了汇率风险；本地化使公司在当地的声望更高；本地研发新产品的潜能更大，创业精神赋予公司更多的成长潜力。

然而这些好处同时也带来了较高的成本。多国战略导致了大范围的管理、设计、生产、营销活动的重复。每个当地分公司都得建设必要的基础设施，使价值链与当地需求相吻合。因此，多国战略对于成本压力大的行业来说是不现实的。同时，将价值链控制权分散到当地管理者，可能会使分公司过于强大、我行我素。

(三)全球战略

采取全球战略的企业选择全球整合的最大化以直接应对压力，该决定通常促使企业在所有市场生产和销售统一标准的产品(如剃须刀片)，或者提供统一标准的服务(如包裹投递)。全球战略激励企业为全球市场创造统一的产品，在全球规模化的指导下用少数高效的工厂统一生产，并通过一些重点营销途径将产品推向市场。因此，全球战略企业将世界看成统一的市场，认为国与国之间消费者偏好基本相似，即使有差别，消费者也可能放弃其偏好，选择价廉质高的商品。

全球战略对价格十分敏感，实行这一战略的跨国企业很难自由地按地区需求定制产品或服务，因为这样做会在价值链的每一环节增加公司成本。全球战略企业致力于生产和销售世界统一标准的产品，使其能够将全球整合的效率转变为价格优势，从而创造更大的价值。

最适合全球战略的行业往往强调高效率运作，而对本地回应的要求要么没有，要么可以被质量高于或价格低于当地市场的产品所中和。该状况在许多生产和服务行业越来越普遍，比如无线通信行业签署的全球标准协议带来了各国对标准化全球产品的巨大需求；再如信用卡行业建立了一系列电子支付协议标准，支持全世界的消费者和商家使用这种支付方式。

(四)跨国战略

跨国战略被证明是对不断发展的国际化进程最直接的回应。使用该战略的跨国企业能分辨各个国家之间能力和贡献的差异，探求系统地学习本地经营环境的方法，最终将知识

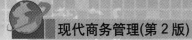

整合并应用到全球运营之中。跨国战略强调建设包含科技、金融、创新、人力资源等要素的综合框架，使其在本质上超越国际战略、多国战略和全球战略。

跨国战略的首要条件是综合了多国战略和全球战略的特点，将地区市场敏感度和全球整合的高效率结合在一起。但是跨国战略也有其特殊的一面，在理论上有别于其他战略类型。具体来说，跨国战略强调互动性"全球学习"，为跨国公司发展了宝贵的技能，从而完善核心竞争力，并将创新运用到全球经营中去。在跨国战略中，创新思想的流动并不是自上而下(从总部到各国分支)，也不是自下而上(从各国分支到总部)，而是从发出者到接受者，没有地域或者方向的限制。

跨国战略有着诸多优势，但是使用起来却有诸多困难，往往会遇到严峻的挑战(尤其是在价值链的协调方面)容易失败。总的来说，当企业面对成本控制和回应本地市场的巨大压力，而又有机会通过全球网络发挥核心竞争力时，跨国战略是很好的选择。竞争形势和环境趋向越来越有力地刺激着更多企业重新布置价值链，开始实施跨国战略。

(五)新型战略类型："超国家化"和"网络公司"

1."超国家化"

"超国家化"是指寻求能够被自身多方面利用或是能够弥补现有不足的独特技能或方法，不断发展。更准确地说，超国家化是指公司通过发现、评估、传播、扩大从全球各地得到的知识打造新的竞争优势。超国家化公司将通过发展价值链的三种竞争优势来征服全球市场，三种优势是：①具备预测和评估全球未开发的科技和消费趋势的能力；②让各地分支机构分散知识实现最大限度的运用；③传播知识，推动创新，用全球化的规模生产、营销和运输创造价值。如 GE、三星、苹果等已经显露出整合和传播分散知识的能力，并将其转化为独一无二的创新。

2."网络公司"

如今，"网络公司"的发展已成不可阻挡之势。对这类跨国公司来说，国界已不是划分市场、运营区域和位置选择的界限。"网络公司"的边界取决于互联网技术发展所创造的网络空间，而不是地图上的具体界线划分。在战略上，"网络公司"期望发展自身对客户、竞争、行业、环境变化即时反应的竞争力。因此，它们的视角和战略往往使价值链倾向于虚拟世界，以求灵活地将变化巨大的合作网络所赋予的竞争力动态地连接起来。因此，"网络公司"为速度而生，能够采用战略，能够按要求习得、发展和改变——本质上就是国际战略在网络空间的最大化。

本章小结

(1) 环境对商务企业成长的影响是巨大的。首先应正视经济全球化和区域经济一体化已经成为不可阻挡的重要趋势，这对企业从事商务活动有着有利或不利的影响，是不容忽视的大环境。

(2) 环境分析是通过对企业采取各种方法，对自身所处的内外环境进行充分认识和评价，以便发现市场机会和威胁，确定企业自身的优势和劣势，从而为战略管理过程提供指导的一系列活动。

(3) 本章首先从政治法律、经济、社会文化和科学技术等几个因素分析了企业的宏观商务环境，之后阐述了商务企业如何进行行业环境分析。随着全球化的发展趋势越来越强，企业进行跨国经营面临着更加复杂的国际环境，国际商务面临的主要环境因素也包含了政治法律、经济、文化等方面。同时，信息化和网络化带来的电子商务的发展成为企业不容忽视的重要环境因素。

(4) 信息化和网络化带来的电子商务的发展已成为企业的重要环境因素，近年来移动电子商务发展迅速，并有不断上升的趋势，具有自身的优势，这种环境不容忽视。

(5) 对零售企业而言，商圈分析有重要的意义。它有助于企业确定适宜的设址地点、制定市场开拓目标，以及有效地进行市场竞争。本章界定了商圈的构成及主要类型，分析了影响商圈需求的主要因素，介绍了几种传统的商圈划定方法，如雷利法则、康弗斯法则、赫夫法则以及实验法等，并提出了网络商圈及未来商圈的概念，对商圈理论进行了介绍，以期能对商圈分析提供一定的思路和借鉴。

(6) 本章对商务企业的基本战略和具体的竞争策略进行了具体的阐述。基本战略主要是迈克尔·波特提出的成本领先战略、差异化战略、成本集聚战略，商务企业必须从这三种战略中选择一种，作为其主导战略。

(7) 商务企业进行跨国经营时，可以选择国际战略、多国战略、全球战略和跨国战略四种战略形式，这些战略给企业提供了进入和挑战国际市场的指导方法。

 本章案例

电子商务环境下零售企业商业模式

电子商务是指在开放的互联网环境下，通过通信技术和微计算机技术，在线上进行交易的商贸活动。作为一种新兴的交易方式，电子商务打破了企业间的传统边界，催生了新兴企业，深刻影响传统企业。

商业模式是以能力和资源为投入基础，通过构建企业所处的价值网络，实现为顾客创造价值，并为企业本身获取价值，最终实现为企业创造价值的描述。商业模式不是孤立的一种收入模式、成本结构或价值主张，而是将企业中的片、块整合起来创造并获取价值的整合。价值主张、价值网络、关键资源、盈利模式是商业模式的核心要素。

苏宁创办于 1990 年 12 月 26 日，总部位于南京，是中国商业企业的领先者，经营商品涵盖传统家电、消费电子、百货、日用品、图书、虚拟产品等综合品类，线下实体门店 1 600

多家，线上苏宁易购位居国内 B2C 前三，线上线下的融合发展引领零售发展新趋势。2004年7月，苏宁电器股份有限公司成功上市，2013年更名为苏宁云商集团股份有限公司。

上海市第一食品股份有限公司是 1954 年成立的食品零售商，全资国有企业，1992 年公司上市。它是以金枫酿酒有限公司和广西上上糖业有限公司为主体的食品加工业、以上海市南浦食品有限公司为主体的食品品牌代理业为核心产业的综合性股份制企业。

海澜之家股份有限公司是 2002 年成立的民营企业，2014 年 4 月上市。以经营男装为主，现有 2 000 多家连锁店，网络平台有自建和入驻两种方式。

电子商务环境下三家零售企业的商业模式如下。

苏宁电器构建了以"店商+电商+零售服务商"为核心的云商模式。该模式通过要素组合完成为顾客创造价值并为自身获取价值的整个价值创造过程，其主要特征是充分挖掘电子商务的深度和广度，同时利用已拥有的传统零售资源弥补电子商务电子化的不足，解决了传统零售中效率与效益不能兼顾的困境。首先，云商模式围绕线上和线下相结合的优势创造卓越的顾客价值。其价值主张提供尽可能多的产品品类和为尽可能多的顾客服务，全方位满足需求。苏宁电器围绕自身拥有的实体门店、网上购物平台和多年零售经验的优势，线上线下配合(例如线上线下同价，线上下单线下取货和客服)，并构建遍布全国的仓储中心和物流配送体系，传递"最后一公里"的配送服务。处于价值网络的中心位置，决定了苏宁电器能够影响其他网络成员，拥有大部分销售产品的定价权，而且物流配送体系的互补、存货账期的长短都影响其交易成本，实现有效的交易成本控制。

上海第一食品的商业模式坚持以传统门店为主，电子商务为辅，专注于深化和拓展产品组合，独具特色的产品组合是其商业模式的主要特征。上海第一食品更多地关注线下的传统门店，采取店中店形式，让消费者在同一个地方能够吃到、玩到，再外带礼品、特产等，仅将电子商务作为一个新的销售渠道。因为电子商务电子化弊端在食品行业较为突出，没有色香味的感官感受，深度产品组合失去优势。电脑屏幕中的产品图片和描述向顾客传递的信息无法达到传统门店的效果，顾客感知价值和实际价值可能存在较大差异，因此，第一食品模式在线上强调食品的安全与专业，并为线上销售特制网络销售产品。

海澜之家构建了线上线下业务同时开展的商业模式。该模式关注传统门店和网上商店的覆盖。首先定位于专业男装品牌，提供所有男装及相关配饰。以加盟商承担门店租金、日常经营费用及相关税费的低起初投入的加盟连锁形式，拓展门店。在电子商务中，除自建网站外还利用其他具有影响力的网络平台，外包物流及配送服务给第三方物流。此外，海澜之家模式的中价位定价策略，创造了相对较低的顾客交易成本。交易数据与加盟商、供应商共享，有利于从生产到销售整个价值创造活动中耗费的降低。

电子商务环境下，三家零售企业商业模式的主要特征如表 3-3 所示。

表 3-3　三家企业商业模式主要特征比较

商业模式		苏宁电器	上海第一食品	海澜之家
价值 主张	目标 客户	全体消费群体	中高消费群体	中等收入的男性消费者
	产品 组合	所有品类、线上线下结合	食品(休闲、居家、礼品)	服装、配饰(男性)
	价值 陈述	全品类、全方位、全客户	安全、专业、特色	高品质、中价位
资源 能力	核心 资源	实体门店、自有网络平台、 物流配送体系	店址、品牌、独家代理权	品牌、店址、供应链系统、 自建网站
	核心 能力	物流配送、供应链管理	内部管理	供应链管理
价值 网络	成员 构成	供应商、品牌商、购物网站、 技术合作伙伴	供应商、品牌商、商业地 产商、网络平台商	供应商、加盟商、第三方 物流、网络平台商
盈利 模式	成本 结构	存货、租金、人员费用、推 广费用、技术成本、其他	租金、人员费用、推广 费用	推广费用、人员费用、门 店费用、技术服务
	收入 来源	产品销售、收入分成、进 场费	产品销售、收入分成、租 赁收入	产品销售、投资收益

　　零售企业实现线上线下整合体验、店中店、网络平台整合利用等模式的创新，使商业模式成为除技术、人才、资金等传统要素之外一个重要的价值创造方式，是企业创新的另一种选择。

　　(资料来源：盛亚，徐璇，何东平.电子商务环境下零售企业商业模式:基于价值创造逻辑[J].科研管理，2015(10)：123-125.)

讨论题

1. 环境的改变对零售企业商业模式的选择产生了什么影响？

2. 电子商务的环境是如何影响零售企业的价值主张的，对不同类型的零售企业有何不同？

 思考题

1. 国际商务环境分析需要关注哪些主要因素？

2. 经济全球化和区域经济一体化对我国商务环境会带来哪些方面的影响？

3. 商务活动中主要采取什么方法对外部环境进行分析？

4. 商业企业应如何适应移动电商的发展要求? 商业模式有何改变?

5. 商务环境分析对制定商务战略有何作用?

6. 商圈分析包括哪些内容? 三个商圈层次的顾客有何不同?

7. 商圈分析方法中雷利法则和赫夫法则各有何意义? 又有何不足?

8. 请想象一下未来商圈的研究应更多关注哪些因素? 对企业有何意义?

9. 现代商务基本竞争战略包括什么? 具体的市场竞争策略有哪些?

10. 思考全球化的趋势对商务活动产生的影响,分析国际商务战略的发展趋势有哪些?

第四章　现代商务信息与商机管理

■ 【学习要点及目标】

- 重点掌握商务信息的价值及其对商务决策的重要性。
- 理解商务信息系统的构成。
- 理解并思考大数据时代对商务活动的影响及商务智能的发展。
- 了解商业机会及其特征。
- 了解开发商业机会的动机，重点掌握有效识别商务机会的几种方法。
- 了解商业机会分析的重要性及分析流程。
- 掌握商业机会分析、选择及价值评估的一般思路。

■ 【核心概念】

商务信息　商机　商机管理　商务信息系统　大数据　商务智能

■ 【引导案例】

实体商业是否迎来商机？

2016 年 10 月，马云在云栖大会上表示："纯电商必死，新零售即将诞生。"这并非马云喊的口号，去年京东以 43 亿元战略投资区域性商超永辉超市并成为其第二大股东，今年 11 月 20 日，阿里巴巴又宣布战略投资 20 亿元三江购物，成为这家社区商超企业的第二大股东。被电商压制多年的实体商业以及商业地产商似乎看到了喘息之机。

2016 年中国实体零售业赢得了许多市场机会，消费升级、主题体验、场景打造成为实体零售的三大关键词。

首先，实体零售业继续优化行业结构，一面是传统模式的更迭，一面是品牌门店、购物中心数量的不断增加。出现这种现象与消费升级不无关系，经过逐步的行业内部结构优化，随着互联网与实体的不断融合，以及实体经营者的互联网意识和以消费者为导向的经营意识提高，实体零售将更注重人性化的消费体验，将吃喝玩乐一体化的消费场景打造得更加丰富，符合年轻一代消费群体的线下消费需要。

目前，实体零售已经开始积极探索各种新模式，以更好适应市场发展趋势。例如，一些实体商业在主题定位、人性化设施建设、场景化升级等细节进行创新，出现了以书店、娱乐、绿色空间等为主题、以人性化设施建设为特色亮点的购物中心；另一方面，许多实体商业项目也在线上线下融合上进行了更深层次的探索，除了自建线上平台外，纷纷开始借助专业的第三方开放平台力量来实现"互联网＋"模式构建。

其次，线上线下融合已成新的消费热点。在刚刚结束的圣诞、元旦传统销售旺期，飞凡商业联盟联合 7000 多实体和 6 万品牌共同打造消费狂欢，采用了线上线下结合的模式，将吃喝玩乐等多场景进行串联，同时为消费者提供了多样的优惠福利，带动了消费者与商家的互动。飞凡 App 的总访问量超过了 30.6 亿，线上订单交易数为 3.6 亿，说明消费者正在逐渐接受线上与线下融合的消费方式，通过线上丰富的营销活动，更好地参与线下消费交易，也是消费者对更具体验感和互动性消费模式的积极响应。

此外，"互联网＋实体"带动经营模式创新。通过"618""双 11""双旦"等系列营销事件的触发，积攒了创新势能。事实证明，将线上线下结合的方式运用于实体零售，既能让消费者更为便利地实现购物需求，同时又能感受到智慧生活带来的新体验；对于商家来说，也可以用更方便快捷的方式来服务好更多消费者，实现双方互赢。

今天，实体零售业更需要用云计算、大数据分析管理、智能定位、移动支付、社交互动等手段改进优化实体商业的传统运营模式，以加强线下场景的丰富性，与此同时，还需要在开放、共享的理念下，进行会员、积分、营销等最新服务管理系统。

通过融合互联网技术，连通实体零售、商业地产、文化旅游、交通出行、健康医疗等多个业态领域，通过搭建智慧场景，以用户全生态的智慧生活体验为核心，为实体商业的经营者和消费者搭建一个全方位的"互联网＋实体"开放平台。这种开放平台的模式可以向实体零售商直接输出大数据、大营销和会员管理系统，优化商业运营的体系，推动传统商业的模式创新。未来，积极拥抱"互联网＋实体"开放平台的实体企业将更多。

(资料来源：根据网络资料：实体零售三大机遇将绽放传统商业新魅力

http://news.winshang.com/html/060/3647.html，2017-01-06)

【案例导学】

消费升级的全面爆发，会将实体零售带入新的充满机遇的发展阶段，"实体＋互联网"转型的热潮必将继续上演，开放平台势必会更为实体商业带来更多利好。随着城市的扩容、层级的打破，不同区域、不同年龄的消费者购买能力、价值观都在发生变化，如果能够抓住新时期的商业市场的特点，或许实体商业将迎来新的商机，整个实体商业也将进入更科技、更创新、更智慧的时代。

第一节　商务信息与信息系统

一、商务信息的价值

信息(Information)是关于客观事实的可通信的知识，是经过加工后并对客观世界产生影响的数据。商务信息是指与商务活动有关的各种信息的集合，是各种商务活动之间相互联系、相互作用的描述和反映。在商务活动中，信息通常指的是商业消息、情报、数据、密码和知识等。

随着信息技术的集成化和信息网络化的不断发展，商务信息化程度不断提高。商业系统不仅在内部形成网络，做到信息共享，使企业组织整体高效运营，而且还与外部网络沟通，形成互联网络。商务信息网络的发展，使企业面临着知识化、数字化、虚拟化、网络化、敏捷化、全球化的变革，企业的竞争力日益与信息化程度密切相关。信息技术、信息系统和信息作为一种资源已不再仅仅支撑企业战略，而且还有助于决定企业战略。信息战略成为企业战略不可分割的一部分。竞争优势也不再仅限于成本、差异性和目标集聚三种形式，信息形成的独特优势逐渐成为企业竞争的优先级竞争优势。

具体来说，商务信息对商务活动有以下几方面的重要作用。

(一)为制定决策或修订决策提供客观依据

现代商务活动的重点在于决策，信息是一切经营决策的前提，也是商务管理活动的组成部分。任何一家企业都必须在对市场情况有充分了解的基础上才能有针对性地制定或修订决策。信息客观存在，掌握了信息，你就拥有识别机遇的眼光。如日本一位企业家所说，正确的决策是 90%的情报加 10%的感觉。的确，在商务管理过程中，针对某些问题进行决策或修订策略，如产品策略、定价策略、分销策略、广告和推广策略等时，通常需要了解多方面的情况和考虑多方面的问题，而这些问题都需要通过实际市场调查，在拥有充分信息的基础上才能作为制定商务决策或修订决策的客观依据。否则，就容易成为脱离实际的盲目的决策。

(二)有助于商务管理创新

由于全球化市场的形成、竞争的驱动、科学技术迅猛发展使得新技术、新产品、新的经营形式、新的商业创意及新的管理经验等层出不穷。通过有效的信息传播渠道，新事物很容易进入流通领域，有助于我们及时了解世界各国的经济动态和有关商务信息，为管理者和有关决策人员提供最新的国内外商务情报，学习和吸取其先进经验，以便更好更快地应用于本国本企业改变相应的落后的管理模式，进而帮助商业企业提高业务管理水平，提高洞察和把握商机的能力。

(三)增强企业的竞争能力

当市场由"卖方市场"转变为以消费者为导向的"买方市场"时，市场竞争愈演愈烈，市场的情况也不断发生变化。总的来说，影响企业竞争能力的因素可归结为以下两类：一是"可控制因素"，如产品、价格、分销、广告和推广策略等；二是"不可控制因素"，如国际国内环境所包括的有关政治、经济、文化、地理条件、竞争对手在国际国内的分支机构以及竞争对手的竞争策略等。这两类因素的关系是互相联系、互相影响的，而且在不断地发生变化。企业需要及时调整可控制因素，去适应不可控制因素的变化情况，才能应付国际国内市场的竞争。而各种因素的变化都需要对信息进行分析和判断，才能有针对性地采取措施，才能更好地预测未来市场的变化情况，参与竞争，维持持续竞争力。

除此之外，信息的价值还体现在多个方面，如能发掘商业机会，选择目标市场，有助于确定营销组合，扩大广告效应，能为市场预测提供科学的依据，也能成为改善经营管理的重要工具。

二、信息来源

(一)信息的获得

1. 一手数据的采集

一手数据也称为原始数据，原始数据是指通过访谈、询问、问卷、测定等方式直截了当获得的，通过收集一手数据可以解决待定问题。一手数据的优点主要有：①可以回答二手数据不能回答的具体问题；②信息更加及时和可信；③是公司自己收集的，是属于公司的，所以便于保密。

当企业决定需要搜集第一手资料时，可供采用的方法主要有访问调查法、观察法和实验法等。

(1) 访问调查法，是指通过询问或调查的方式向被调研者了解市场资料，常见的方法如表 4-1 所示。

表 4-1　访问调查法一览

方　法	描　述
入户访问	采用随机抽样方式抽取一定数量的家庭或单位，访问员到抽取出来的家庭或单位，直接与被访者接触
拦截访问	调查者在某一特定的人群相对集中的公共场所现场拦截被调查者进行的访谈
邮寄问卷调查	调查者将设计好的问卷通过邮寄的方式送达被调查者手中，请他们按要求和规定时间填写问卷并寄回调查者
留置问卷调查	调研人员将调查问卷送到被调查者的手中，征得同意后对填写事项做出说明并与被调查者约定交返问卷的时间，再登门收取问卷
电话调查	基本原理跟其他调查方法一样，但在操作上有其独立性。具体包括以下三个步骤：抽取样本户、选择受访者、选择替代样本
网络调查	在互联网上针对调查问题进行调查设计，收集资料及分析咨询等活动

续表

方　法	描　述
深度访问法	指事先不拟定问卷，访问提纲或访问的标准程序，由访者与受访者就某些问题自由交谈，从交谈中获取信息，用以揭示对某一问题的潜在动机、态度和情感的资料采集方法，它最适合用于探索性调查
座谈法	采用小型座谈会的形式，挑选一组具有代表性的消费者或客户，在主持人的组织下，就某个专题进行讨论，从而获得对有关问题的深入了解

随着科技的发展、技术的进步，市场调查中的数据采集方法也与以往有所不同，多样化的采集方法、遍布全国的采集网络和抽样系统、高标准的质量控制体系，已成为市场调查公司为客户提供有价值的、准确的、及时的商业信息和渠道信息的普遍要求。

除采用传统的各种调查方法外，还可广泛地应用观察法和试验法收集数据，实现访问或调查法难以实现的研究目的，更准确地获得有关消费者行为和心理的信息，针对高科技等复杂产品，将现代不同调研技术有机结合在一起，挖掘消费者的显性和隐性需求。

(2) 观察法，是指通过观察被调查者的活动取得市场资料。在决定运用观察法进行调研后，要根据调研的目标和要求选择一种合适的观察方式。按照不同的标准，观察法通常有实验观察和非实验观察、结构观察和无结构观察、直接观察和间接观察、公开观察和非公开观察及人工观察和仪器观察。

(3) 实验法，是指将所要调查和解决的问题置于一定的市场条件之下进行小规模试验、搜集市场资料、测定其整体实施效果的一种方法。实验法主要有试用法、试销法及展销法。

2. 二手数据的采集

任何一个商业项目数据分析的数据采集工作都应从二手数据的收集开始，主要原因是二手资料的成本相对较低。常用的外部数据采集渠道如表 4-2 所示。

表 4-2　常用的二手数据采集渠道

历史销售数据的采集渠道	行业研究的数据采集
1. 企业内部的财务报表与统计报告 2. 来自经销商的数据信息 3. 国家统计局和行业协会的信息 4. 上市公司公布的报表 5. 专业研究公司的调研报告	1. 公开发布的行业政策及法规 2. 公开发布的国家宏观经济调控情况及指数 3. 行业专业出版物 4. 国家统计局的各专业年鉴 5. 大学、研究所、专业调研或咨询公司的数据库 6. 竞争对手的公开信息

二手数据的来源可以分为内部来源和外部来源。

内部的二手数据来自企业的日常运作，如销售数据、广告支出、存货记录、销售人员的工作报告、分销成本和价格等。在很多情况下，内部数据(如各种成本支出)对于项目收益预测中的成本预测十分重要。

外部数据是指来自企业外部各种来源的数据。外部数据具有多种不同的形式，其中由较权威的市场研究公司发布的连续性行业研究报告是很有参考价值的。为了能有效地利用外部数据，数据分析人员需要熟练地使用互联网工具，掌握网络搜索的技巧，否则会浪费很多时间和精力，而且可能会忽略很多相关的信息。

(二)数据分析

1. 数据的准备

数据的准备是把调研过程中采集到的数据转换为适合于汇总制表和数据分析的形式。通常，数据准备工作是一项较为费时、费力的工作，但对调查数据的最终质量和统计分析却有很大的影响。准备的整个过程既可以自动完成，也可以手工完成。

2. 数据的分析

数据分析主要是运用统计分析技术对采集到的原始数据进行运算处理，并由此对研究总体进行定量的描述与推断，以揭示事物内部的数量关系与变化规律。数据分析虽然在数据采集之后，但对调查数据如何进行分析的计划早在设计调研方案时就形成了。在进行调研方案的设计时，就需要根据调研项目的性质、特点、所要达到的目标，预先设计好数据分析技术，制订好分析计划。统计分析的技术方法有许多种，在商务信息调研中常用到的有：描述统计、参数统计、相关和回归分析、聚类分析、因子分析、判别分析、联合分析、多维偏好分析、多维尺度分析等。

三、商务信息化及商务信息系统的建立

(一)系统观念与信息化

系统观念是指管理主体自觉地运用系统理论和系统方法，对管理要素、管理组织、管理过程进行系统分析，旨在优化管理的整体功能，取得较好效果的观念。在系统观念的指导下，企业要达到良好的效果，还必须掌握系统思考的基本方法，从而增强系统思考的能力。

信息化管理是指通过发挥信息技术和信息系统的特点，依据战略和绩效的要求，结合企业管理与业务实践，对业务与 IT 进行统筹管理，实现企业的价值创造。

商务信息化管理属于商务战略管理的范畴，对商务服务企业发展具有重要意义。具体来说，商务信息化管理主要是指将企业的生产过程、物料移动、事务处理、现金流动、客户交互等业务过程数字化，通过各种信息系统网络加工生成新的信息资源，提供给各层次的人们洞悉、观察各类动态业务中的一切信息。以便做出有利于要素组合优化的决策，使资源合理配置，使商务活动能适应瞬息万变的市场经济竞争环境，求得最大的经济效益。

商务信息化管理的精髓是信息集成，其核心要素是数据平台的建设和数据的深度挖掘，通过商务服务企业信息系统把设计、采购、生产、制造、财务、营销、经营、管理等各个环节集成起来，共享信息和资源。同时利用现代的技术手段来寻找自己的潜在客户，有效地支撑商务活动的决策系统。

(二)商务信息系统的构成

信息系统是一个人造系统，它由人、硬件、软件和数据资源组成，目的是及时正确地收集、加工、存储、传递和提供信息，实现组织中各项活动的管理、调节和控制。

按照处理信息的对象，信息系统一般包括如下两部分。

1. 作业信息系统

只处理组织的业务、控制生产过程和支持办公事务，并更新有关的数据库。又包含以下三种系统。

(1) 业务处理系统。作用在于迅速、及时、正确地处理大量信息，提高管理工作的效率和水平，例如，销售量统计、成本计算和库存记录等。

(2) 过程控制系统。这是指用计算机控制正在进行的商务过程。例如，零售商通过电子数据交换连接系统，快速掌握各个卖场中某种商品的销售、存货和价格的数据。

(3) 办公自动化系统。以先进技术和自动化办公设备(如文字处理设备、电子邮件、轻印刷系统等)支持人的部分办公业务活动。这种系统较少涉及管理模型和管理方法。

2. 管理信息系统

商务管理信息系统是一个由人、计算机组成的能进行商务信息收集、传递、储存、加工、维护和使用的系统，它综合运用计算机技术、信息技术、管理技术和决策技术，与现代化的商务管理思想、方法和手段结合起来，能实测一个组织或一项商务活动的各种运行情况，利用过去的数据预测未来，从全局出发辅助进行决策，利用信息控制商务活动，帮助组织实现其商务管理的目标。

商务管理信息系统包括战略管理、实施管理、运行和维护管理三个层面。战略管理是商务信息化管理的龙头，信息化建设必须服从于企业的总体规划和战略。战略管理层面主要包括信息技术如何与商务服务企业的中长期规划和发展战略相适应、相融合；信息技术如何有效地保障企业的可持续发展；如何利用信息技术规划商务活动的各业务流程、提升企业的竞争力。商务信息化管理的第二个方面是指信息技术支持下的企业运作管理，即用信息技术支持商业企业实现现代化管理，提高企业运作效率和效益，最终提高市场的竞争力。第三个方面是指对企业采用的信息技术建立的信息系统、获取到的信息资源，以及对企业信息化实施运作的过程进行计划、组织、控制、协调和指挥，以使企业在信息技术和信息资源上的投资能够收益最大化。

四、商务信息系统的整合

商务信息系统的整合是一项长期的工作。不同的情况下系统整合的侧重点是不一样的，具体工作的要点也不尽相同，应围绕以下几个基本工作要点展开。

(一)做好总体规划，建立办公自动化平台规划

信息系统的整合首先考虑满足系统性的需求，具体工作中应当以商务经营活动为框架，实现各个应用领域协调一致的规划，这是信息系统整合的最初工作。办公自动化平台提供员工间信息传送和个人网络办公的工具，包括公文流转、电子邮件、任务派发、会议管理、网络短信、事务提醒、日程管理、计划管理等。

(二)构建业务管理文档级集成平台

基于办公自动化平台之上，附加相应更深的业务管理是目前比较流行的构建办公协同平台的一种方式。对于业务信息系统处理的文档级集成，通过建立业务管理文档级集成平台来实现，该平台要能提供对非结构化信息和部分结构化信息的管理功能。如企业的文件、图片、多媒体等办公信息，需要经过搜索整理的信息等非结构化信息进入业务管理集成平台。各个业务信息系统定期输出的报表、报告等结构化信息也进入业务管理集成平台。通过构建协同办公平台，实现对各类信息进行编辑、审核、分类汇集，并控制信息的发布与访问权限，提供给各级领导、主要业务工作人员和企业对外信息的发布。

(三)建立企业门户平台

企业门户平台是指在互联网环境下，把各种应用系统、数据资源和互联网资源统一集成到通用门户之下，根据每个用户使用特点和角色的不同，形成个性化的应用界面，并通过对事件和消息的处理传输把用户有机地联系在一起。简单地说，门户平台是为特定的用户用高度个性化的方式，交互访问相关信息、应用软件以及商业流程的软件平台。建立企业门户平台是构建企业统一信息系统外在面貌的流行方式，因此，也是比较流行的一种信息系统整合方式，比较容易被大多数信息系统的使用者所接受。

(四)建立数据整合平台

数据整合就是对分散异构的多数据源实现统一的访问，实时地、智能地将有价值的数据传递给分析系统或其他应用系统进行信息的进一步加工。构建数据整合平台，目的是从不同的应用程序和数据结构提取数据源，并完成在线转换和分析。数据平台要实现对分散异构数据源的访问并形成统一的、对分散异构数据源所产生映射的虚拟数据库。数据平台要整合企业收集的各种外部信息数据库和内部应用系统数据库，综合利用企业的数据资源，提供灵活的数据展现方式。构建数据平台是构建具有流畅数据处理功能的企业门户平台的

基础，两者的紧密集成，可以实现全面、统一的权限管理和灵活的报表调用、分析，数据的深层次挖掘功能才能在企业的门户平台中实现。因此，要实现信息系统的整合，进行数据级的整合是一切整合的基础。

(五)进行应用集成

应用集成是系统整合中，将现有信息系统最大化保留，同时对业务需求信息最大整合的最佳模式，相对来讲，这种信息的整合是专业水平较高的整合。应用集成的实现需要很多的基础，其难度比较高，进行应用集成方式的系统整合应当慎重进行。

总之，对信息系统整合的要点与方式，首先做好总体规划，对于信息化基础比较薄弱的企业，可以选择从低级的办公自动化平台开始，逐步到协同办公平台的建立，逐步进行初期的系统整合。对于信息化建设基础比较好的企业，可以选择通过企业门户平台的建设，进行进一步的系统整合，而对于信息系统已经相当完善的企业，可以考虑通过数据整合平台的建立和应用集成，实现对整个信息系统的整合与优化。

第二节　大数据和商务智能

一、大数据时代与商务

现在迎来了大数据时代，预计到 2020 年，人类产生的数据总量将达到 40ZB，全球范围内服务器的数量将会增加 10 倍，而由企业数据中心直接管理的数据量增加 14 倍，IT 专业人员的数量增加 1.5 倍。这对社会经济的影响将比工业革命大 2～3 倍，到 2020 年，储存数据数量将比 2010 年大 50 倍。许多权威人士认为这一数据大爆炸堪比新型石油，甚至是一种全新的资产类别。

传统的统计数据往往是通过数字来表达的，而在大数据时代，我们面临更多的是非结构化的数据，比如图像、文本、日志，百度的搜索数据。这些数据都从微观层面反映了社会经济、人们日常生活行为的方方面面。如果我们能够把现有的这些数据都收集起来进行深入的分析和挖掘，就会发现这些数据当中隐藏的更深刻的规律和现象，就能更好地服务于商务决策和社会各方面的需求，大数据的真正价值就体现在这里。

提到商业信息，我们容易想到零售王国沃尔玛，沃尔玛有一个经典的啤酒和尿布的案例，这个例子早已过时，现在沃尔玛有一个新的例子：东海岸—中海岸—西海岸，在美国，东海岸与中海岸时差两小时，东海岸的沃尔玛超市早上开门营业两小时之后，这时候中海岸才开始营业，沃尔玛就会把东海岸当天这两小时的营业情况、相关数据传给中海岸，中海岸就会根据这个数据知道了这天人们的购买喜好，决定货品怎么摆放，哪些货物摆放在一起会比较好，然后等中海岸的沃尔玛营业两小时之后，西海岸才到早上，才开始营业，

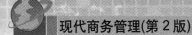

同样，把东海岸和中海岸的营业数据传到西海岸，这种方式给沃尔玛带来了很大的利润。此外，还有梅西百货的"实时定价机制"、沃尔玛的"Polaris 搜索引擎"、美国塔吉特超市的"怀孕预测指数"等一系列利用大数据分析手段而实现的零售营销创新。RFID 技术与物联网应用，物联网将现实世界数字化，应用范围十分广泛，这些都得益于大数据技术，互联网、社交网、移动网三网合一，使得商务活动中的信息被深度挖掘分析，商务活动越来越精确和智能。

二、大数据及其特征

网络上每一笔搜索，网站上每一笔交易、每一笔输入都是数据，通过计算机做筛选、整理、分析，所得出的结果可不仅仅只是简单、客观的结论，更能用于帮助企业经营决策，搜集起来的数据还可以被规划，引导开发更大的消费力量。

(一)大数据与传统数据的区别

大数据和传统数据的仓库实际上是群体和个体的差异。互联网数据完全瞄向个体，数据结构也是精准于个体，而传统的数据面向经营指标、面向群体。例如，小明去了一百次书店，以前要回答的问题是他第一百零一次买不买书，即业绩和经营指标的问题；而现在，互联网最关心的是他第一百零一次买什么书，需要将什么样的内容推荐给他。这不是一个概率问题，而是一个模糊的程度问题。

要量化这个程度，我们一定要基于个体，而不是基于群体的共性描述。传统定义上，更多关注的是一类人群，用同一类规则制订套餐给他们；而在互联网时代，要把每个人都精准刻画出来，进行精准匹配。有电商说他们要做到一百万用户要有一百万个商店，特别是在移动的小屏幕上，三次点击以后就会损失一个客户。所以差异化绝对不可能是对群体共性的描述，而完全是对个体差异的刻画。

关于大数据的深度分析，很重要内容就是个性化的信息推荐。个性化的信息推荐不仅仅是基于用户的相似性，还有大量比较深入的复杂模型。比如说，就用户看资讯而言，我们怎么样去判断一个用户点开一条八卦资讯后，是继续深挖八卦到死，还是转而浏览另外一个新闻。同样，有的用户登录淘宝只是逛逛而已，有些用户则是很明确地想要买一些东西，这就需要对用户的意图进行预测，这里面涉及一些比较难的机器学习技术。

我们现在生活的是信息化的世界，未来会走向个性化。例如，耐克制作了一款鞋子，在这个鞋子里装上了传感器，然后穿上这个鞋子的人，你一天大概走多少路，而且你走路的状态比如着力点等相关情况的数据都会通过传感器传到耐克公司，耐克公司就会根据这些数据来给你量身定做鞋子。这样，未来的销售模式将会是个性化的。

(二)大数据的典型特征

"大数据"从字面来看，可能会让人觉得只是容量非常大的数据集合而已。但是，容量只不过是大数据特征的一个方面，如果只拘泥于数据量的话，就无法深入理解当前围绕大数据所进行的讨论。大数据的特征如下。

1. Volume(容量)

容量也就是数据量，从大数据的定义来看，指用现有技术无法管理的数据量，现状来看，基本上是指从几十 TB 到几 PB 这样的数量级。当然，随着技术的进步，这个数值也会不断变化。例如，在 5 年以后，也许只有几 EB 数量级的数据量才能够称得上是大数据了。

2. Variety(多样性)

除了传统的销售、库存等数据，现在企业所采集和分析的数据还包括像网站日志数据、呼叫中心通话记录、Twitter 和 Facebook 等社交媒体中的文本数据、智能手机中内置的 GPS(全球定位系统)所产生的位置信息、时刻生成的传感器数据，甚至还有图片和视频，数据的种类和几年前相比已经有了大幅度的增加。

其中，近年来爆发式增长的一些数据，如互联网上的文本数据、位置信息、传感器数据、视频等，用企业中主流的关系型数据库是很难存储的，它们都属于非结构化数据。当然，在这些种类的数据中，也有一些是过去就一直存在并保存下来的。

然而，和过去不同的是，这些大数据并非只是存储起来就够了，还需要对其进行分析，并从中获得有用的信息。以美国企业为代表的众多企业正在致力于这方面的研究。

监控摄像机的视频数据正是其中之一。近年来，超市、便利店等零售企业几乎都配备了监控摄像机，目的是为了防止盗窃和帮助抓捕盗窃嫌犯，但最近也出现了使用监控摄像机的视频数据来分析顾客购买行为的案例。

例如，美国大型折扣店 Family Dollar Stores，以及高级文具制造商万宝龙(Montblanc)，都开始尝试利用监控摄像头对顾客在店内的行为进行分析。以万宝龙为例，它们过去都是凭经验和直觉来决定商品陈列的布局，但通过分析监控摄像机的数据，将最想卖出去的商品移动到最容易吸引顾客目光的位置，使得销售额提高了 20%。

此外，美国移动运营商 T-Mobile 也在其全美 1000 家店中安装了带视频分析功能的监控摄像机，可以统计来店人数，还可以追踪顾客在店内的行动路线、在展台前停留的时间，甚至是试用了哪一款手机、试用了多长时间等，对顾客在店内的购买行为进行分析。

3. Velocity(速度)

数据产生和更新的频率，也是衡量大数据的一个重要特征。例如，整个日本的便利店在 24 小时内产生的 POS(Point of Sales)数据，电商网站中由用户访问所产生的网站点击流数据，高峰时高达每秒 7000 条的 Twitter 推文，日本全国公路上安装的交通堵塞探测传感器和路面状况传感器(可检测结冰、积雪等路面状态)等，每天都在产生着庞大的数据。

三、商务智能和大数据

(一)商务智能的概念

商务智能是企业利用现代信息技术收集、管理和分析结构化和非结构化的商务数据和信息，创造和累计商务知识和见解，改善商务决策水平，采取有效的商务行动，完善各种商务流程，提升各方面商务绩效，增强综合竞争力的智慧和能力。

对商务智能的理解应理解以下相关内容。

1. 利用现代信息技术

IT 的发展产生了信息经济和信息社会，在这一新型的经济和社会形态中，信息的爆炸式激增又产生了对能够处理和控制信息的新技术的强烈需求；商务智能就是新的 IT 在商务分析中的有效利用。

BI 过程中所涉及的 IT 主要有：从不同的数据源收集的数据中提取有用的数据，对数据进行清理以保证数据的质量，将数据经转换、重构后存入数据仓库或数据集市(这时数据变为信息)，然后寻找合适的查询、报告和分析工具和数据挖掘工具对信息进行处理(这时信息变为辅助决策的知识)，最后将知识呈现于用户面前，转变为决策。

2. 收集数据

互联网时代，一个重要的贡献便是数据在线。它让数据搜集变得非常容易，于是成就了 TAB。我们仔细观察，可以发现 TAB 的核心竞争力都是数据，百度占据着 Web 数据，阿里占据着电商数据，腾讯占据着社交数据。

收集数据是管理和分析数据的前提，主要是通过各种交易系统进行的，比如 ERP、CRM、SCM 和 E-Business 等系统。随着中国企业在这些方面的进步，数据和信息的数量会快速增长的。另外，信息，特别是非结构化的信息，来自公司各个部门和各个员工创造和收集的、没有放在上述交易系统中的内容。第三方也是企业收集数据和信息的一个重要来源，这样的外部数据和信息包括市场调研报告、人口统计报告、顾客信用报告等。

3. 管理和分析数据

"管理"主要是指对数据的储存、提取、清洗、转换、装载、整合等工作，其目的主要是为了提高数据的质量和安全性。分析，这里包括数据查询、数据报告、多维分析、数据挖掘、高级统计分析等。大多数人理解的商务智能都集中在这些分析工具上。

4. 商务数据和信息

这里的商务数据和信息包括一切可能对商务产生影响的、直接和间接的数据和信息，往小里说包括顾客的名字、地址和电话号码等，往大里说包括过国际上的政治、经济、文化和军事情况等。

5. 商务智能的目的

创造和累计商务知识和见解——这是商务智能的第一层目的和功能，也是最直接的目的和功能；"知识和见解"正是"智能"得名的由来。

改善商务决策水平——这是商务智能的更高一层的目的和功能，企业能否利用好这一功能、实现这一目的在很大程度上取决于领导者的意识和胸襟以及企业文化中决策科学化和民主化的成分。

6. 商务绩效

提升各方面商务绩效——这是商务智能在企业内部的最高目的和作用，有效的商务智能系统和技术能够帮助企业提升各个方面的绩效：财务的和非财务的，前台的和后台的，企业内的和供应链内的，组织的和个人的。

(二)大数据技术对商务的影响

大数据以及海量的计算能力、人工智能技术等逐渐增强，开启了一个新的智能商务时代。下面从产品、市场、客户、行业这四个维度分析。

1. 产品从交易价值到使用价值

传统的产品大多追求的是交易价值。对于企业而言，最重要的是把产品卖出去，之后的维护修理都被视为成本。但是智能产品改变了这一状况。所有的产品都变成了服务。在智能商业时代，产品的使用才是价值创造和获取的开始。客户的持续使用意味着数据的持续输出，也意味着针对每个客户需求算法的迭代，这种参与使价值成为企业与客户共同创造的过程。

例如通用电气公司，是传统的工业巨头，制造涡轮机、飞机引擎、火车头以及医疗影像设备的制造商,但是现在它已经把自己变成了一个智能服务的平台。用 GE 的 CEO 杰夫·伊梅尔特(Jeffrey R. Immelt)的话来说，一列火车头就是一个奔跑的数据中心，飞机引擎是飞行的数据中心，它们每天产生巨量的数据，这些数据可以反馈给客户，用于提升燃油效率，改善它们的环保性能。以飞机发动机为例，发动机上的各种传感器会收集发动机在空中飞行时的各种数据。这些数据传输到地面后，经过智能软件的系统分析，可以精确地检测发动机运行状况、预测故障，提示进行预先维修等等，以提升飞行安全性以及发动机的使用寿命。而 GE 就成为了在这背后进行智能分析与服务的平台。它不仅仅卖设备，还在设备的使用过程中创造价值，将一次性的交易价值转变为持续性的使用价值。每个航空服务公司都和 GE 一起实现飞机发动机价值的最大化。

2. 市场从大众化到个性化

传统商务通过市场的细分，针对同质化人群的需求，提供标准化的产品和服务，最终

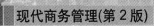

需求的满足往往是"千人一面"。而今天智能商务能够有效地实现产品标准化和体验个性化的完美组合，从而实现"千人千面"。

例如，"今日头条"从 2012 年 3 月创立，在短短的几年里迅速超过很多互联网门户的影响力，重要原因就是"今日头条"智能引擎下的精准推送，形成了一个最懂你的信息分发内容平台。它根据用户的特征、内容浏览轨迹和环境特征匹配用户最可能感兴趣的内容特征。这背后是依靠大数据和智能化的推荐引擎，实现了"千人千面"的效果。

3. 客户关系从个体价值到群体价值

在"千人一面"标准化、规模化的逻辑下，我们特别关注客户的个体价值。"千人千面"，并不意味着客户关系就是离散的。相反，智能商务提供了很多将客户的个体价值转变为群体价值的可能性。也就是说，通过叠加客户关系，在云技术里实现客户集合的新价值创造。

例如，Nest 是一个智能恒温器的品牌。通过记录用户的室内温度数据，同时连接家庭的空调、洗衣机、冰箱等家用电器，以及电价的动态变化，在充分了解用户使用习惯后，通过智能算法为每个家庭创建一个定制化、自动调整的能源管理方案，从而保证节能和成本效率。这才仅仅是个体家庭层面的价值。如果在同一区域内有上百万家庭都使用 Nest，Nest 在云端就能够动态地了解整个区域家庭能源使用的数据，从而和供电企业一起更加高效地实现对区域能源的共同管理。这就是将个体价值转变为了群体价值。

4. 行业从边界到跨界

行业同质化竞争的一个很重要的原因是：企业对行业边界的理解固化，关注相同的竞争要素，最终走向竞争的趋同。而智能商务打开了一个真正"以用户为中心"的模式。通过对用户动态数据的积累和计算，让企业更容易整合其他相关产品与服务，更加精准地满足每一个客户对多样化、便利性、及时性的需求。与此同时，行业的游戏规则被完全改变。

举一个智能冰箱的例子。过去作为白色家电的冰箱主要是价格性能以及售后服务的竞争。智能冰箱不仅仅能够自动调整冰箱模式，让用户随时了解存储食物的保质保鲜状态和数量，始终让食物保持最佳状态。更重要的是根据这些数据以及用户的健康状况数据，智能冰箱可以有效地整合超市、药店、营养师等服务，精准高效地为用户的健康生活服务，其价值也远远超出了制冷保鲜的边界。

第三节 现代商业机会捕捉

一、商业机会概念及特征

商业机会是指客观存在于市场过程中，能够给企业及其他营利性活动组织或个人提供销售(服务)对象，并带来盈利可能性的市场需求。据此，商业机会具有自身的特征，主要包括以下几点。

(1) 客观性。商业机会是客观存在的，无论你是否发现，它都存在。

(2) 与市场并存性。商业机会存在于市场过程中，没有市场就没有商机。在石器时代，市场还没形成，当然也就不存在所谓的商业机会。

(3) 销售或服务对象的可提供性。也就是说，能够提供销售或服务并不意味着把握住了商业机会，关键在于能让人乐意去买这些产品或享受这些服务。

(4) 盈利的可能性。商业机会未必都能使企业盈利，能否盈利还受该组织或个人的执行力等一系列因素的影响。

(5) 市场需求性。商业机会本质上是一种市场需求。市场需求是指顾客对某种商品或服务愿意而且能够购买的数量，受意愿和能力两方面因素的影响。

二、商业机会类型

市场机会客观地存在，只要细心地观察分析就会发现有许多不同的商业机会。按不同的分类标准，商业机会有以下分类。

(一)潜在商业机会与显现商业机会

在市场上存在着明显的未被满足的需求为显现商业机会；而隐藏在现有某种需求后面的未被满足的需求为潜在商业机会。显现商业机会容易寻找和识别，利用机会的企业较多；潜在商业机会有一定的隐藏性，识别难度大，通常企业把握了这种机会，竞争对手少，机会利用效益较高。

(二)行业商业机会与边缘商业机会

出现在本企业经营领域内的商业机会为行业商业机会；出现在不同行业的交叉点、结合部的商业机会为边缘商业机会。通常企业对行业商业机会比较重视而忽视行业与行业之间的"夹缝""真空地带"产生的未被满足的需求。但行业商业机会由于圈内竞争激烈，机会利用的效益低，而在"真空地带"产生的边缘商业机会，竞争不太激烈，机会利用的效果也较好。所以边缘商业机会是企业在行业外寻找商业机会比较理想的选择。如在医疗和饮食业结合部出现的"药膳餐馆"等。

(三)目前商业机会与未来商业机会

目前市场上存在的尚待满足的需求为目前商业机会；目前市场上还没有或仅表现为少数人的消费需求，但预测在未来某一时间内将出现的大量需求为未来商业机会。目前商业机会已经出现，故企业容易进行观察和把握，但对未来商业机会的认识和把握则困难得多。这两种商业机会之间没有严格的界限，任何一个未来商业机会经过一定的时间、在一定的条件下，时机成熟后最终要变成目前商业机会，从营销的角度看，企业应该提前预测未来商业机会，并积极做准备，一旦未来商业机会变为目前商业机会时，将准备好的产品抢先推入市场，获得市场的主动权。

(四)全面商业机会与局部商业机会

在大范围内(如国际市场、全国市场)出现的未被满足的需求为全面商业机会；在某一地方、某一地区出现的未被满足的需求为局部商业机会。全面商业机会反映环境变化的一种普遍趋势，对参与市场经营的企业有普遍意义；局部商业机会代表某一特定市场的特殊变化趋势，往往只对进入该市场的企业有特殊意义。因此，企业在分析商业机会时，要注意将全面商业机会与局部商业机会区别开来，不能将全面商业机会误认为是特定环境中的局部商业机会，相反也不能将局部商业机会误认为是具有普遍意义的全面商业机会。

(五)大类产品商业机会与项目产品商业机会

市场上对某一大类产品存在着的未满足需求为大类产品商业机会；市场上对某一大类产品中某些具体品种存在着的未满足需求为项目产品商业机会。大类产品商业机会显示着市场上对某一大类产品市场需求发展的一般趋势，而项目产品商业机会则表明社会上对某一大类产品市场需求的具体指向。了解前者对于企业规定任务，明确业务发展的总体方向，制订战略计划具有重要意义；了解后者对于企业明确怎么干来实现战略计划的要求，制订市场营销计划具有重要意义。

三、开发商业机会的动机

从企业角度来看，开展各种各样的商务活动，其具体动机多种多样，但可归纳为三类战略动机。

(一)拓展市场

企业的市场需求主要由两个因素决定：一是顾客对企业的产品或者服务的购买愿望；二是顾客对该企业产品或者服务的购买能力。这两个因素结合起来就构成了企业的总体市场需求。因此，市场上的用户数量和购买力影响着市场容量的大小。显然，拓展更为广阔的国内外市场，企业就能够比在区域市场上获得更多的消费者总量。因此，企业在开拓市场方面，重点考虑购买力强的市场，通过开设分店或开设分支机构开发新的用户群体，获得更高的市场份额，如跨国公司不断向海外开拓自己的市场。

(二)获取资源

当今，越来越多的企业将它们的业务外包出去，如一些大型企业集团不断从国内市场寻找能适合自身的资本以及技术资源。为了获取更多的国内外市场资源也是企业开发商业机会进行商务活动的重要推动力。获取在原市场不具有的资源优势，能够使公司更具竞争力。其中包括人力资源成本，如早期美国一些企业在我国开设分厂，现在又向劳动力成本更为低廉的地区转移。有的公司通过开展新的商务活动来获得技术资源，如星巴克咖啡通过签订协议从德国市场上获得了独有的鲜咖啡咖啡因脱离技术，这一技术使得星巴克咖啡的质量和特色更加突出。

(三)多元化经营

开发新的商业机会能够实现企业的多元化经营战略。对于一个国家或地区市场而言，其整体经济运行态势、行业经济的发展、市场需求变化趋势、竞争者状况总有自身的规律。对于一个公司来说，在一个市场上单一化经营，受到的约束往往比进行多元化经营大得多。也就是说，开发新的商业机会，能够从多种市场的角度调整其在不同市场的市场策略，从而获得更多的发展机遇。

四、捕捉商业机会的方法

了解了商业机会的概念及开发商机的重要性后，需要对如何识别商业机会有明确的方向。通过对识别商业机会方法的理论与实践的分析与总结，一般来说有以下七种捕捉商业机会的方法可供企业使用。

(一)市场细分法

市场细分法是指根据消费者在市场需求方面客观存在的差异，将市场中的所有消费者划分为若干具有相似需求特征的消费者群，并就此提供与其相适应的产品或服务的方法。消费者客观存在的这种差异可以是地理环境或地理位置的不同，可以是消费者年龄、性别、收入、受教育程度或宗教信仰的不同，也可以是商品用途或购买行为的不同。

同样是汽油，但是由于南北气候的差异，要求企业提供给北方消费者的汽油要足够耐寒，不至于在气温零下几十摄氏度冻结；同样是牙刷，但是由于消费者牙齿发育程度的不同，要求企业有针对性地为儿童开发出相应的产品；同样是衣服，但是由于购买目的的不同，要求企业为那些致力于通过衣着表露自己尊贵身份的人提供具有较高身份附加值的服装。

(二)需求挖掘法

需求挖掘法是指通过分析消费者现有的消费情况，从而挖掘其可能存在的其他潜在消费需求的方法。这种潜在需求可以是因为现有的产品或服务不能够满足或者不能够完全满足其目的，也可以是因为现有的产品或服务而引发的一系列配套需求。

海尔集团通过市场调研发现，在刚步入社会的高校毕业生中有很多都有意愿买台洗衣机，但是所有品牌的洗衣机在该群体中的销售情况并不理想。通过进一步分析发现其原因

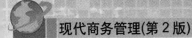

并不在于他们没有购买力，而在于这部分消费者大多还没成家，每次要洗的衣服很少，并且大多住在狭小的租房中，摆放洗衣机的空间有限。为此，海尔集团专门开发了体积较小的"小小神童"洗衣机，一举获得成功。另外，智能手机近年来大行其道，一些精明的商家立即推出各种手机贴膜、挂饰、保护壳和清洁套装等。

(三)空白填补法

空白填补法是指利用市场上往往被人们所忽略的市场缝隙，从而发掘商业机会，开拓产品或服务市场的方法。这种市场缝隙可以是以前不被人们所发现或注意的，也可以是已经被人们所发现或注意但不屑去做的。

曾经很长一段时期，我国的饮料市场一直被可口可乐和百事可乐两大国际巨头垄断。这时，狭缝中求生存的旭日集团另辟蹊径，开发出更符合中国人饮食习惯的茶饮料，填补了市场空白，同时也在市场中站稳了脚跟。

美国食品研究机构把黄豆列为健康食品后，很多专注于尖端产品的美国机械制造企业都看到了这将是一个不错的商业机会，不过他们却不屑于去研究生产这种简单的加工机械，觉得这些产品赚钱太少。台湾厂商则立即抓住了这一商业机会，迅速推出了加工豆制品的相关产品。当这些简单的加工机械大举进入美国市场后，那些美国厂商追悔莫及。

(四)市场预测法

市场预测法是指通过对企业所处环境进行深入地分析、认真地调研，从而科学地预测产品或服务今后的发展方向，并提前进行产品或服务布局的方法。企业所处的环境包括企业内部环境和企业外部环境，其中外部环境涵盖政治、经济、文化、法律、人口、科技和资源等各个方面。

某便利超市经理通过天气预报得知四季干旱少雨的当地将在来年春季迎来长时间的降雨，毅然决定将当地一家企业的十万把积压雨伞买了过来。第二年春天，预测应验，那十万把雨伞一销而空，该超市因此大赚了一笔。

改革开放初期，国家逐步放开各领域的限制，商品房开发也逐步升温。冯仑、王功权、易小迪和潘石屹等"万通六君子"根据国外的发展经验，成功地预测了房地产将是未来中国的一大支柱性产业，成为中国内地进行房地产开发的第一批商人，并大获成功。

(五)危机转化法

危机转化法是指利用企业或社会危机给现实带来的冲击，审时度势地把握其中的商业机会，化危机为商机的方法。危机固然会给企业或社会产生一定的不利后果，不过危机和商机就像一对孪生兄弟，总是相伴相生的。简言之，有危机的地方就会有商机。

当年，在国内感冒药市场占据 40%市场份额的康泰克被检测出含有 PPA，给市场带来一片恐慌。不过，在公司的积极运作下，仅用九个多月的时间便推出了新康泰克，消除了市场疑虑，并在一年内取得了 4 亿元的销售额，顺利地将康泰克的危机转变为新康泰克的商机。

随着史上最严新交规的实施，给社会带来不少冲击，很多老司机甚至直言自己一夜之间不会开车了。其中开车不能打电话，否则扣分并罚款的条款也令很多司机直呼不适应。不过，在这场驾车危机的背后，却给销售蓝牙耳机的商人们带来了巨大的商机。据淘宝指数显示，在新交规实施的第一周内，"蓝牙耳机"的搜索指数环比增长 43.1%，与同期相比暴增 315.7%。

(六)技术创新法

技术创新法是指通过发明创造、技术创新等方式，开发出更能满足消费者需求的产品或服务的方法。科学技术是第一生产力，对于企业来说，更是孕育着无限商机。这就要求企业要善于发现实现需求的新动向，不断地开发出符合市场需求的新产品。

风靡全球的苹果手机之所以能够持续获得消费者的青睐，一个很重要的原因就在于其在技术方面几乎做到无可挑剔，一直引领着智能手机的技术潮流。它将众多数码产品的功能融入一部小小的手机当中，满足了消费者照相机、摄像机、功能手机和笔记本计算机等功能，开创了智能手机的新时代，也使企业获得了巨大的商业成功。

(七)无中生有法

无中生有法是指利用人们相信或乐于相信一些虚假或原本不存在事物的心理，因势利导地提供相应的产品或服务的方法。这种方法的关键在于把握好消费者的心理，使他们乐于购买那些并不能达到预期目的的产品或服务。该产品或服务的价值在于满足消费者的心理需求。

西方的圣诞节进入我国后，人们都很乐意在平安夜花上几元或者十几元的钱买一个苹果，因此，不少商家大发其财。原因就在于他们相信或乐于相信平安夜吃个苹果可以保佑自己来年平平安安，而商家们成功地利用了消费者的这一心理。

玛雅人的世界末日预言和名为《2012》的电影让很多人都调侃要花钱买张诺亚方舟的船票。当大家只是一笑而过之时，一名山东籍张姓男子敏锐地抓住该商业机会，在天猫上卖起来"末日船票"，两个月大赚 60 多万元。

可见，识别商业机会的途径是多种多样的，在商务实践中，要善于从小事中发现、善于分析供需关系、善于发现环境中的变化因素，也可借助商务活动基本规律及原理寻求商业机会，注重培养对商机的敏感性和把握能力。虽然从理论上说机会是无限的，但具体到每一个企业而言，对机会还需要一个甄别、分析和选择的过程。

第四节 现代商业机会分析

一、商业机会分析的重要性

有效地寻找和识别商业机会是获得发展的第一步,但商业机会的价值如何,需借助商业机会的分析得知。因此,商业机会分析对于企业制定竞争战略、避免环境威胁具有重要意义。其表现为以下两点。

(1) 商业机会分析是商务活动的起点。商业活动各环节紧密结合在一起,通过市场调查与预测获取相关信息,寻求到企业发展的契机,然后就需要对这个机会进行深入分析,这是进一步商务决策、制定竞争战略的基础。否则,缺乏分析的商业机会,商务决策是盲目的,商务活动是低效的。

(2) 商业机会分析是制定商务决策和战略的依据。商务活动的内容、规模主要取决于市场需求,市场需求又取决于消费者偏好和货币投向。商业机会分析就是要找出适应企业发展的机会点,比如新产品的开发和商业机会分析的关系更为密切,商机分析为它提出了开发方向,指明潜在的发展趋势,从而使产品在市场导向的基础上进行。

二、商业机会分析的流程

(一)寻找商业机会

发现商业机会,提出新观点的可能有各种人员。企业内部各个部门是一大来源,但更为广泛的来源在企业外部,如中间商、专业咨询机构、教学和科研机构、政府部门,特别是消费者,他们的意见直接反映着市场需求的变化倾向。因此,企业必须注意和各方面保持密切的联系,经常倾听他们的意见,并对这些意见进行归纳和分析,以期发现新的商业机会。在这方面经常采取的方法如下。

(1) 询问调查法。即通过上门询问或采取问卷调查的方式来搜集意见和建议,作为分析的依据,从中寻找和发现商业机会。

(2) 德尔菲法。即通过轮番征求专家意见来从中寻找和发现商业机会。

(3) 召开座谈会。如召开消费者座谈会、企业内部人员座谈会、销售人员座谈会、专家座谈会等,搜集意见和建议。

(4) 课题招标法。即将某些方面的环境变化趋势对企业发展的影响,以课题的形式进行招标或承包,由中标的科研机构或承包的专门小组(或人员)在一定期限内拿出他们的分析报告,从中寻找和发现商业机会。

(5) 头脑风暴法。即将有关人员召集在一起,不给任何限制,对任何人提出的意见,哪怕是异想天开,也不能批评。通过这种方法,来搜集那些从常规渠道或常规方法中得不到的意见，从中寻找和发现有价值的商业机会。

(二)识别商业机会

1. 对企业自身经营范围的准确界定

不管是经营单一产品的企业还是同时经营多种产品的企业，首要的任务应该是确定自己的业务范围，即明确自己希望服务的顾客类别以及满足这些顾客的具体需求，在此基础上，进一步确定通过哪些方法和手段来满足这些需求以及为顾客提供价值满足的程度。对这一系列问题的清晰回答，实质上就是对企业经营范围的界定。需要注意的是，企业在进行战略调整时，经营范围的变化应保持一定的连贯性。这方面做得比较成功的有"波司登集团"，"波司登"在从一个手工作坊式企业成长到中国防寒服第一品牌的过程中，在其每一次战略调整时，总是围绕"民牌战略"展开，始终遵循"以民为本，服务大众"的宗旨，以工薪阶层为其服务对象，羽绒服系列为其经营产品，质优价廉为其服务宗旨，经营范围的界定始终是十分明确的。

2. 产品—市场分析

在明确界定企业的经营范围之后，则可以把对市场机会选择的范围缩小到与其经营范围相关的领域。即把相关产品的产品属性与消费者的需求特征罗列出来，通过对目标市场进行细分，然后比较现有产品或服务已经满足的消费者需求，寻找未被满足的消费者需求，从而确定企业在经营范围之内的商业机会。此时，比较有效的方法就是进行产品—市场分析，产品—市场分析矩阵可以用作识别商业机会的工具。如图 4-1 所示，在四个象限中可以采取不同的商务战略。其分别为市场开发策略，即开发一个新市场的过程；产品开发策略，即企业为了保持市场活力、扩大市场份额，持续不断地开发新产品，一般可通过挖掘顾客需求、挖掘产品功能、开发边缘产品或利用别人的优势开发等；市场渗透策略，是一种立足于现有产品，充分开发其市场潜力的企业发展战略；差异化策略则包含了产品差异化、服务差异化、渠道差异化和人员差异化。

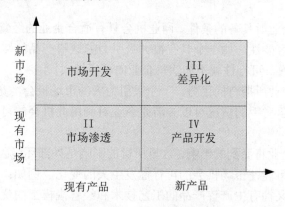

图 4-1　产品—市场发展分析矩阵

三、商业机会价值分析

商业机会的价值具有差异性，不同的商业机会可以为商务组织或自然人带来不同的利益，为了在千变万化的环境中，找出对本企业最有价值的商业机会，最适合本企业利用的机会，企业需要对商业机会进行具体分析和评估。

(一)商业机会价值的影响因素

决定商业机会价值大小的因素主要有两个：吸引力和可行性。

1. 商业机会的吸引力

商业机会对企业的吸引力是企业利用该机会可能创造的最大效益。它包括市场需求规模、利润率和发展潜力。

(1) 市场需求规模，是指商业机会当前提供的待满足的市场需求总量的大小，此机会产生的市场能否拥有足够的消费者，形成较大的规模，企业可能达到的最大市场份额等可通过产品销售数量或销售余额来表示。

(2) 利润率，是指商业机会提供的市场需求中，单位需求量当前可以为企业带来的最大利益(主要指经济利益)。它与市场需求规模一起决定企业利用此次机会可创造的最高利益。

(3) 发展潜力，是指商业机会为企业提供的市场需求规模、利润率的发展趋势及速度情况，即便企业此次面临的机会所提供的市场规模很小且利润也不高，但其市场规模或企业的市场份额有迅速增大的趋势，则该机会仍对企业具有相当大的吸引力。

2. 商业机会的可行性

只有吸引力的市场机会并不一定是企业的实际发展良机。具有大吸引力的市场机会必须同时具有较强的可行性才是企业高价值的商业机会。商业机会可行性的决定因素有以下几点。

(1) 开发此机会企业所具备的条件。商业机会只有适合企业的经营目标、经营规模与资源状况才能有较大的可能性。如一个具有很大吸引力的饮料产品的需求市场出现对主营为非饮料食品的企业来说，可行性就不如饮料企业的可行性大。

(2) 利用此机会企业所拥有的优势。一个吸引力大的市场机会，竞争一定会相当激烈，通过分析本企业与竞争对手的情况可以弄清楚企业对利用此机会的可能性有多大，在哪些方面更具有优势。

(3) 把握此机会企业将受到的影响。这里所讲的影响是外部环境因素的影响，每一个外部环境因素的变化都可能使市场机会的可行性发生大的变化。例如：某企业发现市面上紧缺某种产品，该企业又拥有生产该产品的工艺技术和经营规模上的优势，而且会因此获得可观的利润。但了解到环保组织已经把该产品使用后的废弃物列为造成该地区污染的因素之一，政府将通过的一项政策可能会使该产品原材料价格上涨，因而使该商业机会对该企业的可行性大大降低。

(二)商业机会的价值评估

1. 商业机会价值评估矩阵

根据吸引力和可行性两个影响商业机会价值的因素，可以通过商机价值评估矩阵对其分析，如图 4-2 所示。

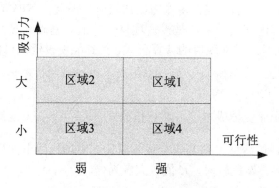

图 4-2　商业机会价值评估矩阵

区域 1 为吸引力、可行性最佳的商业机会。即该类商业机会的价值最大。通常，此类商业机会既稀缺又不稳定。因此，商务活动组织者要及时、准确地分析现有哪些商业机会进入或退出了该区域。

区域 2 为吸引力大、可行性弱的商业机会。一般来说，该类商业机会的价值不会很大。但是，商务活动组织者应时刻注意决定其可行性大小的内、外环境因素的变动情况，并做可能利用该商业机会的准备。

区域 3 为吸引力、可行性皆差的商业机会。该类商业机会的价值最低，又不大可能直接跃居到区域 1 中，但可能在极特殊的情况下，该区域的商机可行性、吸引力突然同时大幅增加。

区域 4 为吸引力小、可行性大的商业机会。即该类商业机会的风险低，获利能力也小，通常稳定型、实力薄弱的商务活动组织者会以它作为其常规活动的主要目标。

2. 商业机会价值评估指标

商业机会的寻找与识别时要投入一定量的时间和资金以及其他资源，这是一种广义的投资。因此，商业机会价值评估要以资金成本为标准，采用净现值(NPV)和内含报酬率(IRR)两个指标作为评估标准。净现值是未来现金流入量限制于投资现值间的差额，其计算公式如式(4-1)所示。

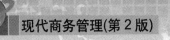

$$NPV = \sum_{t=0}^{n} \frac{NCF_t}{(1-K)^t} \tag{4-1}$$

式中：K 为折现率(最低投资报酬率)；NCF_t 为 t 年的现金净流量；n 为项目的有效期；NPV 为未来现金流入量现值与投资额现值之间的差额，也即净现值。

运用净现值法评价项目的经济可行性时，首先要根据预测资料确定经营期限内的现金流出量与现金流入量 NCF_t，其次要根据企业的资金成本或最低投资报酬率利用本公式计算出净现值 NPV，并据此对项目做出评价。当 $NPV \geqslant 0$，说明该项目的投资收益率大于或等于资金成本，是经济上可行的方案；多个方案比较时，净现值 NPV 越大的方案越好。

内含报酬率：又称内部收益率，是投资项目以现值为基础计算的真实收益率。内含报酬率不能直接计算，而是通过净现值的计算公式，找到能使投资项目的现金流量净现值为 0 的折现率，也即 $\sum_{t=0}^{n} \frac{NCF_t}{(1-K)^t} = 0$ 时的 K 值。采用内含报酬率评价投资项目，首先仍需要预测各年的现金净流量和企业资金成本等，然后按公式 $\sum_{t=0}^{n} \frac{NCF_t}{(1-K)^t} = 0$ 逐次测试能使项目现金流量净现值为 0 的 K 值，最后将 K 值与资金成本对比，对项目做出评价。如果 K 大于等于资金成本，方案可取；多方案比较时，K 值较大者为佳。

第五节　现代商业机会选择

企业在寻找商业机会及对商业机会进行分析后，必须与企业条件结合起来思考，考虑商业机会是否符合企业发展目标，是否与企业资源相匹配等，通过优选，找到符合自身发展并能发挥其竞争优势的商业机会。

一、商业机会选择的过程

选择商业机会的过程可以借助营销中的"STP"战略，即遵循市场细分、选择目标市场和市场定位三部曲，从而逐步明确要选定的商业机会。

(一)市场细分

市场细分(Market Segmentation)，是指通过市场调研，依据消费者的需要和欲望、购买行为和购买习惯等方面的差异，把某一产品的市场整体划分为若干消费者群的市场分类过程。每一个细分市场都是具有类似需求倾向的消费者构成的群体。有效的市场细分是深度挖掘和满足顾客需求的有力工具，市场就像海绵里的水，只要合理细分，总会发现新的商业机会。通过一定的细分标准将市场分割为几个差异化较大的子市场，根据每个子市场的特点和诉求，分别设计不同的商业模式。市场细分对商业创新的意义，就在于能够针对不同需求的各子市场分别设计不同的商业经营形式。人为地将消费需求划归为一，并试图用单一的商业模式满足所有的顾客需求，这样的商业经营必然是低效的。

市场细分必须满足可衡量性、可进入性、可营利性和稳定性的要求。为了确保市场细分的有效性，应该了解和掌握细分市场的程序。

1. 确定市场范围

任何一个企业都有其自身的任务和目标，并以此作为企业制定生产经营和市场开拓战略的依据。一旦进入一个行业，便要考虑可能产品的市场范围的选择问题。产品市场范围的确定是以市场的需求为标准，一旦市场需求发生了变化，整个产品的市场范围也要做相应的调整。

2. 列举和分析潜在顾客的基本要求

产品的市场范围确定后，可以将市场范围内的潜在顾客分为若干个专题小组，了解他们的动机、态度、行为等，从而比较全面地列出影响产品市场需求和顾客购买行为的各项因素，作为以后进行深入分析研究的基本资料和依据。

顾客的不同需求是细分市场的基础。因此，企业在列举潜在顾客的基本需求后，企业可向不同的顾客进行抽样调查来进一步搜集有关信息，并用因素分析法对资料进行分析，确定出相关性很大的因素，然后划分出一些差异最大的细分市场，再根据潜在顾客不同的状态、行为、人口变量、心理变量和一般消费习惯等进一步细分。

3. 初步确定细分市场

市场细分是按照一定标准进行的。这里所说的标准，是指使顾客产生需求差异的影响因素。一般来说，市场的细分标准概括为地理因素、人口统计因素、心理因素和行为因素四个方面，每个方面又包括一系列的细分变量，如表4-3所示。

表4-3　市场细分标准及变量一览表

细分标准	细分变量	特　点
地理因素	地理位置、城镇大小、地形、地貌、气候、交通状况、人口密集度等	比较易于辨别和分析，以其作为细分市场的依据，往往可以使细分结果比较准确可靠，即具有较强的有效性
人口统计因素	年龄、性别、职业、收入、民族、宗教、教育、家庭人口、家庭生命周期等	顾客在人口统计方面的不同与需求差异性之间的因果关系十分明显，是研究需求时常用的细分方法
心理因素	生活方式、性格、购买动机、态度、社会阶层、个性等	可能会在实际操作过程中遇到如细分因素比较模糊、子市场的价值难以衡量等问题。但心理特征明确，每个子市场的价值得到比较准确的评价，会直接影响消费者的购买行为

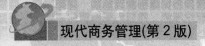

续表

细分标准	细分变量	特　点
行为因素	购买时间、购买数量、购买频率、购买习惯(品牌忠诚度)、对服务、价格、渠道、广告的敏感程度等	这是最直观的细分标准，是反映企业经营效果的主要因素，有很强的操作性

对市场细分时，通常不是单独使用一个细分标准，而是采用几个细分标准，这就使市场细分组合中任何一个标准的变动，都可能形成一个新的子市场。因此，在实际中，要采用综合细分，利用各种变量来辨认目标市场中的细分，在对市场进行细分时，必须进行认真的市场调查，掌握准确的市场细分标准，绝不能主观臆断。对细分市场的初步确定是指为细分市场暂时命名，即在分析了潜在顾客的不同需求，进行了市场细分并剔除各细分市场上潜在顾客的共同需求后，各细分市场上剩下的需求各不相同。

4. 进一步分析各细分市场的特点并测量其大小

上述工作完成后，企业还需进一步对各细分市场顾客的需求及其行为特点做深入的分析与考察，确定已掌握了各细分市场的哪些特点，还需要对哪些特点进一步分析研究，从而决定是否需要再分或重新合并。这一步是对以上几步的重新认识和必要的调整，以形成细分市场的雏形。

细分出来的市场必须大到足以使企业实现它的利润目标，这时细分市场对企业来说才是有用的。因此，还要将经过以上步骤划分出的各细分市场与人口变量结合起来加以分析，测量出每个细分市场上潜在顾客的数量，他们的购买力和产品的使用频率，从而掌握各细分市场的市场潜量。

(二)选择目标市场

目标市场是企业选择要进入的细分市场。企业在选择目标市场时要掌握以下基本要求，即成本最小、能力匹配和风险最低。

在一般情况下，企业应确定产品成本较低的细分市场为目标市场。必须考虑本企业的人力、财力以及技术力量和经营管理水平是否与预开发的目标市场的需求潜能相匹配，企业有无实力满足或逐步满足消费者的需要。

企业选择的目标市场，应该能够给企业带来可观的经济效益。这一市场应有足够的销售数量，如果只有消费欲望而不能形成实际的购买力，那么这一细分市场就不应被选为目标市场。即使经过评估确实有经济效益的细分市场，企业也应对各个细分市场进行比较评估，以收益最大化为原则来确定经济效益最好的细分市场为目标市场。

选定目标市场的过程大致如下。

1. 初选

企业在选择目标市场时，可以采用排除法进行初选。但是，初步筛选要力求避免两个错误：一是忽视为企业主要产品提供良好前景的市场，漏掉巨大的市场机会；二是在前景不好的市场花费太多的调研时间。初选工作必须做到全面、经济、快捷，所需数据资料尽可能从大量公开发行的资料中取得。

2. 消费者(用户)分析

在进行初步筛选之前，经营者应该首先建立起针对消费者或用户的主要候选产品的消费形象，该形象包含着个人或集团性的、现有或潜在的消费者所需要的产品特性。

3. 需求量估计

估算市场需求有很多方法，大致有：比较各地消费水平现状的横向分析法及比较各地消费水平变化的动态分析法、具体分析消费需求决定因素的要素分析法。分析的目标是那些总体来说"供不应求"的市场。对市场容量的估计，应尽可能采用已有的统计资料，确定预期的目标市场。

4. 市场的选择与确定

企业通过评估细分市场，最终会做出以下选择。

(1) 集中企业的优势力量进入其中的一个细分市场，以取得市场上的优势地位，即集中性目标市场策略。

(2) 企业选择若干细分市场，并制定不同的营销战略，即差异化目标市场策略。

(3) 决定不再细分，作为整体来开发，即无差异目标市场策略。

(4) 通过市场细分，企业没有发现一个子市场是可行的，从而放弃该市场。

对于三种目标市场策略进行比较，如表 4-4 所示。

表 4-4　目标市场策略比较

目标市场策略	企业资源	市场同质性	产品同质性	产品生命周期	竞争者策略	竞争者数目
无差异性策略	多	高	高	投入期	无差异	少
差异性策略	多	低	低	成长、成熟期	差异	多
集中性策略	少	低	低	衰退期	无差异	多

因为是初步的选择，故范围应尽可能广泛，只有当某个国家或地区的市场确实不具备进入的可能性时才能放弃，以避免错过大好机会。对初选的目标市场，还应该进行更深入的调查，明确每个可能的目标市场的容量和本企业在这个市场上的销售前景，以便做出正确的决策。

在初步筛选过程中采取的取舍决策原则可表述如下：如果若干个细分市场的市场容量大于某特定的临界值，那么，这些细分市场就可作为初步的目标细分市场。其数字表达式

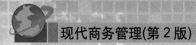

为：$s_{ij}>d$，即产品 j 在细分市场 i 内的市场容量大于某特定的临界值 d。这时 i 市场就是选取的细分市场。

5. 评估细分市场

经过初步筛选后的市场数目已经较少，对这些市场，要进行更精确的评估。在评价不同的细分市场时，一家企业必须分析以下三个因素：细分市场的规模和发展、细分市场结构的吸引力、企业的经营目标与资源。

(三)市场定位阶段

企业市场定位的全过程可以通过以下三大步骤来完成，即：确认本企业潜在的竞争优势、准确地选择相对竞争优势和明确展现其独特的竞争优势。

1. 确认本企业潜在竞争优势

在确认本企业潜在竞争优势时，企业所要做的关键工作便是明确以下三大问题：一是竞争对手的产品定位如何；二是目标市场上足够数量的顾客欲望得到满足程度如何以及还有什么需求欲望；三是针对竞争者的市场定位和潜在客户的真正需要的利益要求，企业应该和能够做什么。具体明确了上述三个问题，企业就可从中把握和确定自己的潜在竞争优势了。

2. 准确地选择相对竞争优势

相对竞争优势是指企业能够胜过竞争者的现有的或潜在的能力。准确地选择相对竞争优势就是将一个企业各方面的实力与竞争者的实力相比较的过程。比较的指标应是一个完整的体系，只有这样才能准确地选择相对竞争优势。

3. 展现独特的竞争优势

企业在这一步骤中的主要任务是通过一系列的宣传促销活动，使其独特的竞争优势准确传播给潜在顾客，并在顾客心目中留下深刻印象。企业要顺利完成这一任务，必须做好三个方面的工作：首先，应使目标顾客了解、认同、喜欢和偏爱本企业的市场定位，在顾客心目中建立与该定位相一致的形象；其次，企业应通过一切努力来强化其在目标顾客心中的形象，保持对目标顾客的了解，稳定目标顾客的态度和加深与目标顾客的感情，以巩固与市场相一致的形象；最后，及时矫正与市场定位不一致的形象。

二、商业机会的判断

对商业机会进行判断，即检验商业机会是否与企业相匹配，是否能转变为企业机会。主要有四个内容。

(一)检验与企业要素的匹配

企业各方面要素包括要采用的营销渠道、营销沟通方式以及与企业定位和产品定位的一致性等方面的内容。如果存在商业机会的产品或服务需要的营销渠道、沟通方式与企业现有产品或服务的营销渠道和沟道方式越相似，则说明相互之间越匹配；如果存在商业机会的产品或服务与企业的形象定位、经营宗旨、产品定位等越一致，说明相互之间越匹配。当然，存在商业机会的产品或服务与企业要素完全匹配的现象较少，此时需要结合考虑企业的发展战略和经营战略，如果与企业的发展战略和经营战略一致，则即使与要素不是很匹配，也可以考虑把这种商业机会转化为企业机会，否则，最好放弃这种机会。

(二)进行 SWOT 分析

"SWOT"分析即对企业自身的优劣势及外部的机会威胁的综合分析，这是进行商业机会判断的重要过程。通过客观评价企业与存在着的商业机会相关的各种因素。面对存在着的机会，如果企业的劣势与来自外部的威胁是不可克服的和致命的，则这样的机会不能成为企业的机会，否则就可以转化为企业的机会。

(三)市场容量的预测

一个产品或一项服务，如果没有足够的市场容量，可以说肯定是没有商业机会的。但一般而言，市场容量又并不是一个确定的值，它受到两方面因素的影响。一个是企业自身的因素，比如企业的营销力度越大、营销活动越科学、越合理，则市场容量也会越大，这方面的因素是企业可控的；另一个是企业外部的因素，比如消费者的购买能力、政府的有关规定等，这方面的因素是企业不可控制的。所以，在预测市场容量时，应考虑两个变量：①愿意并有能力购买的潜在消费者数量(Q)；②与企业进行生产、经营所发生的各项费用、成本相对应的会计期间内潜在消费者的购买次数(B)。

市场规模等于上述两个变量的乘积，可表示为式(4-2)。

$$市场容量(M)=Q×B \qquad (4-2)$$

通过市场容量的预测，如果市场容量足够大，使企业能盈利，对企业而言则显然是一个机会，否则只有放弃。

(四)检验与企业能力的匹配

企业能力主要是指产品或服务的设计与开发能力、工艺与技术能力、生产与制造能力、营销能力等，这是把商业机会理论上的可能性转化为企业机会的实际可能性的关键一步。如果这些能力都具备，则企业有能力为潜在消费者提供满意的产品或服务。

通过这几方面的判断，可以大致得出哪些商业机会可以转化为企业机会，哪些不能，需要慎重对待。

总之，企业寻找、发现、分析和评价商业机会的过程，就是通过调查研究、收集信息、分析预测等工作，结合自身条件从环境机会中选择能够与本企业的战略计划相衔接，并能有效地促使其实现的过程。

 本章小结

(1) 本章介绍了商务信息的重要性，商务信息化的含义及商务信息系统的构成与整合；并重点分析了现代商务机会管理的内容和流程：现代商业机会的捕捉、现代商业机会的分析以及现代商业机会的选择。

(2) 信息对于商务活动的重要作用体现在帮助有效决策、促进商务创新及增强企业竞争力。信息的来源主要有一手资料、二手资料，通过对数据的处理和分析可以得到有价值的信息。

(3) 大数据已经悄然来临，大数据技术对商务活动产生了深远的影响，使得商务信息越发完善，商务活动更加精准，并引领整个商业进入到商务智能时代。

(4) 商业机会是指客观存在与市场过程中，能给企业及其他营利性活动组织或个人提供销售(服务)对象，并带来盈利可能性的市场需求。具有客观性、与市场并存性、盈利可能性及市场需求性等特点，同时商业机会的存在表现为多种类型。

(5) 在了解开发商业机会动机的基础上，详细罗列了识别商业机会的方法，包括市场细分法、需求挖掘法、空白填补法、市场预测法、危机转化法、技术创新法及无中生有法。

(6) 商业机会的分析包括寻找商业机会和识别商业机会两个阶段，同时要能对识别的商业机会价值进行分析，本章介绍了从商业机会可行性和商业机会吸引力两方面进行分析的商业机会价值评估矩阵。

(7) 本章还介绍了商业机会选择的一般程序及判断过程。选择的过程包括市场细分、目标市场和市场定位三部曲；而判断商业机会是否属于企业机会则需要 SWOT 分析、市场容量预测，检测与企业资源和能力的匹配性几部分工作。

 本章案例

零售业未来的猜想

比尔·盖茨说过，人们容易高估未来三年的变化，低估未来十年的变化。中国的零售业，在市场环境、购物者方面有自己的独特性，再结合零售科技的发展，我们来揣测一下行业发展。2017 年到 2027 年，城镇化率超过 65%(2015 年 56%)、互联网覆盖率超过 65%(2015 年 51%)，技术平台准备就绪，新技术即将突破规模化门槛。我们面临着技术呈"指数级增长"的机会。这必将会是消费品零售业天翻地覆的十年。

(1) 市场：消费持续升级。

消费者的消费欲望还持续上涨，并激发了一系列升级。表现在：一是品类升级。不同的人均 GDP 水平，品类的成长性不同，而背后是消费者意识的转变。未来十年中国 GDP 的增长不会低于 6%，持续的高速发展，注定了有些品类凋零，有些品类亢奋。上升的如咖啡、宠物食品、婴儿护理品、低温乳制品，下滑的如糖果、碳酸饮料、方便面、常温火腿肠等。二是产品升级。过去几年，中国快消品销售量增长幅度持续下降，但销售额的增长还可以，靠的是产品升级，人们的购买数量没有增加，但人们愿意去买更好的东西。在产品升级方面，"灵活、快速"是小企业的通行证，"规模、标准"是大企业的墓志铭。三是服务升级。消费升级背后带来的服务升级对零售商而言是一个危险的机会：一方面，人们在意体验，开始愿意为更好的体验付额外的钱，这突出了线下生意的现场体验优势，为线上线下融合，实现"新零售"提供了基础动力；另一方面，中国的线下零售当年正是因为体验差，才给了电商巨大的机会。"体验设计"成为零售商的关键手段，购物者行为研究、消费者心理学变成零售商的基础课，同时也会催生出一批专业的体验设计公司。

(2) 渠道：线上线下融合。

电商想再进一步通过优化价值链的效率和成本来提升利润，仅仅从消费者末端发力已经不行了，优化整个产业链，才能挤出更多的利润。"线上和线下就像两个规格不同的筛子，都流失了一部分用户"，如何让线上客户贡献更大的价值，让线下用户每一个人、每一次购买，每一个产品都成为流量入口，整合线上线下是未来十年的主旋律。如果阿里开设自己的 CVS，把大量的淘品牌导入到自己的线下零售终端，实物销售与虚拟销售相结合，同时掌握周围商圈多数购物者的画像，可以进行精准的购物者促销，实现交易闭环，再加上菜鸟物流，相当强大。

(3) 业态：极致者才能生存。

未来的业态遵循 EST 原则。"good，better，best"，EST 代表着最高级。最便宜，最齐全，最便利，最专业，最体验，EST 定位明确的零售商才有机会延续自己的未来，这是"极致化生存"的未来。

大家都能做到"最齐全"。下一个十年，电商的称呼和实现途径发生了变化。这种变化让所有的线下门店也都是"电商"，这也就没有了所谓的电商，零售业几乎都是线上线下的结合体。最齐全，不需要物理上的实物存在，像大卖场这种定位在分销齐全、选择众多的零售业态，受到的冲击也最大。

Shopping Mall 代替大卖场，成为"最体验"；品类专业店占据了"最专业"，与人面对面的专业服务，是这类业态的核心价值。CVS 代言"最便利"，CVS 成为社区商品和便利服务的中心，构建五分钟行走半径的商圈，而社区小型超市则主要走生鲜超市的路线。CVS 必定会凭借一己之力，建起社区等日常生活服务模块，未来属于 CVS。大卖场在 EST 模型中没有清晰的定位。它会扮演 Mall 的角色或成为"快消品+生鲜超市"的组合。

(4) 购物者：忠诚度越来越低。

信息越流畅，忠诚度越低。商业信息会越来越流畅，购物者对某家店的忠诚度会越来越低。维护顾客忠诚度是下一步零售商的首要大事。传统小型零售商在维护客户忠诚度方面挑战巨大，他们必定要借助两股力量：一是专注于客户关系管理的专业服务公司，二是"快消品 B2B"公司，希望把小型终端纳入自己的网络，从产品选择、补货到客户管理，都帮它们管起来。帮助人们做选择是未来的大商机，降低不确定性，让人们减少因为选择而付出的努力。

(5) 供应链：物流职能被剥离。

物流职能从零售商中剥离出来，同一配送中心服务多家零售商。首先，零售商的配送中心会从零售商的运营系统中剥离出来，成为独立的利润中心；随后，独立的配送中心之间的横向联合，形成了新的物流商业体，可以服务多家零售商。物流成本的下降不再靠规模，要靠技术，物流科技推动成本的不断降低。

(资料来源：根据网络资料：揣测零售业未来十年：购物者忠诚度越来越低，

http://www.lingshouw.com/article-13888-1.html，2016-12-13 整理所得。)

讨论题

1. 判断零售业未来的发展一般需要考虑哪些因素？
2. 对案例中提到的零售业未来发展的观点，你是否认同？ 说明你的观点。
3. 你认为零售业还有哪些发展机会？如何分析其商业机会？

 思考题

1. 简单阐述信息在商务活动中的重要性并说明商务信息的来源渠道的种类。
2. 商务信息系统包括哪些方面的内容？
3. 你对大数据了解多少？大数据带来了哪些方面的影响？
4. 未来的商务智能需要哪些要素的支撑，会如何改善商务决策水平？
5. 谈一谈你对商业机会特征、类型等的认识。
6. 如何选择和分析商业机会，常用的方法有哪些？
7. 如何更快地捕捉现代商业机会，应注意培养哪些方面的能力？
8. 商业机会的价值体现在哪些方面，在商务运作中的地位如何？

第五章　现代销售管理

![] 【学习要点及目标】

- 了解传统和现代销售理念及主要销售模式。
- 掌握销售管理的概念与基本内容。
- 了解现代销售经理的基本职责。
- 掌握现代销售方式的基本含义和特点。
- 了解现代销售技术的基本构成。
- 掌握销售质量的评价考核方法。

![] 【核心概念】

销售理念　销售方式　销售技术　销售质量　销售费用　销售利润

![] 【引导案例】

天津建成 47 条特色商业街

截至 2012 年 4 月，天津市特色商业街已达 47 条，总建筑面积 405.24 万平方米。一批批商业街建成开业，有力地拉动了市场消费，特色商业街不仅已成天津城市发展的新名片，还成为拉动消费的新热点。天津市大力组织推动特色商业街建设改造开发，如位于河东区津塘路的淘宝街、位于红桥区湘潭路的天津创意街、位于奥城商业广场的国际风情街及位于小白楼的 1902 欧式风情街等主题商业街，都成为本市商业街发展的新亮点。位于河东区的天津音乐艺术街自开放以来，凭借其浓厚的艺术气息，已成为汇聚音乐艺术的殿堂；位于河北区的书画一条街，主要业态是书画、艺术品展卖和书画用品销售；位于红桥区南运河北路的天津酒文化街凭借白酒生产、专卖店、酒文化园、餐饮，广受消费者欢迎。其中，意大利风情区、古文化街还被命名为"中国特色商业街"，和平路滨江道商业街被命名为"中国著名商业街"。

近年来，以和平路、滨江道中心商业街组成的现代购物商圈，聚集了中高端大型百货商场。在建的恒隆广场、天河城等大型购物中心的加入，将进一步提升现代商业服务水平；以南京路两侧大型百货商场组成的时尚百货商圈，突出了中青年时尚休闲的特点，集合了购、娱、玩、饮等商业服务功能；此外，以塘沽解放路商业街等组成的滨海新区购物休闲商圈，满足了开发区、保税区年轻人追求新潮、时尚、休闲的需求。

"十一五"期间，天津社会消费品零售额保持年均 20%左右的增长，2009 年、2010 年及 2011 年上半年，这一指标的增速一直位居全国前列。对此，中国步行商业街工作委员会主任韩健徽表示："天津特色商业街工作可圈可点，政府主导，企业运作的开发特色；异国情调，修旧如旧的建筑特色；餐饮酒吧，休闲时尚的经营特色；名人故居，中西合璧的文化特色。天津在特色商业街建设中洋为中用，古为今用，实现了餐饮、酒吧、购物、时尚、体验于一体的'五业合一'，实现了商业、旅游、文化于一体的'商旅文合一'，实现了建筑特色与经营内容的有机结合，实现了历史百年建筑街区与都市现代时尚完美融合。"根据规划，"十二五"期间，天津市还将规划建设北塘古镇凤凰街等 29 条特色商业街，其中以娱乐休闲为特色的商业街 12 条，以购物为特色的商业街 17 条。重点突出"和平路-滨江道-南京路中心商业区"和"滨海新区中心商务商业区"一主一副两个核心商业区，延伸海河商贸带，发展环城新商城。

(资料来源：杜燕开. 天津推动现代服务商圈，47 条特色商街成津城亮点[N]. 渤海早报，2012 年 4 月 27 日)

【案例导学】

在买方市场的形势下，为了吸引和满足具有特殊消费需求的顾客，商家需要在销售方式上进行创新。其中，借助政府的力量，规划和建设特色商业街便是一种成功的举措。特色商业街形成了特定的商业主题，完全克服了消费者选择购物场所的盲目性。

第一节　现代销售管理概论

一、销售在企业中的基本作用

通过长期复杂而激烈的市场博弈，现代企业已经达成一个基本共识，即充分竞争的市场经济条件下，企业的前途和命运取决于有效的销售，"销售创造价值"也已经成为现代企业经营的理念。因为在企业的诸多经营活动中，生产、研发、管理等活动均是纯资源消耗性工作，只有销售给企业带来经济收入。一个企业的技术水平再高，产品与服务质量再好，如果销售不出去，企业的一切努力均是徒劳。对于现代企业来说，销售具有以下基本作用。

(1) 销售是企业营销战略的中心环节，其直接决定着企业的营销成败。随着市场经济的不断发展，企业的销售活动已经不像以前那样只通过个人的能力就能完成，只有从市场营销战略的大视野出发，精心策划、精心组织、精心运作，将分散的个人活动变成有效的团队活动才能完成。因此，从企业营销战略出发，组建和培养一大批优秀的销售人才，通过有效的销售管理，实现企业的既定销售目标，进而实现企业的经营利润。

(2) 销售是企业管理的中心内容，其直接决定着企业的经营效益。在买方市场条件下，企业的收入是通过销售环节来最终实现的，企业的营销战略必须要通过一定规模的人员推销与有效的销售管理来落实。在企业的各项经营机制中，制造机制和财务机制的主要活动领域在企业内部，而销售机制的活动领域则在企业外部，直接面对外部的市场环境，因此，销售在企业中具有其他经营活动所不可替代的功能，可以说销售管理是现代企业经营管理的中心内容。

(3) 销售是企业树立品牌形象的中心工作。在市场经济阶段，企业之间的竞争不仅更加残酷，而且更加深入化，原来那些依托商品品质、技术、价格、服务等单项要素竞争的方式，已经逐步转变为品牌形象的竞争，因为品牌形象汇集和浓缩了企业经营与管理的方方面面，是现代企业素质与能力的集中体现。企业的品牌形象实际上就是企业在广大消费者心中的美誉度，而销售环节则是企业接触顾客、影响顾客的最主要方面，是现代企业整体形象的"窗口"。

二、销售理念及其销售模式

销售理念是指企业对销售活动及其管理的基本认识和指导思想。作为一种组织行为，企业的销售活动都是在一定的销售理念指导下有计划地进行的。伴随着人类市场活动的发展，企业的商品销售理念也处于不断的发展过程中，经历了从传统销售理念到现代销售理念的不同阶段。其中，生产理念、产品理念和推销理念被视为传统的销售理念；而市场营销理念和社会营销理念则被视为现代销售理念。

1. 传统销售理念及其模式体现

传统销售理念以企业和产品为中心，在这一理念的指导下，企业在销售工作中认为，产品是"卖出去的"，而不是"被买去的"。因此，企业的销售工作应当致力于产品的推销和广告活动，以求说服消费者来购买自己所经营的商品。为此，企业总是通过大量的推销专家和人员，进行广告宣传，甚至夸大产品的"好处"，诱使和迫使人们购买企业所提供的商品或服务。在传统销售理念的支配下，企业往往采取以下的产品(服务)销售模式。

(1) AIDA 模式。此模式是指一个成功的推销员必须把顾客的注意力吸引或者转移到产品上，使顾客对推销人员所推销的产品产生兴趣，这样顾客的购买欲望也就随之而产生，然后再促使顾客采取购买行为。AIDA 模式实施分为四个步骤，即唤起注意(Attention)、引导兴趣(Interest)、激发欲望(Desire)和促成交易(Action)。AIDA 模式是国际著名的推销模式，目前仍然在许多企业的业务员培训中作为教学模式采用。

(2) DIPADA 模式。此模式的特点是紧紧抓住了顾客需求这个关键环节，使推销工作更能有的放矢，因而具有较强的针对性。DIPADA 模式共有六个推销步骤：第一步是准确发现(Definition)顾客的愿望和需求；第二步是把顾客的需求与推销的产品紧密结合起来(Identification)；第三步是证实(Proof)所推销商品符合顾客的需要和愿望；第四步是促使顾客接受(Acceptance)所推销的商品；第五步是刺激顾客的购买欲望(Desire)；第六步是促使顾客采取购买行动(Action)。

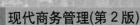

(3) GEM 模式。在激烈的市场竞争中，有时企业的推销员会对自己及其推销的产品失去信心，因此，有必要重点培养推销员的自信心和能力，以提高企业的整体销售水平。GEM 模式是一种为培养业务员的自信心，提高其说服能力的销售模式。这一模式的要点是通过一系列的培训工作培养业务员的自信心，使其相信其所推销的产品(Goods)、相信自己所在的企业(Enterprise)、相信自己的能力(Man)。

(4) FABE 模式。此模式是通过比较并为顾客提供依据进而促使顾客购买的过程，它一方面将企业产品和服务与顾客的利益很好地结合起来，另一方面又可以通过展示产品的优势，既增强顾客的购买信心，也增强业务员销售的自信心。FABE 模式的基本程序是：首先介绍产品的特征(Feature)，然后介绍产品的优点(Advantage)，接着介绍顾客购买该产品所能得到的好处(Benefit)，最后通过提供有效证据(Evidence)促使顾客产生购买行为。

2. 现代销售理念及其模式体现

20 世纪 50 年代以后，在西方发达国家，随着市场上产品大幅度增加，以及消费者收入的大大提高，使得市场的买方性质更加突出。在这样的供求形势下，消费者的选择性购买和苛刻要求，迫使商品经营者改变以往单纯以企业和产品为中心的思维方式，转而认真研究消费者的需求，正确选择目标市场，不断调整自己的营销策略。由此，营销理念从以企业为中心转变为以顾客为中心，从而形成现代销售理念及其销售模式。现代销售模式的发展经历了以下三个模式。

(1) 购销互动模式。此模式要求销售人员既要为企业销售产品，同时也要为顾客提供咨询与服务。一方面销售人员要尽可能地销售企业的产品和服务，提高企业产品的销售利润率；另一方面要为顾客当好参谋(商务顾问)，即销售人员要将售前、售中和售后所需的全部信息、资源以及活动协调起来，支持顾客，在满足顾客需要的过程中充当一名协助者和咨询者，在创造双赢的过程中成为顾客长期的经营盟友。

(2) 购销组织联系模式。受市场竞争、科技发展和全球化的影响，企业的商务氛围得到不断扩展，商品的采购和销售都不再以个人角色出现，而是以团队或小组的形式出现。适应这种市场变化，购销组织联系模式要求企业的销售职能要转变为充当买卖组织之间主要的联系纽带，使顾客知道销售人员身后的资源网络体系。而企业的销售人员也不再以个人的形式工作，要求他们组建特殊的销售团队，为顾客提供全面、多样的销售服务。

(3) 关系销售模式。在经济复杂化和竞争激烈化的今天，买卖双方都渴望建立长期、稳定的商务关系。关系销售模式认为销售以服务和价值创造为基础，注重解决方案与长久关系之间的整合。为此，此模式要求企业销售人员访问顾客的目的不仅是达成一笔交易，而且还包括建立长期的关系，在销售过程中要发挥长期商业盟友的作用，通过保证顾客现在以及在双方关系持续的全过程中得到他们所期望的服务，努力缩小和消除客观存在的"关系沟"。

三、企业销售管理的基本方法

1. 销售管理的含义

就一般意义而言，销售管理是对企业销售活动进行计划、组织、指挥、控制和核算，以实现企业经济目标的过程。在销售管理过程中，现代企业应当树立"销售创造价值"的理念，将管理活动紧紧围绕着企业价值实现的全过程来进行。为此，销售管理在企业管理中应当充当"排头兵"角色，一方面努力扩大企业的销售收入，另一方面要通过协调其他经营活动与销售活动的关系，在分工合作的基础上实现企业的整体目标。

2. 销售管理的主要内容

销售管理是现代企业营销管理的重要组成部分，是企业伸向市场的"桥头堡"，也是企业日常经济活动的中心内容。一般来讲，现代企业的销售管理应当包括以下四个方面的内容。

(1) 制订销售规划。销售规划是指对企业一定时期销售活动的计划与安排，是在销售预测的基础上，设定企业的销售策略与目标，同时编制销售配额和销售预算。相对而言，销售规划是所有销售管理功能中最重要的功能，包含了三项内容：一是制订销售策略，即确定企业具体的销售模式、销售渠道、价格政策、货款回收政策、销售部门设置等；二是制订销售目标，即确定具体目的、实施计划、资源分配计划，以及销售日程表等；三是制订销售行动方案，即以细化和量化的方式确定销售的具体工作程序与方法。

(2) 设计销售组织。现代企业的销售人员不再是个体"作战"，而是结成团队来发挥整体效能。因此，销售管理的一项重要内容便是合理地设计销售组织，以配合销售目标的实现。要设计好销售组织，就必须根据企业的销售总任务，以及销售市场的竞争状态，兼顾当前销售工作与企业销售业务的发展趋势，从销售队伍建设的目标和战略入手，确定销售队伍的规模与结构，以及销售人员的基本素质要求，同时选择适合本企业的销售报酬形式。

(3) 指挥和协调销售活动。销售工作是由销售人员来完成的，为此，企业的销售经理要对销售人员的行为进行指导和协调，即企业的营销理念与目标准确地传达给每一位销售人员，以便在思想上达成共识。在实际的销售工作中，也只有在销售人员明白自己的行动目的之后，才能更为有效地展开销售工作。作为销售经理，其不仅要能够领导销售人员沿着正确的方向前进，而且应当团结部属，身先士卒，能够激励员工将工作做得更好。

(4) 评价和改进销售活动。为了实现企业的销售目标，销售经理必须时刻关注所属销售人员和业务的发展动向，制定各种考核标准，建立科学的评估与考核体系，通过评估与考核对整体销售业务进行控制。同时，销售经理还应当根据销售的实际情况对目标与计划做出必要的调整和修改，使销售目标与计划更加符合变化中的市场环境。通过评估与考核，提高销售人员的工作效率，达到控制企业产品销售和整体服务质量的目的。

3. 销售管理的基本程序

对企业销售组织来说，及时发现并满足市场需求，为顾客提供满意的服务，建立长久的业务关系，是销售管理的基本要求。为此，销售经理要运用现代销售管理理念，依据市场状况及企业目标，统筹规划，全面体现本企业的营销策略，实现企业的销售收入和市场占有率目标。一般而言，企业销售管理应当遵循以下基本程序。

第一项工作，有计划地进行市场调查。即通过市场调查来摸清本企业所在市场的基本情况，包括市场规模、市场结构、市场特征、市场发展趋势、市场竞争状况，以及市场占有率状况。

第二项工作，确定企业销售目标。即在摸清市场情况的基础上，结合本企业的资源优势与劣势，通过大量的业务数据测算与比较，最终确定本企业在一定时间区段的产品销售目标，作为各项工作的基本方向。

第三项工作，制订销售规划。即为了实现销售目标，销售组织对于所拥有的人力、资金、场所实施、车辆设备等资源进行计划性的安排与配置，对销售工作的过程、进度、重点，以及备选措施进行文本形式的筹划。

第四项工作，分配销售任务。即在销售规划的执行期，由各级销售管理人员，根据销售规划的内容与要求，为属下销售团队及个人确定销售目标、分配销售任务，同时提出销售活动的基本规则与激励政策。

第五项工作，指挥与协调销售活动。即在企业具体的销售活动中，依据销售规划，对销售环节的分工与配合，对销售过程的基本步骤，以及各单位、人员销售工作的进度进行必要的指挥、协调和控制，以确保销售规划的落实。

第六项工作，销售评价与改进。即一个销售周期完结之后，对销售业绩数据进行分门别类的收集、汇总和分析，在数据分析的基础上总结销售规划的实现程度，以及经验教训，对下一阶段的销售活动提出整改意见。

第七项工作，激励销售人员。即在考核和评价单位及个人销售业绩的基础上，对工作业绩突出的人员给予物质和精神方面的奖励，以激发销售人员工作的积极性、主动性和创造性。同时，对销售业绩较差的人员提出批评或处罚，以严肃工作纪律。

四、销售经理的基本职责

1. 销售经理的能力要求

按照美国销售领域行业协会的要求，在市场经济条件下，一名合格的销售经理应当具备以下几种能力。

(1) 分析能力。即能够准确分析有关情况和数据，解决所在部门的相关问题，同时根据市场情况制订出销售计划，对属下的销售人员实施有效的管理。

(2) 创新能力。由于市场的多变性，企业的销售经理无法按照一成不变的办法来管理企业，也无法照抄照搬他人的方法，销售经理能够进行管理创新。

(3) 决策能力。面对外部环境与企业条件，对于本单位所要进行的工作，销售经理应当迅速做出判断，继而做出符合实际的决定，而绝不能优柔寡断。

(4) 应变能力。即对客观环境变化的适应能力，在销售活动中，意外的变化往往是不可避免的，企业的销售计划要能适应各种变化，不能"以不变应万变"。

(5) 领导能力。即销售经理要能够使别人信赖、尊重自己的决断，具有委派、指导和指挥别人工作的能力，能够在员工之间树立起自己的威信。

(6) 组织能力。对于企业的销售活动，销售经理要能够抓住关键问题，合理组织单位的各项资源，同时采取具体措施执行和完成组织的销售计划。

(7) 承担风险能力。现代企业经济活动的一个突出特点就是其风险性，有竞争必然有风险，商场上并不存在"常胜将军"，承担风险是销售经理必要的能力。

2. 销售经理的基本职责

企业的销售经理为了完成本部门的销售目标，依据企业的整体营销规划，全面负责本部门的业务和人员管理。因此，作为职能与业务管理人员，无论是高层销售经理，还是基层一线的销售经理，都应当履行以下职责。

(1) 制订与实施销售战略。销售战略涉及销售策略、销售目标、销售计划和销售政策等核心问题。销售战略的制订一般包括以下内容：市场分析与销售预测、确定销售目标、制订销售计划、制订销售配额和销售预算和确定销售策略。

(2) 管理销售人员。对销售人员的管理是销售经理的一项最重要的职责，其具体工作内容包括：设计销售组织形式、招募与选聘销售人员、培训与使用销售人员、设计销售人员的薪酬方案和激励方案以及陪同销售和协助营销等。

(3) 控制销售活动。为了销售计划的顺利实现，销售经理应当对属下的销售活动进行必要的控制，其工作主要包括：划分销售区域、人员业绩的考察评估、销售渠道及客户的管理、回收货款、销售效益的分析与评估和制定各项规章制度。

第二节　现代销售方式

销售方式是指商品经营者实现商品与服务的价值，转移商品使用价值的形式和手段。销售方式的内涵包括两个方面：一是商品与服务的交易方式是商品所有者之间的买卖关系；二是商品交易方式反映了商品实体和服务依次进入消费领域的过程。

一、批发销售与零售销售

(一)批发销售

1. 批发的含义

批发是指批发商从生产商或其他经营商手中采购商品，再将其提供给商业用户及其他业务用户，供其转卖、加工或使用的大宗商品买卖方式。

2. 批发的主要特点

(1) 批量销售与批量定价。批发销售一般要求要达到一定的交易规模才进行，通常有最低交易量的规定，即所谓批发起点。因此，批发销售的对象是各类用户，而不是广泛而分散的消费者。

(2) 商品不进入消费领域。在类别性的批发交易市场上，从事批发交易的各类用户，尤其是商业用户和产业用户，它们购买商品的目的不是供自己最终消费，而是进一步转卖或加工产品所用。

(3) 批发销售的范围较广。一方面，批发销售对象的来源广泛，包括"商业用户""产业用户"和"业务用户"三类主体；另一方面，批发销售的机构虽然数量不大，但服务的覆盖面积大、交易范围广。

(4) 批发销售的专有性较强。为了适应和满足客户的专项产品需求，批发商必须备有充足的货源。所谓"充足"的货源，是指产品线的长度较长、深度较深，即产品的品种多，花色、型号、款式等较为齐全，便于客户选择。

3. 批发的功能

(1) 集散商品。批发商先把分散在各地的生产企业的产品收购集中起来，然后经过编配，再分别批发给各个零售商。这样既满足了生产部门单一品种大批量生产、大批量销售的需要，也满足了零售部门多品种、小批量的销售需要。

(2) 调节供需。商品的生产与消费在时间上和空间上存在着不一致性，需要以批发环节为枢纽，根据消费者在不同时间、地点的具体要求，通过各类商品的吞吐来调节供求矛盾。

(3) 商品整理。批发商在销售商品之前，往往要对从生产部门采购的商品进行挑选、分级、分装、改装、编配等活动，从而将品种齐全、数量适当的系列化商品及时提供给零售店铺，以提高流通效率。

(4) 融通资金。批发商在进行批发交易时，以预购形式向生产部门购进商品，向生产部门提供再生产所需资金；也可以以赊购的方式向零售部门销售商品，从而使零售商不至于因资金短缺而不能及时进货。

(5) 风险承担。批发商因集中购进了多品种、大批量的商品，承担了商品损耗、变质、过期滞销、货款拖欠、丢失、退换以及其他经营风险和商业风险，为广大零售商提供了风险"担保"。

(二)零售销售

1. 零售的含义

零售是指借助一定的设施条件将商品或服务销售给最终消费者的交易活动，是商品流通过程中的最后一道环节。商品只有通过零售，才能真正实现其价值和使用价值。

2. 零售的特点

(1) 结束商品的流通过程。与批发交易的目的完全不同，零售交易的目的是向最终消费者提供商品或服务，消费者从零售商那里购买商品或服务是为了自己消费，而不是用于转卖或生产。

(2) 销售过程伴随服务。零售商品的标的物不仅有商品，还有服务，即在商品的销售过程中要为顾客提供售前、售中和售后服务，而且这些服务已成为商业领域一项重要的竞争手段，其具有一定的附加价值。

(3) 交易次数频繁。由于零售交易是一系列零星的买卖，交易对象是众多分散的单个消费者，这就决定了零售交易每笔交易数量不大，但交易次数频繁，重复性的交易活动较多，很多服务对象都是"回头客"。

(4) 商品的品种丰富。由于消费者在购买商品时，往往要"货比三家"，以求挑选到既称心如意又价廉物美的商品，这就要求零售商所提供的商品品种丰富，花色和规格齐全，以满足和吸引不同类型的消费者。

(5) 依托商业设施。为了方便购买，零售商不仅科学地设置销售网点，还应当对店址的选择、商品布局、店堂陈设、营业时间安排等诸多要素周密考虑，以吸引更多的消费者前来购买，以求扩大销售规模。

3. 零售的基本功能

(1) 组合各类商品。消费者为了生活，需要各种各样的商品，对此，消费者不可能也没有必要到生产企业或批发商处购买，这就需要零售商备足各类商品，并对其加以分类、组合、展示，以满足消费者购买的需要。

(2) 实现商品的价值。一方面，通过零售交易完成了商品转化为货币的过程，实现商品的最终价值；另一方面，通过零售交易使商品进入消费领域，商品的使用价值得以实现，成为现实的有用物品。

(3) 提供多项服务。为了满足顾客的购买需求，零售商在售前、售中和售后过程中，需要提供诸如电话订购、邮寄目录、产品说明、送货、安装、保修等全过程服务，以及停车场、餐厅、休息室、游乐室等全方位服务。

(4) 传递需求信息。零售商直接地联系消费者、接触市场，能够最敏锐、最及时地反映

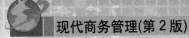

消费者的需求，以及供求和价格的变化，通过向生产企业和批发商传递需求信息，起到指导生产、引导消费的作用。

二、现货交易、远期交易和期货交易

(一)现货交易

1. 现货交易的含义

现货交易是指买卖双方出自对实物商品的需求与销售实物商品的目的，根据商定的支付方式与交货方式，采取即时或较短时间内进行实物商品交收的一种交易方式。通常在现货交易中，随着商品所有权的转移，同时完成商品实体的交换与流通。因此，现货交易是商品运行的直接表现形式。

2. 现货交易的特点

(1) 历史悠久。现货交易是一种最古老的交易方式，同时也是一种常新的交易方式。现货交易随着商品交换的产生而出现，随着商品经济的发展，其交易方式不断增多，被商家广泛的采用。

(2) 操作简便。由于现货交易没有特殊的限制，交易方式比较灵活、方便，表现出较大的随意性，任何商品都可以通过现货交易来完成，而且不受交易时间、交易地点的限制。

(3) 交易快捷。现货交易通常是"一手交钱，一手交货"的买卖，能够即时成交，或者能够在短时间内完成商品的货款交收活动，它不仅可以节约交易时间，也可以节省交易费用。

(4) 价格随机。由于现货交易是一种即时的或在短时间就能完成商品交易的交易方式，因此，买卖双方成交的价格只能反映当时的市场行情，不能代表未来市场价格的变动情况。

3. 现货交易的功能

(1) 快速满足消费者的需要。现货交易是人们接触最多的一种交易方式，消费者获得自己所需要的各种商品，主要是直接通过各种销售的现货交易，尤其是零售形式来达到的。所以，现货交易具有强大的生命力。

(2) 作为其他交易形式的基础。现货交易是远期合同交易和期货交易产生与发展的基础，远期合同交易与期货交易的历史，都比现货交易短得多，都是在现货交易发展到一定阶段和基础上形成和发展起来的。

(3) 具有较高的交易安全性。在商品经济社会，伴随着商品交易规模的不断扩大，商业欺诈现象也时常发生，给交易者造成经济损失。由于现货交易是一种即时的、面对面的交易，便于人们在交易过程中辨别欺诈，保证交易的安全性。

(二)远期交易

1. 远期交易的含义

远期交易也称为远期合同交易，是指买卖双方通过签订交易合同，约定在未来某一时期进行实物商品与货款交收的一种交易方式。远期交易与现货交易的关系十分密切，二者具有相同的性质，即都是为了实物商品的最终交收。因此，远期交易与现货交易又统称为"实物交易"。

2. 远期交易的特点

(1) 以合同为交易规则。远期交易双方必须事先签订远期合同，在合同中明确所交易商品的品种、质量、数量、价格、运输方式、付款方式等一系列交易条件，在合同的执行期，买卖双方都必须按照所签订合同的具体条款办事。

(2) 交货时间较长。出于多种原因，远期交易的买卖双方从达成交易到实物商品交收，通常要经过较长的一段时间，一般相差几个月甚至更长，也就是说，远期交易的成交在先，交货在后。

(3) 违约必须赔偿。对于远期交易，买卖双方往往要通过正式的磋商、谈判，最后达成统一的意见，然后签订合同。由于合同中明确了双方的违约责任，一方违约时，另一方可得到约定的赔偿，降低了交易的风险性。

(4) 第三方监督。远期交易通常要求在规定的场所进行，双方交易要受到第三方监控，以使交易出于公开、公正与公平的状态。远期交易发生争议时，一般由第三方出面协调和解决买卖双方的矛盾。

3. 远期交易的功能

(1) 稳定产销关系。远期合同交易的买卖双方通过磋商和谈判，签订远期交易合同，这实际上是一种预买预卖的合同，其对于买卖双方了解商品及其价格、筹措资金、筹划储运都十分有益，可以稳定供求之间的产销关系。

(2) 防范市场的不确定性。远期交易可以弥补现货交易的不足，使人们获得负担商业风险的途径，在生产的产品尚未出来之前，买卖双方就将商品交易的有关数据敲定下来，有效地防范了商品市场的不确定性。

(3) 有助于经营计划目标的实现。企业的经营计划是提前制订的，在执行过程中会发生"计划没有变化快"的情况，以至于计划难以适应已经变化了的市场，远期合同交易则很好地规避了市场风险，有助于计划目标的实现。

(三)期货交易

1. 期货交易的含义

期货交易是指买卖双方在交付一定保证金之后，在商品期货交易所进行的标准化合约的买卖。期货交易是一种"保证金交易",要求参与交易者必须首先在其所属的期货经纪公司开设账户,存入一定数量的初始保证金,然后按照初始保证金的数量与每类商品期货保证金的要求开始期货交易,并随着每日交易结算价格的变动,每天计算交易者的盈亏状况,不断调整交易者的保证金数目。

2. 期货交易的特征

(1) 交易依托标准化合约。期货合约也称期货,是商品交易所为期货交易制定的标准化合约,也是一种可以反复使用的标准化交易合约或合同。期货不是"货",期货交易的实质是"虚拟交易"。

(2) 交易本质是买空卖空。期货交易可以先买后卖,也可以先卖后买,而且在交割期到来之前,可以进行多次的买卖,以获取期货合约买卖的价格差,实物交割在期货市场上的比例极小。因此,期货交易的本质是买空卖空。

(3) 需要预交保证金。为了有效地控制期货交易的风险,现代期货市场已经建立了一整套的风险保障制度体系,其中之一就是保证金制度,规定期货交易者必须预先存入一定数量的初始保证金,然后按照要求进行期货交易。

(4) 交易行为的规范化。期货交易必须在期货交易所内按照固定的交易程序与规则进行,具有极其严格的规范性。不论是期货交易所的会员单位,还是非会员单位,不论是自营,还是代理,交易都必须在期货交易所内按照统一的规则与程序完成。

3. 期货交易的功能

(1) 价格发现。俗称价格导向,即期货可以确定市场上各种商品未来预期价格。期货交易的竞争反映了各个参与者对商品供求的分析,而竞争的结果,即期货交易中所确定的价格则正确地反映了某种商品的供求状况,成为合理价格。

(2) 套期保值。所谓套期保值,是指期货市场中买进或卖出与现货市场相当,但交易方向相反的期货合约,以期在未来某一时间通过卖出或买进同等数量的期货合约而补偿因现货市场价格变动所带来的实际价格风险。

(3) 提供"投机"机会。期货交易的商品价格确认基于对未来市场价格的预测,由于价格预测难免有误,因而期货交易具有较高的风险性,表现出较明显的投机色彩,为具有一定商品市场经验、敢于冒险的商家提供了"投机"机会。

三、自主交易、信托交易和代理交易

(一)自主交易

自主交易也叫"买断经营"或"经营",交易者(经销商)是完全独立的流通当事人,对交易的商品拥有完全的所有权和自主经营权,独立承担经营风险和盈亏责任,是商业交易的原生形态。自主交易按照经营权是否具有排他性，可以分为独家经销、多头经销与总经营三种形式。这三种形式的共同点是厂商或进口商与经销商之间已经发生实际的买卖关系，商品所有权已发生转移，通过进销差价获得利润。在交易过程中，经销商通过自垫资金购买货源商品、自行销售、自负盈亏等方式，可以得到厂商或进口商在商品价格方面的优惠条件。对于独家经销、总经销而言，还可以享有某特定地区范围内对商品经销专营的权利。

(二)信托交易

信托是指信托人(受托人)接受他人委托，以自己的名义代他人(委托人)购销商品，并取得报酬的法律行为。信托交易是指商业信托企业或个体商户从事的接受他人委托的购销或寄售等销售业务，并从中收取一定手续费的交易行为。信托交易是一种居间性交易方式，具有挖掘社会潜在物资、调剂余缺和降低商业风险的经营特点。与自主交易不同，商业信托交易方式的应用范围广泛，经营方式灵活多样。从经营品种看，有仓库积压商品、陈旧商品、社会挖潜商品、试销商品等；从经营方式看，涉及委托代销、委托寄售、自营业务和代理业务等；从经营形式看，有信托商店、贸易货栈、拍卖行、信托公司等。

(三)代理交易

代理是指代理人在代理权限内以被代理人(委托人)的名义进行民事活动，由此产生的权利和义务直接对被代理人(委托人)发生效力的经济行为。代理交易是指代理人即代理商接受制造商或销售商的委托，代理购买或销售商品，并根据购买额或销售额的数量，按比例提取佣金的一种交易方式。代理商一般不拥有商品的所有权，不承担任何市场风险，对商品价格、促销政策等一般也没有决定权。一般情况下，代理商只经营批发代理业务，而不从事零售代理。代理交易是一种内涵丰富的交易方式，它包括销售代理、采购代理、运输代理、仓储代理、广告代理等多种代理交易形式。

四、现金交易、信用交易和票据交易

(一)现金交易

现金交易是指以直接支付现金而进行的商品交易。现金交易与现货交易有着密切的联系，它虽然是一种古老的交易方式，但又贯穿于商业产生后的整个历史过程中。在现金交易中，商品的价值运动、所有权转让与商品实体运动是同步完成的，这种商流与物流合一的运动方式是现金交易的本质特征。现金交易的功能在于保证商品流通与货币流通的相向运动。随着商品经济的不断发展，商品交易的规模日益增大，现金交易的风险与局限也日益明显，以致很多国家对企业间单笔交易的现金数量，通过一定的财务会计制度加以限制，这使得现金交易主要存在于商品零售与小商品批发环节之中。

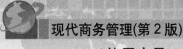

(二)信用交易

信用交易也叫商业信用交易,是指在商品经济条件下,不同所有者之间的商品与货币资金的借贷和预购、赊购等行为。在信用交易中,银行信用和商业信用是最直接的形式。其中,银行信用是商业银行为各类生产者与经营者提供货币资金,满足其资金不足的需要,从而加速资金周转,提高资金利润率的信用活动;商业信用则是不同市场主体或各类企业之间相互提供的与商品交换有关的信用,是采用商品形态提供的信用。商业信用产生于商业活动中,即在商业活动中往往会出现由买方或卖方提供商业信用来促成交易,它通过改变付款形式来调节商品运动与货币运动所存在的时空差异,达到扩大销售的目的。

(三)票据交易

票据是发票人自己承诺或委托付款人按指定日期无条件支付款项的一种凭证。票据具有广义和狭义之分。其中,狭义的票据仅指以支付一定货币金额为目的,可以转让和流通的债务凭证,也就是通常商业结算中的"三票交易",即汇票、本票和支票;广义的票据是指一切为商品流通服务的凭证,其除了狭义的票据之外,还包括提单、保险单、发票等单据,以及商品的产地证、检验证等。票据交易是指具有一定格式的书面债据为结算基础的交易方式。在这种债据上一般要注明一定的金额,在一定时期内执票人可以向发票人或指定付款人支取款项。相对于其他交易方式,票据交易具有信用、结算、流通和自动清偿等特殊功能。

五、拍卖交易和租赁服务

(一)拍卖交易

拍卖是指以公开竞价的方式,将特定的物品或财产权转让给最高应价者的买卖方式。拍卖是一种中介服务性质的交易方式,它是通过公开竞价的方式成交的,也是受法律严格规范的一种买卖活动。拍卖主要分为一般拍卖和网上拍卖两大类。拍卖交易自古就有,在当代获得快速发展,并成为国际贸易中一种从事特殊商品买卖活动的交易方式。在拍卖现场,买者一旦发现自己感兴趣的物品,就可以浏览当前的最高价,然后决定自己是否出这一最高价格。通过拍卖交易的商品大多是一些品种不宜标准化或在历史上有拍卖习惯的东西,如艺术品、古董、珠宝首饰等,其价值与价格一般缺乏统一的尺度。

(二)租赁服务

租赁是指出租人依据租赁签约的规定,在一定时间内把租赁物品租借给承租人,由承租人分期支付一定租赁费(租金)的融资与融物相结合的经济行为。租赁是一个历史范畴,具有传统租赁和现代租赁之别。其中,传统租赁是指租赁人以取得租赁物的使用价值为目的,而出租人则是为了获取一定的经济收入;而现代租赁是指出租人除了获得租赁物的使用价值以外，更重要的是将租赁变为一种通融资金的手段，它实际上是一种将金融与贸易相结合，由出租方、承租方、供货方以及商业银行共同参与进行的综合性经济活动。现代租赁的经营范围十分广泛，大到飞机、火箭、轮船，小到家庭用品和儿童玩具。

第三节　现代销售技术

一、销售技术及其发展

(一)销售技术的含义

商业的产生具有悠久的历史。早在原始社会末期，人类部落的生产力有了一定的发展，产品有了一些剩余，在各部落之间就出现了最早的商品交换活动。随着人类社会的进一步发展和生产力的进一步提高，以手工业为代表的小商品生产出现，人们交换商品的种类和规模进一步增加，交换活动变得更加频繁，而生产者同时承担生产与产品销售的两种职能就显得很不方便。于是，就有一部分生产者离开了生产领域，不再从事生产活动，而是专门代别人销售商品，从事商品买卖活动。这部分人就成为最早的商人，并形成一个独立的行业，即商业。

商业出现后，商人们承担起商品流通的职能。商人通常先从生产者那里买进产品，然后经过存储、运输等环节，再把商品销售给顾客。商人从事商品流通活动需要支付成本，而要获得最大限度的利润，就必须尽可能降低流通的成本，提高流通的效率。为此，一些专门为适应流通需要的各种技术应运而生，并在商人们的实践中得到不断的发展。这种专门用于商品流通过程的各种技术，也就是销售技术。

销售技术，亦即商品流通技术，它是指在商品流通过程中为保存和增加商品的使用价值、增进商品流通的速度、提高商品流通的效率而采用的各种手段和方法的总称。研究和应用销售技术不仅可以提高商品流通的效率，而且还可以缩短顾客的交易时间。

(二)销售技术的发展

1. 古代销售技术

原始社会的末期，在氏族部落之间就开始有了商品交换，但这种交换仅仅是一种互通有无的交换，其发生的频率很低，交换的数量也小。到了奴隶社会，原始公有制瓦解，出现了家庭和私有制，人们之间的商品交换开始大量的增加。于是，就出现了专门进行交换的场所——市场。据我国《周易·系辞下》记载："日中为市，致天下之民，聚天下之货，交易而退，各得其所。" 即神农氏发明了在中午的时候让周围的人们聚集在一起进行交换的方式。这种以物易物的市场是我国商业发展的起源和基础。

随着分工的深入和生产力的提高，交换的规模进一步扩大，这时，人们已经不满足于在某一个固定的地点的交换，于是就出现进行长途贩运的商旅。商人用骡马、舟车等运输工具，将货物从一地贩运到另一地，这也是最早的商品运输，并出现了最早的商品运输技术。当货物到达目的地后，在尚未销售出去之前，需要将货物暂时存放，于是在客栈里还设有堆栈，专门供商旅们存放货物，这也就是最早的商品储存，相应出现了最早的商品储存技术。在我国古代，将这种进行长途贩运的人称为"商"，而将固定在某一地开设店铺的人称为"贾"。商贾之间形成了一定的分工，这也就是批发和零售分工的开始。专门进行零售的店铺为销售商品，设置了门面、柜台，对商品进行一定加工、分装，然后再进行销售，于是又出现了最早的销售技术。

当然，由于历史条件的限制，古代的销售技术还十分简陋，主要是依靠人力、畜力，通过手工劳动来完成商品流通过程。商业技术的落后在很大程度上限制了商品流通的发展，如我国古代就有"千里不运草，百里不运粮"的说法，这是因为过高的流通费用已超出了商品本身的价值。这说明在当时的技术条件下，进入商品流通的商品种类十分有限，其流通范围也受到很大的限制。

2. 近代销售技术

到了近代，工业革命的兴起，极大地推动了生产力的发展。由于机器生产的出现，形成了大规模的商品生产，要求商品流通的规模也要随之扩大，与生产规模的扩大保持一致。于是，一些最新发明的技术被用于商品流通，以机械为动力的轮船代替了原来的帆船，汽车、火车代替了骡马，各种起重、搬运机械代替人力。另外，随着电报、电话的发明，新的通信技术随即被商人们用于传递商品信息，从而大大降低了因信息缺乏而带来的商业风险。由于商业技术的前所未有的突破，商品流通也出现了前所未有的发展，为工业化和城市化的发展奠定了基础。

销售技术的进步也推动了流通组织的变革。应城市化和大规模销售的要求，在法国出现了世界上第一家新型零售组织——百货商店，之后，百货商店逐渐代替了传统的杂货店，成为商品零售的主要形式。在百货商店内部，各种商业工具、设施和技术也被广泛应用，使其成本大大降低，商品周转速度大大提高。由此可见，商业技术的发展为现代流通组织的产生和发展提供了必要的技术支撑和条件。

3. 现代销售技术

20世纪是人类历史上科学技术发展最为辉煌的时期，20世纪自然科学有四大成果：一是相对论的提出；二是原子结构和基本粒子的发现与量子力学的产生；三是电子计算机的发明和控制论、信息论、系统论的创立；四是分子生物学，特别是核酸的分子结构和遗传密码的发现。前三项伟大发现导致了原子弹和氢弹的出现，以及微电子、激光、计算机和超导等高新技术的兴起，第四项发现的成果已被广泛应用于医药、食品、化工、能源、农业和环保等领域。特别在20世纪末和21世纪初，随着微电子、光电子技术及纳米电子技

◯

术的进步，遥感技术(RS)、全球定位系统(GPRS)、宽频带高速数字综合网络、人工智能、多媒体技术和"虚拟现实"技术等信息科技前沿的进展，将给 21 世纪的生产过程、流通过程以及经济、社会的发展带来难以估量的革命性变化。

20 世纪以来科学技术的发展，也带来了流通领域的技术革命，在原来机械化的基础上，借助于最新的科技成果，商品流通的过程进一步实现了自动化，如自动售货机的应用、自动化立体仓库的出现等，使商品流通的效率得到进一步的提高。特别是在 20 世纪 60 年代之后计算机技术的应用，将流通产业带入一个信息化的时代，各种与信息化有关的商业技术应运而生，如条形码技术、射频技术、数据库营销技术、网络销售技术等。

技术革命也引发了新的流通革命，从 19 世纪末超级市场的出现到 20 世纪连锁商业的发展，从现代物流中心的出现直至近年来电子商务的迅猛发展，流通领域发生了一系列的重大变化，而这些变化与现代商业技术，尤其是信息化技术的产生和发展有着密切的关系。可以预计在不远的将来，现代科技在流通领域的应用将有更多新的突破和发展，流通产业将全面进入信息化、网络化的时代。

二、现代销售技术的类型

由于商业活动的复杂性和多环节性，销售技术的类型也是多种多样的。按照不同的划分方法，可以将销售技术划分为不同的类型。

1. 按照技术的适用性划分

(1) 通用技术。通用技术是指在商品流通中普遍应用的技术，如商品的检验技术、商品养护技术、商品条形码技术以及信息交换技术等。无论是在批发企业还是零售企业，也无论是在仓储企业还是在运输企业，都或多或少地需要应用这些技术，以更好地完成其在商品流通中所承担的职能。

(2) 专用技术。专用技术是指专门用于商品流通某一环节和职能的技术，如销售技术、包装技术、仓储技术和运输技术等，这一类技术有着很强的针对性，是专门为流通过程的某一环节或职能而发明的技术，以提高该环节或职能的劳动生产率和经营的效益。

2. 按照技术的先进性划分

(1) 传统技术。传统技术是伴随着商业的产生而产生，又伴随着商业的发展而发展的。早期的商业技术建立在手工劳动的基础上，直至工业革命之前，这种状况都没有发生根本性的改变，商业技术对商业劳动生产率的提高贡献很低。这种以收购劳动和简单机械为基础的商业技术，也就是传统商业技术。

(2) 现代技术。随着科学技术本身的不断进步，各种新技术被不断应用于商业领域，新的商业技术不断产生。销售技术的现代化首先从机械化、自动化开始，利用机械来代替手工劳动，使商业劳动的强度大大降低，劳动生产率大大提高。到了 20 世纪后半期，电子计

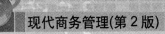

算机技术取得了快速的发展，并被广泛应用于商业领域，带来了第二次商业技术的革命，销售技术又进一步向信息化、智能化迈进。

3. 按照技术的应用特性划分

(1) 商流技术。商流技术是指用于商品价值与使用价值转换过程的技术，主要是商品的采购和销售技术。

(2) 物流技术。物流技术是指服务于商品实体空间与时间转移过程的技术，主要有仓储、运输、包装、流通加工、配送等技术。

(3) 货币流技术。货币流技术是指应用于货币流通的技术，如资金的结算、划拨以及收款、付款等方面的技术。

(4) 信息流技术。信息流技术是指用于商品流通过程中信息的收集、传递以及处理方面的技术，包括通信技术、计算机网络技术等。

4. 按照技术的应用功能划分

(1) 标准化技术。标准化是现代社会化、专业化生产的一个重要特征，也是实现社会化、专业化生产的一个重要条件。随着社会分工的不断深入，商品流通过程的社会化、专业化程度也在不断提高，这就要求对商品流通过程实行标准化，标准化技术也因此成为商业技术的一个重要组成部分。目前，商业标准化技术主要有商品标准编码技术、商业设施与设备的标准技术、条形码技术等。这些技术的应用，又是其他现代商业技术(如自动化技术和信息化技术)应用的前提。

(2) 自动化技术。商业部门一直属于劳动密集型的行业，劳动强度大而劳动生产率低。自动化技术则是应用机械设备与自动控制技术来代替手工劳动和人工操作，从而大大减轻了商业劳动的强度，提高劳动效率。自动化技术包括的范围很广，既有商流过程的自动售货技术，也有物流过程的自动仓储、分拣、输送技术等。随着各种新技术的应用，商品流通作业化的自动化程度大大提高，而商品流通自动化的实现，又成为商业现代化的一个重要标志。

(3) 信息化技术。随着计算机信息网络技术的应用，社会经济进入了一个信息化的时代。信息化社会的一个重要特征，就是信息技术的广泛应用，包括在商品流通领域，各种信息网络技术也被应用于流通企业的经营与管理。而信息化技术的应用，则成为网络经济条件下现代商业技术发展的新的里程碑。信息化技术包括计算机技术、网络技术、数据传输技术以及数据的处理技术等。通过信息技术的应用，流通企业实现了生产与消费的更加紧密的连接，促成了流通企业在供应链上的广泛协同，将商品流通技术的发展推进到一个新的高度和阶段。

三、销售技术的基本作用

1. 维护商品的自然属性

从销售技术发展的历史来看，最早的商业技术主要是为了商品自然属性的维持，保持商品的使用价值。就商业活动的性质看，它增加商品的价值，但并不增加商品的使用价值，而且随着流通过程的延续，商品的使用价值还有可能由于自然和人为的原因而减少。因此，商品自然属性的维持，也就成为商业技术的一项基本任务。为此，在商品流通的实践中，人们发明了各种维护商品使用价值的技术，以减少商品在仓储、运输过程以及销售过程的损耗，保持商品原有的使用价值与价值。以确保商品流通功能的充分实现。

2. 克服商品购销的差异

产销分离的存在，既是商品流通存在的必要条件，同时也为商品流通的顺利进行设置了障碍。如果产销之间以及与此紧密联系的购销之间不能实现一致和均衡，就有可能导致流通过程的中断而使社会再生产无法继续进行。为了解决在产销分离的情况下所出现的矛盾，商业技术由单纯的商品维护和保管技术进一步发展为对产销、购销之间的联系与沟通的技术，以克服产销以及购销之间的差异给流通带来的不利影响，实现商品流通与市场供求的整体均衡。

3. 加速商品周转的速度

从宏观角度看，商品周转速度决定了商品流通速度，而商品流通速度决定了社会再生产的速度。因此，加快商品周转速度，对于加速经济的发展具有重要意义。从微观的角度看，商品周转速度决定了企业资金周转的速度和资金的利用率，是影响企业经营业绩和效益的一个重要方面。因此，无论从宏观上还是微观上，都要求流通企业及部门加速商品周转，许多有助于加速商品周转的商业技术也就应运而生。商品的周转速度既取决于商品的销售过程，也取决于商品的物流过程，所以用以加速商品周转的技术既包括商流技术，也包括物流技术。尤其是现代物流技术的发展和应用，对于加速商品的流通过程，提高市场反应速度，发挥了重要的作用。

4. 提高商品流通的效率

一切科学技术的研究和应用，都是为了提高生产力。商业技术的发明与发展，其最终目的，同样也是为了提高商品流通的效率。从历史上看，商业技术的发展和应用，对商品流通效率的提高起到非常重要的作用。特别是 20 世纪以来，销售技术的发展带动了流通组织和流通方式的根本性变革，促使了世界范围流通革命的兴起，商品流通的效率大大提高，流通产业也由原来从属于生产的地位上升为国民经济的主导地位，成为现代经济的核心部门和主导产业。这一些历史性的变化，都与商业技术的进步有着密切的关系。销售技术的

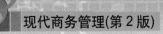
发展在推动流通产业的发展乃至整个国民经济的增长中，起到了不可替代的作用。

四、现代销售技术的发展趋势

1. 销售服务的个性化

工业革命之后，为了适应大规模生产的需要，生产越来越标准化，企业为消费者提供的是标准化、单一化的产品，以降低生产的成本，提高企业的竞争力。然而，随着消费者自主意识的不断增强，对企业实现个性化服务的要求也越来越强烈。在这种情况下，企业必须改变以往以产量为中心的经营战略，而是把消费者的需求放在第一位，通过多样化的产品，来满足不同消费者个性化的需求。

在流通领域，企业同样也必须满足消费者对商品购买的个性化要求，以不同的服务方式和内容来适应差异化的消费者需求，这就对商业技术的发展提出了新的要求。未来商业技术发展的一项重要内容，就是要为企业实行个性化的"一对一"服务提供技术支持。借助于现代商业技术的应用，使企业能够与每一位顾客进行有效的联系和沟通，实时地了解和掌握每一个顾客的详细资料和数据，并通过对客户有关数据的分析，制订针对每一位顾客的服务方案和策略，使客户得到最适宜同时也是最满意的服务。

2. 市场响应的快速化

随着现代科学技术的发展和收入水平的提高，人们的消费内容变得极为丰富，需求变化速度也大大的提高。与以往相比，产品的寿命周期大大缩短。这样，在现代市场中速度成为决定企业市场竞争力的关键，谁能够及时把握市场的变化，以最快的速度对市场需求的变化做出响应，谁就能在市场竞争中占据优势地位。

为此，各种有助于加速企业市场响应的技术将成为未来销售技术发展的又一个重点。加快市场响应速度既涉及生产与流通企业对市场变化实时监控和把握，还涉及生产与流通企业之间有效沟通和紧密配合。另外，缩短流通渠道，改造商业流程，加速商品物流过程，也成为对市场快速反应的重要环节。在此方面，商业技术将大有可为，尤其是信息技术在快速响应方面的应用，将成为未来销售技术发展的一个重要趋势。

3. 信息技术的集成化

从20世纪后半期开始，信息技术以前所未有的速度在发展。据测算，计算机每5～7年速度增加10倍，体积减少90%，价格下降90%；微电子芯片单位面积存储量每18个月增加1倍，成本基本不变；1975—1998年单根光纤带宽增加20万倍，成本指数从100下降到0.081。扩张信息的流通规模，加快信息的流通速度，创新信息的流通方式，发挥信息的带动和引领作用，是现代流通方式的核心特征。目前，信息技术已开始广泛地应用于批发、零售企业和商流、物流、资金流、信息流过程，并成为现代商品流通的核心技术。

从未来的发展看，信息技术的应用还将进一步的深入，渗透到商品流通的每一个环节和每一项职能。同时，信息技术的应用将呈现出集成化的趋势，即将各种单项信息技术有机地结合在一起，成为一个完整的系统和体系。同时，将信息技术与其他技术，如工程技术和机械技术等加以融合，使之在更高的层面上实现技术资源的整合和充分利用。因此，在各种单项技术基础上进行整合与集成的技术，将是未来销售技术研究的重要内容。

4. 新兴技术的普及化

从发展趋势看，未来的商业技术将对各种新兴技术给予更加广泛的应用。例如，二维码将取代现在的普通条码，射频技术代替一般现在以扫描仪为主的信息采集技术，而无线网络和移动商务技术将进一步扩展电子商务活动的空间，商业智能技术研究的进展将使商业活动的自动化、智能化程度进一步提高。这些新技术的采用，将推动流通技术革命的继续深入，带动商品流通的进一步发展。

特别需要指出的是，近年来在商务领域最为惊人的变化就是电子商务的兴起，在比较短暂的时间里，电子商务技术便得到快速的普及。在已经到来的电子商务时代，传统的交易方式完全失去了优势，电子交易模式受到越来越多人的青睐。电子商务以其高效、便捷和低成本等特点，成为企业、机构和个人普遍的一种交易方式，众多的组织和个人通过电子商务技术的运用，实现经常性的商品交易目的。

第四节　现代销售服务质量管理

一、企业服务竞争力及其指标构成

1. 服务竞争力的含义

服务竞争力是指在竞争性市场中，一个服务企业所具有的能够持续地比其他企业更有效地提供服务产品，并获得盈利和自身发展的综合素质。服务竞争力的概念包含以下四个要旨：①企业在市场竞争中所体现出的盈利能力是竞争力的本质；②服务竞争力是在开放的服务市场竞争中表现出来的；③服务竞争力是在竞争环境下企业与对手对抗较量过程中显现出来的一种力量；④服务竞争力是服务企业系统所具有的整体实力。

2. 服务竞争力的基本特征

(1) 在服务战略方面，要求企业在思维方式、管理理念、经营模式等方面适应服务市场的发展。

(2) 在人员方面，要求员工队伍的文化、知识、道德、技术、能力等方面的素质符合服务行业的发展状况。

(3) 在企业组织方面，要求内部资源的优化配置，分工合作的有条不紊，能够形成服务团队的合力。

(4) 在服务产品方面，要求所提供的服务能够满足不同消费者的需求，同时体现出服务产品的实用价值。

(5) 在硬件设施方面，要求服务设施、设备、场所等与所提供的服务产品及服务过程相匹配，能够促进服务的交易。

3. 服务竞争力的指标构成

根据服务竞争力的八要素理论，服务竞争力的衡量指标主要分布在两个方面、八项内容：一是服务结构方面，主要包括传递系统(前台与后台、自动化等)、设施条件(规模、布局等)、地点状况(场所位置、场所特征等)和发展能力(服务能力、经济实力等)四项指标；二是服务管理要素方面，主要包括服务接触(服务文化、员工授权等)、服务质量(期望与感知、服务担保等)、员工管理(员工素质、团队管理等)和信息能力(竞争者资料、数据搜集等)四项指标。

二、服务质量及其基本特征

1. 服务质量的含义

对于服务质量，国际标准化组织的 ISO8402 文件将实物产品或服务的质量解释为：满足和实现使用者需求的程度。我国国家标准 GB 6583.1 将服务质量解释为：满足规定或潜在要求(或需要)的特征和特征的总和。同时该标准附加强调以下几点：一是在合同条件或根据法规要求做出明确规定，而在其他情况下对隐含的需要必须加以识别和确定；二是必须进行定期评审；三是应根据特定的准则将客户需要转化为特性，如合用性、可信性、安全性、经济性、美学性等；四是应采用恰当的形容词加以描述，如相对质量、质量水平、质量度量等。

2. 服务质量的特征

(1) 互动性。即服务质量是所有参与服务产品生产和消费的相关人员或利益相关者，通过对所需利益的共享和体验，最终达成共识的结果。

(2) 归属性。即服务质量是服务产品生产者根据目标客户实际需要，采用不同的生产方式和方法，将制成的服务产品及时而又完整无缺地递送给目标客户，通过客户享用和感知，以及最终产生的态度和行为，直接反映服务质量。

(3) 满意性。即服务质量是客户对服务产品、服务内容、服务过程、服务结果的认知和感知，其实质是客户期望质量与实际感知之间的差距。

3. 服务质量问题的种类

一般而言，企业的商务服务质量主要有两种类型：一是总体质量。即对服务组织为客户提供的硬件服务质量和软件服务质量进行综合评估。以教育服务为例，总体质量中硬件服务质量涉及校园环境、图书馆规模、多媒体教室数、网络设施等；软件服务质量涉及办学理念和宗旨、校规和校训、教学方法和风格、学习氛围等；二是特定质量。即服务组织为客户所提供的特定服务产品的质量，其按照特定指标进行评估。以航空公司为例，其所提供的商务舱服务、票务服务等就属于特定质量的范畴。

三、销售服务质量

1. 服务质量差距的表现状态

服务质量差距是指顾客的服务期望与他们对实际提供服务的感受之间的差距。根据日本质量管理大师赤尾洋二教授的质量功能展开法(Quality Function Deployment，QFD)，服务质量差距的表现主要包括：一是训练，即服务人员的专业训练状况；二是态度，即服务人员对顾客所表现出的工作态度状况；三是能力，即服务人员在服务过程中所表现出的业务能力状况；四是信息，即服务过程中机构传输给顾客的服务信息量；五是设备，即服务机构提供给顾客的服务硬件环境状况。

2. 服务质量差距的种类

服务状况通常根据管理层、员工和顾客三方面的期望与感受之间的差距来考察，服务质量差距的种类包括：一是知识差距，即消费者对服务的期望与管理层感受到的消费者期望之间的差距；二是标准差距，即管理层感受到的消费者期望与服务提交所设定的质量规范之间的差距；三是提交差距，即为提交所设定的质量规范与所提交的实际服务质量之间的差距；四是沟通差距，即所提交的实际服务质量与企业在外部沟通中描述的服务质量之间的差距。

3. 服务质量差距模型

美国服务管理研究小组的三位学者 PZB(Parasuraman, Zeithaml and Berry, PZB)于 1985年提出了服务质量的差距模型，用框图的形式展现出服务质量要素与感知服务质量的关系。在这个模型中，他们将服务质量影响因素归纳为十个决定要素，即有形性、可靠性、响应性、能力、礼仪、可信度、安全、易接触、易沟通和对顾客的了解，后又进一步归为五类：一是可靠性，即可靠地、准确地履行服务承诺的能力；二是响应性，即及时地为客户提供服务的愿望；三是保证性，即服务人员具有的知识、能力与友好的态度；四是移情性，即对客户的关心和关怀，从客户的角度考虑问题；五是有形性，即服务的实体设施、人员、工具及其他与客户接触的有形物品。

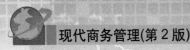

4. 服务质量差距的弥合方法

(1) 就管理者而言，弥合差距的方法是通过各种途径了解客户的期望，如市场调研、多与客户交流等。

(2) 就服务规范化而言，弥合差距的方法是建立正确的服务质量标准，加强员工与管理层间的协调。

(3) 就提高服务绩效而言，弥合差距的方法是在人员、技术、制度和机制等方面加强管理，构建良好的服务环境和氛围。

(4) 就提高诚信度而言，弥合差距的方法是尽量使承诺的服务与实际的服务效果相匹配，既不过分宣传，也不有意隐瞒。

四、企业服务质量的评价和考核方法

1. 服务质量的评价原则

(1) 应当将顾客的服务感知作为服务质量评价的核心，因为服务企业的基本职能就是满足顾客的服务需求。

(2) 应当将服务期望与服务绩效相比照，高质量的服务意味着与顾客所期望的标准一致。

(3) 服务质量评价应当包含服务结果(技术质量)与服务过程(功能质量)两个方面，前者表现为顾客在服务中的实际所得，后者表现为企业的服务传递方式，它们都是顾客在服务接触中所关注的内容。

2. 服务指标的完成度评估

服务指标的完成度可以分为三个层次，即企业服务指标完成度、单位服务指标完成度和人员个人服务指标完成度。但不论哪个层次，下列服务指标都是最基本的：一是服务销售额指标，即单位时间所要完成的销售额度；二是服务数量指标，即单位时间所要完成的服务交易次数指标；三是顾客满意度指标，即一定时期内顾客的表扬次数或投诉次数；四是服务费用指标，即单位服务量所支出的成本费用指标；五是服务增长指标，即同比状况下服务量与服务额的增长率指标。

3. 基于实际能力的服务质量评估指标

服务重量高低取决于客户对服务质量的期望和服务质量的感知的比较结果，服务企业实际能力对上述结果具有催化剂作用。基于服务企业实际能力的服务质量评价指标包括：一是可靠性指标，其反映服务企业可靠而又准确地履行服务承诺的能力；二是响应性指标，其反映服务企业迅速提供并满足客户服务需求的能力；三是保证性指标，其反映服务企业管理者和员工共同执行和完成服务承诺的能力；四是移情性指标，其反映服务企业站在客户立场上为客户着想，设身处地为客户解决问题，对客户给予特别关怀与帮助的能力；五是有形性指标，其反映服务企业设施、设备、人员、文本资料等有形物件的支持和辅助能力。

4. 服务质量的评价考核方法

服务质量的评价考核方法(SERVQUAL)是一种被普遍使用的服务质量评价考核方法。此方法是建立在对客户期望服务质量和客户实际接受服务后对服务质量感知的基础上的一种客户感知服务质量的评价。SERVQUAL 采用问卷调查的形式获得基本数据，服务质量是通过计算问卷中客户期望与客户感知之差得到的。该问卷调查设计有 22 个问题，分别描述服务质量的五个维度。表的设计分为两个部分，前半部分是客户对某类服务的服务期望，后半部分是客户对某个服务企业的感知。由此计算出两者之间的差异，并将其作为判断服务质量水平的依据。问卷采用 7 分制，7 表示完全同意，1 表示完全不同意。"+"表示对这些问题的评分是反向的，在数据分析时应转为正向得分。SERVQUAL 量表包含五大要素、二十二个问题。

(1) 有形性。共有四个问题：其一，有现代化的服务设施；其二，服务设施具有吸引力；其三，员工有整洁的服装和外表；其四，企业的设施与他们所提供的服务相匹配。

(2) 可靠性。共有五个问题：其一，企业向客户承诺的事情都能及时地完成；其二，客户遇到困难时，能表现出关心并提供帮助；其三，企业是可靠的；其四，能准时提供所承诺的服务；其五，正确记录相关的服务。

(3) 响应性。共有四个问题：其一，不能指望他们告诉客户提供服务的准确时间；其二，期望他们提供及时的服务是不现实的；其三，员工并不总是愿意帮助客户；其四，员工因为太忙以至于无法立即提供服务，满足顾客的需求。

(4) 保证性。共有四个问题：其一，员工是值得信赖的；其二，在从事交易时客户会感到放心；其三，员工是有礼貌的；其四，员工可从企业得到适当的支持，以提供更好的服务。

(5) 移情性。共有五个问题：其一，企业不会针对不同的客户提供个别服务；其二，员工不会给予客户个别的关怀；其三，不能期望员工了解客户的需求；其四，企业没有优先考虑客户的利益；其五，企业提供的服务时间不能符合所有客户的需求。

五、销售服务蓝图及其设计方法

1. 服务蓝图的含义

服务蓝图(Blueprint)是一种有效描述服务提供过程的可视技术，其最初是由 Shostack 于1987 年提出来的。通常情况下，服务蓝图从以下几个方面展示出某种服务的提供过程：一是服务实施的基本过程；二是此项服务的主要接触点；三是顾客和员工的角色；四是此项

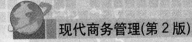

服务中的可见要素。

对于现代企业的商务活动来说，服务蓝图涵盖了服务提供系统的全部处理过程，包括信息处理、顾客接触，同时强调了服务重要的步骤关键点。服务蓝图与其他流程图最为显著的区别是它包括了顾客，强调了顾客看待服务的视角，体现出以顾客为导向的流程特征。

2. 服务蓝图的基本作用

在服务蓝图设计过程中，服务组织应当重点思考以下问题：第一，销售服务过程是否合理？第二，谁来接待顾客？第三，何时接待顾客？第四，如何接待顾客？第五，我们需要怎样的销售服务频率？

对于一份已经设计完毕的服务蓝图，人们可以很容易地了解顾客对服务过程的观点，能够跟踪顾客的行为。服务蓝图应当有助于服务提供商解决以下问题：第一，顾客是怎样使服务产生的？第二，顾客可以有什么选择？第三，顾客是高度介入服务过程，还是只表现出有限的行为？第四，从顾客的角度看，什么是销售服务的有形展示？第五，销售服务过程是否与组织的战略和定位相一致？

3. 服务蓝图的主要构成与要素

服务蓝图通常包括顾客行为、前台员工行为、后台员工行为和支持过程四个构成要素。其中，顾客行为包括顾客在购买、消费和评价服务的过程中所表现出来的行为、互动和选择等活动，例如住宿登记、接受食物、结账离开等。与顾客行为平行的是服务人员的行为，即那些顾客能看得见的前台员工行为，例如接待员进行住宿登记、服务员送来食物等，以及那些发生在幕后的支持前台员工工作的雇员行为，例如旅店登记系统的运行、厨房为顾客准备餐饮等。

4. 服务蓝图的设计原则与基本方法

服务蓝图设计的基本原则是必须让员工树立全局的观点，把服务视为不可分割的整体，并与"我要做什么"联系起来，在员工中强化以顾客为导向的理念。设计和开发服务蓝图一般包括以下六个步骤：第一步，识别服务过程，即对设计服务蓝图的意图做出分析；第二步，识别顾客的服务经历，即注意为某类特定的细分顾客群单独开发蓝图；第三步，从顾客角度描绘服务过程，其包括描绘顾客在购买、消费和评价服务中经历的选择和行为；第四步，描绘前台与后台员工的行为，即能够从图中分辨出哪些是可见的、哪些是幕后的员工行为；第五步，把顾客行为、服务人员行为与支持功能相连，即在蓝图的下端画出内部互动线，反映出员工行为和支持部门的联系；第六步，在每个顾客的行为步骤上方加上有形展示，即列示出顾客可以看到的事物，以及顾客在服务过程的每一个步骤中所得到的有形物品。

第五节　销售费用与利润管理

一、现代企业财务管理的基本内容

1. 企业财务管理的含义

企业财务是指在企业的经济活动中，伴随着商品流通而产生的资金运动及其所体现的经济关系。企业财务管理是指企业按照国家方针、政策的要求，依据资金运动规律，通过一定的核算形式，合理地组织企业在商品交易活动中的资金运动，以求取得较好的经济效益。从管理角度看，企业财务管理是一种利用价值形式对企业所进行的综合管理。

企业商务部门的基本任务是从事商品或服务的销售活动。为此，一方面要完成商品从原来所有者手中向新的所有者转移，从一个地方向另一个地方转移的商品实体运动过程；另一方面，随着商品实体的运动，商品价值的存在形式也会发生变化，企业还需要组织从货币到商品、再从商品到货币的资金运动。企业的资金运动是由商品流通引起的，又是商品流通顺利进行的条件。没有资金运动就没有商品流通。不仅如此，财务还体现着企业与政府之间的资金分配关系、企业与其他经济组织及顾客之间的商品买卖和劳务关系、企业与员工个人的利益分配关系。

此外，财务管理既反映企业经济活动的开始，又反映企业经济活动的终结，它贯穿于企业经济活动的全过程。因此，现代企业必须十分重视财务管理，做到经好商、理好财两者的有效结合，使企业更好地生存和发展。

2. 企业财务管理的主要任务

对于现代企业而言，财务管理的目的是开源节流，保证资金供应；增收节支，减少资金占用；加速资金周转，提高资金的使用效率和提高企业经济效益。为此，应当做好以下几个方面的工作。

(1) 利用计划手段，做好资金的筹集和供给。为了企业经济活动的正常进行，财务管理工作就需要根据商务计划的要求确定资金需要量，编制财务计划，并采取有效形式多方面筹集资金，保证商品购销活动所需的资金供应，同时还应当做到资金的合理利用，提高资金的使用效率。

(2) 加强经济核算，努力增收节支。资金不足是企业所存在的一个普遍性问题，要解决这一问题，除了采取有效方式，扩大资金来源渠道外，合理、充分利用所筹集的资金也是非常关键的。因此企业应当加强经济核算，讲究资金使用效果，合理调配人力、财力和物力资源，充分发挥资金和物资的效用。

(3) 贯彻物质利益原则，实现盈利的合理分配。盈利是企业开展业务经营最终成果的体现，是企业资金积累和扩大再生产的源泉，也是员工获得物质利益的来源。因此，企业的盈利分配必须要体现各方面的经济关系，兼顾到国家、企业和员工的三者利益关系。

(4) 严格财务监督，认真执行财务制度。现代企业的商务活动需要大量的资金，而资金使用得是否合理，会直接影响到企业商品销售活动能否正常进行。因此，企业财务管理必须要以国家财务制度和财经纪律为依据，对企业的销售人员和销售活动的各个环节进行严格的监督。

3. 现代企业财务管理的基本内容

(1) 资金管理。资金供应是企业从事商务活动的一个重要的前提条件，企业离开了资金就谈不上扩大商品销售、促进生产发展，以及满足不断增大的消费需要。资金管理的首要任务就是拓宽资金来源渠道，积极筹措资金，保证销售业务活动对资金的需要。

(2) 费用管理。销售费用是商品交易过程中所消耗的人力和物力的货币表现，是企业利润的一项重要扣除。为此，企业一方面要为商品销售活动提供必要的费用保证；另一方面，又要严格核算和监督费用支出，并采取有效措施尽可能地节约销售费用开支。

(3) 利润管理。利润是企业经营成果的综合体现，加强企业利润管理应在分析利润变化趋势，制订目标利润规划，扩大收入来源，节约费用开支和提高利润水平上多下功夫，同时准确处理国家、企业和员工的三者利益关系，对企业利润的形成、分配进行有效的管理。

二、商品销售费用管理

1. 销售费用的含义

现代企业在商品销售活动中，要消耗一定的物化劳动和活劳动，这些劳动消耗的货币表现就是企业的商品销售费用。一般而言，销售费用主要包括运杂费、保管费、包装费、商品损耗、利息、工资、临时人员工资、福利费、修理费、家具用具摊销、保险费等十多项。企业要强化销售费用管理，应当明确销售费用的开支范围。凡是列入销售费用开支范围的项目，必须是企业开展销售工作所必需的。因此，明确企业销售费用的性质，正确划分商品销售费用的开支范围，是企业搞好销售费用管理的一个重要前提。

2. 销售费用的分类

(1) 劳动费用和流通费用。按照经济性质划分，商品销售费用可分为劳动费用和流通费用。其中，劳动费用是在流通领域内继续发生的，如商品的整理、挑选、运输、包装和保管等费用，这些劳动都属于生产性消耗，增加了商品的价值和使用价值；流通费用是由于商品在流通领域的形式转化而引起的，也称纯粹流通费用，如商品买卖、经营管理等方面的支出。

(2) 可变费用和不变费用。按照销售费用与商品销售量的关系程度来划分，商品销售费用可分为可变费用和不变费用。其中，可变费用与商品销售量的大小成正比，商品销售量增加，可变费用也随之增加，如运杂费、保管费、包装费、利息等；不变费用与商品销售量的大小没有直接关系，商品销售量增加，费用不一定增加，如基本工作、福利开支、折旧费、办公费等。

3．销售费用管理的基本要求

(1) 在保证商品销售活动正常进行和不断提高服务质量的前提下，尽力节约费用开支。企业开展商品销售活动必然有费用开支，但开支的多少则有较大的差异。对此，企业必须坚持厉行节约的原则，处处精打细算，节省一切不必要的开支，力求以较小的劳动消耗取得较大的经济收益。

(2) 严格遵守财务制度规定，坚决执行费用开支范围和开支标准。企业应当严格按照规定的审批程序对费用开支情况进行审核，凡不属于销售费用的开支，不得列入销售费用核销。只有这样，才能使企业的销售费用开支做到真实、合理，企业的财务管理才能符合要求。

(3) 加强销售费用的正确计算，充分挖掘节约费用的潜力。企业要划清销售费用与非销售费用的界限、本企业销售费用与外单位销售费用的界限，维护销售费用计算的正确性。同时，挖掘节约销售费用开支的潜力，在保证正常支出的前提下，把销售费用开支降到最低限度。

(4) 实行专业管理与群众管理相结合，全面提高费用管理水平。企业销售人员长期处于业务的第一线，直接从事商品销售活动，经营活动中的物资和劳动节约都要通过他们去实现。因此，要吸收和鼓励广大销售人员参与企业的销售费用管理，充分听取群众的意见和建议，全面提高企业销售费用的管理水平。

4．销售费用的管理方法

(1) 计划管理。即根据销售活动的实际需要，编制销售费用计划(包括总额和分项计划)，按照核定的指标和定额掌握开支，并对销售费用计划的执行情况进行考核，对于考核中发现的问题给予及时纠正和处理，以达到全面控制销售费用水平的目的。

(2) 分类管理。对于可变费用，销售费用的绝对额可以随着商品销售量的增加而增加，但不能突破销售费用率指标；对于不变费用，费用率和定额的确定要根据历史资料和实际情况以及员工部门对费用考核的要求，在调查研究和群众讨论的基础上具体制定。

(3) 分级管理。即根据企业内部组织的管理层次来管理销售费用。因为在规模较大的现代企业，其管理组织形式一般采取多级制。为此，企业的销售费用也可以依据统一领导、分级管理的原则，把一些适宜于实行费用定额的项目下放到基层管理；对于那些无法划清各级开支界限的项目，由企业综合部门集中管理。

(4) 分口管理。即根据"谁管钱，谁负责"的原则，把商品销售各环节发生的费用，划归有关部门分别管理，使得各有关部门既用钱、又管钱，这样可以使企业的业务管理同费

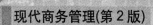

用管理更好地结合起来,同时也体现出现代企业责任与权利对等的基本原则。

(5) 预决算管理。即按照一定时期销售计划的需要,根据有关开支标准,分项目计算销售费用,编制费用预算,报有关部门批准后执行。同时,在商品销售过程中,根据预算对费用开支进行监督。到预算末期,再编制决算报表报送有关部门进行核销。

三、商品销售利润管理

1. 销售利润的含义

销售利润是企业在销售环节实现的由经营者为社会创造的剩余产品价值的货币表现。销售利润具体表现为企业商品销售收入扣除销售费用和税金后的余额。从本质上看,销售利润是企业经营成果的综合反映,也是企业经济效益最主要的表现形式。

对于现代企业的经营者来说,销售利润是企业通过改善经营管理,扩大商品销售,节约劳动消耗而实现的。它既是国家财富积累的重要来源,也是企业扩大经营规模,改善员工生活,提高福利水平的重要条件。因此,现代企业必须要强化销售利润管理,提高盈利水平,为可持续发展奠定经济基础。

2. 销售利润管理的基本要求

(1) 企业应当通过正当途径获得销售利润。即企业应当在公平竞争的条件下,加强自身的经营管理来取得盈利,而不能采取非法或不道德手段牟取利润。同时,企业还应当充分履行自己的社会责任,把经济效益与社会效益紧密地结合起来,做到经济效益服从社会效益。

(2) 依据财务制度正确计算销售利润。在销售环节的投入产出核算过程中,相关部门和人员应当严格执行国家的财务制度,以及本企业的财务规定,要正确地、真实地结转销售成本或进销差价,如实计算和分摊各项费用,并且按照规定上缴税金,不虚报、瞒报,更不弄虚作假,强调销售利润的真实性。

(3) 正确处理国家、企业和员工三者的经济关系。即应当做好企业与国家之间的利益分配,确保国家的财政收入;企业盈利部分的分配要处理好长远利益与眼前利益、企业发展与员工福利之间的关系。对于员工的利益分配要做到同劳动贡献结合起来,贯彻按劳分配的原则。

3. 销售利润的分析法

(1) 量、本、利分析法。此方法是研究销售成本、销售数量、销售价格与销售利润之间变量关系的一种方法。量、本、利分析法的使用包括三个基本环节:第一环节是确定某种商品销售的盈亏平衡点,即保本点。商品销售量在这一点上不盈也不亏,也就是说,此时的销售收入正好等于销售成本,高于或低于这一点,企业就会发生盈利或亏损;第二环节是预测一定的商品销售量时所能获得的利润额;第三环节是预测为现实目标利润所需要的销售量和销售额。

(2) 贡献毛利分析法。此方法主要应用于企业短期的经济分析和决策中。由于在短期内，企业的销售能力不变，固定成本通常也不变，因而只需要对销售所创造的贡献毛利进行分析，并以此来确定最优的销售方案，这一方法被称为贡献毛利分析法。尽管单位贡献毛利是反映销售盈利能力的重要指标，但在企业决策分析时，绝不能以单位贡献毛利的大小作为选优的标准，而应当以各种商品所创造的贡献毛利总额为标准。

 ## 本章小结

(1) 销售是指把企业生产和经营的产品或服务通过一定的渠道和形式出售给特定顾客的商务活动。对生产型企业而言，销售活动大多发生在与各种经销商的交易过程中；对商业企业非生产型企业而言，销售是指向最终消费者出售商品或服务。在供过于求、买方市场性质更加突出的形势下，消费者的选择性购买和苛刻要求，迫使商品经营者改变以往单纯以企业和产品为中心的思维方式，转而认真研究消费者的需求，正确选择目标市场，不断调整自己的营销策略。

(2) 销售方式是指商品经营者实现商品与服务的价值，转移商品使用价值的形式和手段。其中，批发是指批发商从生产商或其他经营商手中采购商品，再将其提供给商业用户及其他业务用户，供其转卖、加工或使用的大宗商品买卖方式。零售是指借助一定的设施条件将商品或服务销售给最终消费者的交易活动，是商品流通过程中的最后一道环节。商品只有通过零售，才能真正实现其价值和使用价值。对于现代商品流通来说，批发与零售都是不可或缺的必要环节。

(3) 现货交易是指买卖双方出自对实物商品的需求与销售实物商品的目的，根据商定的支付方式与交货方式，采取即时或较短时间内进行实物商品交收的一种交易方式。远期交易也称为远期合同交易，是指买卖双方通过签订交易合同，约定在未来某一时期进行实物商品交收的一种交易方式。远期交易与现货交易的关系十分密切，二者具有相同的性质，即都是为了实物商品的最终交收。而期货交易则是指买卖双方在交付一定保证金之后，在商品期货交易所进行的标准化合约的买卖。

(4) 销售技术是指在商品流通过程中为保存和增加商品的使用价值、增进商品流通的速度、提高商品流通的效率而采用的各种手段和方法的总称。早期的商业技术建立在手工劳动的基础上，而现代销售技术的现代化首先从机械化、自动化开始，利用机械来代替手工劳动，使商业劳动的强度大大降低，劳动生产率大大提高。到了 20 世纪后半期，电子计算机技术取得了快速的发展，并被广泛应用于商业领域，带来了第二次商业技术的革命，销售技术又进一步向信息化、智能化迈进。

(5) 服务竞争力是指在竞争性市场中，一个服务企业所具有的能够持续地比其他企业更有效地提供服务产品，并获得盈利和自身发展的综合素质。服务质量是指满足和实现使用者需求的程度。我国国家标准 GB 6583.1 将服务质量解释为：满足规定或潜在要求(或需要)的特征和特征的总和。同时该标准附加强调以下几点：一是在合同条件或根据法规要求做出明确规定，而在其他情况下对隐含的需要必须加以识别和确定；二是必须进行定期评审；三是应根据特定的准则将客户需要转化为特性。

(6) 销售费用主要包括运杂费、保管费、包装费、商品损耗、利息、工资、临时人员工资、福利费、修理费、家具用具摊销、保险费等十多项。企业要强化销售费用管理，实现表现明确销售费用的开支范围。而销售利润是企业通过改善经营管理，扩大商品销售，节约劳动消耗而实现的。它既是国家财富积累的重要来源，也是企业扩大经营规模，改善员工生活，提高福利水平的重要条件。因此，现代企业必须要强化销售利润管理，提高盈利水平，为可持续发展奠定经济基础。

 本章案例

"谭木匠"的小店销售传奇

2009 年末，谭木匠控股有限公司(下称"谭木匠")登陆香港联交所，这多少有些让人意外，一家"依靠小店卖木梳"的特许经营企业也能上市？作为一家以制造、销售木梳为主的企业，谭木匠 2009 年的营业额达到 1.39 亿元，而加盟店是其唯一的销售渠道，创始人谭传华如何能让 300 位加盟商甘心跟随，成就这一"小店上市"的传奇？

1. 单一产品的销售奇迹

从 1995 年正式注册"谭木匠"商标，木匠世家的谭传华选择木梳作为唯一的产品，在销售方式上则尝试过沿街叫卖、主动进商场、被迫开专卖店，逐渐站稳了脚跟。而真正用特许经营的方式发展壮大，则颇有机缘巧合之意。1998 年，一位四川南充的顾客主动要求在老家为谭木匠开分店，谭传华的承诺是"不收加盟费，装修费由加盟商承担，进货先打款，卖不出去可以退货"，对店铺位置、装修等没什么特别要求。第一家加盟店随之诞生，并很快在两年左右突破了 100 家。1999 年，工行万州分行行长秘书李先群即将办理内退，想起两年前看到的谭木匠的"招聘银行"事件，觉得这位老板很有胆识，加上与谭木匠的品牌顾问李平是朋友，便决定到四川涪陵做谭木匠加盟店。如今，她已在北京拥有 11 家店铺。对这把自己销售了 8 年的木梳，李先群的理解与 8 年前相同：梳子是生活必需品，但局限是可重复消费性不强，不可能走量，只能细水长流。不过谭木匠作为"工艺品日用化，日用品工艺化"的代表，其品质与品牌竞争力都有优势。

直到现在，很多人也不明白，在单一渠道、单一品牌、单一产品这条"死胡同"中，谭木匠的营利性究竟何在。对于这点，李先群也没全想通，她的 11 家店铺里，有的一个月能够销售七八万元，较少时只能销售两三万元，但每年同期的销售额浮动都不大。在零售业的特许加盟领域，单一产品如何销售算得上一个大难题。两年前，谭木匠北京市场顾问陈思廷上任，他的一项重要任务是为加盟商进行销售指导，经常到加盟店中与店员聊天，分析每家的产品销售情况。他每个月为北京市场的加盟商讲课时，这些内容都将一同分享。

不过大家心知肚明，"礼品"是谭木匠木梳最实际的身份，让喜欢该品牌的人不断爱上新的产品才是最重要的。除公司内部研发团队之外，专业网站、院校以及国际设计师事务所都在为谭木匠的新品开发献策献力，这使谭木匠拥有近 3000 个品种，已获得 60 项技术专利。也正因此，一把梳子的价格才能够卖到同类产品的几十倍。

2. 找到"战略加盟商"

对谭木匠的加盟商来说，在开店初期耗些精力，等生意走上正轨，也就没太多可操心的地方，CIS 系统为店主们减少了很多麻烦，再加上没有频繁的促销，价格统一"一口价"，谭木匠的店铺管理难度并不高，出现任何问题就找片区经理或督导。不过，谭木匠目前一个甚至几个省的片区经理与督导加起来只有两三人，店铺出现问题的并不多。用陈思廷的话说，店主们闲来无事，就会开始思考再开一家店。实际上，谭木匠的加盟商中很少有人只开一家店，对他们来说，管理一家店与管理四五家没有太大区别，而由于单店的利润率不高，多店能让加盟主有更好的回报。北京市场 95%以上的店能盈利，一年半左右即可收回投资，而剩余 5%往往是由于房东拒绝续签合同无法开下去，因此多开一家店就可以减少风险。李先群的不少精力都花在找店址上。2003 年之前，在顾问公司的建议下，谭传华一直希望能够在北京开直营店，没有开放加盟体系。计划更改之后，在他的鼓励下，李先群成了第一批获准进入北京的四个加盟商之一，四次北上才得以找到店址。在 2008 年谭木匠公司年会上，她将在北京找店地的遭遇讲述给现场的高管与加盟商们，连谭传华也感动落泪。

如今，寻找店址对她来说越来越顺。最近在商超中新开的店就是这样，由于在家乐福的店铺效益不错，欧尚与物美的招商负责人就会主动邀请她进驻。对谭传华来说，像李先群这样的"战略加盟商"在体系中占有重要的位置，这也是谭木匠在内地没有直营店，800多家店铺都是加盟店的原因。战略加盟商多开店可以提高收入，而总部的出货量也在增加，管理成本相应减少。但在对加盟店的控制上，谭木匠一直保持着严谨的风格。加盟商无权促销，即便是团购价也是全国统一折扣。总部会将业绩水平、管理水平与投诉情况等多方面作为评价依据，把加盟店分为 5 个级别，级别高的店能够获得更多新品的销售资格。

3. 诠释加盟的文化

一家依靠单一产品的特许经营企业，最终走上了资本市场，谭木匠独特的加盟文化是解开这一密码的关键。战略加盟商正在显示其对于谭木匠的扩张作用。2009 年，谭木匠在北京地区的加盟店增加了 13 家，而加盟商则只新增了一位，而且是从 200 位意向加盟商中"海选"出的。谭木匠的筛选顺序是：先填写信息资料，之后片区经理筛选之后剩下 1/10左右，之后是三次约见，如果过关就再和总部对话。资料采集问卷中有一道题是"为什么想加盟谭木匠"，四个选择分别是"拥有自己的事业""喜欢谭木匠品牌""赚取利润"与"获得市场定位"。合适的加盟商应当对利润不太看重，而冲着盈利去加盟的人在得知这种温暾的经商方式之后，兴趣也打消了一半。最重要的一点是，加盟商要跟公司有相近的价值理念，片区经理约见的过程中，就会暗中考核其价值观。

谭木匠的公司文化是"诚实，劳动，快乐"，谭传华的朋友曾这样评价，"大家看到谭木匠赚了多少，却不知道他没赚多少"。谭木匠杜绝言过其实和病毒式营销，勇于说出自己产品的缺点：梳子会掉色，会掉齿，如果产品是整木加工而不是合木，还有可能折断，但大家喜欢它就是看中了环保和天然，说出问题之后还会告诉顾客如何来避免。现在谭传华逐渐淡出日常管理事务，但他为人处世的态度在员工眼里已根深蒂固。对加盟商来说，加盟谭木匠就是认同了一种文化，而谭木匠也十分尊重所有加盟商。开年会时，公司高管会夹道迎接加盟商；同加盟商吃饭，一定是公司员工来付款；片区经理不能跟加盟商建立太紧密的关系，避免决策中有偏向；答应加盟商的事情一定做到。陈思廷将此归结为"涟漪效益"，"就像一块石头丢在池塘里，中心浪起得最高，往外扩散时就越来越低，管理层级越多，越没办法避免。唯一的方法是反复地说这些事情。作为谭传华身边第二、三圈的员工，他的言行一直影响着大家。"

(资料来源：曲琳："小店成就的特许经营传奇"，《创业邦》，2010年5月)

讨论题

1. "谭木匠"的股票上市说明了什么？
2. "谭木匠"的"小店销售"是怎么发展起来的？
3. "谭木匠"企业文化的独特性表现在什么地方？

 思考题

1. 销售对现代企业的重要作用。
2. 现代销售模式思想基础与发展阶段。
3. 批发对于现代商品流通的基本功能。
4. 现代销售技术的基本作用。
5. 服务质量评价考核的SERVQUAL法的基本内容。
6. 销售利润量、本、利分析法的基本内容。

第六章　现代采购管理

![] 【学习要点及目标】

- 重点掌握现代采购模式及采购决策的基本过程。
- 了解采购管理与采购的区别及采购管理的基本目标。
- 理解供应商选择与评价的基本方法与步骤。
- 掌握现代供应链条件下采购管理所具有的新特点。

【核心概念】

采购管理　采购模式　采购策略　采购决策

【引导案例】

肯德基筛选供应商　抽检一次不合格取消资格

2012 年年底的"肉鸡门"事件把洋快餐连锁品牌肯德基推上了风口浪尖。2013 年年初，肯德基母公司中国百胜迅速掀起一场针对源头供应商管理的"雷霆行动"，至今年 7 月行动结束，肯德基的供应商淘汰了近 5000 栋潜在风险较高的鸡舍，另外有 3 家供应商的资格被取消，经过严格的筛选之后，肯德基目前在国内的鸡肉供应商有 23 家。

百胜采取的"星级评估体系"(STAR)是 "Supplier Tracking Assessment Recognition" 的简称，全名是供应商追踪、评估和奖励系统，其核心是对百胜供应商的食品安全和质量进行评估，为百胜提供原材料的所有供应商(包括食品和包装材料等)，都必须通过百胜"星级评估体系"的评估及随后的跟踪审核。

在百胜的"星级评估体系"中，百胜设计了 5 个评估项目来衡量供应商的"能力"和"实际表现"，这 5 个项目分别是原材料质量、生产技术、财务指标、可靠性以及业务关系。根据产品种类的不同，百胜会由不同的部门对供应商的上述各项指标进行评估。

例如，百胜的品质管理部门主要对上游供应商进行生产工艺现场质量抽查、产品抽样评估以及审核供应商的食品安全、质量体系等，而采购部门则将负责对供应商的财务实力、生产成本、生产可靠性、供货能力、业务关系等因素进行综合评估。

各个部门给供应商的 STAR 评分会成为供应商去留的关键因素，最终能够通过百胜 STAR 评估的供应商，基本都是规模较大、管理有序、财务实力强、效率较高以及产品质量较好的供应商。

在事关食品安全的问题上，百胜采取的是"食品安全一票否决制"，只要被抽检到一次

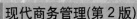
不合格，就将被取消供应商资格。若这家供应商想继续回到肯德基的采购名单当中，它需要的不仅是整改，而且还必须重新进行申请，直到再次通过百胜的"星级评估体系"考验。

(资料来源: 王小明. 百胜集团新"加减法则" [N]. 中国经营报，2013-10-28.)

【案例导学】

在市场经济条件下，基于市场竞争的方式从外部采购企业所需要的原料或产品，成为企业日常管理中的重要事情。对于连锁快餐企业来说，上游食品原材料的质量会直接影响到顾客消费的食品质量。因而加强采购管理，推动供应商提升原料品质是摆在快餐企业面前的战略性任务。百胜公司对供应商所采用的"星级评估体系"，能有效提升相关供应商的原料品质，也为其他企业评价选择供应商提供了借鉴。

第一节 现代采购管理概述

采购管理作为企业生产经营链条中的重要一环，越来越具有重要的战略价值。因而深入理解采购管理的概念，把握采购管理的目标和基本任务显得非常重要。

一、采购管理的概念与意义

美国采购管理协会(ISM)对采购管理的定义为："组织为了追求和实现它的战略目标而识别、采办、定位、获取与管理它所需求或潜在需求的所有资源。"事实上，采购是企业经营活动的一个非常重要的运行环节，采购的零部件和辅助材料一般要占到最终产品销售价值的 40% ~60%。在获得物料方面所做的点滴成本节约能够为企业创造利润，采购管理可以成为企业利润的"摇篮"。

我们认为，采购管理是从计划下达、采购单生成、采购单执行、到货接收、检验入库、采购发票的收集到采购结算的全过程管理，是对采购过程中物流运动的各个环节状态进行严密的跟踪、监督，其目的是为了实现对企业采购活动执行过程的科学管理。采购管理和采购不是一回事。采购是一种作业活动，是为完成指定的采购任务而进行具体操作的活动，一般由采购员承担。其目的就是完成具体采购任务，相关人员只能调动采购部门分配的有限资源。而采购管理是管理活动，是面向整个企业的，不但面向企业全体采购员，而且也面向企业其他人员(进行有关采购的协调配合工作)。其目的就是要保证整个企业的物资供应，相关管理人员可以调动整个企业的资源。

采购作为连接社会生产、流通和消费的核心环节和关键职能，是市场资源配置的重要方式，在国民经济转型发展中发挥着至关重要的作用。采购成本节约、价值创造，供应链理念和绿色采购理念的广泛应用，利用信息化手段提高采购效率和实现采购公平，以及全球采购的快速发展，这些对于提高企业竞争力，推动经济集约化发展，建立以技术为驱动的高效率经济运行模式，推进经济、社会和环境可持续发展，提升国民经济整体运行质量和效率，都具有十分重要的现实意义。

在 2016 年第七届全球采购(武汉)论坛上，中国物流与采购联合会采购委主任胡大剑指出，企业采购管理的发展主要有以下几个方面趋势：在过剩经济环境下，传统产业采购管理在未来一段时间内仍将以成本控制为主要目标；企业采购将会越来越向供应链方向发展；采购会朝着专业化方向发展，采购外包的趋势越发明显，发展速度加快；互联网技术的运用，将会提高采购效率的同时解决好采购环节公平透明等问题；采购管理逐渐向职业化方向发展。

二、采购管理的目标

采购管理是在确保适当的品质(Right Quality)下，于适当的时间(Right Time)，以适当的价格(Right Price)，在适当的地点(Right Place)，获得适当数量(Right Quantity)的物料或服务所采取的一系列管理活动。因而采购管理的基本目标是 5R。

(一)合格的物料品质 (Right Quality)

保证物料品质合格，即适质原则。它要求采购人员不仅要做一个精明的商人，同时也要适当地扮演品质管理人员的角色。在日常的采购作业中，采购人员要安排部分时间去推动供应商完善品质体系，不断改善和稳定物料品质。

为确保产品质量，采购人员可以从以下两个方面入手。

首先，将产品的合格率作为考核产品的完成情况的指标之一。其次，做好产品入库前的抽检工作，对于存在较多质量问题的物料，企业应坚决要求退货或换货，并酌情要求供应商赔偿由此造成的经济损失。

(二)恰当的采购时机(Right Time)

选择恰当的时机进行采购，也就是人们通常所指的采购的适时原则。根据企业事先安排好的生产计划，如果因物料未能如期到达，往往会引起企业内部生产无法顺利进行，出现停工待料，进而导致产品延期下线，不能按计划出货，引起客户强烈不满；若物料已经提前很长时间就储存在仓库中，又会造成采购资金的大量积压和仓储管理成本的浪费。因此，采购人员要扮演好协调者与监督者的角色，去督促供应商按预定时间交货。

(三)适当的采购价格(Right Price)

确保采购价格适当，即适价原则，是指在确保采购物料品质相当的情况下，价格不高于同类物料的价格。

不过，采购人员在应用适价原则时常常会陷入以下三个误区中。

(1) 价格就是成本，越低越好。

(2) 选择适当的价格就必须通过议价。

(3) 供应商的成本构成无从得知，采购人员唯一能做的就是货比三家。

虽然这些错误的观点一直以来都被采购人员作为"议价"的动力，但是企业也常常因这些错误的观点而遭受经济损失。因此，只有遵循科学合理的定价原则，综合考虑各个因素，才是采购人员最明智的选择。

(四)恰当的供货地点(Right Place)

确保供货地点恰当，即适地原则。在与距离较近的供应商合作中，企业往往容易取得主动权。供应商与企业之间的距离越近，协调沟通就越方便，所需的运输费用就越低，成本自然也就越低，同时也有利于紧急订购时的时间安排。因此，在选择试点供应商时，企业应考虑双方之间的距离是否适宜。对一般的制造业而言，在选择供货地点时，需要考虑的因素主要包括供应商的位置、交通情况、人口密集程度等。

(五)合适的采购数量(Right Quantity)

合适的采购数量，即适量原则。虽然采购量多可能使得采购价格更低廉，但这并不意味着采购量越大，就会使采购成本越低，对企业越有益。很多采购人员会遇到这样的情况：若物料采购量过小，则采购次数增多，采购成本提高；若物料采购量过大，又会造成存货储备成本过高，造成资金流动障碍。因此，采购人员应对储存成本、资金的周转率、物料需求计划等予以综合考虑，继而计算出最经济的采购量。

三、采购形式与采购管理的基本任务

从狭义上讲，采购就是用钱去买东西的购买行为；但从广义上来讲，采购还包括交换、外包、租赁等形式。

采购的具体形式如下。

(1) 交换：交换是指通过以物易物的方式取得物资的所有权，在此过程中并没有直接支付物资价款。

(2) 外包：企业出具产品、图纸、规格、设计说明，工作说明等，将需求物资或劳务委托其他企业承包的一种形式。

(3) 租赁：租赁是指企业以支付租金的方式取得他人物料的使用权，使用完毕后或者租期到期后将物料返回物主的一种采购行为。目前企业的主要租赁业务可以分为经营性租赁和资本性租赁。

企业采购管理是一个系统过程，有自己的运作流程和运作模式，其基本任务有以下三点。

(1) 要保证企业所需的各种物资的供应。企业生产需要各种原材料、零配件、机器设备和工具，生产线一开动，这些东西必须样样到位，缺少任何一样，生产线就开动不起来。

(2) 与供应商建立稳定有效的合作关系，为企业营造一个宽松有效的资源环境。在市场竞争越来越激烈的当今社会，企业之间的竞争实际上就是供应链之间的竞争。企业为了有效地进行生产和销售，需要一大批供应商企业的鼎力相助和支持，相互之间能实现有效协调和配合。一方面，只有把供应商组织起来，建立起一个供应链系统，才能够形成一个友好的协调配合采购环境，保证采购供应工作的高效顺利进行；另一方面，在企业中只有采购管理部门具有最多与供应商打交道的机会，只有他们最有可能通过自己耐心细致的工作，通过与供应商的沟通、协调工作建立起友好协调的合作关系，从而建立起真正的供应链，并进行供应链上的运作和管理。

(3) 从资源市场获取各种信息，为企业的物资采购和生产决策提供信息支持。在企业中，只有采购管理部门天天和资源市场打交道。采购部门除了是企业和资源市场的物资输入窗口之外，同时也是企业和资源市场的信息接口。所以采购管理除了保障物资供应、建立起友好的供应商关系之外，还要随时掌握资源市场信息，并反馈到企业管理层，为企业的经营决策提供及时有力的支持。

其中第一点是最重要、最基本的任务。

第二节　现代采购模式与采购策略

企业在实施采购管理活动时，不仅需要考虑具体的采购模式，还需要考虑实施过程中的一些采购策略。采购模式提供宏观的指导，具有稳定性特征；而采购策略关注具体的行动，具有灵活性特点。

一、企业采购模式

现实中企业依据采购的组织形式及借助的技术手段等因素，可以使用集中采购或联合采购、招标采购、电子采购、JIT 采购及其他一些采购模式。

(一)集中采购或联合采购

集中采购是指企业或集团企业内部的集中化采购；而联合采购是指同一城市或同一地区的一些企业对于某些原材料的采购实行联合采购、分别付款使用的方式来扩大物资的采购量。实施集中采购或联合采购的方法，有利于发挥大企业规模生产的优势或企业联合的优势。第一，可以最大限度地压低采购价格，降低采购成本，做到"少花钱，多办事"。因为：市场经济条件下的市场规律表明，在不超出价格弹性范围的情况下，购买商品的数量与价格呈反比关系，即订购量越大，价格越便宜。第二，由于企业的需求量大，可以直接

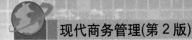

从厂家订货，减少了中间环节，降低了采购、运输价格。第三，集中采购或联合采购可以避免分散采购中人力上的浪费，达到提高效率，降低成本的目的。第四，实施集中采购或联合采购可以避免库房、库区的重复建设，造成资金浪费。

(二)招标采购

当企业所需的物资在市场中处于买方市场时，应该在物资采购中引入竞争机制，按照公开、公正、公平、择优、诚信的原则，采用招标的方式采购。招标采购是确保企业降低采购成本的最有效办法，招标采购是物资采购的质量和价格的"预警器"。这是因为：由于实行公开、公平、公正的采购原则，将质量、价格、服务和费用等置于采购行为的前面，使采购方有充足的时间对招标方进行选择，而最易淘汰的就是那些质次价高的投标者。招标采购能事先预报出本次招标物资的质量状况的变化和价格水平趋向，从而为企业的决策者预报出本企业在报告期内生产成本升降和获取利润空间的大小。由于实施了竞争招标，采购者不仅为企业采购到了质量好的所需物资，而且能通过供应商的相互比价，最终得到底线的价格，并能采取直接从厂家进货的采购渠道，减少不必要的中介公司加价方面的支出，从而有效地降低了采购成本。

(三)采用电子采购

电子采购既是电子商务的重要形式，也是采购发展的必然，它不仅是形式上和技术上的改变，更重要的是改变了传统采购业务的处理方式，优化了采购过程，提高了采购效率，降低了采购成本。通过电子目录，可以快速找到更多的供应商；根据供应商的历史采购电子数据，可以选择最佳的货物来源；通过电子采购流程，缩短采购周期，提高采购效率，减少采购的人工操作错误；通过供应商和供应链管理，可以减少采购的流通环节，实现"端对端"采购，降低采购费用；通过电子招标、电子询价等采购方式，形成更加有效的竞争，从而降低采购成本。

(四)JIT采购

JIT(Just In Time)采购也称准时化采购，它的基本思想是：供应商在用户需要的时候、将合适的品种、合适的数量、合适的质量送到用户需求的地点。JIT采购方式与传统方式面向库存不同，它是一种直接面向需求的采购模式。它的采购送货是直接送到需求点上。它设置了特别高的标准：第一，零库存，即用户需要多少，就供应多少，不会产生库存；第二，零废品，即JIT能最大限度地限制废品流动所造成的损失；第三，最大节约，即用户没有需求，就不用订购，可避免超储积压造成的浪费。实施JIT方式可以减少大量不增加产品价值的活动，如订货、修改订货、收货、装卸、开票、质量检验、点数、入库以及运转等，还可以节约企业大量时间、精力、资金，消除了浪费，从而提高了企业的物资供应工作的质量和效率，有效地降低了采购成本。

(五)其他采购模式

1. 买断采购模式

超大型连锁超市其销售量动辄以百万千万估计，可以占到货源供应商生产量的较大份额，所以就可以跟货源供应商签订买断供货合同，包括供货批量和供货时间，甚至商品的广告宣传费用也大部分由销货方负担，使供货商不用再为商品销路发愁。当然商品进货价格也是非常优惠的。

2. 多家采购模式

当一家企业需求的原材料批量大、时间长时，就不应该局限于只从一家供货单位长期进货。那样做的危害性非常明显，既容易在采购环节上出现腐败行为，又容易使供货单位产生依赖心理。久而久之，只能使所供材料质量越来越低，价格越来越高，服务越来越差。如果换一种思路，只要不影响采购产品的质量、供货时间，不增加物流费用，可以把供货单位从一家扩展为多家，并引导它在供货质量、时间、价格、服务等方面展开竞争，这种竞争越激烈，对进货企业越有利。

3. 分类采购模式

对供过于求的产品，需求单位可以根据市场销售的需要，将产品按细分目标顾客的购买需求方向划分为不同等级，优质优价、平质平价、劣质拒收。比如北京、天津两市对从河北省采购的蔬菜进行无公害残留检测，分等论价，超标者拒收。分类采购法既可以引导出售方选择良种、精心养殖，推动产业结构按需求结构的变化趋势适当调整，也可以满足不同类型顾客的消费需要，还能够提高经营者所购商品的适销程度。

4. 战略采购模式

战略采购(Strategy Sourcing)是一种有别于常规采购的思考方法，它与普遍意义上的采购的区别是前者注重的要素是"最低总成本"，而后者注重的要素是"单一最低采购价格"。所谓战略采购是一种系统性的、以数据分析为基础的采购方法。简单地说，战略采购是以最低总成本建立服务供给渠道的过程，一般采购是以最低采购价格获得当前所需资源的简单交易。

"战略采购"是由著名咨询企业科尔尼(A.T. Kearney)于 20 世纪 80 年代首次提出的，科尔尼致力于战略采购研究和推广工作，已为全球 500 强企业中的三分之二提供过战略采购咨询服务。战略采购"是计划、实施、控制战略性和操作性采购决策的过程，目的是指导采购部门的所有活动都围绕提高企业能力展开，以实现企业远景计划"。

二、企业采购策略

采购策略不胜枚举。在实际工作中，要审时度势，因地制宜，灵活机智准确地运用最

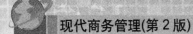

恰当的采购策略，从而达到我们的既提高采办效率，又最大限度地降低成本，满足作业生产需要的目的。

从整体上来说，采购策略可以从三个方面理解。

(一)从采购关系角度来理解采购策略

一般被业界推崇的采购策略类型有以下几种：合同策略、备份合同策略、战略合作策略、横向打包策略、长期合作策略、综合成本策略、工作订单策略、竞争策略等。

(1) 合同策略。战略合作协议、长期合同等合同文件都属于合同策略范围，各项目合同的约束，可保证采购效率，甚至获得价格优势。不过合同约束的最终目标是建立稳定的供需合作关系，以此确保资源的及时可用性，享受更优质、全面的服务。

(2) 备份合同策略。该策略是为了规避单个供应商的执行能力，效果对作业进度、作业保障等的影响而出现的一种保障采购行为，即在签订一个主合同同时，再与一家性质一样的供应商签订一个随从合同。具体的执行过程是：在主合同执行中一旦发生偏差，就可以及时废除主合同的继续履行行为，而启动备份的随从合同。

(3) 战略合作策略。该策略是在一定基础(如市场环境)上，采购方与特定供应商建立战略合作关系能够有效保障作业生产需要，技术发展需要。与此同时，在该前提下还能构建出稳定、不断完善、不断提升的合作关系。战略合作中，不但可以降低供需双方的综合成本，而且还可获得超值服务，促使供需双方达到双赢的目的。

(4) 横向打包策略。该策略的主要原则是减少供应商数量以及合同数量。事实上，减少合同数量，有利于提高采购效率，而减少供应商数量，便于供应商队伍管理，即降低供应商的管理难度以及减少配套、协调等方面的难度。最终的目标是：确保采购作业、生产作业顺利进行，降低企业成本。

(5) 长期合作策略。该策略主要是指与特定的供应商建立长期、稳定的合作关系。这一策略有利于降低采购工作量，提高采办效率，发挥规模效应，降低采购成本，降低维护成本，稳定供需关系。经验证明，建立长期的合作关系，更加有利于确保供应及服务资源的稳定与可靠。

(6) 综合成本策略。该策略主要是从提高作业、生产时效、降低作业风险的角度出发，最终达到降低产品以及服务全生命周期成本，从而真正降低采购作业成本。

(7) 工作订单策略。该策略主要是为了增强供应链上服务的可靠性以及可协调性而出台的，它有利于带动关联企业协调发展，降低采购风险，同时还便于供应商队伍管理。

(8) 竞争策略。该策略是在供应商或者服务市场条件成熟、竞争激烈时，比较适宜采用招标、询价等采购方式，以此来引发市场竞争，从而推动企业采购项目获得最大利益，降低采购成本，这就是所谓的竞争策略。

(二)从采购的重要程度来理解采购策略

采购的重要程度主要是从采购对于企业的影响程度来作为划分标准的一种分类。不同的采购项目，采用不同的应对策略。

(1) 对于影响程度较小的采购项目。应运用快速、低成本的价格分析方法，具体做法是：首先，分析、比较各供应商报价；其次，比较市场价格；然后分析、比较过往的采购价格记录；接着比较、分析同类或者类似产品采购的价格。

(2) 对于影响程度一般的采购项目。主要采用的方法是成本分析方法，具体做法是：第一步，先计算整体拥有成本；第二步，分析供应链的整体成本结构。

(3) 对于影响程度较大的采购项目(如杠杆采购)。首先采用价格分析，再以成本分析为辅助工具，具体做法是：首先落实价值分析；接着进一步分析供应商提供的成本结构；然后估算成本；最后计算整体拥有成本。

(三)从采购目标来理解采购策略

采购的基本目标包括品质、价格、时间、数量等方面的诉求。因而从不同方面出发，可以采用不同的采购策略。

(1) 物料品质策略。所谓物料品质是指在一定生产标准范围内，满足买方的使用需求目的。物料品质构成要素包括材料、功能、寿命、稳定性、安全性、流行性。约定物料品质的过程是指设计过程、制造过程和使用过程中的物料品质约定。

(2) 采购价格策略。采购价格是指物料的成本和采购过程中所耗用的各种费用总和。采购价格直接影响采购企业的利润。采购价格的组成包括采购成本、采购过程成本、验收成本、运输及搬运成本、物料成本。

降低采购价格的基本途径：选择物料供应商、合理使用采购方式及方法、对原有物料设计作重新修正或改进、寻找原有物料的替代品、选择合理运输方式、加强采购过程标准化管理、运用网络技术。

(3) 采购时间策略。采购时间是指从采购物料至物料检验入库所花费的时间。一般包括：处理订购单时间、供应商制造物料时间或提供物料时间、运输交货时间、检验入库时间等。

(4) 采购批量策略。可以有高、中、低三种。这三种物资对库存资金占用的影响是不同的，因此采用的采购策略不能完全一样。高价值的物资一旦出现积压，对库存资金的占用就会增大，影响流动资金的使用，一般采用按需订货的原则。中价值的物资从降低每次采购成本考虑，采用最小批量的原则，在制定最小批量时，要考虑均衡生产时的常规消耗量。低价值的物资由于该物资的存储对库存占用资金的影响不大，采用固定批量或者经济批量原则，批量的大小要考虑物资消耗的速度和采购成本之间的平衡。

第三节　供应商选择与评价

市场条件下总存在着许多供应商可供选择。对于采购企业来说，必须坚持一定的标准与流程对这些供应商进行筛选，从中选出符合自己期望的合作伙伴。在选择供应商时需要

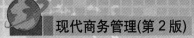

考虑相关的因素、原则及流程。

一、选择供应商应考虑的因素

对企业来说，要选择合适的供应商必须从人和物两个方面去充分考虑相关因素。下面的因素主要结合台湾地区企业富士康来进行说明。富士康是一个在中国拥有120万名员工，营业额达6000亿元的超大型企业。富士康科技集团是专业从事计算机、通信、消费电子、数位内容、汽车零组件、通路等6C产业的高新科技企业，现在已经成为全球最大的电子产业专业制造商。

(一)人的因素

1. 优秀的企业领导人

有了优秀的领导人，企业才能健康稳定的发展。富士康创始人郭台铭治厂如治军，重视纪律，讲究细节。郭台铭用人方面的口头禅是："不管高科技还是低科技，会赚钱的就是好科技。"为了获得高回报率，他用人唯才，奖惩分明。对表现优异的员工与技术骨干，郭台铭从不吝啬，给予巨额奖金。近几年每年年末富士康员工聚餐，郭台铭提供的奖品总值都高达数亿元新台币，头奖高达数千万元。1988年郭台铭在深圳开办只有一百来人的工厂，之后发展成为富士康龙华基地，至2007年年底，富士康在全国相对成熟的基地已超过13个。

2. 高素质的管理人员

企业有了高素质、有能力的管理人员，企业的管理才富有效率并充满活力。2010年开始富士康逐渐形成了9大核心事业群，分别由9名核心高管负责管理，其中徐牧基、戴正吴、卢松青属于与郭台铭一起创业的旧部，程天纵、蒋浩良、吕芳铭为前外企加盟的高管，还有钟依文、钟依华、简宜彬三人为内部培养的后起之秀。

3. 高素质的员工群体

企业员工的高素质，能保证产品品质的稳定。机械零件的大量生产中离不开成型模具。而成型模具的生产制造又需要大量的技术员工。富士康在公司内部大规模设立模具学校，对员工进行完整的系统培训。从事模具制造相关工作的人数据称已多达3万。除此以外，每年新进入的2000~3000名新员工在公司内部的模具学校培训半年之后，也将成为新进入的从业人员。

(二)物的因素

1. 良好的机器设备

良好的机器设备能保证产品的品质。对富士康来说，虽然一部分机床、注射成型机和冲压机床来自中国台湾和中国大陆制造的产品，但多数来自日本一流制造商。除印刷基板贴片机和冲孔机外，最近开始的液晶业务中，日本制造的生产设备也占了大半。富士康的模具车间虽然分散在各个工厂，但多数都采用日本制造的最新高级精密设备。偌大的工厂中，机床并列数十米的情景相当壮观。在富士康的车间里，模具加工机正在向数控机床发展，模具生产系统和 CAD\CA\CAE 都得到了全面有效地利用。

2. 良好的技术

企业不但要有素质高的管理人员和良好的管理，还应有经验丰富、有创新的技术人员，只有技术不断改善创新，才能使产品品质更加有保障，推动材料成本不断下降。富士康拥有可穿戴技术设备专利，这些专利与头戴式显示设备有关，通常用于航空及战术\地面显示、工程和科学设计应用、游戏、视频设备、培训和模拟工具等方面。通过这些专利技术，虚拟图像可以被叠加到真实视觉中。2013 年 8 月谷歌从富士康购买了此项与头戴式显示设备有关的专利。在此前，富士康在美国有两座制造工厂，分别位于加利福尼亚州和得克萨斯州，位于加利福尼亚州的工厂为 2014 年生产谷歌眼镜而建的。

3. 良好的质量管理制度

ISO9001 质量管理体系标准是国际标准化组织(ISO)发布的最有影响力的标准之一，自发布以来在全世界得到广泛应用，对国际企业的发展与产品质量的提升产生巨大影响。中国国家认证认可监督管理委员会与联合国工业发展组织(UNIDO)2013 年在对相关采购商的调查发现：有93%的采购商表示他们将获得 ISO9001 认证作为选择供应商的重要依据，98%的采购商对获得认证的供应商生产的产品质量表示"满意"。另有75%的采购商对 ISO9001 认证机构的信誉看法为"好"或"很好"。宏儒中国管理顾问公司在 2011 年时与富士康一起圆满完成 ISO 体系项目的构建与完善工作，有力地推动了富士康企业的产品质量管理工作。

二、供应商选择应遵循的原则

在选择供应商时除了考虑静态的一些因素外，还需要遵循下列基本原则。

(1) 目标定位原则。

这个原则要求供应商评审人员应当注重对供应商进行考察的广度和深度，应依据所采购商品的品质特征、采购数量和品质保证要求去选择供应商，使建立的采购渠道能够保证品质要求，减少采购风险，并有利于自己的产品打入目标市场，让客户对企业生产的产品充满信心。选择的供应商的规模和层次和采购商相当。而且采购时的购买数量不超过供应商产能的 50%，反对全额供货的供应商，最好使同类物料的供应商数量 2~3 家，并有主次供应商之分。

(2) 优势互补原则。

每个企业都有自己的优势和劣势，选择开发的供应商应当在经营方面和技术能力方面

符合企业预期的要求水平，供应商在某些领域应具有比采购方更强的优势，在日后的配合中才能在一定程度上优势互补。尤其在建立关键、重要零部件的采购渠道时，更需要对供应商的生产能力、技术水平、优势所在、长期供货能力等方面有一个清楚的把握。要清楚地知道之所以选择这家厂家作为供应商而不是其他厂家，是因为它具有其他厂家没有的某些优势。只有那些在经营理念和技术水平符合或达到规定要求的供应商才能成为企业生产经营和日后发展的忠实和坚强的合作伙伴。

(3) 择优录用原则。

在选择供应商时，通常先考虑报价、质量以及相应的交货条件，但是在相同的报价及相同的交货承诺下，毫无疑问要选择那些企业形象好，可以给世界驰名企业供货的厂家作为供应商，信誉好的企业更有可能兑现曾许下的承诺。在此必须提醒的是综合考察、平衡利弊后择优录用。

(4) 共同发展原则。

如今市场竞争越来越激烈，如果供应商不全力配合企业的发展规划，企业在实际运作中必然会受到影响。若供应商能以荣辱与共的精神来支持企业的发展，把双方的利益捆绑在一起，这样就能对市场的风云变幻做出更快、更有效的反应，并能以更具竞争力的价位争夺更大的市场份额。因此，与重要供应商发展供应链战略合作关系也是值得考虑的一种方法。

江西南昌陆风汽车公司把供应商分成 A、B、C 三类供应商，A 类供应商视为长期战略合作伙伴，陆风汽车公司会定期对他们进行第二方的体系审核和第二方的过程审核。B 级供应商在内部管控层面会有一些小的问题，陆风汽车公司会经常派人到现场进行抽查，同时也进行第二方审核。对于 C 级供应商，属于生产过程比较不稳定的供应商，陆风汽车公司经常会派人进行蹲点，同时也邀请供应商到陆风汽车公司进行相应的技术交流，帮助供应商提升零部件的质量水平和整个管控能力。

三、对供应商的评选和考核

面对众多的供应商，企业在选择时还需要设计相关评选流程，并开展定期考核工作，以形成供应商的动态选拔机制，推动优质供应商成为企业的选择，保证后续相关产品的生产效率和质量。

(一)对供应商的评选

在评选供应商前应建立一个适合本企业的评分系统架构，同时还需要建立起相应的评分标准。要安排人员(采购、品质管理、工程技术人员等)到供应商现场评核，需要有一份完整而全面的评核程序。对评核完成的供应商，评核资料一定要保存好，以备以后检验，结果也必须回馈给供应商，以促使其改善。基于以上评选活动，企业需要注意下列事项。

(1) 建立一个适合本企业的评分系统架构，这需要根据本企业的规模、行业特质等因素来建立。差异化较大的供应商要采用不同的评分架构。

(2) 到供应商现场评选的人员，既需要了解产品品质相关专业知识，又要对企业管理有所了解，还需要有良好的沟通协调能力。

(3) 评选报告的撰写，这要求在评选的过程中既要全面，又要深入细节，最后还要填写一份完整的评选报告，里面既要清晰地反映供应商的状况，还要给出有益的建议。评选报告一方面给自己的主管，另一方面还要回馈给供应商。

(二)对供应商的考核

在选定相关供应商为企业的合作伙伴后，在后续的合作过程中供应商的服务质量直接会影响企业的生产经营，仅靠一次性的活动选定供应商是远远不够的，还需要定期对供应商进行考核，以便推动供应商提升服务质量，剔除不合格的供应商。

供应商考核的内容包括六个方面。

(1) 履约情况。主要指供应商与企业合作过程中的履约状况；在合作过程中是否有违约行为。

(2) 价格。主要包括是否按照采购合同的规定价格进行供货；是否根据市场价格的变化而调整价格并及时提供调整信息；所提供物资的价格是否高于同品牌、同型号产品的一般价格；价格是否有下降空间。

(3) 交货。主要指是否按照合同内所规定的日期准时交付产品或提供物资；是否按照合同所规定的交付方式进行交付。

(4) 质量。主要指物资或产品是否符合合同所规定的质量标准；是否存在因包装、工艺、材料的缺陷而产生的质量问题；生产工艺质量是否能够保证产品或物资质量。

(5) 服务。相关问题包括：售前服务是否周到、全面；售后服务是否及时、良好，出现问题时是否能够及时受理并加以解决。

(6) 其他。也需要对供应商的生产技术、人员操作等方面进行考核。

对于供应商可以选择月度考核或年度考核。月度考核指按月对供应商提供的产品或货物质量与交货情况进行检查、评估考核。年度考核指每年度根据"供应商月度考核表"统计供应商在考核期间(一年)的订货总次数、总交货金额、质量优劣情况、退货率、交货延误率、数量差错率，以及由于各种原因未能及时交货时，是否采取了迅速、及时、合理的补救措施等。

(三)对供应商的选择步骤

供应商选择的步骤一共有七个部分，包括分析市场竞争环境、建立供应商选择目标、建立供应商评价选择标准、建立评价小组、供应商参与、选择供应商、实施采购合作关系等。具体步骤如下。

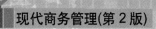
现代商务管理(第2版)

步骤1：分析市场竞争环境(需求、必要性)

分析的目的在于找到针对哪些产品市场开发供应链采购合作关系才有效，必须知道现在的产品需求是什么，产品的类型和特征是什么，以确认用户的需求，确认是否有建立采购合作关系的必要，如果已建立了采购合作关系，则根据需求的变化确认采购合作关系变化的必要性，从而确认供应商选择的必要性。同时分析现有供应商的现状，分析、总结企业存在的问题。

步骤2：建立供应商选择目标

企业必须确定供应商评价选择程序如何实施，信息流程如何，谁负责，而且必须建立实质性、实际的目标。其中保证产品质量、降低成本是主要目标之一。

步骤3：建立供应商评价选择标准

供应商评价选择的指标体系是企业对供应商进行选择的依据和标准。不同行业、企业、产品需求、不同环境下的供应商评价应是不一样的。但一般都涉及供应商的业绩、设备管理、人力资源开发、质量控制、价格、成本控制、技术开发、用户满意度、交货协议等方面可能影响供应链合作关系的方面。

步骤4：建立评价小组

评价小组组员以来自采购、质量、生产、工程、财务等与采购合作关系密切的部门为主，组员必须有团队合作精神、具有一定的专业技能。评价小组必须同时得到制造商企业和供应商企业最高领导层的支持。

步骤5：供应商参与

一旦企业决定实施供应商评价，评价小组必须与初步选定的供应商取得联系，以确认他们是否愿意与企业建立采购合作关系，是否有获得更高业绩水平的愿望。企业应尽可能早地让供应商参与到评价的设计过程中来。但由于企业的力量和资源有限，企业只能与少数的、关键的供应商保持紧密的合作，所以参与的供应商应是尽量少的。

步骤6：选择供应商

选择供应商的一个主要工作是调查、收集有关供应商的生产运作等各方面的信息。在收集供应商信息的基础上，就可以利用一定的工具和技术方法进行供应商的评价，并可根据供应商的评价结果，采用一定的技术方法来选择合适的。如果选择成功，则可开始与供应商实施采购合作关系，如果没有合适的供应商可选，则返回步骤2重新开始评价选择。

步骤7：实施采购合作关系

在实施采购合作关系的过程中，市场需求将不断变化，可以根据实际情况的需要及时修改供应商评价标准，或重新开始供应商评价选择。在重新选择供应商的时候，应给予旧供应商足够的时间适应变化。

第四节　现代采购决策

采购决策是一种复杂的管理活动，既包括从过程角度去理解采购决策，也需要考虑相关的核心问题。对于采购决策中的核心管理活动也需要给予足够的重视。

一、采购决策的基本过程

采购决策是一个包含不同阶段的过程，其中核心的活动包括：需求分析、资源市场分析、制订订货计划、实施订货计划、采购评估与分析、采购监控等。

采购决策关系到采购工作的质量，是一项复杂的工作，必须按照一定的程序来进行，基本过程如下所述。

1. 确定采购目标

根据企业的总体经营目标，确定企业的采购目标。企业采购的总目标是实现及时准确的采购，满足经营的需要，降低采购费用，提高经济效益。根据采购总目标，可制订采购的具体目标，如订购批量目标、订购时间目标、供应商目标、价格目标、交货期目标等。

2. 收集有关的信息

信息是采购决策的依据，信息的可靠性决定采购决策的正确性。信息按来源不同分为外部信息和内部信息。

1) 企业外部信息包括以下内容

宏观的法律、经济政策。

货源的信息。

科技信息。

运输方面的信息。

有相同需求的同行情况。同行从哪里采购，进价多少；是否有更经济的材料；能否联合采购以降低进价等。

2) 企业内部信息包括以下内容

物资需求情况。根据销售计划、生产计划制订需求计划，再结合库存情况，制订采购计划。

库存情况。如企业库存能力如何、库存费用多少、现有商品库存状况。

财务情况。如是否有充足的采购资金、采购资金的周转速度和筹集状况。

本企业采购队伍情况。包括采购人员的敬业精神、综合素质、合作精神等。

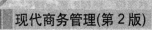
3. 拟定实现目标的多个可行性方案

4. 选择满意的方案

针对以上各种方案，综合分析，选择满意方案。方案的选择问题是一个对各种可行方案进行分析评价的过程。具体的评价标准因企业不同以及企业外部环境不同而异。实际工作中，即使市场行情一定，不同类型的企业也会根据自身条件，采用不同的评判标准。满意的方案不一定是赢利最大的方案，而是对企业最有利、最可行的方案。

二、采购决策需要考虑的核心问题

采购决策的科学性直接影响企业采购的成本、风险及收益。相关管理者必须站在更加战略的层面去考虑采购决策。下面三个问题需要采购决策者做出认真的思考和判断：企业是从外部购买零配件和原材料，还是自己生产？企业是与少数几个供应商保持合作关系还是在市场中寻找尽可能多的供应商？企业与供应商之间是单纯的市场交易关系还是需要考虑长期的战略合作关系。

(一)第一个层次的问题：是决定购买还是自主生产

企业向外部供应商购买有其市场背景。首先，在新兴技术层出不穷，专业分工越来越细，投资成本越来越高，竞争日益全球化的环境下，传统的"纵向一体化"的管理模式已经不能适应这种形势，现代企业应更注重与高价值的生产模式，更强调反应速度、专门知识、灵活性和革新，在时间上赢得优势。其次，由各种零配件的资源供应商组成的市场发展日益成熟，市场交易成本得到大大降低，从而使得外部购买变得容易。

采购策略的第一个层次是购买还是自主生产的权衡。这取决于两者风险和收益的比较。外部购买的收益是：①整合优化企业系统资源，发展核心能力；②有效降低生产成本，减小企业规模，通过与供应商的某些灵活机动的内部作业来避免大企业系统中的反应迟钝，提升市场竞争力和客户配合度。外部购买的风险：①常常使企业丧失对一些产品的控制，从而增加生产的不确定性；②企业的生产和设计是一对密切相关的技能，向外部购买破坏了作为整体的设计—生产活动的互动关系，从而在长期损害了企业学习和核心能力的培养机会，丧失了研制新一代产品的能力。

如何权衡购买与自主生产是公司采购面临的一个战略问题，各个企业有自己的特殊情况，但大都遵循以下原则：①外部购买还是自主生产，取决于产品的性质，技术含量、批量、价格等因素；②涉及核心技术的产品，尽量以自主生产为主，即使从成本上衡量没有优势，企业通过自主生产，可以更好地控制产品质量，防止知识产权泄露。

(二)第二个层次的问题：选择单个供应商还是多个供应商

企业决定了是否购买，采购的策略进入了第二个层次：确定供应源的结构。供应商的集合构成了供应源，供应源的结构是指单个供应商还是多个供应商，以及供应商之间的组织形式。要依据采购方和供应商在供应链中地位的不同对供应商市场进行细分，把供应商市场分为竞争性的供应商市场和垄断—集中式的供应商市场。

在竞争性的供应商市场中，供应商数量多而且供应商已经基本没有超额利润，采购方处于主动地位，可以充分利用选择权，分析和预测供应市场，建立竞争性机制限制垄断行为。垄断—集中式供应商市场又可分为多寡头垄断市场和单寡头的垄断市场。对于前者，采购方主要是依靠讨价还价来获得相对较好的供应。对于后者，对采购部门来讲，策略是退居第二位的，公司整体的实力和采购力量在总采购市场中的份额最为重要。

采购方都希望自己面对的是一个竞争性而非垄断性的供应商市场，交易中，谁都希望掌握主动权。多供应商采购的好处是显而易见的：①可以解决价格上的信息不对称问题，采购方能够及时了解市场上某种商品的平均价格；②有利于产品的创新。供应商之间的竞争会加速产品在外形、材料、结构上快速不断地推陈出新。面对竞争性供应商市场可以做进一步的区分：一般供应商和战略型供应商。对于非战略性简单产品，对应的是一般供应商，可以用标准的程序来处理关系，保持简单的买卖型多供应商关系；对于支持关键技术的产品，对应的是战略型供应商，需要细分级别、区分管理，明晰谁依赖谁，以及何时、怎样达到互相依赖。要严格限制数量，以保证深入地发展伙伴关系，并对供应商进行有序组织，提高供应商的可管理性和可开发性。面对垄断式供应市场，采购方的主要任务是提高本企业在寡头供应商客户名单中的排名。采购方致力于选择合适的供应商建立一种差异性的深入合作关系，从采购量和配合程度上争取到供应商的优先价格和服务。对单寡头的垄断供应商市场，采购方也不是完全被动，比较好的策略是将订单集中起来，与其他采购方组成采购联盟，进而在同供应商的交易中提升地位，争取更好的价格从而降低成本，从而提高采购方在战略合作中的获利能力。

(三)第三个层次的问题：与供应商建立市场交易关系还是合作伙伴关系

1. 传统采购模式的缺点

传统的采购模式存在三个缺点。第一，过于重视价格的比较，质量、交货期通常通过事后把关来控制。第二，存在信息不对称问题。买卖双方都保留各自的信息，以免利益受到损害，这种敌对关系使得双方经营信息相互封锁，使企业处于更大的不确定性中。第三，买卖双方的合作关系是临时的或短暂的，联盟体很脆弱。为了减少不确定性带来的影响，企业不得不增加原材料、半成品、成品的库存。这种采购方式的缺点最终反映在缺乏对顾客需求的快速响应上。这种缺乏合作的商业关系导致了一种零和博弈，一方有所赢，一方就必有所失。

2. 采购方和供应商建立合作关系的收益

采购方和供应商建立合作关系的收益表现在以下两个方面。①成本降低。合作给采购

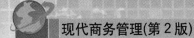

企业带来了管理成本和生产成本下降的空间，可以保证稳定的供货质量及更好的交货准时性，缩短了交货期，并培养了善于定制产品的供应商，提高了企业应对市场多变的能力。②合作有利于双方在产品前期开发、生产技术与工艺及品质控制方面更好地沟通与提高，并使双方相互促进，共享利益和分担风险，达到双赢的效果。

3. 采购方和供应商合作的阶段性

各个组织难免存在差异，但更多的是要看到共同点。互惠互利的采购供应合作像任何其他不断巩固的合作关系一样，需要双方投入大量的时间和精力。双方的合作一般可分为两个阶段：初期合作关系和稳定的战略伙伴关系。

(1) 初期合作关系阶段。在合作初期，双方通过信息平台，有效地进行沟通和信息共享。在定量方面，采购方需要将采购数量及交货时间的周报表、月报表或季度报表提交给供应商。采购方和供应商都会分析这些数据，这种内部反馈机制有利于不断地改进合作关系。在定性方面，通常是基于双方合作的默契感和信任程度，这需要时间的累积而且不能定量评估。然而，只有花时间和精力与供应商一起解决问题并寻求双赢方案才能真正建立长久合作关系。

(2) 战略伙伴关系阶段。采购角色最显著的改变是由经验业务的控制者变成了驱动者。采购方企业将自身的活动与供应商集成，对双方都提出了更高的要求。企业将供应商作为自己的制造部门来控制，或者建立联合小组共同参与产品开发涉及阶段的控制。战略伙伴是一种真正意义上的合作伙伴关系，采购运作的目标及具体的行动都是双方共同制定的，双方共同整合操作流程，这种伙伴关系不仅共享共同发展的利益还要分担可能的成本和损失。当一方有暂时的困难时，作为战略合作伙伴的另一方才可能从着眼长期利益出发，给困难一方以支持，双方才能共同前进。

三、采购决策中的核心管理活动

采购决策的总体目标是通过规范价格管理，确保企业所购物资高品质、低价格，在保证采购物资质量的同时，达到降低成本的目标。并且，通过采购合同在价格执行过程的控制工作，确保采购工作按照预期执行，为企业争取更多的权益。据此，相关的核心管理活动主要包括：采购价格管理、采购谈判管理和采购合同管理。

(一)采购价格管理

1. 采购询价管理

采购询价人员应根据特定采购物资制作"询价单"，"询价单"中应当列明物资名称、规格型号、质量要求、需求数量以及联系方式等信息。采购询价人员应通过各种渠道收集供应商价格信息，充实采购价格数据库，为寻求合适的供应商提供便利，并初步确定询价供应商范围，报上级领导审批。

2. 采购价格分析

采购人员收集、汇总拟采购物资的相关供应商报价单，为选择合适供应商提供数字依据。价格分析小组人员根据采购物资数量、特性并结合供应商的详细情况，选用合适的价格分析工具分析结果进行筛选，确定出报价合理的供应商范围，并制作供应商名单。

3. 采购底价确定

采购人员对需求物资市场信息进行收集与整理，并选择符合采购条件的供应商进行调查，收集并分析其物资、生产能力、财务以及人力资源等方面的信息。根据采购方式，采购物资价格等信息确定采购底价计算方式，以便计算出准确的采购底价。

4. 采购价格审批

报价单交价格审批小组后，由价格审议小组组长统筹分工给相关小组核价人员，对报价资料明确进行审核和批复。所有采购报价单、调价单需由财务部及总经理签盖执行章后方可实施采购，执行的单价原件需留存采购部，财务部需备份一份。

(二)采购谈判管理

1. 制订采购谈判方案

在制订采购谈判方案时，需明确采购谈判的目标，合理安排采购洽谈议程，确定谈判地点、并组建一支采购谈判团队，为采购谈判做好准备工作。

2. 做好采购谈判准备

对采购谈判的准备是进行正式采购谈判的首要环节，采购人员对相关资料的准备是否充分直接关系到采购谈判的成败。一般情况下，采购人员要从资料、物质条件以及心理等方面进行准备。

3. 实施采购谈判工作

采购谈判过程大致可分为开始谈判、正式谈判和成交三个阶段。开始谈判阶段的主要任务是营造良好的谈判气氛，就谈判的目的、时间、进度以及人员达成一致，为实质性谈判奠定基础。正式谈判阶段的主要任务是进行询价和磋商，是谈判工作的核心环节。成交阶段是谈判的最后阶段，也是一项交易谈判的结束。成交阶段的主要任务是促成交易和签订协议。

(三)采购合同管理

1. 拟定采购合同文本

采购人员选择合适的供应商并与供应商进行谈判，确定合适的合同条款，据此草拟采购合同，采购合同草案经采购经理、法务人员审核并确认无误后，可据此编制正式的采购合同。

2. 采购合同签订

在拟订采购合同之前，采购人员须明确采购合同中必须包含的内容，以便指导采购合同的拟订工作，采购部应明确划分采购合同的签订权限，按照合同总价额度和重要程度确订采购合同的签订人，规范采购合同签订工作。采购合同拟订好后，采购人员应及时提交采购部经理、法务部、财务部进行审核，经确认无误后方可与供应商正式签订采购合同。

3. 采购合同执行

采购人员应根据合同内容和企业的具体需求情况编制采购订单，并及时下达至供应商处，供应商确认采购订单后，采购人员应进行跟踪，实施订单执行过程中的管理监控，确保采购订单顺利交付。

四、采购决策中的影响因素

1. 环境因素

市场营销环境和经济前景对企业的发展影响甚大，也必然影响到其采购计划。例如，在经济衰退时期组织购买者会减少对厂房设备的投资，并设法减少存货。组织营销人员在这种环境下刺激采购是无能为力的，他们只能在增加或维护其需求份额上作艰苦的努力。

原材料的供给状况是否紧张，也是影响组织用户采购的一个重要环境因素。一般企业都愿购买并储存较多的紧缺物资，因为保证供应不中断是采购部门的主要职责。同样，采购者也受到技术因素，政治因素以及经济环境中各种发展因素的影响。他们必须密切注视所有这些环境作用力，测定这些力量将如何影响采购的有效性和经济性，并设法使问题转化为机会。

2. 组织因素

每一采购组织都有其具体目标、政策、程序、组织结构及系统。营销人员必须尽量了解这些问题。例如，有的地方规定只许采购本地区的原材料；有的国家规定只许买本国货，不许买进口货，或者相反；有的购买金额超过一定限度就需要上级主管部门审批等。

组织内部采购制度的变化也会对采购决策带来很大影响。如对于大型百货商厦来说，是采用集中采购的进货方式还是将进货权下放给各商品部或柜组，采购行为就会有很大差别；一些组织会用长期合同的方式来确定供应渠道，另一些组织则会采用临时招标的方式来选择其供应商。又如，在西方发达国家近年来兴起一种准时生产系统(Just-in-time Production Systems)，即适量及时进货，零库存、供量 100%合格的生产系统，它的兴起大大地影响了组织采购政策。

3. 人际因素

采购中心通常包括一些具有不同地位、职权、兴趣和说服诱导力的参与者。一些决策行为会在这些参与者中产生不同的反应，意见是否容易取得一致，参与者之间的关系是否融洽，是否会在某些决策中形成对抗，这些人际因素会对组织市场的营销活动产生很大影响。营销人员若能掌握这些情况并有的放矢地施加影响，将有助于消除各种不利因素，获得订单。

4. 个人因素

购买决策过程中每一个参与者都带有个人动机、直觉和偏好，这些因素取决于参与者的年龄、收入、教育、专业文化、个性以及对风险意识的态度的影响，因此，供应商应了解客户采购决策人的个人特点，并处理好个人之间的关系，这将有利于采购业务的开展。

第五节　现代供应链条件下的采购管理

一、供应链管理的基本概念

(一)供应链管理的概念

一直以来，企业处于管理和控制上的目的，对于与产品制造有关的活动和资源采取自行投资或兼并的"纵向一体化"模式，即某核心企业与其他为其提供原材料、半成品或零部件的企业是一种所有权关系。"纵向一体化"可以使企业在商务交易市场中的交易成本下降，并能更好地控制物流、交流信息。在相对稳定的市场环境中，采用"纵向一体化"策略是有效的。但是，面对复杂多变的、竞争日益激烈的市场局势，纵向一体化程度高的企业往往组织规模庞大、管理结构复杂、反应速度慢。20世纪80年代中期以后，在发达国家有将近80%的企业放弃了"纵向一体化"策略，纷纷采用了"供应链管理"这一新的经营模式。供应链是指在生产与流通过程中，将产品及服务提供给最终客户时所涉及的上游与下游企业之间形成的网链结构，它是一个由供应商、生产商、批发商、运输商以及零售商等多个企业组成的联盟。而供应链管理则是采用计算机网络技术，对供应链中的人流、物流、信息流、资金流等进行全面规划以及进行计划、组织、协调与控制等管理活动。

自20世纪90年代末以来，供应链管理和供应链系统已经成为学术界和企业界关注的最热门领域之一。许多供应链管理的软件已经被开发出来，这些应用软件能提供非常复杂的分析和计划算法，从而使得商务组织能有效地改变和重构它们的供应链流程。关于供应链管理的概念，美国生产和库存控制协会(APICS)第九版字典中关于供应链管理的定义是："供应链管理是计划、组织和控制从最初原材料到最终产品及其消费的整个业务流程，这些流程链接了从供应商到顾客的所有企业。供应链包含了由企业内部和外部为顾客创造产品和提供服务的各职能部门所形成的价值链。"Fred A.Kuglin 的《以顾客为中心的供应链管理》一书对供应链管理的描述在当今时代更具有代表性,他认为:"制造商与他的供应商、分销商及用户,即整个'外延企业'中的所有环节协同合作,为顾客所希望并愿意为之付出的市场提供一个共同的产品和服务。这样一个多企业的组织,作为一个外延的企业,最大限度地利用共享资源(人员、流程、技术和性能测评)来取得协作经营。其结果是高质量、低成本,迅速投放市场并获得顾客满意的产品和服务。"

(二)供应链上的几种"流"

企业管理实质上是对企业的物流、资金流、人流、信息流的管理。这些"流"的显著特征是按照一定的顺序,由一个阶段向另一个阶段转换,这些转换构成了业务过程。业务过程在形式上是业务活动的锁链,在事实上是创造顾客价值的机制。在为顾客创造价值的过程中,仅仅某一个企业是不可能完成所有业务活动的。为了满足顾客的需求,零售商、分销商、制造商以及供应商之间必须紧密配合,建立高效的、无缝衔接的业务过程。这种面向顾客的、完整的业务过程就是供应链。

一般认为,供应链管理是通过前馈的信息流(需方向供方流动,如订货合同、采购单、加工单等)和反馈的物料流及信息流(供方向需方的物料流及伴随的供给信息流,如提货单、入库单、完工报告等),将供应商、制造商、分销商、零售商直到最终用户连成一个整体的模式。物料沿着供应链流动是最主要的活动,原材料从最初的供应商流动到不同的生产商和装配商,从而完成了整个制造过程,又从生产商流动到一层层的批发商和零售商,最后到达用户手中,实现其最终价值。信息流动的方向是从需方向供方流动,与物料流动的从供方向需方的方向是相反的。物料在供应链上的流动过程中,所包含的用户需求、产品规格、链中各个环节的生产能力、绩效、所遇到的困难和出现的偏差等信息,均应沿着反方向反馈到供应链的上游环节。

资金流不仅包括链上各个成员之间的款项结算,更主要的是投资资金的流动。目前,典型的西方企业可能不愿意在其供应商伙伴中投入资金、投资入股,但在日本企业中,这种资金流动是非常普遍的,甚至日本公司也对其在美国的供应商公司入股。此外,许多企业以提供原料、模具、检测设备等形式为供应商提供资金。这种做法会产生一些问题,如供应商是否会将资金用在其投资伙伴身上,如果供应商将资金挪作他用,必然会导致投资者的反感。

二、供应链管理下的采购管理

采购是企业向供应商购买商品的一种商业行为,企业经营活动所需要的大部分物资是通过采购获得的。传统的采购管理将注意力集中在采购行为本身,考虑如何选择理想的供应商,以获得更好的利益。供应链管理思想要求企业与供应商建立一种新的合作伙伴关系,更有利于供需双方共同获利。企业的采购成本在整个成本中的比重是相当大的，在制造业中，企业的采购资金占最终产品销售额的 40%～60%，对于批发业和零售业企业来说，采购更是整个商务活动中的主要部分，因此，缩减采购成本对于总成本的控制意义重大。

(一)传统采购管理下的采购特点

供应商是企业外部影响企业生产运作的最直接因素，也是保证企业产品的质量、价格、交货期和服务的关键要素之一。现代企业都把建立和发展与供应商的关系作为企业的整体发展战略的重要组成部分。在传统的采购管理中，企业与供应商之间的关系是一种短期的、松散式的关系，这种关系主要特点如下。

(1) 采购商与供应商双方的关系往往是临时性的，而且竞争多于合作。采购商常常以势压人、讨价还价；而供应商一旦中标，就想尽办法抬高价格。大量的时间和费用花在了双方的讨价还价和相互抱怨中，这种缺乏合作的气氛增添了采购管理活动的不确定性。

(2) 采购商与供应商双方均隐瞒信息，以获得更多的竞争筹码，不能进行有效的信息沟通。这样，在市场需求发生变化时，链上企业就会反应迟钝，缺乏应变能力。

(3) 由于双方关系松散，都会用较高的库存来防范出现的需求波动或其他意外情况的发生，而这种高库存的成本最终都会转嫁到用户身上，给他们带来利益的损失。

(4) 不完善的质量保证体系，以次品率来进行质量控制，并采取事后检查的方式，因为采购方很难参与供应商的生产组织和质量控制过程，相互的工作是不透明的，只能通过各种质量检验标准进行事后验收，导致了采购物品质量的控制难度加大。

(二)供应链管理下的采购特点

1. 尽量降低供应商的数量

一方面，买方将供应商分层，尽可能地将完整部件的生产甚至设计交给第一层的供应商，这样买方企业的零件设计总量可以大大减少，有利于缩短新产品的开发周期。另一方面，采购商只保持较少数目的供应商，一般一种物料只有一两个供应商，可以使供应商获得规模优势，采购商也从中获得价格优惠。

2. 订单驱动

在传统的采购模式中，采购管理的目的就是补充库存，采购部门不关心企业的生产过程，不了解生产的进度和产品需求的变化，采购管理缺乏主动性，弹性差。在供应链下的采购管理是订单驱动的，制造订单驱动采购订单，采购订单驱动供应订单，这种准时化的订单驱动模式使供应链系统能够及时反映顾客需求，从而降低了库存成本。

3. 长期合作的伙伴关系

买卖双方建立起一种长期合作的战略伙伴关系，简化合同手续以降低交易成本，根据

市场分销,制定目标价格,共同分析成本,共享利润。买方还可以在技术、管理、质量以及人员等方面给供应商以支持,参与供应商的产品设计和质量控制过程,共同制定相关产品质量标准,调动供应商不断优化生产过程、提高产品质量的积极性。同步运营是供应链管理的一个重要组成部分,对于供应商来说,可以以更低廉的价格、更优质的产品来回报采购商。

4. 信息共享

买卖双方均积极地向对方提供自己相关的技术、管理等方面的信息和经验,制订步调一致的生产计划、供货计划、战略计划等。

5. 准时生产制和全面质量管理思想的应用

准时生产制(JIT)的基本思想是:在需要的时候,按照需要的数量,提供所需的物品,并保证需要的质量。准时生产制对于供应链管理思想的贯彻实施有极为重要的意义。JIT 增加了供应链的柔性化和敏捷性,如果没有准时采购,链上企业是难以适应复杂多变的市场需求的。"准时化"是基于任何工序只在需要的时候,按照需要的量生产需要的产品和提供需要的服务的思想。采用的方法是拉动作业,只有下道工序有需求时才开始按需求量生产,不考虑安全库存,采购也是小批量的。为了保证这种拉动过程的平稳运作,JIT 要求全过程的每个阶段都具有高水平的质量、良好的供应商关系以及对最终产品需求的准确预测。

全面质量管理(Total Quality Control,TQC)和准时生产制(JIT)在管理上是紧密相连的,JIT 实施的前提是同时要推行 TQC。TQC 把下道工序视为上道工序的客户,客户满意才是真正的质量标准。这样就把产品的质量与市场联系了起来,变事后验收为事前、事中控制。目前很多产品在供应链优化的基础上采用了过程控制的技术。

6. 精益生产和敏捷制造的出现

精益生产(Lean Production)是日本丰田汽车公司对准时生产制的发展,它是以产、供、销三方紧密协作的一种相对固定的关系为实施背景,是供应链条上最基本、最简单的设置。敏捷制造(AM)是企业根据市场需求个性化发展的趋势,为了更有效合理地利用外部资源,把供应及协作组织看成是虚拟企业的一部分而形成的一次性或短期的供应链关系。在敏捷制造里通常还用到并行工程的思想,以便加快新产品的上市。

(三)供应链采购与传统采购的比较

供应链管理下的采购简称供应链采购,其与传统采购主要有以下四个方面的区别。

(1) 采购动力。传统的采购是为了补充库存,即为库存而采购。供应链模式下的采购却是以订单驱动方式进行的,制造订单的产生是在用户需求订单的驱动下产生的,然后,制造订单驱动采购订单,采购订单再驱动供应商。

(2) 货检情况。传统采购由于是一种对抗关系,所以货物会常常以次充好、贱买贵卖、甚至伪劣假冒、缺斤少两，所以买方进行货检的力度大，工作量大，成本高。而供应链采购，由于供应商自己责任与利润相连，所以自我约束、保证质量，可以免检。这样大大节约了费用、降低了成本、保证了质量。

(3) 双方关系。传统采购模式下双方将要经过报价、询价、还价并谈判，往往在这个过程中双方为了各自利益使双方呈现一种对抗关系。而供应链采购，各个企业之间是一种战略伙伴关系，互相协调、互相配合、互相支持，所以采购通常是在一种非常友好合作的环境中进行的，大家追求的是"利益共享、风险同担"。

(4) 采购目的。传统采购主要追求的是采购成本最低化。而供应链采并购不仅仅追求采购成本最低，更重要的是整体最优化。如及时化采购，以小批量多次数，追求零库存，尽量消除库存成本，从整体上为企业盈利。

 **本章小结**

(1) 采购管理是对采购计划下达、采购单生成、采购单执行、到货接收、检验入库、采购发票的收集到采购结算的全过程进行跟踪、监督并控制的过程。企业采购管理的基本任务是：保证企业所需的各种物资的供应；与供应商建立稳定有效的合作关系，为企业营造一个宽松有效的资源环境；从资源市场获取各种信息，为企业的物资采购和生产决策提供信息支持。

(2) 现代企业依据采购的组织形式及借助的技术手段等因素，可以使用集中采购或联合采购、招标采购、电子采购、JIT 采购及其他一些采购模式。从采购关系角度看，采购策略类型有以下几种：合同策略与备份合同策略、战略合作策略、横向打包策略、长期合作策略、综合成本策略、工作订单策略、竞争策略等。

(3) 采购决策是一个包含不同阶段的过程，其中核心的活动包括：需求分析、资源市场分析、制订订货计划、实施订货计划、采购评估与分析、采购监控等。采购决策需要认真考虑的三个问题：企业是从外部购买零配件和原材料，还是自己生产？企业是与少数几个供应商保持合作关系还是在市场中寻找尽可能多的供应商？企业与供应商之间是单纯的市场交易关系还是需要考虑长期的战略合作关系。

(4) 在供应链管理思想驱动下，现代采购呈现的特点是：尽量降低供应商的数量、订单驱动、长期合作的伙伴关系、信息共享等。

 **本章案例**

两家互联网公司的供应链管理

1. Uber 公司的供应链

我们先拿 Uber 这家新兴的移动互联网新贵来作为案例进行分析好了，简单描述，Uber

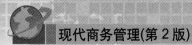

是向用户提供打车服务的，它所提供的是一种服务，方便用户出行的服务，用户通过 Uber 的手机客户端来叫车，然后 Uber 安排车辆来将用户从一个地方载到另一个地方。Uber 的供应链包括两个部分，一部分是司机与车队的建设，另外一部分是手机客户端的升级与维护。也就是说一部分是硬件的，另一部分是软件的。

我们拿 Uber 中国区来举例子，在硬件部分的供应链建设上，Uber 通过与汽车租赁公司合作来解决司机与车队的供应问题，在一个城市中需要与多家汽车租赁公司进行合作，同时还需要对司机进行培训，以及涉及市场开拓的模式，与租赁公司司机的协同和利益分配，因为不仅是车辆与司机数量的增加和司机提供良好的服务，更重要的是不同城市的业务复制问题。

在软件部分的供应链建设则包括了云计算、定位、数据分析、订单处理、支付等软件服务的开发和维护，而这部分由 Uber 在美国的技术团队来完成。不管是硬件上的还是软件上的供应链建设，对于 Uber 所提供的服务来讲都是缺一不可的。而供应链上的建设也对业务多元化产生了实质的影响，比如 Uber 一直想提供的快递服务。我们需要考虑的是提供一个产品或者一项服务，如何保证产品或者服务的质量是供应链的一环，在保证质量的同时能够大规模复制是供应链的又一环，两环都缺一不可。

2. 阿里巴巴的供应链

京东这样的自营电商需要建设供应链没错，为什么阿里巴巴这样的电商平台也需要供应链呢？都可以称为供应链，只是对于每家企业来讲涵义不同罢了。淘宝、天猫是电商网站，他们是为网购用户提供网购服务的，而网购的环节则包括了产品页面信息、订单处理、支付、产品、快递等。

我们与其把淘宝、天猫理解为一个生态圈，不如将它们理解为一个供应链系统，这套系统里面包括了卖家、第三方服务商、阿里的技术团队、支付宝、仓储物流公司、快递公司等。

这样去考虑我们就不难理解最近阿里巴巴在做的许多事情，比如天猫国际，战略重心放在大数据和云计算，支付宝，还有菜鸟网络。因为只有把这些都做到了，阿里巴巴才能为更大规模的用户提供优质稳定的服务。

(资料来源：供应链管理是规模化的必修课，Google 也不例外. http://www.jiemian.com/article/228317.html.)

 思考题

1. 什么是采购管理？
2. 简述三种不同的采购管理模式。
3. 影响供应商选择的因素有哪些？
4. 现代采购决策的基本过程是什么？
5. 现代供应链管理思想是如何影响企业的采购管理？

第七章 现代物流管理

【学习要点及目标】

- 了解物流管理。
- 重点掌握传统物流方式及人们面对这几种物流方式时应做的选择。
- 了解商品储存控制与技术。
- 掌握电子商务下的物流过程。
- 掌握电子商务下的物流模式。
- 掌握电子商务下的物流管理。

【核心概念】

电子商务 物流管理 物流模式 物流过程 储存控制

【引导案例】

锦程物流全球服务中心及其仓储服务

锦程物流全球服务中心是锦程国际物流在线服务有限公司建立的中国首个面向全球客户提供专业的在线物流解决方案和受理物流服务的平台。

锦程国际物流在线服务有限公司通过资源整合和集中采购，降低客户商品的物流成本。

锦程物流全球服务中心全力打造中国物流行业首个专业化全球呼叫中心系统400-020-5556 及物流行业首个专业物流服务网站 www.jc56.com，在业内率先实现了"全年无休、全天 24 小时"在线服务，并通过分布在大连、天津、青岛、上海、宁波、厦门、深圳、广州、杭州、北京、哈尔滨、南京、长沙、武汉、重庆、西安、石家庄、苏州、连云港、成都、东莞、香港、沈阳等沿海重要口岸及内陆城市的物流服务公司，为客户实现网络化和本地化相结合的优质、迅捷、低成本的专业物流服务。

锦程物流拥有丰富的仓储管理经验和专业化的管理队伍，通过科学的作业方法、严格的管理制度、先进的仓储管理系统，为客户提供经济、安全、准确、实时的仓储服务，实现仓储管理的安全化、作业机械化和网络信息化。

锦程物流在上海、广州、海口、天津、西安、青岛等中心城市拥有 9 万多平方米的综合性仓库，配备温感喷淋系统、中央闭路监控系统、全自动消防报警系统、电子防盗系统等安全防护设备，实行 24 小时警卫巡逻制，建立了严格的标准化作业制度。

锦程物流拥有机动及电动叉车、吊车等多种装卸器具，采取先进先出库存管理方法和

5S 日常维护制度(SEIRI 整理、SEITON 整顿、SEISO 清扫、SEIKETSU 清洁、SHITSUKE 素养),根据客户的需求提供储存、再加工、中转、分拨、包装、派送等业务。

锦程物流采用先进的仓库管理信息系统、条形码技术,通过新大洲物流公司网上仓储管理信息平台,形成公司在全国范围的仓储网络管理系统,对仓储各环节实施全过程的资源计划、客户管理、合同管理、订单管理、入库管理、在库管理、出库管理、装卸管理、库存预警、质量监控、商务结算、报表及统计分析等多项管理,提供实时查询货物出入库、调拨、盘点及库存信息、货物的条码信息等服务,实现了仓储作业流程和管理的网络信息化。

(资料来源: http://www.jctrans.cn/service/gbcbook.)

【案例导学】

锦程物流全球服务中心的特点何在? 如何降低客户商品的物流成本? 其物流服务的专业化体现在何处? 其综合性仓库拥有怎样的安保系统? 针对仓库,怎样实现仓储作业流程和管理的网络信息化?

第一节　物流管理概要

一、物流的形式概念与特征概念

物流一词译自英文 physical distribution,简称"PD"。 从物流字面上说,即物品的实体流动。物是指一切物质,如物资、物品、商品、原材料、零部件、半成品等。依据物品流动的区域,习惯上将物流分为宏观物流和微观物流。

宏观物流是跨区域、跨环境的物品流动,如洲际、国际之间的物品流动;微观物流是同一地域、同一环境中的微观运动,如一个生产车间内部物料的流动。

(一)物流的形式概念

顾名思义,从物流的形式出发对物流进行的定义,便是物流的形式概念。它认为:"物流是物品从供应地向接收地的实体流动过程。根据实际需要,将运输、储存、装卸、搬运、流通加工、配送、信息处理等基本功能实现有机结合"——国家标准《物流术语》(GB/T 18354—2001)。这是从物流的外在形式(业务内容)上进行的表述。

(二)物流的特征概念

从特征上把握的物流概念,称为"特征概念"。其核心定义是:物流是供应链流程的一部分,是为了满足消费者需求而对货物、服务及相关信息在起始点与消费地之间高效率、高效益的正向与逆向流动和存储进行的计划、执行和控制的活动。其中，国外被认为较为权威的定义出自美国物流管理协会(2005 年更名为美国供应链管理专业协会，CSCMP)。

无论是形式概念还是特征概念，均揭示了物流的基本使命，即：把正确的商品或服务在正确的时间，以良好的状态传送到正确的地点。

与物流相对应的概念是商流。商流指的是商品所有权的转移。二者之间的辩证关系是：商流过程有可能导致物流，物流过程一般也会导致商流；商流和物流可以同时产生，也可以相互分离；二者的结合，使商品的使用价值和价值得到了彻底实现。

二、物流的特征

建立特征概念的目的是洞察物流概念的内涵，把握物流的特征。物流的特征概念突出强调了物流的系统特征、产业特征、服务特征和理念特征。但需要指出的是，物流概念中提出的四个基本特征是在"二战"以后物流业大发展的基础上逐步形成的，此前的物流业务并不具有这样的特征。

(一)系统特征

物流是在统筹考虑若干个物的流动环节及相应的业务活动后存在一定的节耗增效的效果而提出来的，这就是系统化的基本特征。具体来说，物流活动的系统化，包括内部物流功能的系统化和基于供应链的一体化，对此可运用系统方法和总成本方法加以分析研究。实际上，任何物流方面的理论或实践的实质主题都不是物流活动本身，而是研究物流活动系统化可能产生的效果。正是追求这样的效果，才不断推动着物流业的发展。可以说，没有系统特征，就没有必要去讨论物流问题，物流概念也就失去了其存在的经济价值。

(二)产业特征

物流业是一个产业系统，应从产业发展的层面来统筹考虑物流业的发展。产业是国民经济中具有同一性质，承担一定社会经济功能的生产或其他经济社会活动单元构成的，具有相当规模和社会影响的组织结构体系，构成产业须有四个规定性，即同质规定性、规模规定性、职业化规定性和社会功能规定性。

之所以说物流是一个产业，其原因如下。

(1) 物流业具有产业的同质性。尽管物流作业的内容非常繁杂，技术经济特征各异，但它们都共同依托于物的流动过程并为物的流动过程服务，包括流动时间设计、流动空间设计、批量设计、运送、仓储、流通加工等，而且物流业是在共同的理念指导下统驭在系统之中的，各项业务之间、各环节之间存在着密切的内在联系，在共同努力下输出能提高物流过程效率与效益的、有机联系的服务体系，具有产业内在的关联性及类聚性的特征。需要特别强调的是物流服务体系内在关联性(有机整体特征)，其中任何一个环节、任何一项业务都有可能导致服务体系的输出偏差。这也可以看成是物流业的统一的目标取向和价值观念。汽车工业是一个产业，但与物流业类同，生产汽车的作业内容非常繁杂，各项作业的技术经济特征各异，任何一项作业都有可能导致最终产品——汽车的质量事故。汽车产业与物流产业不同的是前者产出汽车，而后者产出服务体系。两类不同性质的产品都是由各种各样的作业有机组合形成的，都具有产业同质性的特征。

(2) 物流业具有规模规定性，即构成产业的企业数量及其产出量必须具有一定规模。2012年，我国在工商管理部门登记的物流企业已达163万家，并形成了以中远、中铁、远成、中邮、德邦、中储股份、南方物流、宅急送、天地华宇、佳吉快运为代表的现代化物流公司。2012年，我国社会物流总额177.3万亿元，按可比价格计算，同比增长9.8%，增速同比回落2.5个百分点。其中，工业品物流总额162万亿元，同比增长10%，占社会物流总额的比重为91.4%，同比提高0.7个百分点；进口货物物流总额11.5万亿元，增长7.8%，增速同比加快3.4个百分点；单位与居民物品物流总额同比增长20.9%，增速同比加快2.6个百分点。

2012年全国物流业实现增加值3.6万亿元，按可比价格计算，同比增长9.1%，增速虽然较上年有所回落，但仍比第三产业增加值增速高出1个百分点。其中，交通运输业增加值增长8.7%，仓储业增加值增长6.8%，批发、零售业增加值增长9.8%，邮政业增加值增长24.1%。物流业增加值占GDP的比重为6.8%，占服务业增加值的比重为15.3%。

(3) 物流业具有职业化规定性，即社会中已经形成了专门从事这一产业活动的职业人员。中国物流人才教育工程于2001年正式启动，2012年已有280所本科院校开设了物流专业(其中物流管理专业198所，物流工程专业82所)；同时，国内外培训机构开设的各种类型的培训、考试和认证工作已经全面展开，如英国皇家物流与运输学会(ILT)的"国际物流职业资格认证"、中国商业技师协会市场营销专业委员会的"物流管理人员职业资格认证"、中国物流与采购联合会的"全国物流职业资格认证"以及美国运输与物流学会的"美国注册物流师CTL认证考试"等，且受训群体不断扩大。这些足见我国物流产业已经或正在走向职业化。

(4) 物流业具有社会功能规定性，即这一产业在社会经济活动中担当一定角色，且是不可缺少的。物流业的发展和实践证明了物流不仅具有运输、仓储、包装、搬运装卸、流通加工、信息服务等物理性功能，更为重要的是物流业能够通过这些功能性活动创造产业增加值，拉动第三产业和国民经济的发展。相关分析指出，2012年物流业实现增加值占第三产业增加值的22.5%，已经成为拉动第三产业发展的稳定因素。

(三)服务特征

物流产业的主要行为方式是提供相关的服务，如运输服务、仓储服务、物流方案设计、工艺流程优化策划、信息服务、配送服务等。同时，物流企业还会涉及一定的工程技术作业，如流通加工工程(包括包装工程)、安装工程、专项技术服务工程等，但这些作业主要属于辅助性的，产品生产的主体加工过程不在其列。此外，有些时候物流企业还可能从事制造企业的部分工艺环节，但这都是优质物流服务衍生的结果，并不具有本源性，也就是说制造企业让渡部分生产工艺环节的依据不是物流企业从事这一环节的专业水平与能力，而是让渡的物流服务能够带来的效益。总体上说，物流具有服务的特征，这是界定产业归属的主要依据。换句话说，物流产业属于第三产业的范畴。

(四)理念特征

如果把具体的作业方式和内容比作产业构成的实体，那么理念则属于该产业的"魂"。只有"魂"与"体"的有机结合，才能构成具有生命力的产业系统。理念是与发展逻辑相适应的观念或理性的、明智的观念，而指导物流产业发展的基本理念是整体优化。所谓"优化"，其根本标志就是能够创造使各相关利益主体都能接受的利益增量。它涉及两个层面的内涵：一是必要的利益增量，二是该利益增量在相关利益主体之间的合理分配。物流产业正是在这样的优化理念指导下逐步发展形成的。"整体"作为优化的限定修辞，是基于物流产业的层面来界定的，特指参与优化过程的相对独立的利益主体至少有两个，最简单的形式是一方为物流服务的供给企业，另一方为物流服务的对象——物流服务需求企业。因此，物流产业只能从时间、空间、工艺、技术等方面对物流过程进行统筹策划并提供实施保障的基础上，通过寻求各相关利益主体均可能获得可接受的利益增量来谋求自身的发展。也就是说，物流服务企业在寻求服务对象以拓展业务时，必须根据服务对象的具体要求(包括经济利益的要求和具体业务的要求)与自身的资源充分整合有机地结合起来，并以可能获得的利益水平来决定取舍(合作与否)。更通俗地说，双方合作的基础是"双赢"，除此之外别无选择。

此外，理念特征的引入还表明物流的另一个含义，即研究物流的基础平台是在特定理念统驭下的物流产业体系，而不是物流作业本身。脱离这一体系来研究物流将失去其对现实发展的指导意义。例如，只有在物流体系下研究运输活动，才具有物流发展层面上的意义，如果把运输独立于物流体系之外进行专门的分析研究，这只能算运输业，而不属于物流业范畴。

三、物流的微观作用

物流的微观作用，概要地说，包括服务商流、保障生产和方便生活三个方面。

(一)服务商流

在商流活动中，商品所有权在购销合同签订并履行的过程中，便由供方转移到需方，而商品实体并没有因此而移动。除了非实物交割的期货交易，一般的商流都必须伴随相应的物流过程，即按照需方(购方)的需要将商品实体由供方(卖方)以适当方式、途径向需方转移。在这整个流通过程中，物流实际上是以商流的后继者和服务者的姿态出现的。没有物流的作用，一般情况下，商流活动都会退化为一纸空文。电子商务的发展需要物流的支持，就是这个道理。

(二)保障生产

从原材料的采购开始，便要求有相应的物流活动，将所采购的原材料运送到位，否则，整个生产过程便成了无米之炊；在生产的各工艺流程之间，也需要原材料、半成品的物流过程，实现生产的流动性。就整个生产过程而言，实际上就是系列化的物流活动的过程。合理化的物流，通过降低运输费用而降低成本，通过优化库存结构而减少资金占压，通过强化管理进而提高效率等方面的作用，实现促进整个社会经济水平的提高。

(三)方便生活

实际上，生活的每一个环节，都有物流的存在。通过国际运输，可以让世界名牌出现在不同肤色的人身上；通过先进的储藏技术，可以让新鲜的果蔬在任何季节亮相；搬家公司周到的服务，可以让人们轻松地乔迁新居；多种形式的行李托运业务，可以让人们在旅途中享受舒适的情趣；等等。

四、物流的宏观作用

物流对我国国民经济的增长起到了基础性支撑作用。表现在：①保障国民经济的持续、稳定、健康发展；②促进国民经济各行业资源的配置；③推动了经济增长方式的转变；④促进区域经济发展；⑤推动物流业相关产业的快速发展。

物流对国国民经济的细胞——企业的发展至关重要。表现在：①开发物流对于我国企业压缩资金占用和加快资金周转具有重大的现实意义。从全国来看，物流的潜力非常巨大，据统计，1998 年年底列入国家统计局统计 18.2 万家独立核算工业企业产成品库存 6 094 亿元人民币，占其全年产品销售收入的 9.6%；如果再加上应收账款 12 315 亿元，两项资金合计占用为产品销售收入的 29.1%。同年这 18.2 万家企业流动资产周转次数仅为 1.41 次。②优化企业物资供应链，可以极大地节约企业的运输成本。从企业运输成本看，我国仍有 20%的空间可以去努力。只要我们能够将现有运输成本再降低 10%左右，我们的国民经济总体水平就能出现一次新的飞跃。

综上，大力推进现代物流产业，把彼此分割的环节连接起来，优化企业物资供应链，是我国国民经济发展的迫切需要。

五、对传统运输方式的彻底变革——物流服务

相对于传统运输方式来说，物流服务专业化是一次革命性的突破。具体体现在以下几点。

(1) 集成了多种运输方式。把传统运输方式下相互独立的海、陆、空的各个运输方式按照科学、合理的流程组织起来，从而使客户获得最佳的运输路线、最短的运输时间、最高的运输效率、最安全的运输保障和最低的运输成本，形成一种有效利用资源、保护环境的"绿色"服务体系。

(2) 打破了运输环节独立于生产环节之外的行业界限。通过供应链的概念建立起对企业供产销全过程的计划和控制，从整体上完成最优化的生产体系设计和运营，在利用现代信息技术的基础上，实现对货物流、资金流和信息流的有机统一，降低了社会生产总成本，使供应商、厂商、销售商、物流服务商及最终消费者达到皆赢的战略目标。

(3) 突破了运输服务的中心是运力的观点。强调运输、服务的宗旨是客户第一、客户的需求决定了运输服务的内容和方式，在生产趋向小批量、多样化和消费者需求趋向多元化、个性化的情况下，物流服务提供商需要发展专业化、个性化的服务项目，在此背景下，运力已经不是制约物流业发展的瓶颈，相反，"个性化物流"已成必然的趋势。

(4) 加强了运输流程管理和商业科技信息情报的开发。在各种运输要素中，物流更着眼于运输流程的管理和商业科技信息情报的开发，使传统运输的作业变为公开和透明的，有利于适应生产的节奏和产品销售计划的变化。

第二节　传统运输方式及其选择

一、运输的定义及作用

运输是物品借助各种运输手段在空间上的移动或流动。运输是物流的主要职能之一。运输活动是物流业务最重要的构成因素，它为货物创造空间效用，使其潜在的使用价值成为可以满足社会消费的现实的使用价值。

二、传统运输的主要方式

在我国目前的运输活动中，主要有铁路、公路、航空、水路、管道、联运等运输方式。

(一)铁路运输

铁路运输是指在铁路上以车辆编组成列车载运货物的一种运输方式，是现在最重要的货物运输方式之一。铁路是国民经济的大动脉，它与其他运输方式相比较，具有以下主要特点。

(1) 准确性和连续性强。铁路运输几乎不受气候影响，一年四季可以不分昼夜地进行定期的、有规律的、准确的运转。

(2) 运速快。铁路货运速度每昼夜可达几百千米，一般货车可达 100 km/h 左右，远远高于海上运输。

(3) 运量大。一列货物列车一般能运送 3 000~5 000 吨货物,远远高于航空运输和汽车运输。

(4) 安全,风险远比海上运输小。

(5) 成本低。铁路运输费用仅为汽车运输费用的几分之一到十几分之一,运输耗油约是汽车运输的二十分之一。

(6) 初期投资大。铁路运输需要铺设轨道、建造桥梁和隧道,建路工程艰巨复杂;需要消耗大量钢材、木材;占用土地,其初期投资大大超过其他运输方式,路基、站场等建筑工程投资大。

(7) 作业时间长,不灵活。不利于运距较短的运输业务;受轨道限制,灵活性较差,不能实现门到门直达运输。

(二)公路运输

公路运输一般指汽车运输,具体而言是指一种使用汽车在公路上卸载货物的运输方式。其特点如下。

(1) 机动灵活。由于公路运输网一般比铁路、水路网的密度要大十几倍,分布面也广,因此公路运输车辆可以"无处不到、无时不有"。公路运输在时间方面的机动性也比较大,车辆可随时调度、装运,各环节之间的衔接时间较短。尤其是公路运输对客、货运量的多少具有很强的适应性,汽车的载重吨位有小(0.25~1 t)有大(200~300 t),既可以单个车辆独立运输,也可以由若干车辆组成车队同时运输,这一点对抢险、救灾工作和军事运输具有特别重要的意义。

(2) 直达运输。由于汽车体积较小,中途一般也不需要换装,除了可沿分布较广的路网运行外,还可离开路网深入工厂企业、农村田间、城市居民住宅等地,即可以把旅客和货物从始发地门口直接运送到目的地门口,实现"门到门"直达运输。这是其他运输方式无法比拟的特点之一。

(3) 运速较快。在中、短途运输中,由于公路运输可以实现"门到门"直达运输,中途不需要倒运、转乘就可以直接将客货运达目的地,因此,与其他运输方式相比,其客、货在途时间较短,运送速度较快。

(4) 投资少,周转快。公路运输与铁、水、航运输方式相比,所需固定设施简单,车辆购置费用一般也比较低,因此,投资兴办容易,投资回收期短。据有关资料表明,在正常经营情况下,公路运输的投资每年可周转 1~3 次,而铁路运输则需要 3~4 年才能周转一次。

(5) 驾驶技术易学。相对于火车司机或飞机驾驶员的培训要求来说,汽车驾驶技术比较容易掌握,对驾驶员的各方面素质要求相对也比较低。

(6) 运量小,成本高。目前,世界上最大的汽车是美国通用汽车公司生产的矿用自卸车,长 20 多米，自重 610 t，载重 350 t 左右，但仍比火车、轮船少得多；由于汽车载重量小，行驶阻力比铁路大 9～14 倍，所消耗的燃料又是价格较高的液体汽油或柴油，因此，除了航空运输，就是汽车运输成本最高了。

(7) 运行持续性较差。据有关统计资料表明，在各种现代运输方式中，公路的平均运距是最短的，运行持续性较差。如我国 1998 年公路平均运距客运为 55 km，货运为 57 km，铁路客运为 395 km，货运为 764 km。

(8) 安全性较低，污染环境较大。据历史记载，自汽车诞生以来，已经吞噬掉 3000 多万人的生命，特别是 20 世纪 90 年代以来，死于汽车交通事故的人数急剧增加，平均每年达 50 多万。这个数字超过了艾滋病、战争和结核病人每年的死亡人数。汽车所排出的尾气和引起的噪声也严重地威胁着人类的健康，是大城市环境污染的最大污染源之一。

(三)航空运输

航空运输是一种现代化的运输方式，航空运输虽然起步较晚，但发展异常迅速，特别是受到现代化企业管理者的青睐，原因之一就在于它具有许多其他运输方式所不能比拟的优越性。概括起来，航空货物运输的主要特点如下。

(1) 速度快。"快"是航空运输的最大特点和优势。现代喷气式客机，巡航速度为 800～900 km/h，比汽车、火车快 5～10 倍，比轮船快 20～30 倍。距离越长，航空运输所能节约的时间越多，快速的特点也越显著。

(2) 机动性大。飞机在空中飞行，受航线条件限制的程度比汽车、火车、轮船小得多。它可以将地面上任何距离的两个地方连接起来，可以定期或不定期飞行。尤其对灾区的救援、供应、边远地区的急救等紧急任务，航空运输已成为必不可少的手段。

(3) 舒适、安全。喷气式客机的巡航高度一般在 10 000 m 左右，飞行不受低气流的影响，平稳舒适。现代民航客机的客舱宽敞，噪声小，机内有供膳、视听等设施，旅客乘坐的舒适程度较高。由于科学技术的进步和对民航客机适航性严格的要求，航空运输的安全性比以往已大大提高。

(4) 基本建设周期短、投资小。要发展航空运输，从设备条件上讲，只要添置飞机和修建机场。这与修建铁路和公路相比，一般来说，建设周期短、占地少、投资省、收效快。据计算，在相距 1 000 km 的两个城市间建立交通线，若载客能力相同，修筑铁路的投资是开辟航线的 1.6 倍，开辟航线只需 2 年。

(5) 飞机机舱容积和载重量都比较小，运载成本和运价比地面运输高。

(6) 由于飞行受气象条件的限制，影响其正常性、准点性。

(7) 航空运输速度快的优点在短途运输中难以充分发挥。因此，航空运输比较适宜于 500 km 以上的长途客运，以及时间性强的鲜活易腐和价值高的货物的中长途运输。

(四)水路运输

水路运输是利用船舶、排筏和其他浮运工具，在江、河、湖泊、人工水道以及海洋上运送旅客和货物的一种运输方式。它是我国综合运输体系中的重要组成部分，并且正日益显示出它的巨大作用。水路运输按其航行的区域，大体上可分为远洋运输、沿海运输和内河运输三种形式。远洋运输通常是指除沿海运输以外所有的海上运输。沿海运输是指利用船舶在我国沿海区域各地之间的运输。内河运输是指利用船舶、排筏和其他浮运工具，在江、河、湖泊、水库及人工水道上从事的运输。水路运输具有以下特点。

(1) 航道便利。水运主要利用江、河、湖泊和海洋的"天然航道"来进行。水上航道四通八达，通航能力几乎不受限制，而且投资小。

(2) 运量大，成本低。水上运输可以利用天然的有利条件，实现大吨位、长距离的运输。因此，水运运量大，成本低，非常适合于大宗货物的运输。

(3) 便于国际贸易。水路运输是开展国际贸易的主要方式，是发展经济和友好往来的主要交通工具。

(4) 水路运输受自然条件的限制与影响大。即受海洋与河流的地理分布及其地质、地貌、水文与气象等条件和因素的明显制约与影响。

(5) 航线受限。河流与海洋的地理分布有相当大的局限性，水运航线无法在广大陆地上任意延伸，因此对综合运输的依赖性较大。

(五)管道运输

管道运输是随着石油和天然气产量的增长而发展起来的，是借助管道运送气体、液体、流体的运输技术，目前已成为陆上油、气、颗粒煤运输的主要运输方式。近年来，输送固体物料的管道，如输颗粒煤、输精矿管道，也有很大发展。管道运输的特点如下。

(1) 可以连续运输，不受气候影响，全天候，送达货物的可靠性高。

(2) 管道可以走捷径，运输距离短。

(3) 运输量大，国外一条直径720mm的输煤管道，一年即可输送煤炭2 000万吨，几乎相当于一条单线铁路的单方向的输送能力。

(4) 环境效益高，没有有害物质排放。

(5) 运输工程量小，占地少，管道运输只需要铺设管线，修建泵站，土石方工程量比修建铁路小得多。而且在平原地区大多埋在地底下，不占农田。

(6) 能耗小，在各种运输方式中是最低的。

(7) 安全可靠，无污染，成本低。

(8) 可以实现封闭运输，损耗少。

(9) 专用性强，运输货物过于专门化，运输物品仅限于气体、液体、流体。

(10) 管道起输量与最高运输量间的幅度小，因此，在油田开发初期，采用管道运输困难时，还要以公路、铁路、水陆运输作为过渡。

(11) 永远单向运输，机动灵活性差。

(12) 固定投资大。

(六)集装箱运输

集装箱运输是以集装箱作为运输单位进行货物运输的一种现代化运输方式。集装箱化是 20 世纪 60 年代初出现的现代化运输方式，是现代化运输业发展的必然趋势，发展很快。尽管集装箱船在世界商船总吨位中仅占 3%，但却占杂货运量的 1/4，有些国家的货物装箱运输的比重已达 80%以上。集装箱就是把要运送的货物先装在统一规格的箱子里，然后将箱子放在船上或车上。集装箱越大，货运的成本越低，但是大型货物箱子不宜运送到小批量供应点。因此，现在不少国家既有几十吨重的大型集装箱，也发展了一些小容量的集装箱。集装箱运输，特别是在海洋运输中具有许多特点。

(1) 运量大。事先把要运输的零散货物装在箱子里，便于机械化装卸，大大缩短了船只在港口停泊的时间和货物在仓库里存放的时间，加快了货物运送的速度，降低了运输费用；箱子规格统一，在同容积船上装的货物也多，增加了运输量。

(2) 减少破损。集装箱装卸，可以保证货运时完整无损，几乎可以完全消除物品的耗损量，大大减少损坏与赔偿。如平时运送玻璃板，损坏率高达 15%，而采用集装箱运输，仅损坏 0.2%～1%。

(3) 节约包装材料。散装运输和采取简单包装的包装材料多为一次性使用；而集装箱则可多次使用，并可减少装箱和拆箱费用。总之，集装箱化可以加快运输速度，降低运费，便于海陆联运。

(4) 包装费用高。 一般来说，船公司只要求一个公司包一个箱，如果你的货物装不了一个箱，相对来说费用也就高了。另外，集装箱有重量的限制，如果超重，就要加收费用。

(七)联合运输

联合运输是综合性的运输组织模式，是指运输企业通过一次托运、一次结算、一票到底、全程负责的运输组织程序提供的两种以上运输方式或两程以上运输相衔接的全程运输服务以及产、供、运、销等各主体间的运输协作。联合运输简称"联运"，其特点是：综合性、系统性、全程性、通用性。

联合运输的意义在于：①联合运输的普及程度和效率高低关系到现代物流系统的整体运作效率；②联合运输从分工的角度提高了整个社会的生产效率，能够极大地促进国民经济的发展；③联合运输将增强整个运输过程的系统性，可以有效地整合运输系统的资源；④联合运输企业可以提供"一揽子"的运输服务，初步具备了"第三方"物流经营人的特征，为第三方物流奠定了基础；⑤联合运输应用到多种信息技术，从而有力地推动了物流信息系统的建立和发展；⑥联合运输的开展和普及，是发展现代物流的前提和基础。

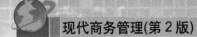

联合运输的种类：按照运输对象可分为：货物联运、旅客联运；按照组织方式和体制可分为：协作式和衔接式；按照货物运输批量大小和运输距离远近可分为：大宗货物的干线联运、支线间联运；按照地理范围可分为：国内联运、国际联运；按照交通方式可分为：水陆联运、陆空联运、水陆空联运；按照交通工具可分为：铁路—水路联运、铁路—公路联运、公路—水路联运，公路—航空联运和更为复杂的组合形式；按照联合运输的发展阶段、出现先后和先进程度可分为：传统联运、集装箱联运、国际多式联运。

三、选择运输方式的影响因素

由于各种运输方式和运输工具都有各自的特点，而且不同特性的货物对运输的要求也不一样，所以要制定一个选择运输方式的标准是困难且不现实的。但是，根据物流运输的总目标，可以确定选择运输方式的影响因素。

一般来讲，选择运输方式主要考虑以下因素：运输物品的性能；运速和路程；运输的可行性、一致性、可靠性；运输费用；市场需求的缓急程度等。

(一)商品性能特征

这是影响企业选择运输工具的重要因素。一般来讲，粮食、煤炭等大宗货物适宜选择水路运输；水果、蔬菜、鲜花等鲜活商品，电子产品，宝石以及时令性商品等宜选择航空运输；石油、天然气、碎煤浆等适宜选择管道运输。

(二)运速和路程

运输速度的快慢、运输路程的远近决定了货物运送时间的长短。而在途运输货物犹如企业的库存商品会形成资金占用。一般来讲，批量大、价值低、运距长的商品适宜选择水路或铁路运输；而批量小、价值高、运距长的商品适宜选择航空运输；批量小、距离近的适宜选择公路运输。

(三)运输的可行性

不同运输方式的运输可行性也有很大的差异。公路运输最可行，其次是铁路，水路运输与航空运输只有在港口城市与航空港所在地才可行，管道运输的局限性更为强烈。

(四)运输的一致性

运输的一致性是指在若干次装运中履行某一特定的运次所需的时间与原定时间或与前N次运输所需时间的一致性。它是运输可靠性的反映。近年来，托运方已把一致性视为高质量运输的最重要的特征。如果给定的一项运输服务第一次花费两天、第二次花费了六天，这种意想不到的变化就会对生产企业产生严重的物流作业问题。厂商一般首先要寻求实现运输的一致性，然后再提高交付速度。如果运输缺乏一致性，就需要安全储备存货，以防预料不到的服务故障。运输一致性还会影响买卖双方承担的存货义务和有关风险。

(五)运输的可靠性

运输的可靠性是考察运输服务质量的重要指标。对运输服务质量来说，关键是要精确地衡量运输可行性和一致性，这样才有可能确定总的运输服务质量是否达到所期望的服务目标。运输企业如要持续不断地满足顾客的期望，最基本的是要承诺对运输质量不断地提升。

(六)运输费用

企业开展商品运输工作必然要支出一定的财力、物力和人力，各种运输工具的运用都需要企业支出一定的费用。因此，企业进行运输决策时，要受其经济实力以及运输费用的制约。如果企业经济实力较弱，就不可能使用运费高的运输工具，如航空运输。也不能自设一套运输机构来进行商品运输工作。

(七)市场需求的缓急程度

在某些情况下，市场需求的缓急程度也决定着企业应当选择何种运输工具。如果是市场急需的商品必须选择速度快的运输工具，如航空或汽车直达运输，以免贻误时机；反之，则可选择成本较低而速度较慢的运输工具。

上述因素并非互相独立，而是紧密相连，共同决定了最终的运输方式的选择。

四、物流运输的合理化

(一)运输合理化的含义及作用

运输合理化，就是从物流系统的总体目标出发，按照货物流通规律，运用系统理论和系统工程原理和方法，合理利用各种运输方式，选择合理的运输路线和运输工具，以最短的路径、最少的环节、最快的速度和最少的劳动消耗，组织好货物的运输与配送。

由此可见，运输合理化的最主要表现是运输方式合理、运输路线合理、运输工具合理，如此才能实现运速快、运费低的目的，而实现运输合理化的关键是按照货物流通规律，运用系统理论和系统工程原理和方法。

运输合理化的重要作用如下。

(1) 加速社会再生产进程。按照市场经济的基本要求，组织货物的合理运输，可以使物质产品迅速地从生产地向消费地转移，加速资金的周转，促进社会再生产过程的顺利进行，保持国民经济稳定、健康的发展。

(2) 有效节约运输费用。运输费用是构成物流费用(成本)的主要部分。物流过程的合理运输，就是通过运输方式、运输工具和运输路线的选择，进行运输方案的优化，实现运输

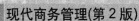

合理化。运输合理化必然会达到缩短运输里程，提高运输工具的运用效率，节约运输费用、降低物流成本的目的。

(3) 有效缩短运输时间，加快物流速度。合理组织运输活动，可缩短货物在途时间，实现到货及时、降低库存商品的数量、加快物流速度的目的。

(4) 有效节约运力，节约能源。运输合理化克服了许多不合理的运输现象，从而节约了运力，提高了货物的通过能力；同时，由于货物运输的合理性，降低了运输中的能源消耗，提高能源利用率。

(二)影响物流运输合理化的因素

追求运输的合理化、安全化、快速化是运输管理的目标。要实现整个运输三化的要求，必须考虑五种因素的影响，即运输距离、运输环节、运输工具、运输时间和运输费用。

(1) 运输距离。运输过程中，运输时间、运输费用等若干技术经济指标都与运输距离有一定的关系，运距长短是决定运输合理与否的一个最基本的因素，企业应尽可能就近运输，避免舍近求远。

(2) 运输环节。每增加一个运输环节，势必要增加运输的附属活动，如装卸、包装等，各项技术经济指标也会因此发生变化，因此减少运输环节有一定的促进作用。运输过程中，应尽量减少中间环节，争取直达运输。

(3) 运输工具。各种运输工具都有其优势领域，对运输工具进行优化选择最大限度地发挥运输工具的特点和作用，是运输合理化的重要的一环。要根据运输货物的性质、运价的高低、运输时间以及运输中的灭失与损坏的可能性选择运输工具。

(4) 运输时间。运输时间的缩短对整个流通时间的缩短有决定性的作用。为缩短运输时间，需加速运输工具的周转，充分发挥运力效能，减少货物运输环节，压缩待运期，使大批货物不要长期停留在运输过程中。

(5) 运输费用。运费在全部物流费用中占很大的比例，运费高低在很大程度上决定整个物流系统的竞争能力。实际上，运费的相对高低，无论对货主还是对物流企业都是运输合理化的一个重要标志。运费的高低也是各种合理化措施是否行之有效的最终判断依据之一。

(三)运输合理化的主要方法

(1) 分区产销平衡。分区产销平衡就是在组织物流活动时，对某些产品使其在一定的生产区域同等于一定的消费区内，实行这一办法对于加强产、供、运、销的计划性，消除过远运输、迂回运输、对流运输等不合理运输，充分利用地方资源，促进生产合理布局，节约运力，降低物流成本都有十分重要的意义。

(2) 直达运输。直达运输是指在组织运输过程中，跨过商业、物资仓库或其他中间环节，把货物从运地直接一步到位地运到销地或用户手中，减少中间环节。随着市场经济的发展，企业为了降低流通费用，采用直达运输的比例在迅速提高，这为减少物流中间环节，提高物流效益和生产经营效益都有重要作用。

(3) 提高"装载量"。这种办法可以最大限度地利用运载工具的装载吨位和装载容积，提高运输能力和车辆的运量。主要方法：①实行分单体运输；②组织轻重配装；③提高堆码技术；④合装整车，也叫"零扭"，拼装整车中转分运。

(4) 推进综合运输。大力发展综合运输体系，推进联合运输方式，可以增强运输生产能力，缓解交通运输紧张的状况。多年来，我国交通运输出现的不平衡情况：有的线路运输压力过大，有些线路运力发挥不够，有的运输方式严重超负荷。而实现综合运输体系将改变这一不协调不平衡的状况，大幅度提高运输能力。推进综合运输的关键是按照各种运输方式的技术经济特征建立合理的运输结构。

(四)不合理运输形式

不合理运输是在现有条件下可以达到的运输水平而未达到，从而造成了运力浪费、运输时间增加、运费超支等问题的运输形式。目前我国存在的主要不合理运输形式如下。

(1) 单程空驶。空车无货载行驶，可以说是不合理运输的最严重形式。在实际运输组织中，有时候必须调运空车，从管理上不能将其看成不合理运输。但是，因调运不当、货源计划不周，不采用运输社会化而形成的空驶，是不合理运输的表现。造成空驶的主要原因有：①能利用社会化的运输体系而不利用，却依靠自备车送货提货，这往往出现单程重车、单程空驶的不合理运输；②由于工作失误或计划不周，造成货源不实，车辆空去空回，形成双程空驶；③由于车辆过分专用，无法搭运回程货，只能单程实车，单程回空周转。

(2) 对流运输。在同一线路上或平行线路上做相对方向的运送，而与对方运程的全部或一部分发生重叠交错的运输称对流运输。已经制订了合理流向图的产品，一般必须按合理流向的方向运输，如果与合理流向图指定的方向相反，也属对流运输。在判断对流运输时需注意的是，有的对流运输是不很明显的隐蔽对流，如不同时间的相向运输，但从发生运输的那个时间看，并无出现对流，所以要注意隐蔽的对流运输。

(3) 迂回运输。这是舍近取远的一种运输，即可以选取短距离进行运输而不采用，却选择路程较长的路线进行运送。迂回运输有一定复杂性，不能简单处之，只有当计划不周、地理不熟、组织不当而发生的迂回，才属于不合理运输，如果最短距离有交通阻塞、道路情况不好或有对噪声、排气等特殊限制而不能使用时发生的迂回，不能称不合理运输。

(4) 重复运输。表现为两种形式：一是本来可以直接将货物运到目的地，但是在未达目的地时，在目的地之外的其他场所将货卸下后，再重复装运送达目的地；二是，同品种货物在同一地点一面运进，同时又向外运出。重复运输的最大毛病是增加了非必要的中间环节，这就延缓了商品流通速度，增加了运输费用和货损。

(5) 倒流运输。这是指货物从销地或中转地向产地或起运地回流的一种运输现象。其不合理程度要甚于对流运输，其原因在于：往返两程的运输都是不必要的，形成了双程的浪费。倒流运输也可以看成是隐蔽对流的一种特殊形式。

(6) 过远运输。这是指调运物资舍近求远，近处有资源不调而从远处调，这就造成可采取近程运输而未采取，拉长了货物运距的浪费现象。过远运输具有占用运力时间长、运输工具周转慢、物资占压资金时间长，易出现货损，增加费用支出等弊端。

(7) 运力选择不当。未选择各种运输工具优势而造成的不合理运输现象，常见的有以下几种形式。

① 弃水走陆。在同时可以利用水运及陆运时，不利用成本较低的水运或水陆联运，而选择成本较高的铁路运输或汽车运输，使水运优势不能发挥。

② 铁路、大型船舶的过近运输。不是铁路及大型船舶的经济运行里程却利用这些运力进行运输的不合理做法。主要不合理之处在于火车及大型船舶起运及到达目的地的准备、装卸时间长，且机动灵活性不足，在过近距离中利用，发挥不了运速快的优势。相反，由于装卸时间长，反而会延长运输时间。另外，与小型运输设备比较，火车及大型船舶装卸难度大，费用也较高。

③ 运具承载能力选择不当。不根据承运货物数量及重量而盲目决定运输工具，造成过分超载而损坏车辆或货物不满载而浪费运力的现象。尤其是"大马拉小车"现象发生得较多。由于装货量小，单位货物运输成本必然增加。

(8) 托运方式选择不当。对于货主而言，可以选择最好托运方式而未选择，造成运力浪费及费用支出加大的一种不合理运输。具体表现为：应选择整车未选择，反而采取零担托运；应当直达而选择了中转运输，应当中转运输而选择了直达运输等。

上述的各种不合理运输形式都是在特定条件下表现出来的，在进行判断时必须注意其不合理的前提条件，否则就容易出现判断的失误。例如，对商标不同、价格不同的同一种产品所发生的对流，不能绝对看成是不合理运输，因为其中存在着市场机制引导的竞争。如果强调因为表面的对流而不允许运输，就会起到保护落后、阻碍竞争甚至助长地区封锁的作用。

第三节　传统商品储存控制与技术

一、商品储存的概念及必要性

储存是包含库存和储备在内的一种广泛的经济现象。在任何社会形态中，对于不论什么原因形成停滞的物资也不论是什么种类的物资在没有进入生产加工、消费、运输等活动之前或在这些活动结束之后，总是要存放起来，这就是储存。这种储存不一定在仓库中，也不一定是有储备的要素，而是在任何位置，也有可能永远进入不了再生产和消费领域。但在一般情况下，储存、储备两个概念是不做区分的。

储存的必要性体现在：商品生产与商品消费在时间上具有差异性；商品储存是商品

经营的必要环节；在商品经营运输环节上也必然存在商品储存；商品储存是市场信息的传感器。

二、商品储存的职能

(一)整合物资

整合仓库接收来自一系列制造工厂指定的送往某一特定地点的材料，然后把它们整合成单一的一票进行装运。装运整合是库存的一个经济利益点，通过这种安排，有可能实现最低的运输费率，并减少顾客收货站台发生拥堵的可能性。

(二)分类和交叉站台

分类作业接收来自制造商的顾客组合订货，并把它们装运到指定的顾客处。分类仓库或分类站把组合订货分割成个别的订货，并安排当地的运输部门负责输送。

(三)加工或延期

仓库还可以通过承担加工或参与少量的制造活动，来延期或者延迟生产。

(四)堆存

对商品的合理分类堆码，一方面利于商品的保存，另一方面利于商品的合理出库，从而多方面减少商品损耗。

综上，这种仓储服务的直接经济利益从属于这样一个事实，即：对于所选择的业务来说储存是至关重要的。

三、零库存及其意义

零库存是指物料(包括原材料、半成品和产成品等)在采购、生产、销售、配送等一个或几个经营环节中，不以仓库存储的形式存在，而是均处于周转的状态。

实现零库存，其效益显而易见，例如：库存占用资金的减少；优化应收和应付账款，加快资金周转；库存管理成本的降低；以及规避市场变化和产品升级换代而产生的降价、滞销的风险等。

四、实现零库存的方式

零库存是对某个具体企业、具体商店、车间而言，是在有充分社会储备保障前提下的一种特殊形式。实现零库存的方式如下。

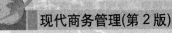

(一)委托保管方式

其核心内容是：接受用户的委托，由受托方代存代管所有权属于用户的物资，从而使用户不再保有库存，甚至可不再保有保险储备库存，从而实现委托方零库存。受托方收取一定数量的代管费用。这种方式的实质是：存货于受托方。这种零库存形式的优势在于：受委托方利用其专业的优势，可以实现较高水平和较低费用的库存管理，用户不再设库，同时减去了仓库及库存管理的大量事务，集中力量于生产经营。但是，这种零库存方式主要是靠库存转移实现的，并不能使库存总量降低。

(二)协作分包方式

协作分包方式，即美国的"SUB-CON"方式和日本的"下请"方式。它是制造企业的一种产业结构形式，这种结构形式的核心是：以若干企业的柔性生产准时供应，使主企业的供应库存为零；同时主企业的集中销售库存使若干分包劳务及销售企业的销售库存为零。

在许多发达国家，制造企业都是以一家规模很大的主企业和数以千百计的小型分包企业组成一个金字塔形结构。主企业主要负责装配和产品开拓市场的指导，分包企业各自分包劳务、分包零部件制造、分包供应和分包销售。例如，分包零部件制造的企业，可采取各种生产形式和库存调节形式，以保证按主企业的生产速率，按指定时间送货到主企业，从而使主企业不再设一级库存；也可通过配额、随供等形式，以主企业集中的产品库存满足各分包者的销售，使分包者实现零库存。

综上，通过协作分包的方式，主企业与分包者可能各自实现零库存。

(三)轮动方式

轮动方式，也称同步方式，是在对系统进行周密设计的前提下，使各环节速率完全协调，从而根本取消甚至是工位之间暂时停滞的一种零库存、零储备形式。这种方式是在传送带式生产基础上，进行更大规模延伸形成的一种使生产与材料供应同步进行，通过传送系统供应从而实现零库存的形式。

(四)准时供应系统

这种方式不是采用类似传送带的轮动系统，而是依靠有效的衔接和计划达到工位之间、供应与生产之间的协调，从而实现零库存。如果说轮动方式主要靠"硬件"的话，那么准时供应系统则在很大程度上依靠"软件"。

(五)看板方式

看板方式是准时方式中一种简单有效的方式，也称"传票卡制度"或"卡片"制度，是日本丰田公司首先采用的。在企业的各工序之间，或在企业之间，或在生产企业与供应者之间，以固定格式的卡片为凭证，由下一环节根据自己的节奏，逆生产流程方向，向上一环节指定供应，从而协调关系，做到准时同步。采用看板方式，有可能使供应库存实现零库存。

(六)水龙头方式(即时供应)

水龙头方式是一种像拧开自来水管的水龙头就可以取水而无须自己保有库存的零库存形式。这是日本索尼公司首先采用的。这种方式经过一定时间的演进，已发展成即时供应制度，用户可以随时提出购入要求，采取需要多少就购入多少的方式，供货者以自己的库存和有效供应系统承担即时供应的责任，从而使用户实现零库存。适用于这种供应形式实现零库存的物资，主要是工具及标准件。

(七)无库存储备

无库存的储备，是仍然保持储备，但不采取库存形式，以此达到零库存。有些国家将不易损失的铝这种战备物资作为隔音墙、路障等储备起来，以备万一，在仓库中不再保有库存就是一例。

(八)配送方式

配送方式是综合运用上述若干方式采取配送制度保证供应，从而实现零库存。

五、商品储存控制的内容

企业更新储存观念，实行零库存是企业挖掘物流利润的重要举措。但零库存并不是企业没有库存。尤其是在无法实现零库存的情况下，必须重视商品储存的控制工作。商品储存控制的重点内容如下。

(一)数量合理

储存的合理数量，就是以保障生产、保障销售为基本原则，并符合经济核算的物资储存量。商品储量大小主要受生产的需求量、进货过程的需要、企业经营管理水平高低三种因素的影响。

(二)结构合理

储存结构，也称物资库存结构，是指在库存物资总量中各类物资所占的比例，以及各类物资中不同规格、不同型号之间储存数量的比例关系。物资储存的合理结构，就是使所存的物资在结构上，即在总量上、档次上、规格型号上能适应企业生产的需要。

(三)时间合理

企业生产对物资的需要，除表现为多样性外，还表现在需要总是出现在一定时点上。

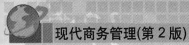

物资储存的合理时间，就是要使所储存的物资适应需要的不同时点。储存时间的确定，一般考虑以下因素：在生产需要出现之前，就要形成物资储存；物资储存的循环，必须以物资的生产周期、进货周期和本企业产品生产周期为转移，使物资储存与物资的生产购进和物资消费衔接起来；物资储存时间的长短，要以物资的理化、生物特性和储存条件的允许为限度。

(四)空间合理

物资储存的合理空间，就是在物资供应过程中，按照需要，物资储存在各个环节、各个空间位置上的合理摆布。确定合理的物资储存空间，必须遵循"利于生产、便于调运、安全可靠"的原则。根据不同地区、不同供货单位、不同物资的经营特点，在不同业务环节和不同地区合理安排物资储存。

六、商品储存控制的原则

(1) 保证质量。这是一切仓储管理活动的中心，各项作业必须有操作标准并严格执行。

(2) 注重效率。提高设备利用率、提高劳动生产率、提高库存周转率。

(3) 确保安全。制定安全制度，杜绝因库存物自身或作业过程或人为疏失等各种不安全因素造成的货品损耗。

(4) 讲求经济。以最少的人财物消耗，及时准确地完成最多的储存任务。

七、储存控制的合理化标准

储存控制是对制造业或服务业经营全过程的各种物品、产成品以及其他资源进行管理和控制，使其储备保持在经济合理的水平上。储存控制包含仓库区的管理及库存数额控制。仓库区的管理包括货品在仓库区域内的摆放方式、区域大小、区域的分布等规划，货品进出仓库的控制遵循先进先出或后进先出。进出货方式的制定包括货品所用的搬运工具、搬运方式，仓储区位置的调整和变动。储存控制合理化的标准主要有以下六项内容。

(1) 质量标准，即要确保储存物不破损、不变质。

(2) 数量标准，即要确保储存物不积压，不短缺。

(3) 时间标准，即要确保储存物合理周转。

(4) 结构标准，即要确保储存物不同品种、不同规格、不同花色的储存数量的比例关系合理，尤其是相关性很强的各种物资之间的比例关系合理。

(5) 分布标准，即储存于不同地区的数量关系合理，并与当地的需求相配。

(6) 费用标准，仓租费、维护费、保管费、损失费、资金占用利息支出等应低于或等于同行业水平。

八、商品储存控制技术

商品储存控制技术很多，主要有 ABC 分类库存法和经济订货批量法。

(一)ABC 分类库存法

1. 含义

ABC 分类库存法又称巴雷特分析法。此法的要点是把企业的物资按其金额大小划分为 A、B、C 三类，然后根据重要性分别对待。

A 类物资是指品种少、实物量少而价值高的物资，其成本金额约占 70%，而实物量不超过 20%；C 类物资是指品种多、实物量多而价值低的物资，其成本金额约占 10%，而实物量不低于 50%；B 类物资介于 A 类、C 类物资之间，其成本金额约占 20%，而实物量不超过 30%。当企业存货品种繁多、单价高低悬殊、存量多寡不一时，使用 ABC 分类法可以分清主次、抓住重点、区别对待，使存货控制更方便有效。通常情况下仅对 A 类物资进行最优批量控制。

2. ABC 分类库存法的管理步骤

(1) 计算每一种存货在一定时间内(一般为 1 年)的资金占用额。

(2) 计算每一种存货资金占用额占全部资金占用额的百分比，并按大小顺序排列，编制表格。

(3) 根据事先规定的标准，将最重要的存货归为 A 类，此类存货的品种数量占全部存货总品种数的 10%左右，而资金占用额可达 70%左右；将一般存货归为 B 类，此类存货的品种数量占全部存货总品种数的 20%～30%，而资金占用额占 15%～30%；将不重要的存货归为 C 类，此类存货的品种数量约占 50%，而资金占用额占 10%左右。

(4) 确定公司的存货控制原则：对 A 类商品——严格控制原则。由于 A 类存货品种数量少，公司完全有能力对 A 类存货进行重点管理和控制，实行最为严格的内部控制制度(比如说定期盘点的间隔期最短)，逐项计算各种存货的经济订货量与再订货点，将存货量严格控制在定额之内，努力加速这类存货的周转；并经常检查有关计划和管理措施的执行情况，以便及时纠正各种偏差。只要能够控制好该存货，一般不会出现什么大问题。对 B 类商品——相对放宽控制原则。对 B 类存货，由于金额相对较小，而品种数量远多于 A 类存货，因此，不必像 A 类存货那样严格管理，可通过分类别的方式进行管理和控制。对 C 类商品——总额控制原则。至于 C 类存货管理可采用较为简化的方法，只要把握一个总金额就可以了，所以，对 C 类存货只要进行一般控制和管理，不必花费较多的管理费用。

(二)经济订货批量法

1. 含义

经济订货批量(EOQ)，即 economic order quantity，是在保证企业需求的情况下，使订货成本和储存成本之和最为经济的一次订货量。它是固定订货批量模型的一种，可以用来确定企业一次订货(外购或自制)的数量。当企业按照经济订货批量来订货时，可实现订货成本和储存成本之和最小化。

订货批量概念是根据订货成本来平衡维持存货的成本。了解这种关系的关键是要记住，平均存货等于订货批量的一半。因此，订货批量越大，平均存货就越大，相应地，每年的维持成本也越大。然而，订货批量越大，每一计划期需要的订货次数就越少，相应地，订货总成本也就越低。把订货批量公式化可以确定精确的数量，据此，对于给定的销售量，订货和维持存货的年度联合总成本是最低的。使订货成本和维持成本总计最低的点代表了总成本。上述讨论介绍了基本的批量概念，并确定了最基本的目标。简单地说，这些目标是要识别能够使存货维持和订货的总成本降到最低限度的订货批量或订货时间。

购进库存商品的经济订货批量，是指能够使一定时期购、存库存商品的相关总成本最低的每批订货数量。企业购、存库存商品的相关总成本包括购买成本、相关订货费用和相关储存成本之和。

2. 经济订货批量模型

经济订货批量模型是目前大多数企业最常采用的货物定购方式。该模型适用于整批间隔进货、不允许缺货的存储问题，即某种物资单位时间的需求量为 D，存储量以单位时间消耗数量 D 的速度逐渐下降，经过时间 T 后，存储量下降到零，此时开始订货并随即到货，库存量由零上升为最高库存量 Q，然后开始下一个存储周期，形成多周期存储模型。

所谓经济订货批量，就是一定条件下使总库存成本最小的经济订货批量。经济批量模型提供了一种简单有效的订货批量决策方法。

其前提假设：①物料需求均衡，且一定时期的需求量已知；②物料补充瞬时完成；③物料单价为常数，即不存在价格折扣；④订货提前确定，即不会发生缺货情况，意味着不考虑保险库存，缺货成本为零；⑤物料存储成本正比于物料的平均存储量；⑥物料订货成本不因订货量大小而变动，即每次订货成本为已知常数。经济订货批量是由年库存从成本公式求导得出的。年总库存成本 TC 的计算公式为

$$TC = \frac{Q}{2}H + \frac{D}{Q}S + PQ$$

式中，Q——每次订货量；

H——单位物料年存储成本，$H=P \times I$；

D——物料年需求量；

S——每次订货成本；

　　I——存储成本；

　　P——物料单价。

　求导后，得出

$$EOQ = \sqrt{\frac{2DS}{H}}$$

$$= \sqrt{\frac{2DS}{PI}}$$

第四节　电子商务下物流过程

一、电子商务物流的起点：包装

(一)包装的概念

　　包装是在物流过程中为保护产品、方便储运、促进销售，按一定的技术方法采用容器、材料及辅助物等将物品包封，并予以适当的装饰标志的工作总称。简言之，包装是包装物及包装操作的总称。

(二)包装在物流中的地位

　　在社会再生产过程中，包装处于生产过程的末尾和物流过程的开始，既是生产的终点，又是物流的起点，处于一种承上启下的地位。

　　在现代物流观念形成以前，包装被天经地义地看作生产的终点，一直被定位为生产领域的活动。包装设计从生产终结的要求出发，因而不能满足流通的要求。当代对物流的研究认为：包装与物流的关系要比包装与生产的关系密切得多，作为物流起点的意义比作为生产终点的意义要大得多。因此，包装应进入物流系统之中，这是现代物流的一个崭新观念。

(三)包装的功能

1. 防护功能

　　包装的防护功能有两方面的含义：一是防止被包装物在物流过程中受到质量和数量上的损失；二是防止危害性内装物对接触的人、生物和环境造成危害或污染。

2. 方便功能

　　包装的方便功能是指便于储运和装卸。经过适当包装的商品，其包装件的外形符合一定的规格，便于仓库存储的堆叠存放，从而提高仓库利用率和增加车船等运输工具的装载能力。其便利性体现在：第一，包装能够较合理地利用物流空间；第二，整齐规矩的包装件外形也便于运输搬运，为装卸活动提供方便，能提高装卸作业效率；第三，包装件外表面的储运标志能方便商品的清点，减少货差，从而提高验收工作效率。

3. 促销功能

包装的促销功能是指包装通过诱导购买者产生购买动机，促成商品的销售，加速商品的流转。包装使生产出来的产品商品化，它能够与其所包装的物品一起创造价值。包装能诱导购买者产生购买动机，起连接商品与消费者的媒介作用。

一般而言，包装的三大基本功能是彼此联系、相辅相成的，它们通过包装融为一体，共同发挥作用。这三个功能是最基本的，但是不同用途的包装其功能的侧重点会有所不同。例如，销售包装侧重于包装促进销售的功能；而运输包装则强调包装的防护、方便功能。

(四)包装的分类

包装一般可分为商业包装和运输包装两种。

商业包装以促进销售为主要目的，其特点是外形美，有必要的装潢，包装单位适合于顾客的购买量及商店陈设的要求。在流通过程中，商品越接近顾客，越要求包装有促进销售的效果。

运输包装是指强化输送、保护产品为目的的包装。运输包装的特点是在满足物流要求的基础上，使包装费用越低越好。

此外，按包装的保护技术分类，包装可分为防潮包装、防锈包装、防虫包装、防腐包装、危险品包装等。

(五)包装的材料

包装材料有容器材料、内包装材料、辅助材料等，主要有下述类别：纸和纸板品；塑料制品；木制容器；金属容器；包装用辅助材料(如黏合利、黏合带、捆扎材料等)。

(六)包装合理化的标准

1. 包装的轻薄化

由于包装只起保护作用，对产品的使用价值没有任何意义，因此，在强度、寿命、成本相同的条件下，更轻、更薄、更短、更小的包装可以提高装卸搬运的效率。而且轻薄短小的包装一般价格比较便宜，如果是一次性包装也可以减少废弃包装材料的数量。

2. 包装的单纯化

为了提高包装作业的效率，包装材料和规格应力求单纯化，包装规格还应标准化，包装形状和种类也应单纯化。

3. 集装单元化和标准化

包装的规格与集装箱关系密切，也应考虑到与运输车辆、搬运机械的匹配，从系统的观点制定包装的尺寸标准。

4. 包装的机械化

为了提高作业效率和包装现代化水平，各种包装机械的开发和应用是永恒的主题，从而使包装的机械化与现代化水平达到与时俱进的状态。

二、电子商务物流的接点：装卸搬运

(一)装卸搬运的含义

装卸是指物品在指定地点以人力或机械装入或卸下运输设备。搬运是在同一场所内，对物品进行水平移动为主的物流作业。装卸搬运是指在同一地域范围内进行的、以改变物品的存放状态和空间位置为主要内容和目的的活动，具体来说，包括装上、卸下、移送、拣选、分类、堆垛、入库、出库等活动。装卸搬运活动频繁发生，作业繁多，是物品易损坏的重要原因之一。

(二)装卸搬运作业的构成

1. 堆放拆垛作业

堆放(或装上、装入)作业是指把货物移动或举升到装运设备或固定设备的指定位置，再按所要求的状态放置的作业；而拆垛(或卸下、卸出)作业则是其逆向作业。

2. 分拣配货作业

分拣是在堆垛作业前后或配送作业之前把货物按品种、出入先后、货流进行分类，再放到指定地点的作业。而配货则是把货物从所在的位置按品种、下一步作业种类、发货对象进行分类的作业。

3. 搬送、移送作业

搬送、移送是为了进行装卸、分拣、配送活动而发生的移动物资的作业，包括水平、垂直、斜行搬送，以及几种组合的搬送。

(三)装卸搬运合理化的原则

1. 消除无效活性

要提高搬运纯度，只搬运必要的物资，为此，要做到：第一，有些物资要去除杂质之后再搬运比较合理以避免过度包装，减小无效负荷；第二，提高装载效率，充分发挥搬运机器的能力和装载空间;第三,中空的物件可以填装其他小物品再进行搬运;第四,减少倒搬次数,作业次数增多不仅浪费了人力、物力,还增加了物品损坏的可能性。

2. 提高搬运活性

搬运活性是指物品放置时要有利于下次搬运,如装于容器内并垫放的物品比散于地面的物品易于搬运;在装上时要考虑便于卸下;在入库时要考虑便于出库,还要创造易于搬运的环境和使用易于搬运的包装。

3. 巧用重力的作用

应设法利用重力移动物品,如使物品在重力作用下在倾斜的轨道运输机上移动。这样一方面避免物品的损失,另一方面提高搬运效率。因此,装卸搬运过程中,应尽量减少人体的上下运动,避免反复从地面搬起重物;避免人力抬运或搬送物品。

4. 合理利用机械

搬运机械大多在以下情况下使用:超重物品;运量大、耗费人力多、人力难以操作的物品;粉体或液体搬运的物料;速度太快或距离太长,人力不能胜任的物品;装卸作业高度差距太大,人力无法操作的物品。今后的发展方向是,即使在人可以操作的场合,为了提高生产率、安全性、服务性和作业的适应性等,也应将人力操作转由机械来实现,人可以在更高级的工作中发挥作用。

5. 保持物流的均衡顺畅

物品的处理量波动大时会使搬运作业变得困难,但是搬运作业受运输等其他环节的制约,搬运节奏不能完全自主决定,搬运者必须综合考虑各方面因素的影响,使物流量尽量均衡,避免忙闲不均的现象。

6. 集装单元化原则

将零放物体归整为统一格式的集装单元称为集装单元化。集装单元化可以达到以下目的:由于搬运单位变大,可以发挥机械的效能,提高作业效率,搬运方便,灵活性好;负载的大小均匀,有利于实行作业标准化;在作业过程中避免物品损伤;对保护搬运的物品有利。

三、电子商务的价值途径:流通加工

(一)流通加工的概念

在流通过程中辅助性的加工活动称为流通加工。流通与加工本属于不同的范畴。加工是改变物质的形状和性质,形成一定产品的活动;而流通则是改变物质的空间状态与时间状态。流通加工则是为了弥补生产过程中的加工不足，更有效地满足用户或本企业的需求，使产需双方更好地衔接，将这些加工活动放在物流过程中完成，而成为物流的一个组成部分。流通加工是生产加工在流通领域中的延伸。

(二)流通加工在物流中的地位

1. 完善流通

流通加工虽不是物流的主要功能要素，但它对物流起着补充、完善、提高、增强的作用，它为提高物流水平，促进流通向现代化发展起着重要的补充作用。

2. 增加利润源

流通加工是一种低投入、高产出的加工方式，往往以简单加工解决问题。实践证明，有的流通加工通过改变装潢使商品档次跃升而充分实现其价值，有的流通加工能将产品利用率提高 20%～50%，这是采取一般方法提高生产率所难以达到的。

3. 是国民经济中重要的加工形式

在整个国民经济的组织和运行方面，流通加工是其中一种重要的加工形态，对推动国民经济的发展、完善国民经济的产业结构和生产分工有一定的意义。

(三)流通加工的作用

1. 提高原材料利用率

利用流通加工将生产厂直接运来的简单规格产品，按照使用部门的要求进行集中下料。例如，将钢板进行剪板、切裁；将钢筋或圆钢裁制成毛坯；将木材加工成各种长度及大小的方板等。集中下料可以优材优用、小材大用、合理套裁，有很好的技术经济效果。例如，北京、济南、丹东等城市对平板玻璃进行流通加工(如集中裁制、开片供应)，使玻璃的利用率从 60%提高到 85%～95%。

2. 进行初级加工，方便用户

对于用量小或临时产生需要的单位，因缺乏进行高效率初级加工的能力，依靠流通加工可使这些使用单位省去进行初级加工的投资、设备及人力，从而搞活供应，方便用户。目前发展较快的初级加工有：将水泥加工成生混凝土、将原木或板方材加工成门窗；冷拉钢筋、冲制异型零件、钢板预处理、整形、打孔等。

3. 提高加工效率及设备利用率

物流企业建立集中加工点后，可以采用效率高、技术先进、加工量大的专门机具和设备，并加大宣传力度，以广招货源。

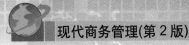

(四)流通加工合理化

流通加工合理化的含义是:为避免各种不合理的流通加工,使流通加工具有高度存在的价值的最优配置过程。

1. 流通加工不合理的若干形式

各种不合理的流通加工都会产生抵消效益的负效应。目前流通加工形式不合理有如下表现。

1) 流通加工地点设置不合理

流通加工地点设置(即布局状况)是整个流通加工是否有效的重要因素。一般而言,为衔接单品种大批量生产与多样化需求,流通加工地设置在需求地区才能实现大批量的干线运输与多品种末端配送的物流优势。如果将流通加工地设置在生产地区,则不合理之处在于:第一,多样化需求要求的产品多品种、小批量由产地向需求地的长距离运输会出现不合理;第二,在生产地增加了一个加工环节,同时增加了近距离运输、装卸、储存等一系列物流活动。

2) 流通加工方式选择不当

流通加工方式包括流通加工对象、流通加工工艺、流通加工技术、流通加工程度等。确定流通加工方式实际上是确定生产加工的合理分工。分工不合理,本来应由生产加工完成的,却错误地由流通加工完成;本来应由流通加工完成的,却错误地由生产过程完成,这些都会造成不合理加工现象。

3) 流通加工作用不大,形成多余环节

有的流通加工过于简单,或对生产者和消费者作用都不大,甚至有时流通加工的盲目性,同样未能解决品种、规格、质量、包装等问题,相反却增加了环节,这也是流通加工不合理的重要形式。

4) 流通加工成本过高,效益不好

流通加工之所以能够有生命力,重要优势之一是有较高的投入产出比,因而起着补充完善的作用。如果流通加工成本过高,则不能实现以较低投入实现较高使用价值的目的。除了一些必需的、政策的要求(即亏损也要进行的加工)外,都应看作是不合理的。

2. 流通加工合理化的途径

实现流通加工合理化主要应考虑以下五个结合。

1) 加工和配送相结合

这是将流通加工设置在配送点,一方面按配送的需要进行加工,另一方面加工又是配送业务流程分货、拣货、配货中的一环。加工后的产品直接投入配货作业,这就无须单独设置一个加工的中间环节,使流通加工有别于独立生产,从而使流通加工与中转流通巧妙地结合在一起。同时,由于配送之前加工,可使配送服务水平大大提高。加工和配送结合是当前对流通加工合理选择的重要形式，在煤炭、水泥等产品的流通中已表现出较大的优势。

2) 加工和配套相结合

在对配套要求较高的流通中，小配套的主体来自各个生产单位，但是，完全配套有时无法全部依靠现有的生产单位。进行适当的流通加工可以有效促成配套，大大提升流通的桥梁与纽带作用。

3) 加工和合理运输相结合

流通加工能有效衔接干线运输与支线运输，促进两种运输形式的合理化。支线运输转干线运输或干线运输转支线运输必须设置停顿环节，而利用流通加工不是进行一般的支转干或干转支运输，而是按支线或干线运输合理的要求进行适当加工，从而大大提高了运输及运输转载水平。

4) 加工和合理商流相结合

通过加工有效的促进销售，使商流合理化，也是流通加工合理化的考虑方向之一。通过加工和配送的结合，强化了销售。此外，通过改变包装加工，形成方便的购买量，通过组装加工来解除用户在使用前组装、调试的难处，从而有效地促进商流。

5) 加工和节约相结合

节约能源、设备、人力、耗费是流通加工合理化重要的考虑因素，也是目前我国设置流通加工，考虑其合理化的普遍形式。

四、电子商务物流的动脉：运输

(一)运输的概念及作用

运输是载运和输送人和物，改变人和物的空间位置的过程。基本运输方式有六种：公路、铁路、水路、航空、管道、联合运输。物流中的运输是指通过运输手段使货物在物流节点之间流动，实现买卖行为。

运输是物流系统的一项重要功能，包括生产领域的运输和流通领域的运输。运输的作用体现在以下四个方面。

1. 运输是物流的主要功能要素之一

根据物流的概念，物流是"物"的物理性运动，这种运动不但改变了物的时间状态，也改变了物的空间状态。而运输承担了改变空间状态的主要任务。运输是改变空间状态的主要手段，运输再配以搬运、配送等活动就能圆满完成改变空间状态的全部任务。

2. 运输是社会物质生产的必要条件

运输是社会物质生产的必要条件，表现在以下四个方面：运输是生产过程在流通领域的继续；运输是连接产销、沟通城乡的纽带；运输是保证市场供应，满足生产建设、实现

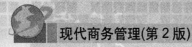

社会生产目的的基本条件；运输能够创造"空间效用"。

3. 运输是"第三利润源"的主要源泉

运输是"第三利润源"的主要源泉，原因是：①运输是运动中的活动，要靠大量的动力消耗才能实现，而运输又承担大跨度空间转移的任务，所以活动的时间长、距离长、消耗大。消耗的绝对数量大，节约的潜力也就大。②运费在全部物流费用中占最高的比例，一般综合分析计算社会物流费用，运输费在其中接近 50%，有些产品的运输费高于生产费，所以节约的潜力是很大的。③由于运输的里程大，运输总量巨大，通过体制改革和运输合理化可大大缩短运输吨公里数，从而获得比较大的节约。

(二)运输方式及其特点、运输合理化

具体内容详见本章第二节。

五、电子商务物流的中心：存储

货物存储在物流系统中是一个相对传统、完善的环节，也是整个生产流通过程中，任何领域都客观存在的，不能为其他物流环节所替代的环节。其主要功能分为：调节供需、保管、配送、提供信息、陈列展示。有关存储的其他内容，详见本章第三节(传统商品储存控制与技术)。

六、电子商务下物流配送中心

1. 物流配送中心的含义

电子商务下物流配送中心是从事货物配备(如集货、加工、分货、拣货、配货)和送货，以高水平实现销售或供应的现代流通设施。

2. 物流配送中心的类型

(1) 按运营主体不同分类：以制造商为主体的配送中心、以批发商为主体的配送中心、以零售商为主体的配送中心、以仓储运输业者为主体的配送中心。

(2) 按配送范围不同分类：城市配送中心、区域配送中心。

(3) 按功能不同分类：专业配送中心、柔性配送中心、供应配送中心、销售配送中心、储存型配送中心、流通型配送中心、加工型配送中心。

(4) 按运作模式不同分类：集货型配送中心、散货型配送中心、混合型配送中心。

3. 电子商务下物流配送中心的特点

在电子商务时代，信息化、现代化、社会化的新型物流配送中心具有物流配送反应快速化、目标系统化、经营市场化、管理法制化、组织网络化、服务系列化、作业规范化、

流程自动化、手段现代化和功能集成化等十大特征。

4. 电子商务下物流配送中心的功能

电子商务下物流配送中心的功能有：集货功能、储存功能、分拣与理货功能、配货与分放功能、流通加工功能、倒装与分装功能、装卸搬运功能、送货功能和信息处理功能。

5. 电子商务下物流配送中心的作业流程

(1) 集货。包括货物采购、接收、验货和收货等具体内容。

(2) 储存。供应商存放在配送中心准备随时满足顾客订货需要的库存。

(3) 分拣、配货、分放。分拣是对确定需要配送的货物种类和数量进行挑选，其方式可采用自动化分拣设备和手工方式。配货有摘果式和播种式。分放往往是对已经分拣并配备好的货物由于不能立即发送，而需要集中在配装区或发货区等待统一发货。

(4) 配装。为提高装货车厢的使用率和运输效率，配送中心把统一送货路线上不同客户的货物组合、配装在同一载货车上，以降低送货成本、避免交通拥挤。

(5) 送货。配送中心利用自备运输工具或借助社会专业运输力量完成送货任务，有的按照固定时间和路线进行，有的不受时间和路线的限制，机动灵活地完成送货任务。

七、电子商务物流作业系统

(一)传统物流作业系统

传统物流作业包括运输、仓储、装卸搬运、配送、流通加工、物流信息、客户服务等环节，其作业内容包括：运输作业、装卸搬运作业、仓储作业、配送作业、物流信息作业、客户服务作业。

(二)电子商务物流作业系统的构成

电子商务物流作业系统主要包括以下几点。

(1) 订单管理。包括接收订单、整理数据、订单确认、交易处理(包括信用卡结算赊欠业务处理)等。

(2) 仓储与分拨。主要从事分拣和存货清单管理。

(3) 运输与交付。确认运输需求、设计运输路线、运输作业实施等。

(4) 退货管理。承担货物的修复、重新包装等业务。

(5) 客户服务。主要负责对顾客的电话、传真、电子邮件的回复以及货物的安装和维修等工作。

(6) 数据管理与分析。对于顾客提交的订单，电子商务物流系统能对相关数据进行分析，产生深度分析报告。

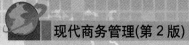

(三)电子商务物流作业流程

物流作业流程与商流、信息流和资金流的作业流程有关，也与商务形式(如普通商务、电子商务)有关。电子商务物流作业流程与普通商务一样，因为目的都是将用户所订货物送到用户手中，基本业务是一样的，包括进货、检验、分拣、储存、拣选、包装、分类、组配、装车、送货等。这两种模式的不同点在于：电子商务的每个订单都要送货上门，而有形店铺销售则无须上门。

第五节　电子商务下物流模式

一、第三方物流

(一)第三方物流的概念

第三方物流(Third Party Logistics，3PL 或 TPL)是指生产经营者为集中精力搞好主业，把原来属于自己处理的物流活动，以合同的方式委托给专业物流服务企业，同时通过信息系统与物流服务企业保持密切联系，以达到对物流全程的管理与控制的一种物流运作与管理方式。因此第三方物流也被称为合同物流。从事第三方物流的企业在委托方物流需求的推动下，从简单的存储、运输等单项活动转为提供全面的物流服务，其中包括物流活动的组织、协调和管理、设计最优物流方案、物流全程的信息收集和管理等。目前第三方物流概念已广泛地被西方流通行业所接受。

(二)第三方物流的特征

1. 以现代电子信息技术为依托

第三方物流要有信息技术的基础设施的提供和支持，信息技术实现了数据快速、准确的传递，提高了仓库管理、装卸运输、采购、订货、配货发运、订单处理的自动化水平。第三方物流提供商投资建立的信息网络，其信息资源与客户企业共享，通过与客户信息系统对接，形成以供应链为基础的高效、便捷的信息平台，提高整个供应链的竞争力。常用的支撑第三方物流的信息技术有 WMS(仓库管理)、EDI(电子交换系统)和条形码等技术。

2. 提供个性化的物流服务

随着经济的发展，市场需求呈现个性化和多样化的发展趋势，导致物流外包者对服务需求的专业个性化趋势更加明显。第三方物流提供商为了提供满意的客户服务，根据客户的产品要求、运输要求、仓储要求和包装要求等进行一体化、专业化的设计，重新整合物流服务过程，帮助企业提高经济效益和客户满意度，同时降低运营成本。

3. 要求与客户企业建立长期战略联盟关系

当今的市场经济复杂多变，竞争越来越激烈，许多企业通过建立联盟来获得竞争优势，使企业形成规模化经营，降低运作成本，还可以共享彼此的网络，提高客户服务能力，从而增强企业竞争力。第三方物流企业为客户提供的不仅是一次性的运输或配送服务，而且是一种具有长期契约性质的综合物流服务，其最终职能是保证客户物流体系的高效运作和不断优化的供应链管理。从本质来说，物流联盟就是通过"双赢"使整体的系统产生更高的效率。

4. 以利益一体化为企业的利润基础

第三方物流企业的利润来源与客户的利益是一致的。第三方物流企业的利润来源不是运费、仓储费用等直接收入，而是与客户一起在物流领域创造的新价值。从本质上讲，第三方物流企业的利润来源于现代物流管理科学推广所产生的新价值，也就是我们经常提到的"第三利润源泉"。

二、第四方物流

(一)第四方物流的定义

目前，国内外对第四方物流的表达方式多种多样，没有一个非常明确和统一的定义。有的定义是"集成商利用分包商来控制与管理客户公司的点到点供应链运用"；还有的把第四方物流定义成"一个集中管理自身资源、能力和技术并提供互补服务的供应链综合解决方法的供应者"；美国著名的互助基金公司——摩根士丹利公司认为，第四方物流就是将"供应链中附加值较低的服务通过合同外包出去后，剩余的物流服务部分"，同时在第四方物流中引入"物流业务的管理咨询服务"。现在学术界比较认同的是埃森哲公司的约翰·加托纳所给的定义，即"第四方物流提供商是一个供应链的集成商，它对公司内部和具有互补性质的服务商所拥有的不同资源、能力和技术进行整合和管理，并提供一整套供应链解决方案"。

第四方物流的主要作用是对制造企业或分销企业的供应链进行监控，在客户、物流和信息供应商之间充当唯一的"联系人"。第四方物流的关键在于为顾客提供最佳的增值服务，即提供迅速、高效、低成本和个性化的服务。发展第四方物流需要平衡第三方物流的能力、技术和贸易管理等，但也能扩大本身营运的自主性。

(二)第四方物流的特征

1. 提供了一整套完善的供应链解决方案

第四方物流集成了管理咨询和第三方物流的能力，提供了一个综合性供应链的解决方案，以有效地适应客户多样化和复杂性的要求，集中所有资源为客户解决问题。这样不仅

能够降低实时操作的成本和改变传统外包中的资产转换，还通过优秀的第三方物流、技术专家和管理顾问之间的联盟，为客户提供最佳的供应链解决方案，而这种方案仅通过上述联盟中的其中一方是很难解决的。

2. 通过对整个供应链产生影响的能力来增加价值

第四方物流能够为整条供应链的客户带来利益。第四方物流充分利用了一批服务提供商的能力，使整个物流系统的流程更加合理，效率更高，从而将产生的利益在供应链的各个环节之间进行平衡，使每个环节的企业客户都可以受益。第四方物流服务供应商不仅能够提供一个全方位的供应链解决方案并关注供应链管理的各个方面，而且能够提供持续更新和优化的技术方案，同时又能满足客户的独特需求。

3. 大幅度降低单位运输成本

由于拥有强大的购买力和货物配载能力，第四方物流企业可以从运输公司或者其他物流服务商那里得到比他的客户更为低廉的运输报价，可以从运输商那里大批量购买运输力，然后集中配载众多客户的货物，大幅度降低单位运输成本。

三、电子物流

(一)概念

电子物流(E-Logistics)也可称为物流电子化或物流信息化，它是指利用电子化的手段尤其是利用互联网技术来完成物流全过程的协调、控制和管理，实现从网络前端到最终客户端的所有中间过程服务，其最显著的特点是各种软件技术与物流服务的融合应用。

(二)特点

1. 电子物流信息系统是前端服务与后端服务的集成

电子物流前端服务包括：咨询服务(确认客户需求)、网站设计与管理、客户集成方案实施等。电子物流后端服务包括六类主要业务：订单管理、仓储与分拨、运输与交付、退货管理、客户服务、数据管理与分析。当顾客通过互联网下订单，需要物流系统能够迅速查询库存清单、查看存货情况，而这些信息又需要反馈给顾客。在整个过程中，订单管理系统需要与仓储系统、库存管理系统密切地协同工作。

2. 电子物流实现物流运营的信息化、自动化、网络化、智能化

物流信息化表现为物流信息的商品化。具体体现在：物流信息收集的自动化、物流信息处理的电子化和计算机化、物流信息传递的标准化和实时化、物流信息存储的数字化等。信息化是一切的基础，没有物流的信息化，任何先进的技术设备都不可能应用于物流领域。

物流自动化的基础是信息化，核心是机电一体化，外在表现是物流活动的程序化处理。物流自动化的效果是省人、省力，另外还可以扩大物流作业能力，提高劳动生产率，减少物流作业的差错等。物流自动化的设施非常多，如条形码、射频自动识别系统、货物自动分拣与自动存取系统、自动导向车及货物自动跟踪系统等。

物流网络化是物流配送系统的计算机信息网络，包括物流配送中心与供应商或制造商的联系要通过计算机网络，另外与下游顾客之间的联系也要通过计算机网络通信。比如物流配送中心向供应商提出订单这个过程，就可以使用计算机通信方式，借助于增值网上的电子订货系统和电子数据交换技术来自动实现，物流配送中心通过计算机网络收集下游客户订单的过程也可以自动完成。

物流智能化是物流自动化、信息化的一种高层次应用，物流作业过程中大量的运筹和决策，如库存水平的确定、运输(搬运)路径的选择、自动导向车的运行轨迹和作业控制、自动分拣机的运行、物流配送中心经营管理的决策支持等问题都需要借助于大量的支持才能解决。在物流自动化的进程中，物流智能化是不可回避的技术难题。

(三)电子物流服务的构成因素

电子物流服务由订单管理、仓储、运输、客户服务四部分组成，各部分均以组织结构、运营方式和专业技术为依托。

1. 订单管理

此项业务包括接收订单、整理数据、订单确认、交易处理等。

2. 仓储

虚拟存货管理系统可以帮助客户通过网络资源有效地管理存货流量，还可以对货物进行监控，及时、准确地获取仓库湿度、温度等信息。电子物流的其他功能，如电子施封、自动质量检测系统等，都有助于提高仓储管理的整体效率。

3. 运输

电子物流系统需要通过网上数据录入系统(online documentation system)实现对运输的管理。通过将传统的海运提单、空运提单、运输发票、海关清单中的信息数字化，网上数据录入系统可以确保运输订单及时准确地从客户端传递到操作中心。在运输过程中，客户可以透过网络全程跟踪货物的运输情况，进而确保货物能及时、准确地运送到指定地点。

4. 客户服务

客户服务包括售前和售后服务，同时含有对顾客的电话、传真、电子邮件的回复等，处理的内容包括存货信息、货物到达时间、退货信息及处理意见。目前很多电子物流提供商通过内部或者外部的呼叫中心对顾客提供客户关系管理服务。对于客户提交的订单，电

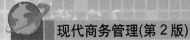

子物流系统有能力对相关数据进行分析，产生一些深度分析报告，这是向客户提供的一项增值服务。

四、绿色物流

(一)绿色物流的含义、特征及意义

1. 绿色物流的含义

绿色物流是指在物流过程中抑制物流对环境造成危害的同时，实现对物流环境的净化，使物流资源得到最充分的利用。它包括物流作业环节和物流管理全过程的绿色化。从物流作业环节来看，包括绿色运输、绿色包装、绿色流通加工等。从物流管理过程来看，主要是从环境保护和节约资源的目标出发，改进物流体系，既要考虑正向物流环节的绿色化，又要考虑供应链上的逆向物流体系的绿色化。绿色物流的最终目标是可持续发展，实现该目标的准则是经济利益、社会利益和环境利益的统一。

2. 绿色物流的特征

(1) 可持续性。绿色物流是生态型物流，其目的是减少资源消耗，降低废物排放，达到经济利益、社会利益和环境利益的统一。

(2) 循环性。绿色物流重视正向、逆向物流的统一。正向物流指从资源开采到消费需求；逆向物流是一种包含产品退回、物料替代、产品再利用、废弃处理、再处理、维修与再制造的物流活动。绿色物流通过资源循环利用、能源转化，来提高供应链的整体绩效。

(3) 共生性。绿色物流注重从环境保护与可持续发展的角度出发，力求环境与经济发展共存。

(4) 资源节约性。绿色物流不仅重视物流过程对环境的影响，而且强调对资源的节约。

3. 绿色物流的意义

绿色物流的意义在于：绿色物流有利于社会经济可持续发展；绿色物流是最大限度降低经营成本的必经之路；绿色物流还有利于企业取得新的竞争优势；绿色物流有利于全面满足人们不断提高的物质文化需求。

(二)企业绿色物流的管理措施

(1) 采用绿色包装。选用绿色包装材料；选用容易回收再生的材料；简化包装并进行适度包装。

(2) 选择绿色运输。开展共同配送；采取复合一贯式的运输方式(采取以集装箱作为连接工具的通用媒介，起到促进复合直达运输的作用)；大力发展第三方物流；开展绿色流通加工(专业集中加工、集中处理消费品加工中产生的边角废料)；实现绿色仓储(要求仓库布局合理）；降低废弃物物流。

五、国际物流

(一)国际物流的含义

国际物流是指使在制品、半成品和制成品在国与国之间的流动和转移，也就是发生在不同国家间的物流。国际物流是国内物流的延伸与扩展，是跨国界的、流通范围扩大的物的流通，有时也称其为国际大流通或者大物流。

广义的国际物流是指各种形式的物资在国与国之间的流入和流出，包括进出口商品、暂时进出口商品、转运物资、过境物资、捐赠物资、援助物资、加工装配所需物料部件以及退货等在国与国之间的流动。而狭义的国际物流是指与另一国进出口贸易相关的物流活动，包括货物集运、分拨配送、货物包装、货物运输、申领许可文件、仓储、装卸、加工流通、报关、保险、单据等。

国际物流的总目标是为国际贸易和跨国经营服务，即选择最佳的方式与路径，以最低的费用和最小的风险，保质、保量、适时地将货物从某国的供方运到另一国的需方。作为国际货物价值链的基本环节，国际物流不仅是国际商务活动得以实现的保证，而且为国际贸易带来新的价值增值，成为全球化背景下的"第三利润源泉"。

国际物流相对于国内物流而言，具有环境差异大、物流系统范围广、国际化信息系统的支持、标准化程度高等特点。

(二)国际物流的发展阶段

伴随着国际贸易和跨国经营的发展，国际物流的发展经历了以下三个阶段。

第一阶段，萌芽期。20世纪50年代至80年代初。这一阶段物流设施和技术得到了极大的发展，建立了配送中心，广泛运用计算机进行管理，出现了立体无人仓库，一些国家建立了本国的物流标准化体系。物流系统的改善促进了国际贸易的发展，国际物流初露头角，但国际化的趋势还没有得到人们的重视。

第二阶段，成长期。20世纪80年代初至90年代初。这一阶段国际物流的突出特点是在物流量不断扩大的前提下出现了"精细物流"，物流的机械化、自动化水平有所提高。随着经济与技术的发展、国际经济往来的扩大，物流国际化趋势开始成为世界性的共同问题，同时伴随着新时代人们需求观念的变化，国际物流着力于解决"小批量、高频度、多品种"的物流，基本覆盖了大量货物、集装箱货物等所有物流对象。

第三阶段，成熟期。20世纪90年代初至今。这一阶段国际物流得到各国政府和外贸部门的普遍接受。贸易伙伴遍布全球，必然要求物流国际化，即物流设施、物流技术、物流服务、货物运输、包装和流通加工的国际化。世界各国广泛开展国际物流方面理论和实践的研究探索，并达成了共识。

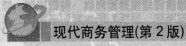

(三)国际物流系统

国际物流系统由商品的包装、储存、运输、检验、流通加工及其前后的整理、再包装和国际配送等子系统组成。其中，运输、仓储子系统是物流系统的主要组成部分。

1. 运输子系统

国际货物运输是国际物流系统的核心，具有线路长、环节多、涉及面广、手续繁杂、风险性大、时间性强等特点。

2. 仓储子系统

国际贸易和跨国经营中的商品从生产厂或供应部门被集中运送到装运港口，有时必须临时存放一段时间，再装运出口，是一个集中和分散的过程。它主要是在各国的保税区和保税仓库进行的，因此，该系统主要涉及各国保税制度和保税仓库建设等方面的问题。

3. 商品检验子系统

通过商品检验，确定交货品质、数量和包装条件是否符合合同规定。如发现问题，可分清责任，向有关方面索赔。

4. 商品包装子系统

为提高包装系统的功能和效率，包装物料、容器应具有品种多、规格全、批量小、变化快、交货时间短、质量要求高等特点，以便扩大外贸出口和创汇能力。

5. 装卸搬运子系统

装卸搬运是短距离的物品移动，是储存与运输子系统的桥梁和纽带。

6. 信息子系统

国际物流信息子系统的主要功能是采集、处理和传递国际物流和商流的信息情报，主要内容包括：进出口单证的作业过程、支付方式信息、客户资料信息、市场行情信息和供求信息等。

上述子系统相互联系、相互制约，左右着国际物流的发展方向。

(四)国际物流的发展方向

随着经济全球化和信息化的加快，跨国公司导致的本土化生产、全球采购、消费趋势的加强，使得国际物流产业有了新的发展趋势，主要表现在以下几方面。

1. 物流运作全球化

要满足全球化的物流服务，物流企业必须向集约化、协同化方向发展，形成规模效益。为此，要积极开展并购，争取更大的市场份额；整合物流能力，创造新的物流价值；建立物流园区，实现企业物流协同化发展。

2. 物流技术电子化

国外物流企业已经形成了以系统技术为核心，以信息技术、运输技术、配送技术、装卸搬运技术、自动化仓储技术、库存控制技术、包装技术等为支撑的现代化物流装备技术格局。

电子物流进一步的发展方向是：信息化——采用无线互联网技术、全球卫星定位系统(GPS)、地理信息系统(GIS)、射频标识技术(RF)、快速反应系统(QR)等；自动化——自动导引小车技术(AGV)、搬运机器人技术、自动分拣系统(ASS)等；智能化——电子数据交换(EDI)、电子识别和电子跟踪技术、智能运输系统(ITS)；集成化——集信息化、机械化、自动化、智能化于一体。

3. 物流服务社会化

跨国企业越发重视通过外包物流环节来整合全球物流资源，降低供应链成本，增强企业核心竞争力。

4. 物流管理现代化

物流管理向高端发展，呈现了供应链整合管理的趋势，主要表现在精细物流、六西格玛物流、闭环物流等概念的发展。

精细物流强调同步操作环境、循环时间压缩、全过程的可视性、精确时点绩效、过程的一致性和无缺陷；六西格玛物流注重应用、结果和成功实施等要素，要求在满足客户主要的质量方面达到完美的服务；闭环物流主要应用在售后服务，包括零部件更换、废弃物的回收、召回有缺陷的产品、绿色产品的保鲜等。

5. 物流系统绿色化

绿色化的核心内容是对物流系统污染进行控制，建立工业和生活废料处理的物流系统。发达国家纷纷在污染发生源、交通量、交通流等三个方面拟定相关政策，形成倡导绿色物流的对策系统。

6. 物流人员专业化

物流企业的竞争最终还是人才的竞争。发达国家已经形成或正在建立较为合理的物流人才教育培训体系，包括建立多层次的物流专业教育、全面开展物流在职教育、建立物流业的职业资格认证制度等，为社会培养物流专业人才和物流高级管理人才。

第六节　电子商务下物流管理

一、物流管理的含义

物流管理是指在社会再生产的过程中，根据物质资料实体流动的规律，应用管理的基本原理和科学方法，对物流活动进行计划、组织、指挥、协调、控制和监督，使各项物流活动实现最佳的协调和配合，从而降低物流成本并提高经济效益的过程。

电子商务下的物流管理主要有以下四个优点：整合现有物流资源，提供集成化的物流服务；能实现"一站式"的无缝物流服务运营；能有效地实现全球化物流运营服务；能完善综合化的管理体系。

二、电子商务下物流管理的目标

概括地讲，电子商务下物流管理应实现下述目标。

(一)高水平的企业管理

电子商务作为一种全新的流通模式和运作结构，要求达到科学和现代化的管理水平。只有通过合理的科学管理制度、现代化的管理方法和手段，才能确保物流配送中心基本功能和作用的发挥，从而保障相关企业和用户整体效益的实现。管理科学的发展为流通管理的现代化、科学化提供了条件，促进了流通产业的有序发展。同时要加强对市场的监管和调控力度，使之有序化和规范化。总之，一切以市场为导向，以管理为保障，以服务为中心，加快科技进步是电子商务物流的根本出路。

(二)高素质的人员配置

电子商务物流能否充分发挥各项功能和作用，完成应承担的任务，人才配置是关键。为此，电子商务物流配送中心必须配备数量合理、具有一定专业知识和组织能力、结构合理的决策人员、管理人员、技术人员和操作人员，以确保电子商务物流配送中心的高效运转。电子商务物流的发展也需要大量的各种专业人才，从事经营、管理、科研、仓储、配送、流通加工、通信设备和计算机系统维护、贸易等业务。因此，必须加大人才培养的投入，培养和引进大批掌握先进科技知识的人才，并给他们施展才华的机会；还应对现有职工进行有计划的培训，形成系统地学习科学知识的制度；在企业里引入竞争机制，形成能上能下的局面；要提高员工的科技创新意识，培养企业对知识的吸纳能力，促进物流产业人力资源的开发和利用，造就大批符合知识经济时代要求的物流配送人才，利用各种先进的科学技术和科学方法，促进物流配送产业向知识密集型方向发展。

(三)高水平的装备配置

新型物流配送中心面对着成千上万的供应厂商和消费者以及瞬息万变的市场，需要为众多用户的商品进行配送并及时满足他们的不同需要，这就要求必须配备现代化装备和应用管理系统，具备必要的物质条件，尤其要重视计算机网络的运用。通过计算机网络可以广泛收集信息，及时进行分析比较，运用科学决策的模型，迅速做出正确的决策，这是解决系统化、复杂化和紧迫性等问题最有效的工具和手段。

三、电子商务下物流管理的内容

1. 电子商务下物流目标的管理

明确电子商务的销售目标，确定物流、配送的服务目标和成本目标(可用指标衡量，如送货频率、反应时间、订货满足率和配送成本等)。

2. 电子商务下物流运作流程的管理

通过对可用的配送资源进行正确评估以及市场的预测和定位，确定最佳的物流和配送运作流程，并在实践中不断地调整和优化。

3. 电子商务下物流运作形态的管理

一方面是对物流、配送系统形态的选择，如委托第三方物流、自己承担或者与其他企业合作物流；另一方面是对物流合作伙伴的评估、管理与控制。

4. 电子商务下物流资源的管理

准确地分析出需求，合理配置资源。

5. 电子商务下客户服务的管理

包括对市场客户的需求预测、客户信息资源的收集与分析、物流配送系统的信息跟踪查询以及用户反馈信息等。

6. 电子商务下物流的成本管理

制订物流、配送系统的总成本控制指标以及对物流全过程的成本控制和管理等。

 **本章小结**

本章重点介绍了两种物流管理的方式，一是传统的物流管理方式，二是电子商务下的物流管理方式。传统的物流管理方式中介绍了传统运输的主要方式、传统的商品储存技术等。电子商务在本章里出现，主要讲解的是电子商务下的物流过程、电子商务下的物流模式以及电子商务下的物流管理。

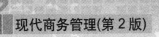

 **本章案例**

中远海运物流仓储配送有限公司

中远海运物流仓储配送有限公司(简称中远海运仓配)由原中远仓储配送有限公司(简称中远仓配)与原上海格劳瑞供应链管理有限公司(简称上海格劳瑞)在 2016 年底整合重组而成。其中,中远仓配成立于 2004 年 12 月,由原中国远洋物流有限公司、原青岛中远物流有限公司、中远物流(香港)有限公司共同投资 1 500 万美元组建;上海格劳瑞成立于 2016 年 6 月,由原中海集团物流有限公司投资 500 万元组建。

中远海运仓配是业务范围覆盖全国的第三方物流整合服务商,在全国 42 个城市拥有 56 个经营单元,在家电物流、快消品物流、电商物流、大宗商品物流、综合货运、集装箱技术服务及供应链管理等方面为国内外客户提供全程物流解决方案。

中远仓配致力于填补空白、制定规则,打造专业化、规范化的大件商品电子商务物流平台,与各大电子商务公司建立战略合作关系,共同成长。公司紧紧围绕"3C"平台建设,不断创新业务思路,引进新业务模式,针对不同的业务形态提供专业化供应链管理方案,培养新型管理团队。目前已有客户包含乐视 TV、1919 等在内的国内知名电商平台与生产企业。

为电子商务平台提供的服务内容包括工厂取货、工厂暂存、分拣发货服务,并与电商商家 B2C 配送商配合,为商家提供售后客服、跟踪服务。

服务模式是依托传统业务已经建立的全国仓储网络、全国配送网络、大件产品操作经验及全国质押监管服务能力,提供电子商务供应链一体化服务,具体包括仓储管理、库内生产、B2C 宅配、代收货款、代开发票、供应链融资方案等服务。

2013 年 5 月 7 日,乐视网正式推出乐视 TV·超级电视 X60,成为全球首家正式推出自有品牌电视的互联网公司,正式杀入电视领域。

中远仓配是乐视超级电视唯一的仓储服务商,已设立北京、上海、广州、武汉、成都、沈阳、郑州、青岛、济南、福州、深圳、太原、贵阳、合肥、烟台、石家庄、杭州、厦门、南宁、南京等 20 个中转仓库。

(资料来源: http://www.cosco56.com/about.aspx?id=7.)

 思考题

1. 传统的物流方式有哪些?
2. 电子商务下包括哪些物流过程?
3. 电子商务下有哪些物流模式?
4. 电子商务下物流管理的目标有哪些?
5. 简述国际物流的发展方向。

第八章　现代无形商品贸易管理

【学习要点及目标】

- 了解服务产品的含义与特点。
- 掌握国际服务贸易的四种方式。
- 了解知识财产与知识产权的基本含义。
- 掌握知识产权的五个特点。
- 了解商号与商标的基本含义。
- 掌握现代商业秘密的基本内容。

【核心概念】

服务产品　知识产权　商号　商标　商业秘密　专利权

【引导案例】

大商集团的自有品牌建设

大商集团是中国著名的零售业集团，在 2013 年中国 500 强企业排名中居第 86 位，年营业收入约 1500 亿元。目前，大商集团拥有大型零售卖场 200 余家，分布在 14 个省 70 多个城市，总建筑面积 500 多万平方米，员工总人数 23 万人。经过多年的拼搏与发展，大商集团业已成长为全国百货行业的龙头企业，被誉为完全按照市场竞争规律壮大起来的中国民族工商业的优秀典型，成为东北振兴发展的重要商业力量。在大商集团的快速发展过程中，自有品牌意识的形成和自有品牌的建设功不可没。

1. 设立自有品牌管理部门

大商集团从 1999 年便开始进行自有品牌经营，最初由集团配货中心负责自有品牌的管理工作。2001 年 4 月，为了适应大商集团连锁化经营、专业化管理、规模化发展要求，大商集团设立了超市集团。2004 年 1 月，大商集团自有品牌管理部门从原来的配货中心分离出来，组成大商集团自有品牌开发经营公司，专门负责集团自有品牌的开发及集团内外的推广销售。

2. 自有品牌产品的营销

1999 年，大商集团推出自有品牌"龙头泉"矿泉水。大商集团自有品牌经营公司从百姓生活用品入手，把销售量大、使用频率高、需求弹性变化小、成本低、毛利率高的生活用品作为主要开发项目，相继开发了"新玛特"牌卫生纸、洗洁精、洗手液、油污净、洁

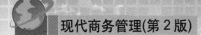

厕灵、洗衣皂、湿巾、内衣、拖鞋、棉袜等系列，40多个单品。大商集团自有品牌采用低价渗透定价策略。它们以同类品中最低价格的制造商品牌产品为参照对象，向消费者提供最便宜且质量有保障的产品。大商集团自有品牌价格比同类产品价格平均低10%～15%。"新玛特"牌商品上市以来，以优质价廉、包装精美赢得消费者青睐；"亚瑟王"衬衫也因迎合消费者品位，物美价廉，获得新卖点。2016年，大商集团自有品牌产品实现销售收入1.2亿元。

3. 自有品牌商品的品牌管理

大商集团在自有品牌的经营过程中，先后使用过多个自有品牌名称。2004年后，采用"新玛特"作为超市集团自有品牌产品的品牌名称，产品定位以高品质、低价格的百姓日常生活必需品为主，将对价格敏感的理智型购买者作为目标顾客。在这种综合定位思想的指导下，大商集团对"新玛特"品牌进行了有效的品牌延伸，坚持"成功一个、开发一个、维护一个、储备一个"的原则，"新马特"品牌上市以来，既宣传和推广大商超市集团的企业品牌，使企业品牌具体化、形象化，又获得了消费者的青睐，取得了不错的销售业绩。

(资料来源：①李桂华. 零售营销[M]. 北京：机械工业出版社，2012.
②http://baike.sogou.com/v1290358.htm?fromTitle.)

【案例导学】

对于商家来说，自有品牌的形成过程就是企业无形资产的形成或增值过程，而并非只是简单的命名和包装。所以，对于自有品牌的管理应当与企业的发展战略紧密结合。同时，将自有品牌商品的开发与提升品牌的价值结合起来，形成企业自己的核心竞争力。

第一节　服务贸易管理

一、服务产品及其特点

(一)服务产品的含义

服务产品是指通过使用一定的设备(工具)、知识(技能)和方法(手段)来满足顾客需求的一系列活动。就一般而言，服务产品具有以下三方面的内涵：一是服务产品的消费方，它确定和提出服务的要求，既是服务流程的起点，又是服务流程的终点；二是服务产品提供方，它提供特定的服务，用以满足服务产品消费方的需求；三是服务接触，即服务产品的提供者与服务产品的消费者必须通过特定的媒介来互交。

(二)服务产品的基本特点

随着现代社会经济的发展，以及物质财富的极大丰富，人们对服务的需求快速增长，服务产品的种类也越来越多。相对于有形产品，服务产品有以下三个显著特点。

(1) 无形性。即服务无法通过人的感官或仪器进行检测或描述，这是服务的一个显著特征。服务产品无形性的主要表现是：①服务是一种行为或过程，人们无法触摸；②服务产品无法展示和沟通；③服务产品不涉及物品的所有权转移；④服务难以定价；⑤服务产品难以申请专利。

(2) 不可存储性。即不可能在有能力和资源的时候将服务活动完成并保留下来供日后使用。这是由服务产品存在生产与消费的同时性与顾客的参与性两个特点决定的。所谓生产与消费的同时性，即服务产品的生产与消费需要同时进行，两者不能分开；顾客的参与性，即在服务产品的生产过程中，需要顾客部分或全部参与其中。

(3) 异质性。即每次服务的构成要素及其品质都会表现出不同。服务产品的异质性是指每次服务的构成要素及其品质都会表现出各自不同，这是服务产品无法复制的原因。服务产品异质性的主要表现是：①服务产品的最终形成与不同的顾客有关；②服务产品的生产与顾客满意和员工的行为有关；③服务产品的质量受许多不可控因素的影响；④服务产品的生产难以按照计划进行；⑤服务产品难以进行规模化生产。

(三)服务产品的类别

(1) 生产性服务产品。即用于满足厂商生产需要的中间服务产品，其具有资本、技术和知识密集的特点。生产性服务产品主要包括交通、物流、批发、设计、技术咨询、信息服务、金融、保险、会计、法律、工程服务、广告等。

(2) 消费性服务产品。即用于满足个人需求的末端服务产品，它具有劳动力密集的特点。消费性服务产品主要包括娱乐休闲、零售、文化艺术、餐饮、住宿、房地产、医疗、教育、家政等。

(3) 公共性服务产品。即用于满足全社会公众需求的服务产品，它总是受到政府功能及财政收入的制约。公共性服务产品主要包括政府服务、公共服务、义务教育、社会福利、公立医院等。

(四)服务产品的传递方式

根据顾客与服务企业的交互形式，可以将服务产品的传递方式分为以下三种。

(1) 特定场所传递。一部分服务产品的生产需要在特定的场所(单一或多个)进行，这些服务场所对设施与环境都具有特定的要求，如百货店、剧院、理发店、公共汽车等。

(2) 上门服务传递。一部分服务产品的生产需要一名或多名服务人员到客户指定的场所进行，这些场所既有家庭，也有企业、机关等，如出租车、邮递、家电维修等。

(3) 远程交易传递。一部分服务产品的生产不需要生产者与消费者见面，可以异地进行，如电话、电视、信用卡等。

二、服务贸易及其范围

(一)服务贸易的含义

一般而言,国际服务是指一个国家的组织或个人为满足另一国消费者的需求而提供某种劳动并换取相应报酬的行为。国际服务贸易是指国家间的服务输入或输出的贸易形式。服务贸易一词最早源于关贸总协定(GATT)在 20 世纪 70 年代的贸易谈判决议。长期以来,服务贸易的概念就有广义和狭义之分。其中,狭义的服务贸易是指发生在国家之间、有形的、符合严格服务定义的直接服务输出与服务输入活动,特别是指附加在商品货物上的直接服务进出口活动;广义的服务贸易是指有形的劳动力的输出输入,以及服务提供者在没有实体接触情况下的交易活动,如卫星传送和传播、国际电信、信息咨询、教育卫生的国际交流、专利技术咨询服务等。

根据世界贸易组织乌拉圭回合谈判所达成的《服务贸易总协议》(GATS),国际服务贸易有以下四种方式。

(1) 跨境服务。即指从一成员国境内向另一成员国境内提供服务,并收取费用,如电信、计算机信息传递、国际资金划拨等。

(2) 境外消费。即指一成员国境内的组织与个人,以一定的方式向来自其他成员国的消费者提供服务,并以本国货币形式收取费用,如餐饮、旅店等。

(3) 商业存在。即指一成员国的服务提供商在另一成员国境内通过设立机构、组织形式提供服务,如在他国设立银行、保险公司等。

(4) 自然人流动。即指一成员国的服务商以自然人身份在另一成员国境内提供服务,如教师、医生在他国提供专业服务等。

(二)服务贸易的范围

当前,随着世界经济的发展和国际贸易的不断拓展,国际服务贸易的内容已经十分广泛,目前已经达到 150 多种,主要分布在以下 20 个领域:①国际运输(包括卫星发射服务);②跨国银行和国际性投(融)资机构的金融服务;③国际保险与再保险;④国际信息处理和传递;⑤国际咨询服务;⑥海外工程承包和劳务输出输入;⑦国际电信服务;⑧跨国广告和设计;⑨国际租赁;⑩售后维修、保养和技术指导;⑪国际视听服务;⑫国际会计师、律师的服务;⑬文教卫生的国际交往服务;⑭国际旅游;⑮跨国商业批发和零售服务;⑯专门技术和技能的跨国培训;⑰国际展览与国际会议的会务服务;⑱国际存储和包装服务;⑲跨国房地产建筑销售和物业管理服务;⑳官方与民间的新闻、广播、影视服务等。

第二节 知识产权贸易管理

一、知识产权的含义和特征

(一)知识财产的含义

人们通常所说的财产,是指金钱、股份、债权、土地、建筑物、家具、贵金属等具有经济价值的实物。而知识财产则是指从人类知识活动中所产生的具有特定经济价值的成果,既包括发明、专利、创意等创造性成果,也包括识别自己的商品和他人商品的营业标识商标等具有价值的知识信息。知识财产属于无形财产,与有形财产不同,知识财产以无形物为对象,体现为人类的智能活动成果,其表现形式是"具有价值含量的知识信息"。

(二)知识产权的含义

知识产权是指人们依法对应用于商品生产和流通中的创造发明和显著标记等,在一定地区和期限内享有的专有权。根据《成立世界知识产权组织公约》的规定,知识产权的保护对象包括以下几类:一是文学艺术和科学作品;二是表演艺术家、录音和广播的演出;三是在人类一切活动领域内的发明和科学发现;四是商标、服务标记、商号名称(牌号)和外形设计;五是工业、科学、文学或艺术领域内的知识活动等。

(三)知识产权的基本特征

在商品经济条件下,作为新型的财产形式,相对于有形财产,知识产权具有以下几方面的基本特征。

(1) 非物质性。非物质性是指知识产权的性质特征。知识产权的客体为知识产品,即人们在科学、技术、文化等意识形态领域中所创造的精神产品,它是非物质的,但可以通过有形物体体现出来,具有一定的价值和使用价值。知识产权的这一基本特点决定了智力成果一旦公布于众,很容易被他人侵害,故特别需要法律加以保护。

(2) 法律确认性。法律确认性是指知识产权的法律资格认定。一项知识产权要获得法律保护的经济利益,必须首先取得一国法律的确认,也就是认可其有用性和独创性。作为人类智力成果的专利、商标等知识产权,要取得一国法律的确认和保护,就必须履行特定的法律程序或经国家主管机关依法审批,从而获得国家法律保护的资质。

(3) 专有性。专有性是指知识产权的归属确定。知识产权是智力成果的权利主体所专有,除权利人同意或法律特许外,任何人都不能擅自使用该智力成果。由于智力成果的创造过程往往比较复杂和困难,为了调动人们进行创造性劳动的积极性,并鼓励人们将其创造的智力成果公布于众,使其发挥更大的社会价值,法律赋予知识产权的权利人以垄断权。

(4) 地域性。地域性是指知识产权的空间限定。对此，一个国家的专利法、商标法等所保护的知识产权，除在一定情况下适用国际公约以外，只在该国范围内有效，对其他国家不发生法律效力，即不发生域外效力。某一知识产品如果想在一国取得法律保护，就必须按照该国的法律规定履行必要的程序，经批准后获得知识产品的专有权。

(5) 时间性。时间性是指知识产权的时间限制。也就是说知识产权的保护是有一定期限的，一旦超过法定的保护期限，该项智力成果就成为全社会的共同财富，任何人都可以无偿使用。例如各国专利权、商标专用权的有效保护期制度。与知识产权不同，有形物质财产权利则不受时间的限制，它总是伴随物质财产本身的存在而存在。

二、企业主要的知识产权

(一)商号权

1. 商号、商号权的含义

商号，又称厂商名称、字号和企业名称，是指企业进行工商经营活动时用于标识自己并区别于他人的标志。作为生产经营者的营业标志，商号在营业活动中起着与其他经营主体相区别的核心作用，具有显著性和可识别性，同时也有着表彰和维系商业信誉的作用，体现着特定企业的商业信誉和服务质量。随着经济社会的发展，商号在经济生活中的作用日益明显，它已经成为现代企业不可或缺的一种无形资产，并成为企业开展生产竞争的工具，为此，多数国家开始以法律的形式对商号进行保护。

商号权或称厂商名称权，是指企业对自己使用或注册的营业区别标志依法享有的专用权。此项权利的法律意义是：当他人使用相同或类似名称时，权利人可以要求其停止使用，以避免在市场上发生混同，在遭受他人侵权而造成损失时，权利人可以要求对方赔偿损失。在现代经济社会，商号权具备识别经营主体的功能，与特定经营主体的人格相联系，是现代企业形象的重要载体。同时，商号权具有财产权的一般特征，它不仅可以长期使用，还可以被转让和继承，是企业一项可以获得直接或者间接经济收益的财产。

2. 商号权的主要内容

(1) 商号的设定权。即商业主体在法律规定的范围内可以自由地决定其商号。由于商号是商业主体人格的外在表现，商业主体可以按照自己的意愿选取名称，只要商号名称不影响到社会公众的利益，别人无权对其进行干预。

(2) 商号的专用权。即经营主体对其商号享有排他性使用的权利，其他任何人不得干涉和非法使用。商号专用权的使用，可以使经营主体向广大的消费者开展别具特色的商业服务，提高顾客的忠诚度。

(3) 商号的转让权。由于商号具有一定的财产权属性，因而它可以成为转让的对象。在我国，企业法人、个体工商户、个人合伙均可以依法转让自己的名称，同时取得相应的经济利益。

3. 商号的使用价值

(1) 可以提高商标的知名度。现代企业的一种普遍做法是将商标与商号统一化，在这种情况下，商标与商号互相作用，使企业的知名度双倍提高，消费者再无须去研究某一商标归属于哪家商号，大大便利了人们的记忆。

(2) 可以提高企业的商誉。作为社会公众对商业主体的积极的评价之一，商誉源于多种因素，但以企业名誉、荣誉为内容的商誉总是与特定的商号联系在一起，商誉形成的基本表现形式就是企业的商号，商号有助于提高企业的商誉。

(3) 可以提高企业的顾客忠诚度。商号是企业在整体上表现自己经营管理独特性的唯一方式，顾客总是通过商号名称来区别不同的经营主体，长期的商号名称为代表的企业服务，可以提高企业的顾客忠诚度。

(4) 可以提高企业的文化色彩。一般来说，古今中外的企业都非常注重商号的文化含量，总是通过商号名称向公众展示自己的价值标准和价值追求，那些刻意设计的商号名称能够提高企业在公众心目中的文化色彩。

(5) 可以提高企业的经济价值。对于现代企业来说，商号一经确立，便会长期使用，商号在其使用过程中会产生价值的积累效应，其时间越久，价值就越高，企业的价值总是依托于商号名称在市场上的使用时间。

(二)商标权

1. 商标、商标权的含义

商标亦即人们通常所说的牌子，它是商品生产者或经营者用以标明自己所生产或销售的商品(服务)以与其他同类商品和服务加以区别的标记。这种标记一般用文字、图形或者文字和图形的组合来表示，并置于商品表面或商品包装上以及服务场所、服务说明书上。

商标权是指经国家商标局核准注册的商标，获得国家法律的确认和保护，商标注册人对该商标依法享有专有使用的权利。作为现代经济社会最普遍的知识产权，商标权的核心是商标的专用权，此外，商标权还包括商标续展权、商标转让权、商标许可权等。

2. 商标的类别

(1) 按照商标构成要素的不同，可以将商标分为文字商标、图形商标和组合商标。其中，文字商标是纯文字组成的商标，可以使用汉字、汉语拼音，也可以使用外国文字；图形商标是由具体的或抽象的图形构成的商标；组合商标则是以文字和图形共同构成的商标。

(2) 按照商标使用者的不同，可以将商标分为商品商标和服务商标。其中，商品商标是商品生产者或销售者直接使用在商品上的标志；而服务商标是服务性行业使用在自己向消费者提供的服务上的标志，它主要出现在服务场所和所提供服务的说明书上。

(3) 按照商品使用目的的不同，可以将商标分为联合商标、防御商标、集体商标、证明商标等。其中，联合商标是指同一商标所有人在同一种或同类商品上注册的若干近似商标；防御商标是指驰名商标或已为公众熟知的商标的所有人在不同类别的商品或服务上注册的若干相同商标；集体商标是指由工商业团体、协会或者其他集体组织的成员所使用的商标，用来表明商品的经营或服务属于同一组织；证明商标是指由对某种商品或服务具有检测和监督能力的组织所控制，而由他人使用在商品或服务上，用以证明该商品或服务的原产地、原料、制造方法、质量、精确度或其他特定品质的商标。

3. 商标在交易中的作用

(1) 区别商品的不同生产者、经营者和商业服务的不同提供者。在交易过程中和交易之后，顾客通过商标可以了解商品的来源和服务处所，这对于树立企业信誉，维护企业正当的经济利益，追究商品生产者、经营者和商业服务者的产品或服务责任具有重要的意义。

(2) 促使商品生产者、经营者和商业服务提供者保证和提高产品及服务质量。在市场经济条件下，商品和服务质量是商标信誉的基础，高信誉的商标可以为消费和服务对象提供安全感。因此，商标在保证和提高产品质量和服务质量方面具有十分重要的作用。

(3) 便于商品和服务的广告宣传。商标是连接消费者与生产经营者和商业服务者的纽带，它可以引导消费者选择商品、选择服务提供者。商家利用商标做广告，可以使顾客产生好感，进而消费特定产品和接受特定服务。信誉好的商标总是通过消费者的主动介绍而广为人知，同样起到了广告的作用。

(三)商业秘密权

1. 商业秘密、商业秘密权的含义

商业秘密是指不为公众所知悉，能为权利人带来经济利益，具有实用性并经权利人采取保密措施的技术信息和经营信息。对此，1979 年颁布的《美国统一商业秘密法》做出如下详解："商业秘密是指这样的信息，它包括配方、式样、汇编、程序、设计、方法、技术或工艺等。第一，这种信息将独立导致实际的或潜在的经济价值；第二，这种信息持有人尽了合理的努力去维持它的保密性。"一般而言，商业秘密包括经营秘密、管理秘密和技术秘密三方面的内容，是一种在经济领域广泛存在的知识产权。

商业秘密权是指商业秘密的合法控制人采取保密措施，依法对其经营信息和技术信息享有的专有使用权。商业秘密权也是一种产权，商业秘密的权利人与有形财产所有权人一样，依法享有占有、使用、收益和处分的权利，即有权对商业秘密进行控制与管理，防止他人采取不正当手段获取和使用；有权依法使用自己的商业秘密，而不受他人干涉；有权通过自己使用或者许可他人使用以至转让所有权，从而取得相应的经济利益；有权处分自己的商业秘密，包括放弃占有、无偿公开、赠与或转让等。

2. 商业秘密的基本特征

(1) 商业秘密的经济性。即商业秘密具有现实的或者潜在的经济价值。权利人之所以要对商业秘密进行保护，其根本原因就在于它能给权利人带来经济利益，即在生产、经营、管理中加以利用，就可以降低成本、增加产量、提高质量，从而增强其市场竞争力，获得较好的经济收益。即它是与工商业活动有关的经营信息和技术信息，但不涉及国家机密、个人隐私以及已取得知识产权保护的信息。

(2) 商业秘密的未公开性。即该信息不为公众所知悉，此处的"公众"并非指一切人，而是指权利人特指的信息防范群体。此外，商业秘密并不要求绝对保密，只要信息不为通常涉及该类信息的同行中的人们所普遍了解或容易获得，该信息即被视为秘密信息。

(3) 商业秘密的实用性。即商业秘密能够在生产经营中具体地应用，并能给权利人带来经济利益，包括现实的或潜在的经济利益和竞争优势。因此，商业秘密具有的经济价值除了权利人自我实施所带来的经济利益之外，主要表现为两个方面：一是许可价值，二是竞争优势。

(4) 商业秘密的保密性。即权利人根据信息的不同类别或特点，对其采取了进行控制和保护的合理步骤，商业秘密如失去这一本质属性，将无存在价值可言。因此，权利人开发该秘密信息总要花费一定的时间、精力和金钱，该信息对于权利人及权利人的竞争对手都具有明显的经济价值。

3. 商业秘密的类别

(1) 技术秘密。技术秘密也称专有技术，亦即未公开的技术信息，是指与产品生产和制造有关的秘密信息，如技术诀窍、生产方案、工艺流程、设计图纸、化学配方、技术情报，以及新技术和替代技术的预测、专利动向等方面的知识和经验。技术秘密可以是专利技术的补充，也可以是独立存在的一整套技术，它更多地体现在工业、农业、交通及科研等领域。

(2) 经营秘密。经营秘密亦即未公开的经营情报和信息，是指与企业的经营活动有关的秘密信息，如经营战略、原材料价格、产销策略、货源情报、客户名单、标底及标书内容，以及投资计划、设备购置计划、企业资信情况、企业的资料汇编等信息。经营秘密更多地体现在经营性行业之中。

(3) 管理秘密。管理秘密亦即未公开的内部管理信息，是指与企业的管理活动有关的秘密信息，如企业的管理模式、管理方法、经验、公关、协作以及内部分权制衡的制约机制等有机运转的技巧。管理秘密体现在各行业、各部门之中，具有广泛的适用性。

(四)专利权

1. 专利、专利权的含义

专利是指符合专利条件的发明创造或者具有专利性的发明创造。一般而言，专利具有以下含义：其一，在某些情况下，可以将"专利"视为专利权的简称；其二，在另外一些情况下，以"专利"表示记载发明创造的文献，即"专利文献"的简称；其三，是指经国务院专利行政部门依照法定程序进行审查、认定为符合专利条件的发明创造。

专利权是指国家专利主管机关依法授予专利的申请人或其权力继承人在一定时期内实施其发明创造的独占权。即在专利的有效期内，拥有专利权的专利权人不仅自己有权制造、使用、许诺销售、销售、出口该发明创造，而且有权许可他人制造、使用、许诺销售、销售、出口该发明创造，并取得使用费。他人未经专利人的许可，又无法律上的依据，擅自制造、使用、许诺销售、销售、出口被授予专利权产品的行为，便构成侵犯专利权的违法行为。专利权人有权申请专利主管机关和司法机关制止侵权行为并依法追究侵权人的法律责任。

2. 专利权的类别

(1) 发明。发明是指对产品、方法或者其改进所提出的新的技术方案。发明又分为产品发明和方法发明两大类。其中，产品发明包括制造品的发明、材料物品的发明、具有特定用途的物品的发明等；方法发明包括制造产品方法的发明、使用产品方法的发明、测量方法的发明和通信方法的发明等。

(2) 实用新型。这类专利在一些国家被称为小发明，是指对产品的形状、构造或者其结合所提出的适于实用的新的技术方案。与发明相比，实用新型仅限于具有一定价值的物品发明，对产品的创造性要求较低，其审查批准程序也比发明专利更简便、快捷。

(3) 外观设计。外观设计是指对产品的形状、图案或者其结合以及色彩与形状、图案的结合所做出的富有美感并适用于工业应用的新设计。其中，形状是指设计可以是平面的或立体的，即所占的空间形状；图案是指作为装饰而加于产品表面的花色图样、线条等；色彩则是指产品表面所用的颜色。

3. 专利交易的作用

(1) 有利于调动人们发明创造的积极性。通过专利产品的市场交易，能够使已获得专利权的知识产品的经济价值得以实现，也使得专利发明人的创造性劳动有一个必要的回报，从而调动人们发明创造的积极性，激励人们投身于各种创造性经济活动中。

(2) 促进技术的商品化，繁荣技术市场。通过专利技术的交易，可以加速先进技术信息的交流，促进专利技术作为商品进行流通和有偿转让，这既可以使专利人得到一定的经济利益，也可以进一步促进先进技术的广泛应用，产生更大的社会经济价值。

(3) 有利于开展和加强国家间技术贸易和国际合作。在国际经济交往中，无论是技术合作还是技术的进出口，都不可避免地会遇到专利问题，尤其是技术的进出口主要涉及专利技术贸易。如果没有专利制度保护新的发明创造，就会出现各方利益难以保障的现象。

(五)著作权

1. 作品、著作权的含义

作品是指关于文学、艺术和科学领域内的具有独创性并能以某种有形形式复制的智力创作成果。而作为法律保护对象的作品需要具备以下要件：第一，必须具备独创性(或称原创性)，即作品必须是作者自己创作的成果，而不是抄袭他人的；第二，必须具有表达性，即作品应表达作者的某一思想和情感，能够让读者体会出作者要表达的意思，从而成为传达信息的工具；第三，必须能以有形形式加以复制，即作品必须以某种特定的形式表现出来，并这种形式能够予以复制，能够被人们的感官所感知，从而实现其社会价值。

著作权是指作者及其他著作权人对文学、艺术、科学作品等依法享有的专利权利。著作权是基于作品而产生的。著作权属于知识产权，其保护对象是智力作品。它既有知识产权最基本的专有性、时间性、地域性等特征，又有以下两方面独有的特征：第一，权利主动产生，即著作权基于作品的创作而产生，著作权的获得无须经过任何部门的审批，作品一经完成就自动产生权利；第二，著作权突出对人身权的保护，即著作权中的人身权，包括人身权、修改权、保护作品完整权，这些人身权没有保护期限，永远归作者享有，不能随作品进入公有领域而丧失，且不能被继承。

2. 著作权作品的类别

(1) 文字作品。文字作品是指以文字、数字、符号等创作的作品，主要包括以文字形式表现的小说、诗词、散文、论文等作品；以数字表现的某一时期工农业生产发展和国民收入比较表、统计表等；以符号表示的盲文读物；综合运用文字、数字和符号表现的各种作品。

(2) 口述作品。口述作品亦称口头作品，是指即兴的演说、授课、法庭辩论等以口头语言创作，以及用口头方式表达的致辞、歌唱、编讲故事等，未以任何物质载体固定的作品。这类作品与文字作品的不同之处在于，作者的思想、感情不是通过文字形式来表达，而是通过口头形式来叙述。

(3) 民间文学艺术作品。民间文学艺术作品是指由某社会群体(如民族、区域、国家)在长期的历史过程中创作出来并世代相传、集体使用的歌谣、音乐、戏剧、故事、舞蹈、建筑、主体艺术、装饰艺术、素材或风格。民间文学艺术具有集体性、区域性和延续性的特点，是在特定区域由全体成员代代相传，共同使用。

(4) 音乐、戏剧、曲艺、舞蹈、杂技艺术作品。其中，音乐作品是指以乐谱形式或未以乐谱形式表现的能够演唱或演奏的带词或不带词的作品；戏剧作品是指将人的连续动作同人的说唱表白有机地编排在一起，在舞台上通过表演来反映事物变化过程的作品；曲艺作品是指以相声、快书、大鼓、评书、弹词、评话为主要形式表演的作品；舞蹈作品是指通过人体连续的动作、姿势、表情等表现思想情感的作品；杂技作品是指杂技、魔术、马戏等通过形体动作和技巧表现的作品。

(5) 美术、建筑作品。美术作品是指绘画、书法、雕刻等以线条、色彩和其他方式构成的有审美意义的书面或者立体的造型艺术作品。其中,绘画是指用笔、刀等工具,以及墨、颜料等物质材料,在纸、木板、纺织物或墙壁等平面上,通过构图、造型、色彩等表现的可视形象;书法一般是指用毛笔书写内容的艺术;雕刻是指用雕、刻、塑三种方法所制作出的各种具有实体的形象;而建筑作品则是指以建筑物或者构筑物形式表现的有审美意义的作品。

(6) 摄影作品。摄影作品是指借助器械在感光材料上或者其他介质上记录客观物体形象的艺术作品,如人物照片、风景照片等。此外,艺术摄影照片也可以列入美术作品的范畴。然而,著作权并非保护所有摄影作品,书刊、翻拍文件等因不具备独创性而不受著作权法保护。

(7) 电影作品、以类似制作电影方法创作的作品。其中,电影是指摄制在一定的物质上,由一系列有伴音或无伴音的画面组成,并且借助适当装置放映、播放的作品。电影作品是指为了便于放映而连续摄制在感光胶片上,或配有声音的连续图片影像作品。以类似制作电影方法创作的作品主要指电视和录像作品。

(8) 工程设计图、产品设计图、地图、示意图等图形作品和模型作品。其中,工程设计图是指利用各种线条绘制的,用以说明将要制作的工程实物的基本结构和造型的平面图案;产品设计图是指用各种线条绘制的,用以说明将要生产的产品的造型及结构的平面图案;地图是指运用制图原理来表示地面自然现象和社会现象的图形;示意图是指为了说明内容较复杂的事物原理或具体轮廓绘成的缩略图。

(9) 计算机软件。计算机软件是指计算机程序及其有关文档。其中,计算机程序是指为了得到某种结果而可以由计算机等具有信息处理能力的装置执行的代码化指令序列;文档是指用来描述程序的内容、组成、设计、功能规格、开发情况、测试结果及使用方法的文字资料和图表等。

(10) 集成电路布图设计。集成电路布图设计是指集成电路中至少有一个是有源元件的两个以上元件和部分或者全部互连线路的三维配置,或者为制造集成电路而准备的上述三维装置。它解决的是如何在传导材料上以几何图形方式排列和连接以制造集成电路的电子元件,从而实现集成电路功能的问题。

3. 著作权在交易中的作用

(1) 鼓励作者的创作积极性。正确处理著作权人和作品使用者之间的关系,有利于鼓励作者的创作积极性,同时也有利于文化、艺术、科学作品的传播,并强化对侵权行为的打击力度。

(2) 正确处理对内对外的关系。对外国人的作品,按照我国缔结或者参加的国际条约承担国际义务,给予保护。对我国公民的作品,从基本国情出发,借鉴国际上著作权保护制度的新发展，提高保护水平。

(3) 有利于繁荣文化产品市场。对于社会公众来说，著作是一种创造，它可以提升人们的文化素质与精神境界。著作权所具有的经济价值，能够激励具有创作能力的人员，使他们创作出更多文化作品，从而繁荣文化产品的市场。

(六)地理标志权

1. 地理标志、地理标志权的含义

根据世界贸易组织的《知识产权协定》，地理标志是指识别货物原产自一缔约方境内或境内某一地区或地方的标志，货物的特定质量、声誉或其他特性实质性地取决于其地理原产地。而原产地名称是指一个国家、地区或地方的地理名称，用于指示一项产品来源于该地，其质量或特征完全或主要取决于地理环境，包括自然和人文因素。原产地名称便于相关国家、地区发挥自己在生产经营方面的独到之处，是经济活动中推介地区优势、促进生产发展的一种有效手段，也是特定国家、地区的一项无形经济资源。

地理标志权是指在特定范围的若干经营者使用特定货源标记或原产地名称的权利。从本质上看，地理标志权也是一种无形财产权，其客体具有财产内容。与其他无形资产所不同的是，它不可以为某一个体所专有，而完全归属于该地区或地方的相关所有生产经营者。《保护工业产权巴黎公约》是最早保护货源标记或原产地名称的国际性公约。该公约要求各成员国对于直接或者间接使用虚假的货源标记或原产地名称的行为采取相应的制裁措施，即在进口时扣押商品，或由该国国民采取诉讼等救济手段。

2. 地理标志的基本特征

(1) 地理标志的非个体独占性。即地理标志权是一种共有权，其意味着货源标记或原产地名称不允许由个人独立注册，否则就会剥夺该地域内其他生产经营者的使用权。此外，在盗用、冒用货源标记或原产地名称的行为发生时，任一权利人均可提起诉讼。

(2) 地理标志的永久性。即地理标志权是一项永久性的财产权利，并没有使用期限的限制。与商标权、商业秘密权等知识产权不同，货源标记或原产地名称总是与某类生产者相联系，某一地理标志权一经获准，便可以长期使用、长期获利，是一种无法定消灭事由的永续性权利。

(3) 地理标志的不可转让性。即地理标志权虽具有财产意义，但使用标记的任何生产经营者都不得转让或许可使用。如果允许货源标记或原产地名称转让使用，就会造成商品地域来源的混乱，扰乱社会经济秩序，从而也就丧失了地理标志的原有功能与作用。

3. 地理标志的类别

(1) 货源标记。货源标记也称作产地标记，是指任何用于标识产品或服务来源于某个国家、某个地区或某个特定地点的标记，通常与产品质量和特定品质无必然关系，仅仅用来

表示商品或服务来自某一国家或地区。一般情况下，使用这种标记的主要目的只是向消费者说明有关产品的出产地。

(2) 原产地名称。原产地名称是指一个国家、地区或地方的地理名称，用于指示一项产品来源于该地，其质量或特征完全或主要取决于地理环境，包括自然和人文因素。原产地名称便于相关国家、地区发挥自己在生产经营方面的独到之处，是经济活动中推介地区优势、促进生产发展的一种有效手段。

(七)植物新品种权

1. 植物新品种、植物新品种权的含义

根据《国际植物新品种保护公约》，植物新品种是指经过人工培育的或者对发现的野生植物予以开发，具备新颖性、特异性、一致性和稳定性并有适当命名的植物品种。植物新品种的产生，来源于人们对植物的人工培育或对野生植物的开发。植物新品种的培育，提高了农作物和林业的质量，减少了因病虫灾害所造成的损失，对于促进国民经济的健康发展和社会稳定具有重要的意义。因此，许多国家都制定了保护植物新品种的法律，授予植物新品种的培育者以排他(独占)权以保证其先前的投入获得合理回报。

植物新品种权是指完成育种的单位或个人对其授权品种所享有的排他性占有权利，主要包括：①生产权，即权利人生产授权品种繁殖材料的专有权；②销售权，即权利人有权禁止未经许可销售该授权品种繁殖材料的行为；③使用权，即权利人有权禁止他人未经许可将该品种的繁殖材料为了商业目的重复使用于另一品种的繁殖材料；④名称标记权，即权利人享有的在自己授权品种包装上标明品种权标记的权利；⑤许可与转让权，即权利人对于授权品种有权许可或转让其他单位或个人加以实施；⑥追偿权，即权利人对于非法生产或者销售授权品种的繁殖材料的单位和个人，依法享有追偿的权利。

2. 植物新品种的基本特征

(1) 新颖性。这是指植物新品种在申请日前该品种繁殖材料未被销售，或者经育种者许可在中国境内销售该品种繁殖材料未超过 1 年，在中国境外销售藤本植物、林木、果树和观赏树木品种繁殖材料未超过 6 年，销售其他植物品种繁殖材料未超过 4 年。

(2) 特异性。这是指申请品种权的植物新品种应当明显区别于在递交申请以前已知的植物品种，即要求新品种在诸如植株高矮、花的颜色、叶片宽窄、株型等一个或几个方面明显区别于已知品种，或者在品质、抗性上与已知品种相比较差异显著。

(3) 一致性。这是指申请品种权的植物新品种应当属于国家植物品种保护名录中列举的植物的属或者种。同时，植物新品种经过繁殖，除可以遇见的变异外，其相关的特征或特性保持一致，能够以独特的植物种类产生有别于其他种类的物品使用价值。

(4) 稳定性。这是指申请品种权的植物新品种经过反复繁殖后或者在特定繁殖周期结束时，其相关的特征或者特性保持不变。此外，授予品种权的植物新品种应当具备适当的名

称，并与相同或者相近的植物属或者种中已知品种的名称相区别，以便于人们的识别和区分。

3. 植物新品种的类别

(1) 职务性新品种。即执行本单位的任务或者主要是利用本单位的物质条件所完成的职务新品种。由职务育种所产生的植物新品种权利属于该单位。

(2) 非职务性新品种。对于非职务性育种，该植物新品种的申请权和所有权属于完成育种工作的个人。

(3) 委托、合作性新品种。对于委托或者合作性育种，品种权的归属由当事人在相关的合同中约定；没有合同约定的，品种权属于受委托完成或者共同完成育种的单位或者个人。

 本章小结

(1) 服务产品是指通过使用一定的设备(工具)、知识(技能)和方法(手段)来满足顾客需求的一系列活动。服务产品具有以下特点：一是无形性，即服务无法通过人的感官或仪器进行检测或描述，这是服务的一个显著特征；二是不可存储性，即不可能在有能力和资源的时候将服务活动完成并保留下来供日后使用；三是异质性，即每次服务的构成要素及其品质都会表现出不同。

(2) 国际服务贸易是指国家间的服务输入或输出的贸易形式。国际服务贸易有以下四种方式：其一，跨境服务，指从一成员国境内向另一成员国境内提供服务，并收取费用；其二，境外消费，指一成员国境内的组织与个人，以一定的方式向来自其他成员国的消费者提供服务，并以本国货币形式收取费用；其三，商业存在，指一成员国的服务提供商在另一成员国境内通过设立机构、组织形式提供服务；其四，自然人流动，指一成员国的服务商以自然人身份在另一成员国境内提供服务。

(3) 知识财产属于无形财产，与有形财产不同，知识财产以无形物为对象，体现为人类的智能活动成果。而知识产权是指人们依法对应用于商品生产和流通中的创造发明和显著标记等，在一定地区和期限内享有的专有权。相对于有形财产，知识产权具有以下基本特征：其一，非物质性，指知识产权的性质特征；其二，法律确认性，指知识产权的法律资格认定；其三，专有性，指知识产权的归属确定；其四，地域性，指知识产权的空间限定；其五，时间性，指知识产权的时间限制。

(4) 商号是企业进行工商经营活动时用于标识自己并区别于他人的标志。作为生产经营者的营业标志，商号在营业活动中起着与其他经营主体相区别的核心作用，具有显著性和可识别性，同时也有着表彰和维系商业信誉的作用，体现着特定企业的商业信誉和服务质量。而商标是商品生产者或经营者用以标明自己所生产或销售的商品(服务)以与其他同类商品和服务加以区别的标记。这种标记一般用文字、图形或者文字和图形的组合来表示，并

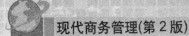

置于商品表面或商品包装上以及服务场所、服务说明书上。

(5) 商业秘密是指不为公众所知悉，能为权利人带来经济利益，具有实用性并经权利人采取保密措施的技术信息和经营信息。现代商业秘密主要包括以下三项：一是技术秘密，也称专有技术，亦即未公开的技术信息，是指与产品生产和制造有关的秘密信息；二是经营秘密，即未公开的经营情报和信息，是指与企业的经营活动有关的秘密信息；三是管理秘密，即未公开的内部管理信息，是指与企业的管理活动有关的秘密信息。

(6) 专利是指符合专利条件的发明创造或者具有专利性的发明创造。专利权共有三个类别。一是发明，指对产品、方法或者其改进所提出的新的技术方案。发明又分为产品发明和方法发明两大类。二是实用新型，此类专利在一些国家被称为小发明，是指对产品的形状、构造或者其结合所提出的适于实用的新的技术方案。与发明相比，实用新型仅限于具有一定价值的物品发明。三是外观设计，是指对产品的形状、图案或者其结合以及色彩与形状、图案的结合所做出的富有美感并适用于工业应用的新设计。

 本章案例

曹德旺的"四品四度"品牌塑造法

我是一个企业家，我今天讲我的一些体会。我爸当年做生意，我跟他做小生意，他每天吃饭的时候把他做生意的感想告诉我。小时候我爸就跟我讲了，中国的文字是象形字，"口"这个字是没有简写的，对位置比你高的，你千万不要去赞扬、奉承人家，这个对人品会有影响；对位置比你低的，你认为不满意的，认为做错的事情也不要轻易表态，因为你不是最高水平，你的讲话也会影响到你的声誉问题。后来我做企业想到我爸讲的这些故事，品牌是什么，品牌第一是人品，人品是三个口，三口是三人成众，三个口就是众口，你去做让他们来评判叫人品，人品是这样做出来的。那么你必须坚持，企业要去塑造信誉度、美誉度，做任何事情应该值得人家圈点和评判，做品牌的第一品是"人品"。

第二品是产品的"品"，也就是企业的战略定位问题。你准备投资，投资什么，什么决定未来你去投资这个产品呢，你这个产品的服务对象是谁，到底要卖给谁，你对你服务的对象、对这个群体了解有多少，他的爱好是什么，他的特性是什么，做这些产品自身的能力和各方面的评价能够不能够适应你所想要的东西，最后是由谁来做，怎么做，在什么时候做，这些就是战略定位的问题。你在做之前应该认真地研究这些问题，把这些问题提出来，来保证有效地解决问题。从我的角度来讲，产品是关键。

第三品是品位的"品"，这涉及品牌形象问题，这个问题强调塑造企业和个人在社会的诚信度、信誉度、美誉度。员工也是我们的客户，怎么样留住员工？企业的发展愿景，员工的个人发展愿景，价值观和文化。什么叫文化？中国文化的核心就是人，企业虽然不是员工的，但是他有份儿。我们为北京的临时工治病花了 100 多万元，在我们工厂生病的员工必须送医院，送医院就不惜代价，治好为止，这样做不单单是一点钱的问题，这样形成一种文化、价值的认同，你应该给他们解除头上这把剑，什么时候掉下来，集团都可以帮你解决。我们做生意要做诚信，真正做到童叟无欺，真正让员工体会到跟我在一起的价值，受社会尊重。我们在各地的企业员工出去做生意也不会被人家欺负，因为我们企业是纳税大户，这巩固了品牌地位。我认为品位对做企业品牌来说是很关键的。

第四个品是品质的"品"，产品质量。产品质量没有最高，只有更高，就是质量稳定，你不要一下子跳上去，一下子再跌下来，跟过山车一样。我做的是汽车玻璃，质量稳定不是老板高压手段能解决的。这个体系控制用什么来保证？体系的建立很简单，选你所做的，做你所选的，必须要有非常严格的纪律性，这样可以归纳成一句话：企业的品质，产品的品质反映企业综合的素质，(反映)企业从上到下一个班子的素质。质量管理是一个系统工程，比如我今天来到工厂门口，保安是管治安的，问你是干什么的，车子停旁边去。我是上帝，你今天这样对待我，再多说几句就吵起来了，这一单生意就怪这个保安身上。我们整个企业的员工从上到下有系统的培训，而且每一个都对品质有一定的管理。这四个"品"连在一起，再加上一个符号，就是品牌，从人品、产品、品位跟品质，这就是我对品牌的认识。

我现在退休了，回顾总结一生，我很自豪，在现有的政策环境下把企业做得很强大，变成国际知名品牌。怎么做呢，用什么运作这个事情呢？我把"四度"作为自己的行为指南，用在自己企业品牌塑造上。

第一度是持戒。要遵守法律法规，个人要戒贪、戒嗔。我不赌钱，我要学会有为以后还要知道有所为有所不为。我向我的员工承诺，让所有的中国人用上我的玻璃，不管是达官显贵，还是平民百姓。这一片玻璃能够代表着中国人的形象，洋人做到了，我们也应该做到，没有理由说客观问题，今天做到了，我们就本着这个理念来做。福耀的管理制度非常严格，我跟我员工讲，我不想你犯错误，我的管理制度是相互制衡的，你顺手把东西拿走，我开除你，损失一员大将；不开除你，破坏了我的规章制度。因此我们要求管理层在管理制度上必须严谨，把话说死，在持戒里面要控制别人。

第二度是忍辱。我不怕吃亏，做什么事情你不批准我做，我也无所谓，能够有这种心态应对。很多股东指责说，股票价格老保不住，你的公司股票没有故事。我说我们保持沉静在那里做，不应该给他们题材让他们去炒。做生意还要精益求精，我们要持续创新，要有自己的制造能力，如果不会做设备，就没有这么强的竞争力。

第三度是淡泊名利。我在全国的工厂已经建好的厂房、写字楼，加起来有七八百万平方米，我向社会、向我股东承诺，我只做汽车玻璃。我是省政协委员，历任省委书记、省长都是我很好的朋友，我认为那个是荣誉，我没有功。我当了24年政协委员，每年他们让我去开会，我想这个事情不是重要的，还有更重要的事情要去做，什么都要就是包袱。开会这个最头疼的事情我不会参加，做什么事，可不可以做，怎么做，我随遇而安，不会计较。

第四度是智慧。智慧跟聪明有差别，通过现象来判断未来。我2007年有一篇文章叫《一叶知秋》，我很早就判断出金融危机了，如何判断的呢？我每天早上上班坐在汽车上听收音机新闻，从国际贸易摩擦的不断上升，从中央政府决定实施环保、交通等的法规，从央行说人民币汇率浮动，我们就进行测算，我们福耀做了多少，其他企业做了多少，《劳动法》的影响有多少，交通法的影响有多少。那个时候我每个月都会关心当地的企业，每个月都会有企业蒸发掉，政府也出台很多政策来控制，跑掉一家企业，政府就要赔工人的工资，我们通过这些现象去测算未来经济的发展。2007年，我们把各子公司的总经理调回来，采取了四个措施：第一，清理在建项目，已经开工正在建设的抓紧完工；第二，促进现金回流，那个时候我们现金流负债率达到67%，提出来要两年的时间把负债率降下来，因为调整负债率，现金净回流有利于负债下降；第三，根据目前的测算，危机来的时候福耀不应该让政府救，我们要自救，因此我们展开了一场自救运动，具体是关掉现在预期会亏损的企业，因此我在2008年中国经济最火的时候关掉四条生产线，损失了十几亿元。很多人不理解，他们说这个动作太大，我说十几亿元亏得起，等你开始亏的时候就亏不起了。生产工人从上到下展开一场提高产品质量的运动，通过这些努力我们福耀品牌建立起来了。我们去年净资产收益率到35%，位居中国第一名，所有上市公司我排第一位。

(资料来源：根据曹德旺2012年4月26日晚在北京大学光华管理学院的主题演讲《你可以是菩萨：企业道与菩萨法》整理。)

讨论题

1. 为什么说做品牌的第一品是"人品"？
2. 在企业商务活动中"持戒"的基本含义是什么？
3. 企业家如何才能使知识转变为智慧？

 ### 思考题

1. 服务产品的含义与基本特点是什么？
2. 简述商标的类别。
3. 简述商业秘密的基本特征。
4. 专利与专利权的基本含义是什么？
5. 简述著作权作品及其主要类别。
6. 地理标志的基本特征有哪些？

第九章　现代国际商务管理

【学习要点及目标】

- 重点掌握国际商务的内涵及相关经营方式。
- 了解国际商务与国内商务的区别，并认识国际商务活动的纽带。
- 理解进出口管理的相关政策。
- 掌握营销管理的相关过程和财务管理的基本内容。

【核心概念】

国际商务　贸易　投资　国际营销管理　国际财务管理

【引导案例】

2016 年世界 500 强发布

2016 年 7 月 20 日，2016 年财富世界 500 强出炉，万科等 13 家内地公司首次上榜。其中，沃尔玛位列第一，国家电网、中国石油和中国石化分别位列前四。值得注意的是，绿地集团排名第 311 名，万达排名第 385 名，万科排名第 356 名，恒大排名第 496 名，华润集团排名第 91 名。

中国上榜公司数量继续增长，今年达到了 110 家。13 家中国内地公司首次上榜，其中包括电子商务公司京东、家电巨头美的集团，以及三大房地产公司：万科、大连万达、恒大。入围《财富》500 强的企业越多，无疑代表中国经济综合实力的提升越高。但如果分析行业分布，以及盈利能力，中美之间的差距并没有像中国入围企业的数量那样体现出竞争力差距的缩小。

2016 年上榜 500 家公司的总营业收入为 27.6 万亿美元，净利润之和为 1.48 万亿美元，同比分别下降 11.5% 和 11.3%。入围门槛为 209.2 亿美元，比 2015 年的 237.2 亿美元下降 11.8%。2015 年榜单最后一名的营业收入在 2016 年可以排到第 449 位。

据了解，沃尔玛连续三年排名第一，2015 年营业收入达 4821 亿美元，同比微降 0.7%。

以利润计算，苹果以 534 亿美元的利润超过工商银行，重返利润榜冠军宝座，中国"工建农中"四大行紧随其后，分列 2～5 位。

墨西哥石油公司 2015 年亏损 440 亿美元，蝉联世界 500 强亏损榜冠军。在中国上榜企业中，亏损最多的是中国五矿集团公司，为 168 亿美元，排名亏损榜第 22 位。

从行业分布看，商业储蓄行业 2016 年共有 47 家公司上榜，较 2015 年有所减少，但依

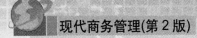

然是世界 500 强公司密度最高的行业。

《财富》杂志现隶属美国传媒时代华纳集团旗下的时代公司，自 1954 年推出全球 500 强排行榜，向来是经济领域关注的焦点。世界 500 强公司代表了一个国家的经济实力，是一个国家最大的经济"名片"。

(资料来源：依据新浪财经、搜狐财经、观察者等网络资料改编所得.)

【案例导学】

随着经济全球化的发展，国家间的经贸联系日益密切。各国之间纷纷采取各种推动开放的优惠政策，以吸引国外资金、技术、人才流动到本国，从而推动本国经济的增长。在引入国外生产要素的同时，各国也在积极鼓励本国企业加强国际交流，推动相关国际商务活动的开展。

第一节　国际商务概述

国际商务活动是一种重要的国际经济活动，深入了解国际商务的内涵，理解国际商务活动的三大纽带，有助于后续的国际商务管理活动的开展。

一、国际商务的概念

(一)国际商务的内涵

美国学者卡瓦斯基尔认为：国际商务(International Business)是指公司进行的跨国贸易与投资活动。由于国际商务最显著的特点是跨国界，所以我们也将国际商务称作为跨国商务。公司在国际范围内进行组织、采购、生产、营销以及其他增值活动。他们寻找国外客户，同国外商业伙伴达成合作关系。虽然国际商务主要由公司参与，但政府和国际机构也会参与到国际商务交易当中。公司和国家都可以交换大量有形资产和无形资产，包括产品、服务、资本、科学技术、专有技术和劳动。

美国学者科斯认为：国际商务包括跨越国界的任何形式的商业活动。几乎涵盖任何形式的经济资源的国际转移，如商品、服务(技术、劳务和运输等)和资本等。

加拿大学者鲁格曼和美国学者霍杰茨认为：国际商务是一门研究为满足组织及个人需求而进行的跨国界交易的学科。跨国界交易包括对外贸易和对外直接投资。

国内学者梁能认为：国际商务研究的主要是国与国之间的商务活动。包括两层含义：第一，国际商务是跨越国界的经济活动；第二，国际商务是商业性的经济活动。

综上所述，国际商务是一种跨越国界的活动，是在不同国家之间进行商品、劳务、资本、技术和信息等资源的国际转移。

(二)国际商务与国内商务的区别

根据国际商务的定义可知，跨越国别地理界限是国际商务和国内商务的根本区别。这也导致了国际商务活动和国内商务活动在许多方面有很大的不同，主要表现如下。

1. 商务环境不同

企业从事国内商务活动的环境，例如政治、法律、经济、社会、文化等因素通常比较稳定，企业对本国商业惯例、语言、文化、法律都比较熟悉，交易成本通常较低，经营风险相对较小。而跨国公司所面临的国际环境通常复杂多变，对不同国家的商业习惯、语言、法律制度不是很熟悉；而且国际社会的政治和经济因素变化较大，特别是一些国家的政治经济政策变化很难预测，这些显然增加了国际商务的运行成本和经营风险。

2. 商务过程不同

一般来说，国际商务程序更为复杂，交易时间漫长，原因在于跨国交易的障碍比国内交易多。以国际贸易为例，货物由出口国到进口国大多需要长途运输，有的还需要使用多种运输方式；每笔交易除了买卖双方之外，往往还需要得到国内外运输、保险、海关、检验与检疫和银行等部门协作、配合，或接受其监督与管理。

3. 商务管理活动不同

由于国际商务涉及的因素更多，例如跨国政治体制、跨国经济体系、跨国文化和跨国语言等，跨国公司分支机构在每个国家的财务制度、劳工标准、环境标准、生活条件以及文化认同都是不一样的，同一家跨国公司在不同国家的商务管理活动都是不同的。在通常情况下，跨国公司都会把自己在全球的经营标准与当地因素结合起来，因此，跨国公司每个分支机构的商务管理都是"全球标准与当地差异结合的化身"，国际商务组织结构、商务模式与商务策略显然不同于国内商务。

4. 商务风险不同

与国内商务活动相比，国际商务活动面临更大的风险，主要体现在：政治风险、法律风险、外汇风险、税收风险等方面。政治风险主要指政治制度不同和冲突所带来的风险，法律风险指各国由于工商业法律、管理制度、贸易条规等不同带来的风险，外汇风险指由于两国汇率变动给企业带来的风险，税收风险指由于财政政策之外的变化及有关税收政策的变化所带来的风险。

二、当代国际商务活动的三大纽带

当代国际商务活动主要是通过三大纽带进行：国际市场、跨国公司、国际条约与国际组织。

(一)国际市场

国际市场是连接世界经济的纽带，是国际各种资源流动、交换的场所。随着社会生产力的发展，以及国际分工和交换规模的扩大，国际市场的规模也越来越大。在当代世界，一个国家的实力越强、经济规模越大，需要通过国际市场实现的价值也就越多，对国际市场的依存度也就越高。世界商品出口与世界国内生产总值的比例，1950年大约为6%，1973年上升到12%，1997年达到20%。一些新兴工业化国家和地区的出口增长更快，如中国香港地区和新加坡出口额占国内(或地区)生产总值的比例都超过了50%。

国际市场的主要载体是国际贸易。国际贸易是现代国家经济发展的必要条件和直接结果。国际贸易的发展与世界经济的发展有着内在的联系。国际经济的发展必然表现为世界贸易的增长；国际贸易的增长也必然会带动世界经济的发展。第二次世界大战后，世界贸易的平均增长速度，一般是世界经济增长速度的1～1.5倍。但随着经济全球化的加速，国际贸易的增长速度越来越领先于经济的增长速度，1990—1995年达到了3倍。由于存在着这样的函数关系，如果国际贸易下降，必然会引起世界经济的下降。

国际市场的供求关系是世界经济的发动机和晴雨表。长期以来，美国经济的2/3是由消费需求支撑的。如果消费需求旺盛，就会带动国际贸易进而世界经济的增长。反之，就会使国际贸易甚至世界经济萎缩。就一些重要的原材料来说，世界市场上供求关系或者价格的变动，也会对国内企业的生产和经营产生很大的影响。如石油是各国工业、制造业乃至服务业的必需品等。作为一种重要的战略物资，石油供求关系及其价格一直在世界经济中扮演着重要的角色。据经济合作组织测算，油价每上涨10美元，世界经济的增长速度就下降0.25%。日本野村证券研究所测算：油价每涨1%，中国、韩国、新加坡、泰国及菲律宾等国家和地区的国民生产总值就会分别下降0.01%～0.03%。

(二)跨国公司

跨国公司的经营活动已经扩展到大多数国家的大多数经济领域，成为世界经济中一支强大的力量，约占全球生产的40%、国际贸易的60%、国家投资的90%、技术贸易的60%、技术转让的80%及研究开发的90%。当代跨国公司的发展使以国家为主体的世界经济逐步向以跨国公司为主体的经济转化。

当代跨国公司的主要特征如下。

(1) 生产经营活动的跨国化。通过对外直接投资，在海外新建或收购现有企业，利用当地资源和廉价劳动力，就地生产、就地销售，并进行其他经济活动，从而使再生产过程在国际范围内展开。

(2) 经营战略全球化。跨国公司以全球作为其活动的舞台，以世界市场作为其角逐的范围与导向，实行"全球性经营战略"。因而，跨国公司不是孤立地考虑某一子公司所在国的市场、资源等情况和某一子公司的局部得失，而是从多国或全球角度考虑整个公司的发展。有的甚至让某子公司亏本，以便在总体上取得最大利润，即跨国公司着重考虑的是全球范围内的机会和公司总体利益以及如何实现利润最大化。这种战略目标，是跨国公司区别于国内企业和其他经济组织的重要特征。

(3) 公司内部一体化。跨国公司实行"公司内部一体化"，公司内部一体化原则要求高度集中的管理体制，即以母公司为中心，把遍布世界各地的分支机构和子公司统一为一个整体。所有国内外分支机构和子公司的经营活动都必须服从总公司的利益，在总公司的统一指挥下，遵循一个共同的战略，合理配置人力和财力资源。

(三)国际条约与国际组织

随着全球经济一体化进程的加快，需要各国政府间通过合作来解决的有关世界经济发展的重大问题越来越多。一方面，由于主权国家之间都是平等的，不存在超越国家之上的组织管理机构，谁都不能把自己的法律强加于人；另一方面，协调处理涉及国与国之间的"外部经济效果问题"和"公共产品问题"的国际事务，又不能没有一套超越国家之上的游戏规则和管理机构。因此，伴随国际商务活动范围的扩大和程度的加深，一系列双边、多边国际条约和组织纷纷产生和建立起来。这些国际条约和组织以官方和半官方的形式，把世界经济生活纳入了一种"冲突不断但大体有序"的体制，以保证世界经济的发展。

国际组织亦称国际团体或国际机构，是具有国际性行为特征的组织，是两个或两个以上国家(或其他国际法主体)为实现共同的政治经济目的，依据其缔结的条约或其他正式法律文件建立的有一定规章制度的常设性机构。

国际组织分为政府间组织和非政府间组织，也可分为区域性国际组织和全球性国际组织。政府间的国际组织有联合国、欧盟、北非联盟、东盟、世贸组织等，非政府间的国际组织有国际足联、乐施会、创行、国际奥委会、国际环保协会、国际红十字会等，各种国际组织在当今世界发挥着重要的作用。

据《国际组织年鉴》统计，20 世纪初，世界有 200 余个国际组织，到 50 年代发展到 1000 余个，70 年代末增至 8200 余个，1990 年约为 2.7 万个，1998 年为 4.8 万余个，21 世纪初超过 5.8 万个。截至 2016 年，世界上有 6.2 万余个国际组织，包括有主权国家参加的政府间国际组织、民间团体成立的非政府国际组织，它们既有全球性的，也有地区性、国家集团性的。当前最重要的国际组织有：世界贸易组织、国际货币基金组织和世界银行。

世界贸易组织(简称 WTO)，1994 年 4 月 15 日，在摩洛哥的马拉喀什市举行的关贸总协定乌拉圭回合部长会议决定成立更具全球性的世界贸易组织 ，以取代成立于 1947 年的关贸总协定。世界贸易组织是当代最重要的国际经济组织之一， 拥有 164 个成员，成员贸易总额达到全球的 98%，有"经济联合国"之称。

世界银行(World Bank)是世界银行集团的简称，由国际复兴开发银行、国际开发协会、国际金融公司、多边投资担保机构和国际投资争端解决中心五个成员机构组成；成立于 1945 年，1946 年 6 月开始营业。凡是参加世界银行的国家必须首先是国际货币基金组织的会员国。世界银行总部设在美国首都华盛顿，有员工 10000 多人，分布在全世界 120 多个办

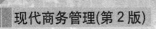

事处。

国际货币基金组织(International Monetary Fund，IMF)是根据 1944 年 7 月在布雷顿森林会议签订的《国际货币基金协定》，于 1945 年 12 月 27 日在华盛顿成立的。与世界银行同时成立、并列为世界两大金融机构之一，其职责是监察货币汇率和各国贸易情况，提供技术和资金协助，确保全球金融制度运作正常。

第二节　国际商务经营方式

随着国际化的发展，直接投资开始成为进入国际市场的主要经营方式，不享有国外管理权的经营活动朝享有国外管理权的经营活动方式转变，同时，各种方式交替使用、互相补充、融为一体。以下着重讨论进出口贸易、技术授权、合同安排、对外投资等方式。

一、进出口贸易

这里的进出口贸易主要是指商品的进出口贸易，是最简单的也是最普通的对外贸易形式。这是一国或地区与另一国或地区经济实体之间，通过契约或合同方式所进行的跨国界或区界的商品买卖活动。

传统的商品贸易方式是"一手交钱，一手交货"的现金贸易；接着，出现了分期付款方式，但是仍属于现金贸易性质。后来，一种非传统性质的贸易方式出现了，在这种贸易方式中，买方不用或较少用现金支付货款，而是采用其他一些方式来促进交易，这种贸易称为反向贸易，反向贸易包括易货贸易、补偿贸易、互换贸易、回购贸易、转手贸易等。

易货贸易是物与物之间的交换。这是一次性的交易行为，只有买卖双方的当事人参与，双方贸易额相等，可以规避外汇风险。补偿贸易是进口方从出口方进口设备或技术，并以这种设备或技术直接生产的产品或其他产品和劳务分期偿付其全部或部分进口货款。补偿贸易的出口方还可以在进口方的同意下，将应向进口方回购的义务转让给第三方，然后进口方将第三方向其回购的货款偿还给出口方，使双边关系变成三边或多边关系。回购贸易也称直接补偿贸易，通常由出口方向进口方提供设备或技术，进口方则用这些设备和技术生产出来的产品加以偿付。互换贸易也称平行贸易，是由甲乙双方通过洽谈，签订两个各自分立的合同并据此分别加以履行的一种方式。

从广义来看，进出口贸易不仅包括商品贸易，而且包括服务贸易。事实上，技术授权、管理合同、国际咨询以及国际性服务经营都涉及服务的进出口贸易。一般来说，商品的进出口活动被认为是一个企业卷入国际商务活动的第一级台阶。这是因为，企业参加进出口活动可以通过商品的进出口商进行代理，企业只需承担较少的义务和风险，花费较少的代价。

二、技术授权

技术授权，又称许可证贸易，最初的意义是指"由政府授予权利或特权"，现在则指授权使用专用的工业产权或技术。当授权人和受权人在不同国家时，称之为国际技术授权。技术授权也是一种出口，但它所出口的不是有形商品，而是技术或诀窍等无形商品。技术授权普遍受进口国的欢迎，不受限制；且常常与出口、直接投资等方式相结合。技术授权在可供选择的国际市场进入方式中日趋重要。

基于技术授权，双方签订许可协议，该协议是许可人将无形资产的使用权利授予被许可人，并允许被许可人根据协议使用特定的一段时间(5～7年)，作为回报，被许可人以经济上的使用效果(通常按销售额)作为提成基数，以一定的比例(通常为2%～5%)按期连续向许可人支付特许经营权使用费。无形资产通常包括专利权、商标、配方、工艺、设计和版权等资产。

技术授权涉及的工业产权或技术主要包括专利、商标、技术诀窍或专门知识等。专利是一种受国家法律保护的工业产权，它是各国政府在一定时期内授予技术发明人的一种法定权益。在其受法律保护的国家、地区以及时间内，任何人要使用专利技术必须事先征得专利所有人的许可并支付一定的报酬，否则，就会构成专利侵权。各国法律规定，当发生专利侵权行为，需要进行赔偿损失，并对侵权人予以法律制裁。商标是生产者或销售者在自己生产和销售的商品上附加的以区别于其他商品的显著标志，通常由文字、图形组成。在国际上，商标所有人通常只转让商标使用权，而商标独占权仍归商标所有人。

三、合同安排

合同安排又称非股权安排，是国际企业在股权投资和人事参与之外所采取的一种手段。国际企业以承包商、代理商、经销商、经营管理和技术人员的身份，通过承包工程、经营管理、技术咨询等形式，取得利润和产品。具体的形式有管理合同、交钥匙工程、合同生产及特许经营等形式。

1. 管理合同

管理合同是指企业根据与国外目标企业签订的合同全权负责合同期内该外国企业的全部业务管理，并根据合同收取一定的报酬。一些国家对外资在某些行业的所有权进行限制或是对外资企业实行国有化后，该国由于缺乏这些行业的管理技能和专门人才，就需要通过管理合同引进外部力量履行管理职能。但这种经营管理权仅限于企业日常的经营管理，而不涉及事关企业发展的重大问题，如投资决策、所有权安排以及基本政策制定等。

2. 生产建设合同

生产建设合同经常采取交钥匙工程、合同生产等具体形式。

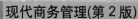

(1) 交钥匙工程。它是工程技术劳务常采用的一种形式。在交钥匙工程中，承包人按技术输入方的要求拟订方案，承包全部工程，培训技术输入方所需的管理人员、技术人员和操作人员，直到工厂建成、验收合格后才交给技术输入方。由于在合同完成后，技术输入方可获得随时启动和运行整个设施的"钥匙"(Key)，交钥匙工程的名称由此而来。交钥匙工程的进一步发展就是 BOT(Build-Operate-Transfer，BOT)项目，即所谓"建设—运营—移交"的境外投资方式。承建公司在建设完指定的项目后，按照合同拥有该项目若干年的经营权，并将经营该项目获得的收益用于偿还项目债务及投资回报，经营期满后，再把该项目移交给发包方。

(2) 合同生产。合同生产，又称合同制造，是本企业与目标国家或地区的企业订立供应合同，要求后者按合同规定的技术要求、质量标准、数量和时间生产本企业所需要的产品，交由本企业用本企业的品牌销售。其优点是租赁了当地企业的生产能力，既节省资金又能迅速进入目标市场。容量有限的市场适宜采用这种方式进入，例如，美国宝洁公司就通过合同生产方式成功地进入了一些市场容量和潜力都不大但进口关税却很高的拉美小国。但这种方式的问题是不易物色到理想的伙伴，而且还需向对方提供技术改造、工艺改进等方面的服务，本企业只能赚取销售利润而无法赚到生产利润。

3. 特许经营

特许经营是一种专业化的许可协议。它是指经营成功的企业，将其商标、商号名称、服务标志、专利、诀窍和管理方法或经验转让给另一家企业，后者有权使用前者的商标、商号名称、服务标志、专利、诀窍和管理经验，但需要支付一定的特许费。特许经营方式的特殊性在于，特许经营接受人往往在技术操作和经营方式上受到授权人的控制，但授权人并不确保接收人能获得利润，且对接受人的盈亏不负任何责任。

四、对外投资

对外投资包括对外直接投资和对外间接投资两种。对外直接投资是指投资者以控制企业全部或部分产权，直接参与经营管理为特征，以获取利润为主要目的的资本对外输出，即投资者为拥有对国外公司的控制权和企业经营管理权，并获得长期的投资收益，通过新建或并购等方式，在国外一个或数个国家通过直接投资建厂，建立原材料生产基地或产品销售市场等实物性资产投资的经营活动。直接投资主要是指为了达到控制企业目的的投资活动。虽然控股的理论值是 50%以上，但随着公司控股的分散，在很多情况下，实际上只要获得某企业 10%的股份就可以达到控股的目的。直接投资的核心不是单纯的货币资本流动，而是直接参加外国企业的管理。直接投资的主要方式有：在国外开办工厂、建立贸易公司、开采矿产资源和其他资源、购买当地原有企业，以及与当地私人、团体、政府合资兴办和经营企业，等等。

按照国际货币基金组织的定义，国际直接投资是指在投资人以外的国家所经营的企业拥有持续利益的一种投资，其目的在于对该企业的经营管理具有发言权。间接投资的最大特点是在进行投资时并不刻意追求对企业经营的控制权，它往往可以通过购买股票或债券的形式进行，如通过分红或利息收取投资的回报。与间接投资相比较，跨国直接投资不仅是资本流动，而且不一定总有金融资本跨国移动，如通过工业产权、专利、技术等作为投资手段，则不以资本流动为形式；跨国直接投资投资于产业，是资本、技术、知识产权及管理等多种要素的跨国移动。

第三节　国际商务进出口管理

在国际商务活动中，进出口管理是首先要面临的活动。本书主要从进口保护和出口鼓励两个方面来进行分析。

一、进口保护政策

(一)关税

进口关税是一国政府通过海关向进口商品或服务征收的税赋。征收关税的具体形式有很多，有的是根据进口商品价值征收一定比例的关税，称之为从价税，有的则是根据进口商品的实物数量征收一个给定数额的关税，称之为从量税，从量税以货物的计量单位(重量、长度、面积、容量、数量等)作为征税标准，以每一计量单位应纳的关税金额作为税率。

征收进口关税，使得外国商品不得自由进入国内市场，势必影响国内的价格、生产量和消费税。关税对本国经济影响的大小取决于该国国内的供给与需求情况，也取决于该国在国际市场上的地位。由事实知，无论大国还是小国，不管本国有无能力影响国际市场价格，征收关税都会导致产品国内价格上升，生产增加，进口减少，消费缩减，但影响的程度则会由于在国际市场上的地位不同而不同。

(二)非关税壁垒

各国在限制外国商品进口、保护本国市场方面，除了征收关税以外，还有许多非关税措施，其中最流行的非关税壁垒是进口配额。配额是对进口商品设置一定的限额，其目的与征收关税一样，是为了限制进口，保护国内的工业。但与关税不同的是，进口配额是直接的数量控制而不是提高进口商品价格间接地减少进口。

配额的种类方式很多，有在全球范围内的配额，也有分国别的配额，有进口国单方面设置的，也有双方协议的。但不管什么方式，这种对进口商品数量的控制，都会对本国商品的价格、消费、生产以及整个社会经济的利益变动带来一定的影响。这种影响的大小不

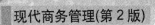

仅取决于进口国在国际市场上的地位，还取决于本国进口工业的市场结构。

除了进口配额外，还存在其他一些非关税壁垒。

1. 烦琐的海关手续

一些国家虽然名义上没有什么进口限制，但把进口的海关手续弄得非常烦琐复杂，即使不用审批，也要层层填表、盖章或故意拖延时间，降低过关效率。例如有的国家对进口新鲜农产品的海关手续复杂，时间很长，致使出口国担心有些新鲜农产品因时间过长出现腐烂而不敢再出口。

2. 国产化程度要求

许多国家提出产品的国产化程度要求，规定产品中一定比例的零部件必须使用国产货。发展中国家的汽车产业政策中经常会出现这种要求。例如，印尼曾经规定，根据国产化率对汽车中使用的进口汽车部件减税或免进口关税；对设备、商标及技术方面达到国产化规定标准的公司，可视为国产汽车，免除奢侈品税和进口零部件的关税。

3. 进出口的垄断经营

进出口垄断包括国家机关的直接经营和交由某些垄断组织的独家经营。垄断的范围既可以是全部商品也可以是部分商品。其保护作用不是通过政府贸易政策而是通过垄断组织的行为实现的。由于独家经营，垄断机构为了牟利就可以通过控制进口量来提高进口商品在国内市场的价格，其结果是一方面减少了进口，另一方面刺激了国内生产。

4. 外汇管制和不合理的汇率

实行外汇管制，进口商和消费者不能自由兑换外汇，自然也就没有能力来自由进口了。另外，外汇管制往往伴随着不合理的汇率，所谓不合理的汇率是指偏离实际价值比率的汇率。当官方汇率偏离市场汇率时政府无力或不愿进行干预，民间又没有足够的能力来调整，从而使本国货币高估或低估。有时为了限制进口，政府故意让本国货币贬值从而使进口商品用本国货币购买时变得更贵。降低了本国居民购买进口商品的能力，自然也就减少了进口。

二、出口鼓励及其他政策

(一)鼓励出口的贸易和产业政策

1. 出口补贴

为了刺激出口，政府往往采用一些经济政策。最常见的做法是对出口进行补贴。补贴的方法，既可以是直接的现金支付，也可以是间接地通过降低出口商品的成本。

直接补贴包括价格补贴和收入补贴。政府按照商品出口的数量或价格给予补贴是一种价格补贴。另外，政府设立保证价格，保证支付出口产品国际市场和国内市场的差价也是一种价格补贴。收入补贴则包括对企业的出口亏损进行补偿等。间接补贴包括低息贷款、外销退税、免费或低费为本国出口产品提供服务等。

出口补贴的结果是：国内价格上涨，出口工业生产增加，国内消费减少，出口量增加。

2. 鼓励出口的其他政策

(1) 货币贬值。政府有时通过本国货币贬值来促进出口。一般来说，一国货币贬值使本国产品用外币衡量的价格下降，从而会增加出口贸易量。然而，要使本国货币贬值起到增加出口量并增加收益的作用，必须满足两个条件：第一，出口商品具有较大的价格弹性，即由于贬值引起的出口销售量增加幅度会大于本国货币的贬值幅度；第二，其他国家不采取任何报复性措施，否则货币贬值的效果会被其他国家同样的措施所抵消。

(2) 经济特区。一些国家或地区为了促进出口，在其领土上的部分经济区域内实行特殊政策。在这个区域内，政府通过降低地价、减免关税、放宽海关管制和外汇管制、提供各种服务等优惠方法，吸引外国商人发展转口贸易或鼓励和吸引外资，引进先进技术，发展加工制造业，以达到开拓出口货物、增加外汇收入、促进本国或本地区经济发展的目的。

目前，世界各国设置的经济特区分为以下四种。

① 自由贸易区。自由贸易区是划在关境以外的一个区域，对进出口商品全部或大部分免征关税，并且准许在港内或区域内进行商品的自由储存、展览、加工和制造等业务活动，以促进地区经济及本国对外贸易的发展。尽管自由贸易区本身是对进出口的双向鼓励，但多数国家在本国境内开设自由贸易区的目的是促进出口。

② 出口加工区。出口加工区是一国专门为生产出口产品而开辟的加工制造区域，在此区域内，一些以出口为导向的经济活动受到一系列政策工具的促进和鼓励，而这些政策工具通常不适用于其他经济活动和其他经济区域。加工区生产的产品全部出口或大部分供出口。

③ 保税区。保税区是海关所设置的或经海关批准注册的特定地区和仓库。外国商品存入这些保税区内，可以暂时不缴纳进口税。运入区内的商品可进行储存、改装、分类、混合、展览、加工和制造等。设置保税区主要是为了发展转口贸易，增加各类费用收入，并给予贸易商经营上的便利。保税区是中国借鉴国外自由贸易区、出口加工区的成功经验，并结合中国国情而创办的特殊经济区域，其主要功能与自由贸易区和出口加工区相似。

④ 自由边境区。自由边境区一般设在本国的一个省或几个省的边境地区，其目的和功能与自由贸易区相似，只是在规模上小一些。

(二)价格支持

价格支持，是政府通过稳定价格来支持生产者的一种手段。为了稳定生产和保证生产

者的收入，政府设立一个不由市场供应变动决定的"支持价格"或"保证价格"。如果市场价格高于保证价格，生产者可以根据市场需求卖出高价，自然不用政府操心。如果市场均衡价格下跌到低于这一保证价格时，生产者则从政府手中得到两种价格的差额，产品产量和生产者的收入都不会因价格的下跌而受到太大影响。

三、电子商务背景下国际贸易新发展

(一)电子商务对国际贸易的影响

国际贸易领域电子商务的应用将会极大改变贸易方式，贸易运作更多的以电子交易方式进行，走出传统面谈或者交换方式格局，以更加高效、专业、精细化的电子商务运作完成交易全程。电子商务在国际贸易中的合作将会进一步优化、变革贸易流程，改变传统纸面、实体交易流程与方式，实现电子化、信息化、网络化流转为主体的交易流程，更进一步助力国际贸易发展。

电子商务与国际贸易的融合将会催生大量专门从事该交易的电子虚拟企业，在电商环境下，依托现代化信息技术可将外贸企业联合为虚拟企业，通过分工协作、优势互补、资源共享、利益共沾等运作形式实现合作效益最大化，以淘宝、京东等为代表的电商平台就是最好的案例。

传统国际贸易中支付方式主要以汇付、托收、信用证等为主，外贸货款结算流程复杂且耗时长，电子商务环境下的国际贸易主需要应用电子支付工具及支付授权等就可进行，对于贸易信息的确认更快、更准确，支付方式更加流程化、多元化，支付效率将会获得极大提升，支付成本则大幅度降低。

(二)电子商务背景下国际贸易发展的对策

要借助传统国际贸易发达的销售渠道，积极激励进出口双向发展，利用跨境电商促进中国进出口贸易的发展。要积极推进跨境电商和传统贸易相互促进协作发展，传统贸易继续发挥主渠道作用，跨境电商开辟新模式、拓展新市场，并做好对传统外贸渠道的延伸和服务工作，进一步挖掘国内市场消费潜力、制造业生产潜力，督促企业致力打造质量和审美更高、更个性化的产品，刺激国内产品综合竞争力的提高，进一步提高我国国际贸易的数量、质量与档次。

要结合电子商务背景下国际贸易发展需求，积极提供政策支持，从跨境人民币结算到支付结算贸易管理，提供多种优惠政策推动跨境电商贸易合作。要重点对国内现有电子商务法律体系进行改革与完善，解决好电子商务安全问题，结合国外先进经验制定综合性电子商务法，解决当前立法滞后、法制环境漏洞多等问题，引导规范国际贸易领域的电子商务活动，防范并管控跨境交易风险。

国内要结合多个地区跨境电商国际贸易合作的试点经验，对电子商务法律体系进行完善的同时，做好监督机制的创新与完善，引导国际贸易交易主体合法合规的开展贸易活动，并做好信用证、电子提单规则、电子签字等诸多专项法律的制定与应用，以确保电子商务环境下国际贸易的安全性。

第四节 国际商务营销管理

一、国际商务营销管理概述

(一)国际商务营销管理的概念

营销管理，是指为了实现组织目标而设计的各种分析、计划、执行和控制活动，以便建立和维持与目标顾客互惠的交换关系。而国际商务营销管理，则是以跨国公司为载体，在全球范围内展开的，为了实现国际营销目的，通过对国际市场需求的预测和分析，进行具体项目的设计、执行和控制，从而满足市场需求并实现企业预定目标的活动。

国际营销管理的主要内容包括以下几个方面。

(1) 确定国际商务营销战略。其主要任务就是为其品牌制订一个营销战略并且使这一战略适应市场环境的变化。一个企业战略的基本组成部分应该包括战略目标、目标顾客、竞争对手、核心战略和战略实施等部分。

(2) 编制国际商务营销计划。国际营销计划是对国际营销战略实施过程及步骤的细化和展开，需要考虑具体的实施过程、实施关键点、实施预期效果等内容。

(3) 进行顾客分析。顾客分析是企业战略依据的集合。如果不能对顾客行为做出全面的理解，就不可能制订出有针对性的战略。除了适应目标顾客、制订战略目标，顾客分析还是市场和顾客导向型战略实施的基础。具体而言，顾客分析涉及两个层次：消费者市场分析和企业市场分析。

(4) 进行目标市场营销。在市场扫描的基础上进行市场细分，基于企业的目标追求在目标市场上开展相应的营销活动。

(5) 实施国际商务营销组合策略。这些策略包括产品策略、价格策略、促销策略和分销策略。公司既可以单独使用其中一种或两种策略，也可以采取策略组合。

(二)国际营销观念

处于不同国际营销阶段的企业，会有不同的国际营销观念导向。基本的国际营销观念可以概括为三种，即国内市场延伸观念、国别市场延伸观念和全球营销观念，每一种观念都反映了公司的经营思想和国际管理导向。

1. 国内市场延伸观念

国内市场延伸观念是指国内公司力图把国内生产的产品销售到国外的市场上去,它把国际业务看作是第二位,是国内业务的延伸。它的主要动机是解决生产能力过剩的问题,国外销售被视为国内业务有利可图的延伸。由于企业本身资源的限制,很少针对国外市场调整营销组合方案,总是寻找和国内市场相似的市场以便产品能被接受,然后以和国内销售一样的方式将产品销售给国外客户。

2. 国别市场延伸观念

公司一旦意识到市场差异和海外业务的重要性,其营销管理导向就可能转变到国别市场策略。以这一观念为导向的公司,意识到各国市场大小相同,只有对每个国家制订独立的计划,才能取得销售成功。以此为导向的企业以国别为基础,对每一个国家采取不同的营销组合策略。企业开始注重分析各个国家中不同的社会、经济、政治、文化、科技环境及由此造成消费者的不同需求,在不同的目标市场提供不同的产品,使用不同的定价策略,采用不同的分销渠道,并使用不同的促销计划,彼此之间几乎没有相互影响,不考虑与其他市场的协调问题,并且把广告活动当地化。

3. 全球营销观念

以全球营销观念为管理导向的公司通常成为全球公司,它们所开展的营销活动是全球营销,市场范围是整个世界。为了适应全球营销的复杂性,全球营销观念衍化为全球标准化、全球本土化、全球混合三种导向。不同的全球公司针对产品的特点采用不同的导向。

二、国际营销组合策略

营销组合策略一般包括产品策略、价格策略、渠道策略和促销策略。

(一)产品策略

所谓产品,狭义上是指生产出的物品,广义上是指由公司提供给市场并被人们消费使用,以达到满足某种需求目的的东西,包括物品、服务、产品蕴含的观念等。产品一般可以分为三个层次,即核心产品、形式产品和附加产品。产品是市场竞争的集中体现。在国际商务营销管理中,产品是需要关注的最为核心的一环。

1. 跨国公司的产品策略

产品决策是指企业根据市场预测和经营战略的指导,结合自身的目标和能力,确定以何种产品或者产品组合来满足目标市场需要以及如何推出该产品的一系列相关决策。具体内容包括以下几点。

1) 产品定位

产品定位并非指产品本身，而是指投入市场后，产品在潜在消费者心中的地位。对产品进行定位是指企业为生产一种适合目标消费者特定地位的产品而进行的产品和营销活动策划。产品定位策略具体会在功能、包装、质量和价格等直观方面有所体现。

2) 灵活应用产品生命周期

产品周期理论(PLC)是指一种新产品从开始进入市场到被市场淘汰的整个过程，分为导入期、增长期、成熟期和衰退期四个阶段。国际产品生命周期，是指国与国、地区与地区之间的各种差异，使得同一产品在不同的国家和地区之间在同一时间内处于不同的阶段中。国际产品的生命周期分为出口阶段、调整阶段、冲击阶段三个阶段。为延长国际产品生命周期，企业需不断地做出相应的调整和创新。

3) 产品线的延伸和组合

产品组合是指一个企业在一定时期内生产经营的各种不同产品的全部种类产品项目的组合。它包含宽度、长度、深度以及关联度四个基本要素。其中宽度是指企业产品线数量的多少；长度是指企业各产品线的产品项目总数；深度是指企业各产品线平均包含的产品项目数，关联度是指各种产品系列之间在最终用途、生产条件、销售渠道或其他方面存在的某种联系。

产品线是指一系列相关产品，这类产品可能功能相似、销售给同一顾客群、经过相同的销售途径，或者在同一价格范围内。可以通过增加或缩减产品线长度来对其进行调整，起到抢占市场或者避免内部资源浪费等作用。

从产品线的角度来看，产品组合层面上的产品决策包括数量的拓宽和产品线的延伸。产品线的延伸是指当一家公司在某一款产品上取得一定市场份额或利润后，公司把目光转向其他不同类型(或相同类型的其他市场)的产品或是其他领域的产品，一般分为向上延伸、向下延伸和双向延伸三种。

(1) 向上延伸。产品线向上延伸是指原来定位于低端市场的产品线增加项目从而进入中高端市场。该方向的延伸主要是考虑到企业自身的发展、提升自身品牌形象以及高端市场的高利润等多方面因素。

(2) 向下延伸。产品线向下延伸是指原来处于高端市场的产品为进入中低端而拓宽产品项目。依托原有高端品牌的竞争优势，抢占中低端市场的举动可以达到增加该品牌市场占有率的目的。

(3) 双向延伸。双向策略是指原处于中端市场的产品同时向高端市场和低端市场两个方向进行延伸，做出这种决策一般是为了扩宽产品的市场空间，尽可能地抢占市场份额。

2. 经济全球化对产品策略的影响

经济全球化的到来，使消费者需求日益个性化和多样化。这主要是因为在现代科技和互联网的推动下，消费者可以用更低的成本和更便捷的方式看到更多的产品样式和种类，并在不停的选择过程中形成个性化需求。如此一来，经济全球化时代，企业国际市场营销需要将关注点放在具体消费者的需求上，而不是如以往那样，以某个消费群体为目标。能否为消费者提供个性化产品和服务，也成为衡量企业实力、竞争力的重要指标。

事实上，在发达国家的不少领域，消费者已经越来越多地参与产品的设计与生产，以满足自身独特的需求。比如，德国奔驰公司推出了根据消费者的个性化需求设计和生产产品的服务。不同于原来的定制，这种个性化产品是可以实现量产的，且不会大幅度提升产品成本。

与此同时，个性化需求的涌现，也在一定程度上加速了产品的更新换代。加之现代人们工作与生活节奏越来越快，新的产品设想也不断涌现，从新创意到新设计再到新产品的过程大为缩短，为消费者个性化需求的满足提供了有力支持。企业市场营销人员必须时刻了解消费者需求，以保证企业产品的设计与生产符合消费者意愿，展现更强的市场竞争力。

(二)价格策略

产品价格的高低，直接决定着企业的收益水平，也影响到产品在国际市场上的竞争力。在国际市场上，运费、关税、汇率波动、政治形势等因素使得定价相对于国内市场难度更大。

产品价格的高低，直接决定着企业的收益水平，也影响到产品在国际市场上的竞争力。在国际市场上，运费、关税、汇率波动、政治形势等因素使得定价相对于国内市场难度大得多。

1. 跨国公司的定价策略

(1) 新产品定价策略。新产品是指企业首次在目标市场国家上推出的产品。在产品刚刚被推出目标市场的阶段，对从事国家营销的企业来说是一个挑战性阶段。企业既要考虑新产品成本的弥补问题，又要考虑有利于提高新产品在国际市场上的竞争问题。国际营销企业出于不同的目的，相应地会采取以下不同的定价策略。

撇脂定价策略，是指在新产品刚刚进入国际市场时，将其价格定得高于成本，在尽可能短的时间内获得高额利润的一种定价策略。这种定价策略主要是面向高收入阶层，并利用消费者求新、求异、显示地位的心理，以高价在短期内获取高额利润。

渗透定价策略，是指企业以较低的价格把新产品投放到目标市场上来吸引众多消费者，使产品迅速占领国外市场的一种定价策略。这种定价策略是以物美价廉刺激消费者，扩大销售量。当取得预期的市场占有率后，企业通常逐步提高价格，以获取较多的利润。

(2) 折扣定价策略。折扣定价策略是指企业在基本价格的基础上，为了鼓励中间商或消费者大量采购、及早付清贷款或在淡季购买等，按一定比例折让产品价格的定价策略。常见的折扣方式主要有数量折扣、现金折扣、季节折扣和职能折扣四种。

(3) 差别定价策略。差别定价的典型做法就是在不同国际市场以不同价格销售相同的产品。国际营销者要成功实施差别定价必须具备 3 个条件：①企业对价格有一定控制力。②企业有可能根据价格弹性的不同把国际市场划分为几个不同的子市场，然后对弹性较小的市场制定相对较高的价格，这样能够增加总利润。③国际市场必须是可以分割的，也就是说人们不能在不同市场之间进行倒卖。

2. 经济全球化对价格策略的影响

国际市场营销中的价格策略在经济全球化时代发生了明显改变。一方面，定价策略转变为以消费者需求为导向。传统企业的定价策略主要是成本加利润的方式，而在消费者需求出现多样化与个性化后，定价的权利虽然还在企业手上，但事实上定价依据是消费者需求。如果不能满足消费者需求，定价毫无意义。在具体的使用方法上，可以适时根据消费者的具体反应，灵活运用各种定价方法。

另一方面，网上产品定价策略日益重要。网络营销费用要大大低于线下营销费用，产品价格也非常公开，直接接受消费者的搜索。可以说，线上产品营销优势十分明显，在定价策略上要注意区分传统产品、普通产品、特色产品以及高科技产品，采取不同的定价策略。比如，特色产品、高科技产品可以采取理解价值定价与高价格相结合的办法，实现消费者需求和企业高利润都得到满足的双赢局面。

(三)渠道策略

渠道管理的好坏直接关系渠道分销的效率，甚至关系到开拓某国市场的整体营销计划。国际市场分销渠道的管理包括分销渠道的建立、中间商的选择、分销渠道的控制等工作。经济全球化时代信息传递更快，同时激烈的市场竞争也让生产商、中间商以及终端商在供应链管理思想上更加紧密地开展协作。

1. 分销渠道的管理

选择渠道成员，对不同的生产企业来说，难易程度相去甚远，这取决于该企业本身的声誉及其产品的畅销程度。企业如果自己建立分销渠道，难度比较大。这不仅需要企业付出长期而艰苦的努力，而且只有在企业确定其提供的产品在目标市场具有相当的市场潜力和广阔的市场前景的条件下，才能考虑创建渠道。在创建渠道之后，需要进行中间商的选择。企业应根据分销目标和自身条件制定选择中间商的适应标准。企业按照其制定的标准和寻找到初步符合标准的中间商名单后，应对其进行逐一论证和筛选。当国际企业找到合适的中间商后，双方应签订销售协议书。之后，国际企业需要对中间商的业绩进行评估、设计激励与约束机制。

2. 经济全球化对渠道策略的影响

传统的产品分销渠道是从生产者出发，包括批发商、辅助机构在内，直到消费者，对于生产企业而言，就是要最大限度地满足消费者需求。进入经济全球化时代，市场扩大到

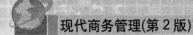

全球，在企业国际市场营销上，要尽可能调动代理商、中间商以及零售终端的力量共同开展营销活动，以放大营销活动的效果。

在信息技术推动下，市场活动呈现高度数字化和自动化，市场营销中的分销环节不可避免地与电子商务产生了更多交集。生产厂家与消费者在电子商务平台上就可以完成交易的大部分环节，然后再由物流企业完成物流配送即可，事实上实现了最短的分销渠道，也就是无中间商。

生产企业与消费者通过电子商务平台、即时通信工具以及社交软件，可以方便地实现即时互动。企业在互动中了解消费者需求，消费者则在互动中表达自身意愿。网络交流的便利性，有利于营销活动的开展，实现消费者便捷、冲动的个性化消费。

(四)促销策略

在国际商务活动中，广告促销、营业推广、公共关系推广和人员推销成为四种重要的促销手段。经济全球化对国际企业促销策略的选择也产生了重要的影响。

1. 促销手段选择

(1) 广告促销。主要指国际企业通过平面媒体和空间媒体进行宣传推广。前者载体主要有报纸、杂志、邮件广告(如样品目录、商品说明书)等。后者载体主要包括广播、电视、电影、免费电话以及通过互联网传播的其他电子媒体。

(2) 人员推销。人员推销是指企业派出或委托销售人员向国际市场顾客和潜在顾客面对面地宣传产品，促进顾客购买。它是一种古老却很重要的促销方式。

(3) 营业推广。营业推广是指除了人员推销、广告和公共关系等手段以外，企业在国际目标市场上，为了刺激需求、扩大销售而采取的能迅速产生激励作用的促销措施。广告对消费者购买行为的影响是间接的，而营业推广产生的作用往往是直接的。营业推广通过为消费者和经销商提供特殊的购买条件、额外的赠品和优惠的价格来吸引顾客和扩大销售。

(4) 公共关系推广。公共关系推广是指国际企业以举办社会公益活动、招待会、研讨会、展览会及公共广告等方式对客户、新闻界、政府机关、合作单位、竞争对手和本企业职工进行的一系列以公共宣传为中心的促销活动，保持并增进与目标市场国政府、社会利益团体及客户的良好关系，树立企业的良好信誉与形象，到达促进销售、开拓市场的目的。

2. 经济全球化对促销策略的影响

经济全球化带来的促销策略变化首推网络促销兴起，在电子商务盛行起来后，网络促销已司空见惯。与传统促销相比，网络促销价格更低、覆盖面更广、效率更高，企业既可以通过弹窗广告、门户网站等给所有消费者发送促销信息，也可以通过大数据运用，向消费者一对一发送精准促销信息。网络促销不需要太多人力成本，在支付费用后只需交给相关网络公司和电商平台即可，有利于企业成本的下降。特别是网络促销可以借助网络在线交流工具，追踪、了解每位消费者的需求。

京东、淘宝等电子商务平台通过设计搜索工具条，在方便消费者的同时，也是十分优秀的促销手段，有利于提升网络成交量。与此同时，在新媒体的竞争压力下，传统媒体发生了很大改变，出现多元化发展趋势，在影响消费者需求的同时，也给企业的促销策略提供了更多选择。比如，一些更专业的小众媒体的出现，可以让企业针对某些特殊消费群体推送广告，实际起到个性化促销的效果。

第五节　国际商务财务管理

国际财务管理活动直接与跨国公司的资金管理有关，主要包括融资管理、投资管理及运营资金管理三部分。由于面对的商务环境更加复杂多变，风险与机遇并存，因而国际商务财务管理与国内商务财务管理相比，具有许多独特的方面。

一、国际商务财务管理概述

(一)国际商务财务管理的概念与特点

1. 国际商务财务管理的概念

国际商务财务管理是现代财务管理的新领域，是现代财务管理在国际环境下的延伸和拓展，也是财务管理基础理论与方法体系在国际理财环境下的应用与创新。国际商务财务管理以跨国公司作为财务管理的主体，主要考察跨国企业在一种以上的文化或商业环境里，以财务管理原理与技术方法为基础，以汇率风险、利率风险、通货膨胀风险与政治风险管理为重点，灵活运用金融管理工具，充分利用国际经营机遇，积极应对国际经营风险，为实现企业价值最大化，制定经营战略与财务战略、组织财务活动、处理财务关系的一项经济管理活动。

2. 国际商务财务管理的特点

国际商务财务管理区别于一般财务管理，具有以下几个主要特点。

(1) 国际商务财务管理的主体是跨国公司。跨国公司的业务活动是当前世界经济的一个重要组成部分，也是经济全球化的重要体现方式。正是通过这种跨国界的业务活动，企业可以在全球范围内配置资源，实现资源在不同国家间转移，从而更好地实现企业价值最大化的基本目标。因此，企业在国际商品和服务市场、国际技术和金融市场中从事业务运营就必然要关注相关国家的汇率、利率、税率和政治环境等因素对企业价值目标实现的影响，从而成功实施跨国经营管理。

(2) 国际商务财务管理环境的复杂性。广阔的国际舞台，带来了复杂的理财环境。总体上看，国际商务财务管理环境主要包括国际商务财务管理的内外部环境。跨国企业财务管

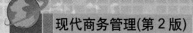

理的复杂性还体现在国家风险层面。所谓国家风险，是指东道国政策变化而导致的跨国企业跨国经营活动与价值受影响而发生损失的可能性，常见的风险表现在：东道国政府通过人员、环境、价格等措施对跨国企业所采取的非区别性干预；通过某些限制行业、区域或某些类型的干预性措施对跨国企业所采取的区别性干预；制裁；强制国有化；由于内战、边境战争以及与政治因素有关的恐怖事件造成的财产和人员损失。因此，国际商务财务管理环境极其复杂，具有特殊性，这些环境对跨国企业价值最大化的影响包括：对未来企业现金流大小和稳定程度，海外投资者的收益状况等。

(3) 国际商务财务管理在内容上还具有复杂性。国际商务财务从跨国企业的微观角度，研究以企业价值最大化为目标的资金运动过程中所涉及的管理和决策问题，包括外汇市场与外汇风险管理，国际投资等实际操作。跨国公司需要全方位、多层次地考察国际商务财务管理环境中的诸多因素对这些操作的实际影响，并将这些影响整合到各种管理方法和工具中，为了能够确认并开发国外市场的投资机会，还必须了解传统投资分析的利弊，制定进入与退出策略。同时，也需要考虑跨国经营所带来的资本成本的国际差异，和随之而来的国际融资决策的复杂性等。

(4) 国际商务财务管理战略具有整体性的特点。跨国企业的价值源于其核心竞争力，核心竞争力是企业拥有的不容易被别人复制或模仿的优势资源。为保持企业的成长和价值，跨国企业必须要有能力将其核心竞争力体现在企业的新产品和新技术上。核心竞争力并非来自个别产品和技术，而是来自管理这些产品和技术的人和过程。核心竞争力投资是企业的关键性战略投资。一旦企业战略确定，企业的财务战略就需要根据企业战略配置财务资源，监控经营活动，有效管理风险，评价经营成果，保证企业战略的实现，这其中最关键的是财务系统对资源的整合能力和再配置效率。

(二)国际商务财务管理的主要内容

跨国企业为了实现其价值最大化的目标，其基本财务活动与纯粹的国内财务管理类似，以价值管理划分，国际商务财务管理主要包括以下三个方面的内容：国际商务投资管理、国际商务融资管理和国际商务运营资金管理。

1. 国际商务投资管理

国际投资主要可分为国际直接投资与国际间接投资。无论是国际直接投资还是国际间接投资，在投资前，都必须认真权衡投资的收益和风险，对各种投资项目所涉及的利率、汇率、税率、结算制度等差异进行系统的全方位分析，对国外的投资项目进行可行性分析，并综合考虑东道国的投资环境，在此基础上选择合适的投资项目和合理的投资方式。

2. 国际商务融资管理

随着国际资本流动速度的加快、对资金需求的增加，国际融资越来越成为一国融资的重要手段之一。国际融资的主要方式包括国际债券融资、国际股票融资、外国政府贷款和国际金融组织贷款等。跨国企业的财务管理人员需要权衡融资成本和融资风险，对各种来源不同以及融资方式存在差异的资金在利率、汇率、结算等方面存在的风险进行全面的分析，以实现资金来源和融资方式的科学化和合理化，用最有利的条件筹措资金，实现最佳的资本结构。

3. 国际商务营运资金管理

合理安排和调度企业的营运资金，是跨国企业避免外汇风险、实现财务目标的重要手段。营运资金管理主要包括流动资产项目管理和流动负债项目管理两方面的内容。前者着眼于各类资金处置，目的是使现金、应收账款和存货处于最佳水平；后者着眼于资金的募集，目的是确定最佳的筹资方式，实现最低的融资成本和最小的融资风险。

二、国际商务投资管理

直接对外投资因其能够提高盈利能力和增加股东财富，而成为一种重要的投资形式。国际商务投资管理主要包括国家风险管理、国际资本预算管理和国际证券投资组合管理三个方面的内容。

(一)国家风险管理

国家风险管理是指跨国公司在东道国的经营会因为该国经济、社会和政治环境的改变而对跨国公司的现金流量产生不利的影响。当公司准备在某国开展业务或已开展业务时，就必须评估国家风险，并采取相应的对策。跨国公司开展国际投资前的首要工作，就是对国家风险进行评估和检测并做出有关收益风险的抉择。

国家风险一般分为政治风险和环境风险，其中政治风险主要来自政治环境的变化，政治风险的一种极端表现形式是政府直接没收跨国公司在该国子公司的全部财产。而跨国公司通常所遭遇的政治风险往往表现为因东道国法律政策调整以及东道国与母国外交关系的改变给跨国公司带来的各种不利影响。经济风险则是指由于东道国经济方面因素的变化对跨国公司开展国际投资产生的各种负面影响，如该国汇率、利率的波动，资本市场的发展程度等。跨国公司应对国家风险时，可以采取投资前管理和投资后管理的两步策略，最大限度地防范和化解国家风险。

(二)国际资本预算管理

跨国公司在进行国际直接投资时，要运用国际资本预算方法来评估投资项目。大多数国际直接投资耗资巨大，而且不易转让。所以，恰当运用国际资本预算，寻找确实有利可图的项目是一项重要的工作。一般的国际资本预算与国内资本预算有很多相似之处。然而，国际项目所处的环境比较特别，复杂的环境会影响到对未来现金流量的计算和折现率的

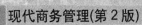

确定。

国内资本预算管理的常用方法有：净现值法、内含报酬率法、现值指数法、回收期法和会计收益率法。其中，净现值法作为最恰当的决策标准而被广泛使用。而在国际资本预算管理中，除了净现值法外，调整净现值法也是常采用的管理方法。

(三)国际证券投资组合管理

证券投资组合管理是指根据投资者对证券投资的目的和要求，从经常收入和资本增值方面研究如何进行证券组合，制订相应的投资策略和计划并加以实施的过程。投资者建立并进而管理一个证券组合，牵涉许多基本问题。首先，它必须明确筹集大批资金进行证券投资，其目的或目标是什么。其次，既然是证券投资，投资者应该熟悉证券种类及他们的收益和风险情况，以便根据不同"组合"的目标选购不同证券。最后，证券市场变动频繁，在"组合"中所购的证券，不一定一直不变。投资者对"组合"必须根据现有证券构成的收益，经常加以核算和调整。

三、国际商务融资管理

融资，就是融通资金，是指资金在持有者之间的融通，以调剂余缺。如果资金的融通发生在本国资金持有者之间，而不涉及其他国家的资金持有者，就是国内融资；如资金持有者涉及其他国家，超越了国境，则是国际融资。

(一)资金来源

与纯粹国内企业相比，国际企业筹措资金有更多来源可供选择。

1. 国际企业内部

国际企业内部的资金融通是资金的重要来源。由于是内部融通，因此资金是从母公司流向子公司，或者从一部分子公司流向另一部分子公司。其形式主要是：①增股筹资，即母公司通过增加投资，购买子公司的股票，使资金流向子公司，同时也加强了对子公司的所有权和控制权；②母公司通过自有资金或银行贷款向子公司放款；③其他子公司向某个子公司放款；④企业内部转移；⑤转移价格机制；⑥通过母国政府代理机构办理，如进出口银行、海外私人投资公司等。

2. 东道国

东道国也是补充资金的重要来源，如股票市场、债券市场、当地合作伙伴、当地银行、当地金融机构、东道国政府的开发机构、东道国政府对外援助计划等。由于东道国经济状况和金融环境有很大差别，因此国际企业利用当地资金来源的情况不尽相同。在美国和加拿大，证券市场是最重要的资金来源；在德国和英国，银行是提供信贷和借款的主要机构；

在日本，银行业和证券业职能相分离，银行参与对公司的短期和长期贷款及贸易信贷。

3. 国际代理机构

国际企业可以通过各种国际机构如国际复兴开发银行、世界银行、国际开发协会、亚洲开发银行、进出口银行筹集所需资金。

4. 第三国

向第三国银行借款或在第三国资本市场出售证券或债券，这也是国际企业筹集资金的重要来源之一。这些来源包括欧洲货币市场、欧洲美元市场、欧洲债券市场、外国银行以及其他金融机构等。

(二)融资方式

1. 国际债券融资

国际债券即发行国外债券，是指一国政府及其所属机构、企业、私人公司、银行或国际金融机构等在国际债券市场上以外国货币面值发行的债券。国际债券主要分为欧洲债券和外国债券两种。

欧洲债券融资主要有如下特点。

(1) 管制松散。欧洲债券市场的所在货币当局，对银行及金融机构、跨国公司、国际金融机构的融资活动管制都很松。如果在美国纽约市场发行美元债券，美国对此审查相当严格很难获准；而在欧洲货币市场发行美元债券，手续则较为简单，不需评级机构评级，也不必向任何机构登记注册，而债券注册则只向当地证券交易所提交说明书即可。

(2) 币种多样化。欧洲债券可以有更多的货币种类选择，而且当一些借款人想展期筹集较大金额的资金时，欧洲货币市场都能满足这些需要，满足货币种类和数量的需要。

(3) 交易集中。欧洲债券市场的交易全部在证券交易所里成交，没有场外市场，要接受证券交易所规章制度的管理和监督。

(4) 资金调拨方便。欧洲市场是完全自由的市场，不存在限制和标准。加上在欧洲的一些金融中心，银行林立，业务经验丰富，融资类型多，电讯联系发达，银行遍布世界各地，资金的调拨非常方便，若融资后需调换成各种所需货币，可在最短时间内完成调换并调拨到世界各地。

外国债券融资主要有如下特点。

(1) 发行外国债券首先要对借款者进行评级。借款者涉及许多机构或公司企业，其信誉程度决定了能否发行债券及借款的数额，资信高的可以获准发行，且发行限额较高。如日本政府规定，发行日元债券，属政府级即 AAA 级，贷款数额可不受限制；AA 级的限定只可发行 300 亿日元；未评级的只能发行 100 亿日元。

(2) 外国债券发行额较大且筹资多国化、多样化。美国就规定在美国发行美元债券，规

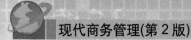

模至少 5000 万美元，从世界发行境外债券筹资数额来看，相当可观约占国际筹资总额的60%。

(3) 资金使用无严格限制，但不得干扰债权国的财政金融政策。发行外国债券筹到的资金，其具体的用途及使用进度，债权国一般没有特殊要求，但债券毕竟是在外国发行，各国的经济、金融、税收等政策和法令又各异，在发行过程中要熟悉掌握和注意执行当地的法律。

(4) 外国债券要受外国当地有关金融当局的管理，因此筹资手续相当复杂。比如，在美国发行扬基债券要经美国证券交易委员会批准。而且，外国债券融资对资信评级、申请手续和报送的资料都要求较严较细，非常复杂。

2. 国际股票融资

国际股票即境外发行股票，是指企业通过直接或间接途径向国际投资者发行股票并在国内外交易所上市。

国际股票融资具有如下特点。

(1) 永久性。这是由股票融资这一方式决定的，由于股票没有期限的限定，股东在任何情况下都不得要求退股，因此，引进的外资能够成为永久的生产性资金留在企业内，而不至于像一般合资或合作企业一样，会因合同到期或意外变故，外方抽回资金而使企业陷入困境。特别是通过发行 B 股融资，筹资国吸引的外资只会增加而不会减少，B 股只能在外国投资者之间进行交易而不能卖给国内投资者，因此筹资国所筹外资就较为稳定，该国吸引外资的数量也不会受到游资的冲击。

(2) 主动性。通过股票吸引外资，筹资国可运用法律和政策性手段约束投资者的购买方式、购买种类、资金进出的方式、税率等，并做出相应的规定，筹资国还可以自主决定哪些行业、企业允许外商投资，哪些不行，从而正确引导投资方向。

(3) 高效性。国际股票融资有利于对外发行股票的企业在更高层次上走向世界。国外股票持有者从自身的利益出发，会十分关心企业的经营成果，有利于企业改善经营管理，提高盈利水平。而企业因股票向外发行，无形中提高了国际知名度和信誉，有利于企业开拓产品销售市场，开展国际化经营。

3. 海外投资基金融资

海外投资基金融资的作用在于使社会闲散的资金聚合起来，并在一定较长的期间维系在一起，这对融资者来说相当有益。此外，稳健经营是投资基金的一般投资策略，因而投资基金对资本市场的稳定和发展也相当有益。

海外投资基金融资具有如下特点。

(1) 海外投资基金的共同特点是，以开放型为主，且上市销售，并追求成长性，这就有利于具有持续赢利能力和高成长潜力的企业获得资金，得到快速的发展。

(2) 投资基金不能够参与被投资企业的经营管理，这就避免了投融资双方利益失衡，融资方资产流失及丧失控股权等弊端。

四、国际商务营运资金管理

大多数商务活动中，在产品销售、现金收回之前，就必须支付费用。结果，公司投资于存货或应收账款等资产的数量，超过了它的应付费用和应付账款等负债。流动资产和流动负债的差额叫作营运资金。作为企业财务管理的重要组成部分，营运资金管理的基本和最终目标应该遵循企业整体财务管理的目标。概括来说，企业营运资金管理的目的是通过实施有效的管理活动，保证企业营运资金的充分流动性和安全性，并尽可能地提高营运资金的利用水平和周转能力，努力提高企业的整体盈利能力。国际现金管理要在全球范围之内实现现金管理的两个目标，即①快速有效地控制公司的现金资源；②最优化的公司现金存量和最优化的现金利用。

国际营运资金管理主要包括以下四个方面。

1. 现金流量与现金流量估算

现金流量是指由一个投资项目引起的，在未来一定时期内所发生的现金支出和现金收入增加的数量。现金流入和现金流出的代数和称为净现金流量，用公式表示为

$$净现金流量=现金流入量-现金流出量$$

跨国公司经营活动的现金流量可能会主要用于下列用途：①支付利息费用；②支付本年度现金股利；③补偿本年度固定资产折旧和无形资产摊销性费用；④补偿本年度已经计提，但应由以后年度支付的应计性费用；⑤如果还有剩余的现金流量，则剩余的净现金流量可以为企业对内扩大再生产、对外进行股权和债权投资提供额外的资金支持。影响公司现金流量的因素有：折旧方法、所得税、净残值、营运资金的增加和通货膨胀等。

对现金流量的估算是跨国公司现金管理的一项重要内容，关系到投资项目能否或者有无足够的资金保证，减少和防止资金浪费。对于一项投资项目，现金流量估算主要涉及投资估算、资金筹措和项目的经济效益分析三个方面。在估算过程中，影响公司现金流量的因素主要包括折旧方法、所得税、净残值、营运资金的增加和通货膨胀等。

2. 多边净额支付

跨国公司的大量交易都是公司内部交易，从而导致了大规模的分支机构之间的付款。在这种情况下，净额支付可以降低跨国企业的外汇交易成本和银行转账费用。

3. 短期投资组合管理

短期投资需要在保证资金安全的基础上实现确定风险水平下的最大化收益，组合投资对于大部分跨国公司而言是较好的选择。

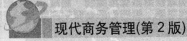

4. 最佳全球现金存量

实现最佳全球现金存量水平的手段主要是现金的集中管理。这要求跨国公司的各个分支机构将其超过最低经营需求的富余现金转移到集中管理的账户中。

通过建立集中管理现金库，每个分支机构只保留满足交易需求的最低现金余额，所有预防性余额都由母公司放入现金库中。只要分支机构数量足够大且其现金需求在一定程度上相互独立，集中现金管理就能以更低水平的现金持有满足同等程度的现金需求，从而降低贷款需求，减少利息的支付。

 本章小结

(1) 国际商务是一种跨越国界的活动，是在不同国家之间进行商品、劳务、资本、技术和信息等资源的国际转移。国际商务活动和国内商务活动相比，在商务环境、商务过程、商务管理活动等方面存在不同。当代国际商务活动的三大纽带：国际市场、跨国公司、国际条约与国际组织。

(2) 国际商务经营方式有：进出口贸易、技术授权、合同安排、对外投资等方式。各有利弊，需要国际企业交替使用、互相补充、融为一体。

(3) 在国际商务进出口管理方面，既要有效规避各种进口保护政策带来的负面影响，涉及关税、非关税壁垒等，也需要积极利用各种出口鼓励及其他政策，来推动国际企业的贸易活动。

(4) 国际商务营销管理，是为了实现国际营销目的，通过对国际市场需求的预测和分析，进行具体项目的设计、执行和控制，从而满足市场需求并实现企业预定目标的活动。具体管理策略包括：产品策略、价格策略、促销策略及渠道策略。

(5) 国际财务管理活动直接与跨国公司的资金管理有关，主要包括融资管理、投资管理及运营资金管理三部分。国际商务财务管理的主体是跨国公司。国际商务财务管理环境的复杂性。国际商务财务管理战略具有整体性的特点。

 本章案例

海尔的国际化战略和全球化品牌战略

从1984年创业至今，海尔经历了五个发展战略阶段，名牌战略、多元化战略、国际化战略、全球化品牌战略、2012年进入网络化战略阶段。创业30多年来，海尔致力于成为"时代的企业"，每个阶段的战略主题都是随着时代变化而不断变化的，但贯穿海尔发展历程的，都离不开管理创新，重点关注的就是"人"的价值实现，使员工在为用户创造价值的同时实现自身的价值。本案例重点介绍海尔的国际化战略和全球化品牌战略。

1. 国际化战略阶段

20世纪90年代末，海尔进入国际化战略正值中国加入WTO，很多企业响应中央号召走出去，但出去之后非常困难，又退回来继续做定牌。海尔认为"国门之内无名牌"，"不是出口创汇，而是出口创牌"，并且提出"下棋找高手"、"先难后易"，首先进入发达国家创名牌，再以高屋建瓴之势进入发展中国家。

1999年，海尔在美国建立第一个海外工业园时，受到很多质疑，当时很多媒体说，美国的工厂都到中国来设厂，海尔反其道而行地跑到美国去设厂，最后肯定以失败告终。媒体有一篇文章题目就是5个字"提醒张瑞敏"，还有媒体说："别的企业到美国投资都不成功，海尔也很难成功"、"海尔等于是不在国内吃肉，却到国外啃骨头、喝汤。"

只看当时，海尔到美国去设厂肯定没有成本优势，但从今天来看，这无疑是个高度前瞻的、正确的决定，今天海尔满足美国当地消费者需求正是依托于美国南卡的海尔工厂。2001年，美国当地政府为感谢海尔为当地所做的贡献，无偿命名工厂附近一条道路为海尔路，这是美国唯一一条以中国品牌命名的道路。

海尔打造国际化品牌就是按照"走出去、走进去、走上去"的"三步走"思路。"走出去"阶段，海尔以缝隙产品进入国外主流市场；"走进去"阶段，海尔以主流产品进入当地主流渠道；"走上去"阶段，海尔以高端产品成为当地主流品牌。

这样，海尔逐渐在国际上树立品牌，成为中国品牌走向全球的代表者。

2. 全球化品牌战略阶段

从2005年开始，海尔进入全球化品牌战略阶段，全球化和国际化的不同在于其核心是本土化，这和国内企业OEM不同，也和日韩企业派驻本国员工到全球各地不同，海尔是创立自主品牌，在海外建立本土化设计、本土化制造、本土化营销的"三位一体"中心，员工都是当地人，更了解当地用户的个性化需求。

现在海尔已经在全球建立十大研发中心，21个工业园，66个营销中心，全球员工总数达到7.3万人。

其实，海外创牌之路很难，一般在国外培育一个品牌的赔付期是8~9年，所以，作为一个创自主品牌的企业，需要付出，需要有耐力。从目前中国品牌海外市场的占比来看，中国家电海外销售额中品牌家电仅占4%，而海尔在其中占了82%，也就是说，每10台中国品牌的家电，有8台是海尔品牌。

在这个阶段的标志事件是：2012年，海尔收购三洋电机在日本、东南亚的洗衣机、冰箱等多项业务，成功实现了跨文化融合；之后，海尔还成功并购新西兰高端家电品牌斐雪派克(Fisher&Paykel)；2016年1月15日，海尔全球化进程又开启了历史性的一页——海尔与GE签署战略合作备忘录，整合通用电气家电业务，不仅树立了中美大企业合作的新典范，而且形成大企业之间超越价格交易的新联盟模式，《华尔街日报》形容海尔创造了"中国惊喜"。海尔在国际市场真正"走上去"，成为全球大型家用电器的第一品牌。

(资料来源：海尔官方网站 http://www.haier.net/cn/about_haier/strategy/.)

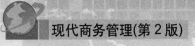

 思考题

1. 什么是国际商务？
2. 简述三种不同的国际商务经营方式？
3. 影响国际营销活动产品定价的因素有哪些？
4. 国际企业应如何选择广告媒体？
5. 国际企业应如何应对各种贸易壁垒？
6. 跨国公司常用的融资方式有哪些？

第十章　现代电子商务管理

【学习要点及目标】

- 重点掌握电子商务的基本原理及其基础设施。
- 了解并能够列举成功的电子商务案例，学会从案例中分析要点。
- 了解电子采购。
- 掌握电子营销的方式及其过程。
- 掌握电子商务的分析与设计。
- 了解电子商务的实施与维护。

【核心概念】

电子商务　电子采购　电子营销　电子商务案例

【引导案例】

搜索引擎(search engine)是指根据一定的策略、运用特定的计算机程序搜集互联网上的信息，在对信息进行组织和处理后，将处理后的信息显示给用户，是为用户提供检索服务的系统。搜索引擎包括全文索引、目录索引、元搜索引擎、垂直搜索引擎、集合式搜索引擎、门户搜索引擎与免费链接列表等。百度和谷歌等是搜索引擎的代表。

(资料来源：http://baike.sogou.com/v7039752,htmfromTitle-2017-3-7.)

【案例导学】

搜索引擎已经成为电子营销的重要方式之一。它告诉我们：利用搜索引擎搜集互联网上的信息，在对信息进行组织和处理后，显示给用户。其中各种引擎纷繁，功能各异，为日后从事电子商务活动提供了有力工具。

第一节　电子商务的基本原理

一、电子商务定义

狭义上讲，电子商务(Electronic Commerce，EC)是指通过使用互联网等电子工具(这些工具包括电报、电话、广播、电视、传真、计算机、计算机网络、移动通信等)在全球范围内进行的商务贸易活动，是以计算机网络为基础所进行的各种商务活动，包括商品和服务的提供者、广告商、消费者、中介商等有关各方行为的总和。人们一般理解的电子商务是指狭义上的电子商务。

广义上讲，电子商务一词源自于 Electronic Business，就是通过电子手段进行的商业事务活动。通过使用互联网等电子工具，使公司内部、供应商、客户和合作伙伴之间，利用电子业务共享信息，实现企业间业务流程的电子化，配合企业内部的电子化生产管理系统，提高企业的生产、库存、流通和资金等各个环节的效率。

二、电子商务特征

从电子商务的含义及发展历程可以看出电子商务具有如下基本特征。

(一)普遍性

电子商务作为一种新型的交易方式，将生产企业、流通企业以及消费者和政府带入了一个网络经济、数字化生存的新天地。

(二)方便性

在电子商务环境中，人们不再受地域的限制，客户能以非常简捷的方式完成过去较为繁杂的商业活动。如通过网络银行能够全天候地存取账户资金、查询信息等，同时使企业对客户的服务质量得以大大提高。在电子商务活动中，有大量的人脉资源开发和沟通，从业时间灵活，完成公司要求，有钱有闲。

(三)整体性

电子商务能够规范事务处理的工作流程，将人工操作和电子信息处理集成为一个不可分割的整体，这样不仅能提高人力和物力的利用率，也可以提高系统运行的严密性。

(四)安全性

在电子商务中，安全性是一个至关重要的核心问题，它要求网络能提供一种端到端的安全解决方案，如加密机制、签名机制、安全管理、存取控制、防火墙、防病毒保护等，这与传统的商务活动有着很大的不同。

(五)协调性

商业活动本身是一种协调过程，它需要客户与公司内部、生产商、批发商、零售商间的协调。在电子商务环境中，它更要求银行、配送中心、通信部门、技术服务等多个部门的通力协作，电子商务的全过程往往是一气呵成的。

(六)集成性

电子商务以计算机网络为主线，对商务活动的各种功能进行了高度的集成，同时也对参加商务活动的商务主体各方进行了高度的集成，两种高度的集成性使电子商务进一步提高了效率。

三、电子商务关联对象

电子商务的形成与交易离不开以下三方面的关系。

(一)交易平台

第三方电子商务平台(以下简称第三方交易平台)是指在电子商务活动中为交易双方或多方提供交易撮合及相关服务的信息网络系统总和。在此平台中，存在着平台经营者和站内经营者两个层面的经营主体；此平台的核心功能是服务。

(二)平台经营者

第三方交易平台经营者(以下简称平台经营者)是指在工商行政管理部门登记注册并领取营业执照，从事第三方交易平台运营并为交易双方提供服务的自然人、法人和其他组织。

(三)站内经营者

第三方交易平台站内经营者(以下简称站内经营者)是指在电子商务交易平台上从事交易及有关服务活动的自然人、法人和其他组织。

四、电子商务应用范围

电子商务涵盖的范围很广，一般可分为企业对企业(Business-to-Business，即 B2B)，企业对消费者(Business-to-Consumer，即 B2C)，个人对消费者(Consumer-to-Consumer，即 C2C)，企业对政府(Business-to-Government)， 线上对线下(Online To Offline)等五种模式，其中主要的有企业对企业(Business-to-Business)，企业对消费者(Business-to-Consumer)两种模式。2013 年以来消费者对企业(Consumer-to-Business，即 C2B)模式也开始兴起，这是电子商务的未来。随着国内 Internet 使用人数的增加，利用 Internet 进行网络购物并以银行卡付款的消费方式已日渐流行，市场份额也在迅速增长，电子商务网站也层出不穷。

五、电子商务功能

电子商务可提供网上交易和管理等全过程的服务，因此，它具有广告宣传、咨询洽谈、网上订购、网上支付、电子账户、服务传递、意见征询、交易管理等八大功能。

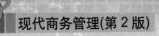

(一)广告宣传

电子商务可凭借企业的 Web 服务器和客户的浏览,在 Internet 上发播各类商业信息。客户可借助网上的检索工具(Search)迅速地找到所需商品信息,而商家可利用网上主页(Home Page)和电子邮件(E-mail)在全球范围内做广告宣传。与以往的各类广告相比,网上的广告成本最为低廉,而给顾客的信息量却最为丰富。

(二)咨询洽谈

电子商务可借助非实时的电子邮件(E-mail)、新闻组(News Group) 和实时的讨论组(Chat)来了解市场和商品信息、洽谈交易事务,如有进一步的需求,还可用网上的白板会议(Whiteboard Conference)来交流即时的图形信息。网上的咨询和洽谈能超越人们面对面洽谈的限制、提供多种方便的异地交谈形式。

(三)网上订购

电子商务可借助 Web 中的邮件交互传送实现网上的订购。网上的订购通常都是在产品介绍的页面上提供十分友好的订购提示信息和订购交互格式框。当客户填完订购单后,通常系统会回复确认信息单来保证订购信息的收悉。订购信息也可采用加密的方式使客户和商家的商业信息不会泄露。

(四)网上支付

电子商务要成为一个完整的过程,网上支付是重要的环节。客户和商家之间可采用信用卡账号实施支付。在网上直接采用电子支付手段将可省略交易中很多人员的开销。网上支付将需要更为可靠的信息传输安全性控制以防止欺骗、窃听、冒用等非法行为。

(五)电子账户

网上的支付必须要有电子金融来支持,即银行或信用卡公司及保险公司等金融单位要为金融服务提供网上操作的服务。而电子账户管理是其基本的组成部分,信用卡号或银行账号都是电子账户的一种标志,其可信度需配以必要的技术措施来保证,如数字凭证、数字签名、加密等手段的应用,都提供了电子账户操作的安全性。

(六)服务传递

对于已付了款的客户应将其订购的货物尽快地传递到他们的手中。而有些货物在本地,有些货物在异地,电子商务将能在网络中进行物流的调配。最适合在网上直接传递的货物是信息产品,如软件、电子读物、信息服务等,它能直接从电子仓库中将货物发到用户端。

(七)意见征询

电子商务能十分方便地采用网页上的"选择"、"填空"等格式文件来收集用户对销售服务的反馈意见,以此使企业的市场运营形成一个封闭的回路。客户的反馈意见不仅能提高售后服务水平,还能使企业获得改进产品、发现市场的商业机会。

(八)交易管理

整个交易的管理将涉及人、财、物多个方面,也涉及企业和企业、企业和客户及企业内部等各方面的协调和管理。因此,交易管理是涉及商务活动全过程的管理。电子商务的发展,将会提供一个良好的交易管理的网络环境及多种多样的应用服务系统。这样,能保障电子商务获得更广泛的应用。

六、电子商务类型

按照商业活动的运行方式,电子商务可以分为完全电子商务和非完全电子商务。

按照商务活动的内容,电子商务主要包括间接电子商务(有形货物的电子订货和付款,任何需要利用传统渠道如邮政服务和商业快递车送货)和直接电子商务(无形货物和服务,如某些计算机软件、娱乐产品的联机订购、付款和交付,或者是全球规模的信息服务)。

按照开展电子交易的范围,电子商务可以分为区域化电子商务、远程国内电子商务、全球电子商务。

按照使用网络的类型,电子商务可以分为基于专门增值网络(EDI)的电子商务、基于互联网的电子商务、基于 Intranet 的电子商务。

按照交易对象,电子商务可以分为企业对企业的电子商务(B2B)、企业对消费者的电子商务(B2C)、企业对政府的电子商务(B2G)、消费者对政府的电子商务(C2G)、消费者对消费者的电子商务(C2C),企业、消费者、代理商三者相互转化的电子商务(ABC),以消费者为中心的全新商业模式(C2B2S)。

1) C2B2S

C2B2S(Customer to Business-Share)模式是 C2B 模式的进一步延升,该模式很好地解决了 C2B 模式中客户发布需求产品初期无法聚集庞大的客户群体而致使与邀约的商家交易失败的难题。全国首家采用该模式的平台:晴天乐客。

2) B2B

B2B(Business to Business)的电子商务,即企业与企业之间通过互联网进行产品、服务及信息的交换。通俗的说法是指进行电子商务交易的供需双方都是商家(或企业、公司),她(他)们使用了 Internet 的技术或各种商务网络平台,完成商务交易的过程。这些过程包括:发布供求信息,订货及确认订货,支付过程,票据的签发、传送和接收,确定配送方案并监控配送过程等。

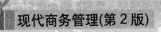

3) B2C

B2C(Business to Customer)模式是中国最早产生的电子商务模式,以 8848 网上商城正式运营为标志,如今的 B2C 电子商务网站非常多,比较大型的有天猫商城、京东商城等。

4) C2C

C2C(Consumer to Consumer)同 B2B、B2C 一样,都是电子商务的模式之一。不同的是 C2C 是用户对用户的模式,C2C 商务平台就是通过为买卖双方提供一个在线交易平台,使卖方可以主动提供商品上网拍卖,而买方可以自行选择商品进行竞价。

5) B2M

B2M(Business to Manager)是相对于 B2B、B2C、C2C 的电子商务模式而言,是一种全新的电子商务模式。而这种电子商务相对于以上三种有着本质的不同,其根本的区别在于目标客户群的性质不同,前三者的目标客户群都是作为一种消费者的身份出现,而 B2M 所针对的客户群是该企业或者该产品的销售者或者为其工作者,而不是最终消费者。

6) B2G

B2G(Business to Government)模式是企业与政府管理部门之间的电子商务,如政府采购、海关报税的平台,国税局和地税局报税的平台等。

7) M2C

M2C(Manager to Consumer)是针对于 B2M 的电子商务模式而出现的延伸概念。B2M 环节中,企业通过网络平台发布该企业的产品或者服务,职业经理人通过网络获取该企业的产品或者服务信息,并且为该企业提供产品、销售或者提供企业服务,企业通过经理人的服务达到销售产品或者获得服务的目的。

8) O2O

O2O(Online to Offline)是新兴起的一种电子商务新商业模式,即将线下商务的机会与互联网结合在一起,让互联网成为线下交易的前台。这样线下服务就可以用线上来揽客,消费者可以用线上来筛选服务,还有成交可以在线结算,很快达到规模。该模式最重要的特点是:推广效果可查,每笔交易可跟踪。

9) C2B

C2B(Customer to Business)是电子商务模式的一种,即消费者对企业(Customer to Business)。最先由美国流行起来的消费者对企业(C2B)模式也许是一个值得关注的尝试。C2B 模式的核心,是通过聚合分散分布但数量庞大的用户形成一个强大的采购集团,以此来改变 B2C 模式中用户一对一出价的弱势地位,使之享受到以大批发商的价格买单件商品的利益。

C2B 先有消费者需求产生而后有企业生产,即先有消费者提出需求,后有生产企业按需求组织生产。通常情况为消费者根据自身需求定制产品和价格,或主动参与产品设计、生产和定价,产品、价格等彰显消费者的个性化需求,生产企业进行定制化生产。

10) B2B2C

所谓 B2B2C(Business To Business To Customers)是一种新的网络通信销售方式。第一个

B 指广义的卖方(即成品、半成品、材料提供商等)，第二个 B 指交易平台，即提供卖方与买方的联系平台，同时提供优质的附加服务，C 即指买方。卖方不仅仅是公司，可以包括个人，即一种逻辑上的买卖关系中的卖方。

11) B2T

国际通称 B2T(Business To Team)，是继 B2B、B2C、C2C 后的又一电子商务模式。 即为一个团队向商家采购。团购 B2T，本来是"团体采购"的定义，而今，网络的普及让团购成为很多中国人参与的消费革命。网络成为一种新的消费方式。所谓网络团购，就是互不认识的消费者，借助互联网的"网聚人的力量"来聚集资金，加大与商家的谈判能力，以求得最优的价格。尽管网络团购的出现只有短短两年多的时间，却已经成为在网民中流行的一种新消费方式。据了解，网络团购的主力军是年龄 25 岁到 35 岁的年轻群体，在北京、上海、深圳等大城市十分普遍。

七、电子商务运营模式

(一)综合商城

商城，谓之城，自然城中会有许多店。商城一楼可能是一级品牌，然后二楼是女士服饰，三楼男士服饰，四楼运动装饰，五楼手机数码，六楼特价……将 N 个品牌专卖店装进去，这就是商城。而网络上的淘宝商城也是这个形式，它有庞大的购物群体、有稳定的网站平台、有完备的支付体系、有诚信安全体系(尽管仍然有很多不足)，促进了卖家进驻卖东西，买家进去买东西。如同传统商城一样，淘宝自己是不卖东西的，它只是提供了完备的销售配套。而线上的商城，在人气足够、产品丰富、物流便捷的情况下，其成本优势非常明显；24 小时的不夜城，无区域限制，更丰富的产品等优势，体现着网上综合商城将成为交易市场的一个非常重要的角色。

(二)百货商店

商店，谓之店，说明卖家只有一个；而百货，即是满足日常消费需求的丰富产品线。这种商店是自有仓库，以满足更快的物流配送和客户服务的要求。

(三)垂直商店

垂直商店，服务于某些特定的人群或某种特定的需求，提供有关这个领域需求的全面及更专业的服务。

(四)复合品牌店

复合品牌店，是指拥有某一品牌的厂商，线下建有实体店，线上也拥有独立的销售渠道，从而实现多渠道销售的商业形式。

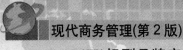

(五)轻型品牌店

即专注于品牌的建立和推广。品牌商基于品牌定位，加强产品设计，专心形成自己品牌的产品标准，通过信息化应用，配合日益成熟的互联网销售平台，寻找最好的原材料提供商、最好的生产厂商，以及高效益的有效推广渠道。

(六)服务型网店

易美是一家网上冲印公司。比如，小王结婚了，跟老婆去了欧洲度蜜月，拍了好多的相片，可是，还没回到家，亲戚朋友们都拿到了小王通过易美网上冲印好的相片，相片有的是嵌在骨瓷杯上，有的按自己的意愿，装订了漂亮的相框，正放在爸爸妈妈的房前。

"亦得代购，购遍全球"。亦得可以帮你到全世界各地去购买你想要的产品，并以收取适量的服务费赢利。

服务型的网店越来越多，都是为了满足人们不同的个性需求，甚至是帮你排队买电影票，都有人交易，以后更多服务形式的网店会层出不穷。

(七)衔接通道型

M2E 是英文 Manufacturers to E-commerce(厂商与电子商务)的缩写，是驾驭在电子商务上的一种新型行业，是一个以节省厂商销售成本和帮助中小企业的供应链资源整合的运作模式。2007 年美国电商峰会上由知名经济学家提出，广州点动信息科技有限公司是国内企业在这方面的代表。

(八)导购引擎型

网友们可以通过导购引擎将自己对产品的体验、点评分享给网友，网友通过分享，会产生相应的购买动机，故导购引擎作为 B2C 的上游商将给商家们带去客户。该种模式的典范是爱比网，它已成为电商有效的流量采购平台，为高品质 B2C 商家们有效地降低了营销成本。

(九)社交

社交电子商务，Social Commerce，是电子商务的一种新的衍生模式。其典型的形式是博客、微博；其核心是：借助社交媒介、网络媒介的传播途径，通过社交互动、用户自生内容等手段来辅助商品的购买和销售行为。在 Web 2.0 时代，越来越多的内容和行为是由终端用户来产生和主导的，比如博客、微博。一般可以分为两类：一类是专注于商品信息的，主要是通过用户在社交平台上分享个人购物体验、在社交圈推荐商品的应用；另一类是专注于商品销售，即通过社交平台，让终端用户直接介入到商品的销售过程中。

（十）ABC 模式

ABC 模式是是由代理商(Agents)、商家(Business)和消费者(Consumer)共同搭建的集生产、经营、消费为一体的电子商务平台，它是新型电子商务模式的一种，被誉为继 B2B 模式、B2C 模式、淘宝 C2C 模式、N2C 模式之后电子商务界的第五大模式。

(十一)团购模式

团购(Group Purchase)就是团体线上购物，指认识或不认识的消费者联合起来，加大与商家的谈判筹码，取得最优价格的一种购物方式。因为团购，商家可以给出低于零售价格的团购折扣和单独购买得不到的优质服务。团购作为一种新兴的电子商务模式，通过消费者自行组团、专业团购网、商家组织团购等形式，提升用户与商家的议价能力，并极大程度地获得商品让利，引起消费者及业内厂商、甚至是资本市场关注。团购的商品价格更为优惠，尽管团购还不是主流消费模式，但它所具有的影响力已逐渐显露出来。团购的主要方式是网络团购。

(十二)线上线下

线上订购、线下消费是 O2O 的主要模式，是指消费者在线上订购商品，再到线下实体店进行消费的购物模式。这种商务模式能够吸引更多热衷于实体店购物的消费者，传统网购的以次充好、图片与实物不符等虚假信息的缺点在这里都将彻底消失。传统的 O2O 核心是在线支付，而现在的线上线下，是将 O2O 经过改良，把在线支付变成线下体验后再付款，消除消费者对网购诸多方面不信任的心理。消费者可以从网上的众多商家提供的商品里面挑选最合适的商品，再到线下实体店亲自体验，这一购物过程，不仅放心有保障，而且也是一种快乐的享受过程。

(十三)其他模式

电子商务的范围波及人们的生活、工作、学习及消费等广泛领域，其服务和管理也涉及政府、工商、金融及用户等诸多方面。Internet 逐渐渗透到每个人的生活中，而各种业务在网络上的相继展开，也在不断推动电子商务这一新兴领域的昌盛和繁荣。电子商务可应用于小到家庭理财、个人购物，大至企业经营、国际贸易等诸方面。具体地说，其内容大致可以分为三个方面：企业间的商务活动、企业内的业务运作和个人网上服务。

八、电子商务盈利模式

电子商务盈利模式主要有网上目录盈利模式、数字内容盈利模式、广告支持盈利模式、广告—订阅混合盈利模式、交易费用盈利模式、服务费用盈利模式、线上销售盈利模式。

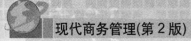

(一)网上目录盈利模式

起源于邮购模式或商品目录模式,将邮寄目录的模式扩展到网上,用网站的信息来替代商品目录的分发,此模式即称为网上目录盈利模式。该模式常应用于以下商品和商业形式:计算机与家电、图书与音像制品、奢侈品、服装零售店、鲜花与礼品店、折扣店等。该盈利模式的关键是:合适的产品、全面的产品目录分类、方便的订购流程、满足客户消费体验、完善的售货服务。

(二)数字内容盈利模式

数字内容产业中存在多种盈利模式。据诺达咨询最新发布的《创意产业系列——数字内容商业模式评估与创新设计报告 2011》中的研究成果,以下七种为主要的盈利模式。

1. 内容、版权盈利模式

内容、版权盈利模式是指在数字内容产业中,主要依靠所生产的数字内容产品对外版权收费和内容产品使用收费的盈利模式。主要表现为数字内容,如视频、音频、电子文字、图片的版权使用以及以数字化内容组合而成产品的对外销售服务模式。例如电子书、影视节目等。这种模式是数字内容产业最根本也是最原始的盈利模式。

2. 内容、版权+业务运营盈利模式

内容、版权+业务运营盈利模式与内容、版权盈利模式的不同之处是:产业主体单位是否参与后续数字内容业务的运营。具有数字内容资源的产业主体可以参与到后续产业环节的运营以提高收益。目前许多内容生产制作产业主体包含了产业链的多个环节或者与后续产业链环节主体单位合作,这是目前具有数字内容资源大型企业普遍存在的形式。

3. 功能性收费盈利模式

功能性收费盈利模式是指在数字内容产业中,以内容功能性收费为主的盈利模式。主要表现为一定数字内容、视频、音频、电子文字、图片、一定时间段内使用的单次收费模式。

4. 功能性收费+内容收费盈利模式

功能性收费+内容收费盈利模式指在数字内容产业中,以内容功能性收费为主、内容收费为辅的盈利模式。主要表现为一定数字内容、视频、音频、电子文字、图片在一定时间段内使用的单次收费模式,额外数字内容需求可以按照次数、流量等方式进行计费盈利。

5. 功能性收费+延伸品收费盈利模式

功能性收费+延伸品收费盈利模式指在数字内容产业中,以内容功能性收费和相关内容延伸品收费盈利的模式。主要表现为一些数字内容产品服务的功能性收费,其延伸产品按

不同形式收费，功能性收费和延伸品收费比重不同、产业不同。

6. 内容+广告收费盈利模式

内容+广告收费盈利模式主要指相关产业主体向广告主收取广告制作和播出费用的盈利模式。一般来说广告收费与内容收费是并行的，也有特殊情况下的内容免费、仅靠广告收费实现盈利的模式。

7. 完全免费模式

完全免费主要指政府部门或部分社会非营利团体为社会提供信息而采用的模式，以及企业商家为推广产品服务而采取的营销手段。

这七种模式对数字内容产业的发展具有不同的意义，也各自存在一些问题。

(三)广告支持盈利模式

广告支持的盈利模式(advertising-supported revenue model)，主要依靠网站广告获得收入。以广告为主营收入的网站类型有：门户网站、搜索引擎、报业出版商、分类广告网站、短视频网站、社区网站等。

是美国电视网络所采用的模式，提供带广告信息的免费节目，广告收入用于支持电视网络的运营和节目制作成本。

(四)广告—订阅混合盈利模式

广告—订阅混合盈利模式的核心是：为数众多的杂志订阅者支付费用并接受一定的广告信息。

(五)交易费用盈利模式

交易费用盈利模式即企业通过支持一个交易活动来收取费用，费用根据所处理交易的数量或规模来定。

网站作为新的中介形式，对交易相关信息进行整理和过滤，帮助交易双方完成网上交易，包括旅行服务、汽车销售、证券交易、在线订票、在线银行、拍卖等。

该模式成功的关键因素有：完善的交易平台；专业的服务支持；安全、便捷的在线支付系统。

目前常见的十一种网站运营模式，即属于该模式的体现：在线广告；彩铃彩信下载、短信发送等电信增值形式；产品交易型网站；提供独特的资源，为会员提供服务而获得收益；网络游戏运营，虚拟装备和道具买卖；搜索竞拍、产品招商、分类网址和信息整合；付费推荐和抽成盈利；广告中介；企业信息化服务；通过融资；建立会员数据库，为企业提供精准营销服务；建立网络产品，通过销售产品服务来获得收益。

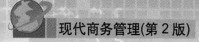

(六)服务费用盈利模式

即按照服务本身的价值收费。如各种网上游戏、在线电影、网上咨询(如法律、理财服务等)、医疗诊断、远程教育、系统支持服务(域名、空间等)、电子邮箱服务、会员服务以及各种增值服务等。该模式成功的关键因素：专业的服务。

(七)线上销售盈利模式

即在线交易的盈利模式。该模式利用网络商务平台的作用，支持交易，收取费用是收入来源。代表性的公司有阿里巴巴、淘宝网及易趣等。前者是 B2B，后两者是 C2C。通过支持企业或消费者的在线贸易、并对各企业和个人用户进行信用评级，该类网站提供了一个很好的商务平台。以阿里巴巴为例，作为全球最大的网上贸易市场，阿里巴巴在一定程度上推动了中国商业信用的建立，并对广大的中小企业在激烈的国际竞争中立足提供了一定支持作用。

九、建站模式

第一种是在基于平台的网上商城开店，适合于二手或闲置物品。
第二种是进驻大型网上商城，像实体店铺进驻商场一样。
第三种是独立网店。可根据喜好选择自己喜欢的店铺风格、可自行设定商品分类及商品管理规则，可自行添加各种支付方式，可按照自己的要求给予用户最好的网上购物体验。功能支持是三种模式中最全面的，服务支持也是最专业的，但费用是三种模式中最低的。支持这种模式的主流软件有一些是免费的，只收主机托管(空间、带宽及域名支持等)费用就可开起专业的网店。

第二节 电子商务的基础设施

基础设施包括的是服务器等硬件和支撑业务系统的软件，还包括其他外部设施，如第三方物流等的软件支持。

一、互联网

(一)定义与构成

互联网是连接全球计算机的实体网络，包含网络服务器设施及它们之间的连接，连接用于客户个人计算机与网络服务器间控制及传输信息。因此，互联网是一个大型的客户端/服务系统。

互联网诞生于 20 世纪 60 年代末，主要用于军事和学术的合作领域，当时的目的是要建立一个相互连接的、可靠的网络，以达到即使其中的一些连接中断了，整个网络仍然能够继续有效运转的效果。这个目的通过在传输过程中把用户信息和数据分解成为若干个数据包，然后经过不同的路由器进行传递而实现。

大多数的互联网服务内容对接入互联网的企业或者个人用户是开放的。但是，很多电子商务应用可能会涉及一些公司的敏感信息，这要求对于使用这些信息的个人或者第三方进行限制。如果这些信息仅限于公司内部的使用，那么公司使用的这个网络就是内联网。如果使用者除了公司内部的员工还包括公司的供应商、合作伙伴等外部组织(这些外部组织是公司指定的特定外部组织而不是所有的外部组织)，那么公司使用的网络就是外联网。内联网和外联网相互对立，但同时会有共存点：内联网有时候也可以放宽限制并视为外联网。

(二)内联网与外联网

1. 内联网

内联网被广泛应用于卖方电子商务市场，它的应用有利于形成一个有效的营销网络。除此之外，内联网还有利于支持供应链管理。内联网通常可能具备以下优势。

(1) 降低产品生命周期——由于不同公司产品发展的信息和营销渠道都是相互联系的，并且日趋合理，这有利于加快产品的销售过程。

(2) 通过较高的生产率可以降低企业的生产成本。

(3) 可以通过远程化的方法面向全国或全球发布信息。

内联网不仅仅用于发布信息，现在很多网络浏览器也为曾经传统上独立使用的软件程序的商业应用提供了接入平台，这就有利于降低企业管理和维护信息管理的总费用。由于基于网络浏览器的内联网不需要对终端是个人的计算机进行系统配置，所以信息系统的维护费用更低，并且更容易进行软件升级，相比给每个用户重新进行软件配置而言，所面临的问题少多了。比如，Chrysler 公司应用内联网来提高其 40 000 名员工的效率，以简化信息获取成本，从而降低总成本。内联网的应用范围包括项目团队组织管理工具、人力资源自助服务、财务建模工具、建造项目跟踪系统等。

2. 外联网

尽管从用户的角度来看，外联网听起来很复杂，但其应用其实很简明易懂。比如说你在互联网上购买一本书或者是一张 CD，在购买的过程中，只要你注册了用户名和密码，那么你就使用了外联网。这是顾客服务型外联网，它同样也为企业用户提供上网服务。如果你访问专门为公司提供财务服务的 Ifazone 公司的外联网，再打开公司的网站后，你会发现主页上只有三个按钮：进入、注册和演示。由于有 90%的业务正依赖于它所提供的资源，因此在该公司的决策制定方面起着举足轻重的作用。任何出于信息和数据共享目的与其他网络连接的是内联网。两个内联网出于通信和交易的目的联系了起来，就建立了外联网。

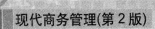

外联网能带来的好处表现在以下几个方面。

(1) 在安全的环境下，共享信息。公司可以通过外联网实现与其合作伙伴之间的信息共享。

(2) 节约成本。通过外联网可以使经营管理变得更有效。比如 Merisel 公司是一个计算机硬件销售商，通过外联网节约了近 70%的订单处理成本。成本节约来自员工人数的减少、信息处理成本的降低和纸质文件使用的减少。

(3) 订货和发货系统。也称为"电子整合效用"。外联网可以把销售商的销货系统和供应商的供货系统相连接，以保证商品存货水平。这意味着可以减少一些由于缺货或者储存过多导致的销售损失或高额成本。

(4) 顾客服务。前面提及的外联网充分体现了外联网有利于提高公司的服务质量和服务水平。此外，供应商和代理商也可以找到他们需要的价格信息或广告材料。

3. 防火墙

防火墙指的是一个由软件和硬件设备组合而成、在内部网和外部网之间、专用网与公共网之间的界面上构造的保护屏障。是一种获取安全性方法的形象说法，它是一种计算机硬件和软件的结合，使 Internet 与 Intranet 之间建立起一个安全网关(Security Gateway)，从而保护内部网免受非法用户的侵入。防火墙主要由服务访问规则、验证工具、包过滤和应用网关四个部分组成，防火墙就是一个位于计算机和它所连接的网络之间的软件或硬件。该计算机流入流出的所有网络通信和数据包均要经过此防火墙。

在网络中，所谓"防火墙"，是指一种将内部网和公众访问网(如 Internet)分开的方法，它实际上是一种隔离技术。防火墙是在两个网络通信时执行的一种访问控制尺度，它能允许你"同意"的人和数据进入你的网络，同时将你"不同意"的人和数据拒之门外，最大限度地阻止网络中的黑客来访问你的网络。换句话说，如果不通过防火墙，公司内部的人就无法访问 Internet，Internet 上的人也无法和公司内部的人进行通信。

防火墙除了应用于公司的信息安全以外，还可用于公司的电子市场营销策略。

(三)万维网

1. 定义

WWW 是 World Wide Web 的缩写，中文称为"万维网"、"环球网"等，常简称为 Web。分为 Web 客户端和 Web 服务器程序。

WWW 是一个以 Internet 为基础的计算机网络，它允许用户在一台计算机通过 Internet 存取另一台计算机上的信息。从技术角度上说，环球信息网是 Internet 上那些支持 WWW 协议和超文本传输协议 HTTP(Hyper Text Transport Protocol)的客户机与服务器的集合，透过它可以存取世界各地的超媒体文件，内容包括文字、图形、声音、动画、资料库以及各式各样的软件。

万维网是无数个网络站点和网页的集合，它们在一起构成了因特网最主要的部分(因特网也包括电子邮件、Usenet 以及新闻组)。它实际上是多媒体的集合，是由超级链接连接而成的。

2. 硬件组成

1) 客户机

客户机(浏览器)是一个需要某些东西的程序，而服务器则是提供某些东西的程序。一个客户机可以向许多不同的服务器请求。一个服务器也可以向多个不同的客户机提供服务。通常情况下，一个客户机启动与某个服务器的对话。服务器通常是等待客户机请求的一个自动程序。客户机通常是作为某个用户请求或类似于用户的每个程序提出的请求而运行的。协议是客户机请求服务器和服务器如何应答请求的各种方法的定义。WWW 客户机又可称为浏览器。

通常的环球信息网上的客户机主要包括 IE、Firefox、Safia、Opera、Chrome 等。

在 Web 中，客户机的任务是：帮助你制作一个请求(通常在单击某个链接点时启动)；将你的请求发送给某个服务器；通过对直接图像适当解码，呈交 HTML 文档和传递各种文件给相应的"观察器"(Viewer)，把请求所得的结果报告给你。

一个观察器是一个可被 WWW 客户机调用而呈现特定类型文件的程序。当一个声音文件被你的 WWW 客户机查阅并下载时，它只能用某些程序(例如 Windows 下的媒体播放器)来"观察"。通常 WWW 客户机不仅限于向 Web 服务器发出请求，还可以向其他服务器(例如 Gopher、FTP、News、Mail)发出请求。

2) 服务器

服务器具有以下功能：接受请求；请求的合法性检查，包括安全性屏蔽；针对请求获取并制作数据，包括 Java 脚本和程序、CGI 脚本和程序、为文件设置适当的 MIME 类型来对数据进行前期处理和后期处理；审核信息的有效性；把信息发送给提出请求的客户机。

如果服务器不在 80 号端口，而在其他端口 (例如 8080) 等待用户连接，此时 WWW 将失败，客户端需要更改连接的端口。

另外，有些机构的网关具有网址过滤功能以禁止访问某些网站，会导致失败。此时可以尝试用代理服务器去访问被禁止的网站。

3. Web 2.0

1) 含义

Web 2.0 是相对 Web1.0(2003 年以前的互联网模式)的新的一类互联网应用的统称，是一次从核心内容到外部应用的革命。由 Web 1.0 单纯通过网络浏览器浏览 HTML 网页模式向内容更丰富、联系性更强、工具性更强的 Web 2.0 互联网模式的发展，已经成为互联网新的发展趋势。

Web 1.0 到 Web 2.0 的转变，具体地说，从模式上是单纯的"读"向"写"、"共同建设"发展；由被动地接收互联网信息向主动创造互联网信息迈进；从基本构成单元上，是由"网页"向"发表/记录的信息"发展；从工具上，是由互联网浏览器向各类浏览器、RSS阅读器等内容发展；运行机制上，由"Client Server"向"Web Services"转变；作者由程序员等专业人士向全部普通用户发展；应用上由初级的"滑稽"应用向全面大量应用发展。

2) 主要特点

(1) 用户参与网站内容制造。与 Web 1.0 网站单项信息发布的模式不同，Web 2.0 网站的内容通常是用户发布的，使得用户既是网站内容的浏览者也是网站内容的制造者，这也就意味着 Web 2.0 网站为用户提供了更多参与的机会，例如博客网站和 Wiki 就是典型的用户创造内容的指导思想，而 Tag 技术(用户设置标签)将传统网站中的信息分类工作直接交给用户来完成。

(2) Web 2.0 更加注重交互性。不仅用户在发布内容过程中实现与网络服务器之间的交互，而且也实现了同一网站不同用户之间的交互，以及不同网站之间信息的交互。

(3) 符合 Web 标准的网站设计。Web 标准是国际上正在推广的网站标准，通常所说的Web 标准一般是指网站建设采用基于 XHTML 语言的网站设计语言，实际上，Web 标准并不是某一标准，而是一系列标准的集合。Web 标准中典型的应用模式是"CSS+XHTML"，摒弃了 HTML4.0 中的表格定位方式，其优点之一是网站设计代码规范，并且减少了大量代码，减少了网络带宽资源浪费，加快了网站访问速度。更重要的一点是，符合 Web 标准的网站对于用户和搜索引擎更加友好。

(4) Web 2.0 网站与 Web 1.0 没有绝对的界限。Web 2.0 技术可以成为 Web 1.0 网站的工具，一些在 Web 2.0 概念之前诞生的网站本身也具有 Web 2.0 特性，例如 B2B 电子商务网站的免费信息发布和网络社区类网站的内容也来源于用户。

(5) Web 2.0 的核心不是技术而在于指导思想。Web 2.0 有一些典型的技术，但技术是为了达到某种目的所采取的手段。Web 2.0 技术本身不是 Web 2.0 网站的核心，重要的在于典型的 Web 2.0 技术体现了具有 Web 2.0 特征的应用模式。因此，与其说 Web 2.0 是互联网技术的创新，不如说是互联网应用指导思想的革命。

(6) Web 2.0 是互联网的一次理念和思想体系的升级换代，由自上而下少数资源控制者集中控制主导的互联网体系，转变为自下而上地由广大用户集体智慧和力量主导的互联网体系。

(7) Web 2.0 体现交互，可读可写，体现出的方面是各种微博、相册，用户参与性更强。

3) Web 2.0 主要相关技术

(1) Blog——博客/网志。Blog 的全名应该是 Web log，后来缩写为 Blog。Blog 是一个易于使用的网站，您可以在其中迅速发布想法、与他人交流以及从事其他活动。所有这一切都是免费的。

(2) RSS——聚合内容。RSS 是站点用来和其他站点之间共享内容的一种简易方式(也叫聚合内容)的技术。最初源自浏览器"新闻频道"的技术，通常被用于新闻和其他按顺序排列的网站，例如 Blog。

(3) Wiki——百科全书。Wiki——一种多人协作的写作工具。Wiki 站点可以有多人(甚至任何访问者)维护，每个人都可以发表自己的意见，或者对共同的主题进行扩展或者探讨。

(4) Wiki——超文本系统。这种超文本系统支持面向社群的协作式写作，同时也包括一组支持这种写作的辅助工具。有人认为，Wiki 系统属于一种人类知识网格系统，我们可以在 Web 的基础上对 Wiki 文本进行浏览、创建、更改，而且创建、更改、发布的代价远比 HTML 文本小；同时 Wiki 系统还支持面向社群的协作式写作，为协作式写作提供必要帮助；最后，Wiki 的写作者自然构成了一个社群，Wiki 系统为这个社群提供简单的交流工具。与其他超文本系统相比，Wiki 有使用方便及开放的特点，所以 Wiki 系统可以帮助我们在一个社群内共享某领域的知识。

4. 电子邮件

电子邮件(Electronic mail，简称 E-mail，标志：@，也被大家昵称为"伊妹儿")，又称电子信箱、电子邮政，它是一种用电子手段提供信息交换的通信方式，是 Internet 应用最广的服务，通过网络的电子邮件系统，用户可以用非常低廉的价格(不管发送到哪里，都只需负担电话费和网费即可)，以非常快速的方式(几秒钟之内可以发送到世界上任何你指定的目的地)，与世界上任何一个角落的网络用户联系，这些电子邮件可以是文字、图像、声音等各种方式。同时，用户可以得到大量免费的新闻、专题邮件，并实现轻松的信息搜索。

(四)互联网语音信息传递(VoIP)

VoIP 是一个相对较新的应用，它可以用于在网络上传递语音信息，换句话说，人们可以通过 VoIP 实现在互联网上打电话。查阅互联网协议中 IP 标准的内容可知，IP 协议是利用一个单一的网络把一台计算机连接到它所需要交流的任何一台计算机的协议，连接实现的信息传递包括文本数据、声音和多媒体信息。VoIP 之所以越来越受到消费者的青睐，主要是因为它极大地降低了人们打电话的成本。管理和经营 VoIP 系统的成本仅相当于同样规模的传统电信系统管理费用的一半。从更长远来看，它还可以用于一些主要的大型电信公司。用 IP 网络取代现存的电信网络，除了降低管理成本以外，VoIP 还能带来以下几方面的益处：简便的点击拨号——用户仅需点击计算机屏幕上的号码或者图标即可完成拨号任务；来电转接和与其他地点的人举行电话会议；集成的短信息服务——电子邮件、语音邮件和传真等信息都可以集中到一个单一的收件箱中；成本控制——审查和查询不同企业的通信操作成本变得更加便捷。

公司要实施 VoIP，管理者将面临以下选择。①点对点。最有名的点对点实施方案是由 Skype 公司(2005 年被 eBay 公司收购)推出的，即提供免费的电话拨打和电话会议服务。这项功能是通过一个"电话软件"来实现的。其中一项被称为 SkypeOut 的服务可以通过网络

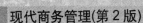

向固定电话和手机用户拨打电话。相对电话而言减少了通话成本，但它只适用各种小型企业。对于大型公司而言，只适用于一些经常出差的员工。②托管服务。这个应用相当于来自 ASP(应用程序服务供应商)的服务。这里很多公司可以共同使用基于互联网的一个中心系统来提供服务，卓有成效地降低应用成本。但有些公司认为这种做法可能会导致公司现有电信资源闲置。③完全替代原来所有的电话网络。这可能会导致重建成本偏高，并且这种投资可能在短期内很难看到收益。但是对于新设立的公司而言，这种投资通常来说是最有效率的。④通过使用 VoIP 系统来更新现有的电话网络。这是现在很多公司乐于采用的最好的方式。

二、互联网标准

互联网标准定义了互联网的核心。互联网是一个全球信息系统，它把全世界的计算机通过唯一的 IP 地址连接起来；它通过使用 TCP/IP 的协议或其扩展协议实现了信息在世界范围内的流通；基于以上描述的为公众和个人提供高标准服务的通信技术架构。

(一)TCP/IP

TCP/IP 是 Transmission Control Protocol/Internet Protocol 的简写，中译名为传输控制协议/因特网互联协议，又名网络通信协议，是 Internet 最基本的协议、Internet 国际互联网络的基础，由网络层的 IP 协议和传输层的 TCP 协议组成。TCP/IP 定义了电子设备如何连入因特网，以及数据如何在它们之间传输的标准。协议采用了四层的层级结构，每一层都呼叫它的下一层所提供的协议来完成自己的需求。简而言之：TCP 负责发现传输的问题，一有问题就发出信号，要求重新传输，直到所有数据安全正确地传输到目的地，而 IP 是给因特网的每一台计算机规定一个地址。

(二)HTTP

HTTP 是 Hyper Text Transfer Protocol 的缩写，中译名为超文本传输协议，是用于从 WWW 服务器传输超文本到本地浏览器的传送协议。它可以使浏览器更加高效，使网络传输减少。它不仅保证计算机正确快速地传输超文本文档，还确定传输文档中的哪一部分，以及哪部分内容首先显示(如文本先于图形)等。

HTTP 是一个应用层协议，由请求和响应构成，是一个标准的客户端服务器模型。

(三)统一资源定位器

统一资源定位器又称统一资源定位符(Uniform Resource Locator，URL)，以下简称 URL。URL 方案集，包含如何访问 Internet 上的资源的明确指令，是用于完整地描述 Internet 上网页和其他资源的地址的一种标识方法。

URL 是统一的，因为它们采用相同的基本语法，无论寻找哪种特定类型的资源(网页、新闻组)或描述通过哪种机制获取该资源。

对于 Intranet 服务器或万维网服务器上的目标文件,可以使用"统一资源定位符 (URL)"地址(该地址以"http://"开始)。Web 服务器使用"超文本传输协议(HTTP)"，一种"幕后"的 Internet 信息传输协议。

(四)域名

域名(Domain Name)，是由一串用点分隔的名字组成的 Internet 上某一台计算机或计算机组的名称，用于在数据传输时标识计算机的电子方位(有时也指地理位置，地理上的域名，指代有行政自主权的一个地方区域)。域名的目的是便于记忆和沟通的一组服务器的地址(网站、电子邮件、FTP 等)。

以一个常见的域名为例说明，baidu 网址是由三部分组成，标号"baidu"是这个域名的主体，而最后的标号"com"则是该域名的后缀，代表的这是一个 com 国际域名，是顶级域名。而前面的 www.是网络名，为 www 的域名。

DNS 规定，域名中的标号都由英文字母和数字组成，每一个标号不超过 63 个字符，也不区分大小写字母。标号中除连字符(-)外不能使用其他的标点符号。级别最低的域名写在最左边，而级别最高的域名写在最右边。由多个标号组成的完整域名总共不超过 255 个字符。

一些国家也纷纷开发使用由本民族语言构成的域名，如德语，法语等。中国也开始使用中文域名，但可以预计的是，在中国国内今后相当长的时期内，以英语为基础的域名(即英文域名)仍然是主流。

(五)网站和数据交换标准

网站的网页通常是由文本、图像和多媒体等信息形式组成，这些被称为网站内容。文本、图像和多媒体等信息存在不同的标准。网站内容决定一切，因为网站内容决定着用户在网站上的经历，并直接决定他以后是否还会再次登录这个网站。

1. 超级文本标记语言

超级文本标记语言(英文缩写：HTML)是为"网页创建和其他可在网页浏览器中看到的信息"设计的一种标记语言。网页的本质就是超级文本标记语言，通过结合使用其他的 Web 技术(如：脚本语言、公共网关接口、组件等)，可以创造出功能强大的网页。因而，超级文本标记语言是万维网(WWW)编程的基础，也就是说万维网是建立在超文本基础之上的。超级文本标记语言之所以称为超文本标记语言，是因为文本中包含了所谓"超级链接"点。

超级文本标记语言文档制作不是很复杂，但功能强大，支持不同数据格式的文件嵌入，这也是万维网(WWW)盛行的原因之一，其主要特点如下。

(1) 简易性：超级文本标记语言版本升级采用超级方式，从而更加灵活方便。

(2) 可扩展性：超级文本标记语言的广泛应用带来了加强功能，增加标识符等要求，超级文本标记语言采取子类元素的方式，为系统扩展带来保证。

(3) 平台无关性：虽然个人计算机大行其道，但使用 MAC 等其他机器的大有人在，超级文本标记语言可以使用在广泛的平台上，这也是万维网(WWW)盛行的另一个原因。

2. 可扩展标记语言

可扩展标记语言(Extensible Markup Language, XML)是用于标记电子文件使其具有结构性的标记语言，可以用来标记数据、定义数据类型，是一种允许用户对自己的标记语言进行定义的源语言。XML 是标准通用标记语言(SGML)的子集，非常适合 Web 传输。XML 提供统一的方法来描述和交换独立于应用程序或供应商的结构化数据。其格式特性如下。

(1) XML 与 Access、Oracle 和 SQL Server 等数据库不同，数据库提供了更强有力的数据存储和分析能力，例如，数据索引、排序、查找、相关一致性等，XML 仅仅是存储数据。事实上 XML 与其他数据表现形式最大的不同是：它极其简单，这是一个看上去有点琐细的优点，但正是这点使 XML 与众不同。

(2) XML 与 HTML 的设计区别是：XML 被设计为传输和存储数据，其焦点是数据的内容。而 HTML 被设计用来显示数据，其焦点是数据的外观。HTML 旨在显示信息，而 XML 旨在传输信息。

(3) XML 和 HTML 语法区别：HTML 的标记不是所有的都需要成对出现，XML 则要求所有的标记必须成对出现；HTML 标记不区分大小写，XML 则区分大小写。

可扩展的标识语言 XML(Extensible Markup Language)是一种元标注语言，即定义了用于定义其他特定领域有关语义的、结构化的标记语言，这些标记语言将文档分成许多部件并对这些部件加以标识。XML 文档定义方式有：DTD(Document Type Definition)和 XML Schema。DTD 定义了文档的整体结构以及文档的语法，应用广泛并有丰富工具支持。XML Schema 用于定义管理信息等更强大、更丰富的特征。XML 能够更精确地声明内容，方便跨越多种平台的更有意义的搜索结果。它提供了一种描述结构数据的格式，简化了网络中数据交换和表示，使得代码、数据和表示分离，并作为数据交换的标准格式，因此它常被称为智能数据文档。

三、电子商务基础设施结构及管理理念

(一)电子商务基础设施结构

在电子商务系统中，系统的用户执行某项操作时体现为各个层次之间的配合。比如，一个员工想要提前申请一个假期，他可以打开用于人力资源管理的应用程序，然后选择假期申请功能。在完成假期表单填写以后，该应用程序会把假期请求信息存入系统并把它传

送到企业管理者和人力资源部门等待批准。要进入假期申请应用程序界面，员工将使用一个类似于 Microsoft 互联网浏览器的软件，使用类似于 Windows XP 或者 Apple Osx 的操作系统，这些程序将会通过网络连接或者说是传输层来传送员工的假期请求。信息会存储在 Web 服务器的存储器内或长久保存在存储介质中。然后记录员工假期请求信息的网页或者其他查看工具将会把信息显示出来。通过图 10-1 可以更详细地理解电子商务系统层。

图 10-1　电子商务系统层

在这五个层次里，Ⅰ层可以是 CRM、供应链管理、数据挖掘、内容管理系统等；Ⅱ层可以是网络浏览器，服务器软件和标准，网络软件和数据库管理系统；Ⅲ层是物理网络和传输标准等；Ⅳ层是网络服务器永久性磁介质存储，或光电备份，或内存，或临时存储等。Ⅴ层是内联网、外联网和互联网 Web 内容，客户数据，交易数据，其他点击数据等。

如图 10-1 所示的结构与其他一些作者所描述的电子商务或者信息系统的基础设施结构体系是类似的，只是不同层次之间的逻辑关系存在着差异。Zwass 认为互联网框架由以下三部分构成：①基础设施：包括软件、硬件和通信设备；②服务：主要是指软件基础服务，比如搜索引擎、电子货币和安全系统；③产品和服务：主要指电子商务公司的门户网站。

Kampas (2000) 把互联网框架称为"信息系统功能链"，并认为它有以下五个组成部分：①物理存储：内存和硬盘部分；②处理过程：信息处理器的运算和逻辑处理过程；③基础设施：这主要是指互联网系统的用户接口和外部接口，也包括由连接设备组成的整个网络；④应用程序：主要指应用程序把数据转化为信息的过程；⑤智能：互联网系统的逻辑能力能够把信息转化为人们所用的知识。

(二)电子商务基础设施管理理念

电子商务的基础设施包含硬件、软件以及应用于电子商务公司的网页内容和数据。我们将从不同的角度来关注电子商务基础设施的管理,将从不同的角度对管理的层面进行分析。

(1) 硬件和系统软件。指硬件以及前面述及的网络设施,具体包含客户机、服务器、网络服务以及系统软件。

(2) 应用,这主要包括用于员工、客户和商业合作伙伴服务的应用软件。

在系统软件的管理中,主要是对整个企业组织实施标准化管理。标准化有利于减少用于企业管理系统支持和维护的费用,并且能够有效地降低采购价格。在客户端的方面,管理决策可能涉及采用何种浏览器软件和插件。

第三节　电　子　采　购

一、电子采购含义及特点

电子采购是由采购方发起的在Internet上创建专业供应商网络的基于Web方式的一种采购行为,是一种不见面的网上交易,如网上采购、网上招标、网上竞标、网上谈判等。

电子采购能够使企业通过网络,寻找管理合格的供货商和物品,随时了解市场行情和库存情况,编制销售计划,在线采购所需的物品,并对采购订单和采购的物品进行在途管理、台账管理和库存管理,实现采购的自动统计分析。

因此,电子采购比一般的电子商务和一般性的采购在本质上有了更多的概念延伸,它不仅仅完成采购行为,而且利用信息和网络技术对采购全程的各个环节进行管理,有效地整合了企业的资源,帮助供求双方降低了成本,提高了企业的核心竞争力。电子采购使企业不再采用人工办法购买和销售它们的产品,在这一全新的商业模式下,随着买主和卖主通过电子网络而联结,商业交易开始变得具有无缝性。

实施电子采购,不仅方便、快捷,而且交易成本低,信息公开程度透明。

二、电子采购方式

实现电子采购的方式有两种:使用EDI(电子数据交换)的电子采购和使用Internet的电子采购。电子采购门户站点对购买简单商品最为有效,它可以让供应商创建和维护其产品的在线目录,其他公司可以从这些目录中搜索商品,下订单以及当场确定付款和装运选择。在试图购买那些必须定制的产品时,常常需要人力判断以及人与人之间的协商:首先,要整理叫作RFP(建议请求)的信息包,其中包括某一商品的技术规格和供应要求;其次,必须找到能够满足该请求的供应商。为了节省时间和资金，只需要与有资格的供应商联络，这样花费的精力最少。使这一过程自动化的一种方式就是使用 EDT 网络，它能够让供应商和买主交换采购信息。

三、电子采购优势

电子采购这一全新的商业模式，使买主和卖主通过电子网络而联结，商业交易开始变得具有无缝性，其自身的优势如下。

1. 提高采购效率，缩短了采购周期

采购方企业通过电子采购交易平台进行竞价采购，可以根据采购方企业的要求自由设定交易时间和交易方式，大大地缩短了采购周期。

2. 节约大量的采购成本

采用传统方式生成一份订单所需要的平均费用为 150 美元，使用基于 Web 的电子采购解决方案则可以将这一费用减少到 30 美元。企业通过竞价采购商品的价格平均降幅为 10% 左右，最高时可达到 40%。

3. 优化采购流程

采购流程的电子化不是用计算机和网络技术简单替换原有的方式方法，而是要依据更科学的方法重新设计采购流程，这个过程中，摒弃了传统采购模式中不适应社会生产发展的落后因素。

4. 减少过量的安全库存

世界著名的家电行业跨国企业海尔集团在实施电子采购后，采购成本大幅降低，仓储面积减少一半，降低库存资金约 7 亿元，库存资金周转日期从 30 天降低到了 12 天以下。

5. 信息共享

不同企业，包括各个供应商都可以共享信息，不但可以了解当时采购、竞标的详细信息，还可以查询以往交易活动的记录，这些记录包括中标、交货、履约等情况，帮助买方全面了解供应商，帮助卖方更清楚地把握市场需求及企业本身在交易活动中的成败得失，积累经验。这使供求双方之间的信息更加透明。

6. 电子采购能帮助采购方改善客户服务和客户满意度

通过改善的客户服务和客户满意度，可以促进供应链绩效，以及改善与供应商关系。

7. 使供应商获益颇丰

对于供应商，电子采购可以更及时地掌握市场需求，降低销售成本，增进与采购商之

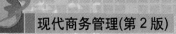

间的关系,获得更多的贸易机会。

国内外无数企业实施电子采购的成功经验证明,电子采购在降低成本,提高商业效率方面,比在线零售、企业资源计划(ERP)更具潜力。电子采购的投资收益远远高于过去10年内已经在企业中占主导地位的任何商业革命,包括企业流程再造、策略性采购等。

四、电子采购平台

(一)协同招投标管理系统

协同招投标管理系统是一个协同的、集成的招标采购管理平台,使各种类型的用户(包括组织者、采购业主、投标商、审批机构等)都能在同一且个性化的信息门户中一起协同工作,摆脱时间和地域的限制。协同招投标管理系统,以招投标法为基础,融合了招投标在中国的实践经验,实现了整个招标过程的电子化管理和运作,可以在线实现招标、投标、开标、评标和决标等整个复杂的招标投标流程,使招标的理念和互联网技术完美结合,从时间上、价格上、质量上都全面突破了传统的招投标方式,最大限度实现招标方的利益。协同招投标管理系统以自主开发的国内领先的工作流系统作为系统的核心,可以帮助客户快速高效地实现各种复杂的招标投标流程,包括各种内部审批流程。

(二)企业竞价采购平台

企业竞价采购平台是一个供应商之间以及供应商和采购商之间互不见面的网上竞价采购管理平台,使得供应商可以远程地参与采购竞价。竞价采购,又称反拍卖采购技术(RAT),是由采购招标和网上竞价两部分有机结合在一起的采购方式。它用电子商务取代以往的谈判公关,帮助采购商最大限度地发现卖主,并引发供应商之间的竞争,大幅度降低采购成本,同时有力地变革了采购流程,是对企业具有跨时代意义的零风险采购辅助手段。在传统招标采购中,供应商总是在确保低价中标的同时尽量争取价格最高,并且由于比值、比价、招投标过程较长,供应商之间相互见面等因素,容易产生供应商之间价格同盟,因此不能在最大范围内挑起各投标方的反复竞价,从而使降价空间缩小,导致采购品降价不足;而 RAT 技术则是根据工业采购品的不同特点,由采购商制定产品质量标准、竞价规则,通过 B2B 的方式,使采购商得以更好地发现卖主,并挑起供应商竞争。成交价格可以是一个,也可以是一组,对供货方来说只有竞争价格是透明的,博弈阵容对其并不透明,从而很好地强化了降价竞争,使采购品价格大大降低。经过各个卖主之间一番激烈的降价竞争,一条降价曲线会自动输出,竞价结果客观、公开,不再需要人为的议标过程。

(三)电子目录采购系统

该系统是一套基于国内领先工作流技术的集办公自动化、产品目录管理、供应商管理以及电子采购于一体的综合解决方案。可以帮助客户快速高效地实现内部采购供应系统的任意商业运作流程及业务规则，搭建符合其自身需求的涵盖包括招标采购、竞价采购、商务谈判在内多种采购方式的在线采购平台，并能有效地管理供应商和产品目录。主要功能模块包括工作流引擎、可视化流程定义工具(WFVISIO)、流程监控工具(WFMONITOR)、流程节点定义、信息发布系统、视图定义、综合查询统计定义、文档自动生成、电子文档管理、组织结构管理、权限管理、供应商管理、专家管理、产品目录管理、在线投标、开标大厅、在线评标、竞价大厅、谈判大厅、合同管理、采购效果分析、项目任务管理、日志管理、在线编辑器等。

五、电子采购的实现

在电子采购过程中，从招标方发布招标信息到最后的双方签约，主要实现环节是：招标方主要工作是编辑标书并且生成 XML 格式的标书文件，然后在将招标书生成 XML 文件发送到系统，由系统将招标文件入库，招标方在标书发布后可以接收投标方的投标书，并且在开标后可以审阅投标书，在评标方评标后可以接收评标书，审阅评标书决定中标者，在决定中标者后给中标者发送订单；投标方的主要工作是查阅招标书，编辑投标书签名，将投标书生成 XML 文件、加密、发送给招标方，如果中标则接收订单；评标方主要工作是在开标后审阅投标文件，生成评标书，并且签名，生成 XML 文件，登录、查看信息、加密，发送给招标方。

基于上述分析，采用 XML 技术与 Java 技术相结合而构建的 Web 体系，并且在此基础上实现电子采购，利用 XML 的 Schema 定义标书的文档，采用 DOM 动态的在线生成 XML 格式的电子标书；在显示时使用 XSL 技术处理视图，将显示与内容分离。在评标书，除了人工评审外，系统可自动对招标书 XML 文件内容进行分析，运算重组以及检索，利用 XML 可解析性，在评审中智能地判别筛选理想的候选对象。

第四节　电子营销

一、电子营销的定义及特点

电子营销是指借助互联网的手段，利用计算机通信技术、数字交互式媒体，以及现代通信技术来实现营销目标的一种营销方式。电子营销的特点是完全以客户为中心，互动性强、目标针对性强、客户准确性强、独具时空优势，传播范围广，还可以做到全方位展示，具有传统营销方式无可比拟的优势。对此，网络营销具有如下特征：市场的全球性、资源的整合性、明显的经济性和市场的冲击性。

电子营销概念的同义词有：网上营销、互联网营销、在线营销、网络行销、口碑营销、网络事件营销、社会化媒体营销、微博营销等。

二、电子营销的优势

(1) 网络媒介具有传播范围广、速度快、无时间地域限制、无时间版面约束、内容详尽、多媒体传送、形象生动、双向交流、反馈迅速等特点，有利于提高企业营销信息传播的效率，增强企业营销信息传播的效果，降低企业营销信息传播的成本。

(2) 电子营销无店面租金成本。且有实现产品直销功能，能帮助企业减轻库存压力，降低经营成本。

(3) 国际互联网覆盖全球市场，通过它，企业可方便快捷地进入任何一国市场。尤其是世贸组织第二次部长会议决定在下次部长会议之前不对网络贸易征收关税，网络营销更为企业架起了一座通向国际市场的绿色通道。

三、电子营销步骤

第一步是将自己的企业全面快速地搬到互联网。企业在建立自己的网络营销方案的时候，首先要考虑到自己的网站属于营销型的网站。

第二步是通过多种网络营销工具和方法来推广和维护自己的企业网站。在互联网做的任何宣传和推广活动都必须以企业的网站为核心。

第三步是网站流量监控与管理。通常采用流量监控与分析系统和在线客服系统来实现。营销型网站需要一套功能齐聚的在线客服系统，以此来帮助我们时时主动发出洽谈，能够及时将有效的流量(潜在客户或意向客户)转换为网上销售。

四、电子营销技巧

电子营销职能的实现需要通过一种或多种网络营销手段，常用的网络营销方法除了搜索引擎注册之外还有：关键词搜索、网络广告、TMTW 来电付费广告、交换链接、信息发布、整合营销、邮件列表、许可 E-mail 营销、个性化营销、会员制营销、病毒性营销等。

(一)交换链接

交换链接或称互惠链接，是具有一定互补优势的网站之间的简单合作形式，即分别在自己的网站上放置对方网站的 LOGO 或网站名称并设置对方网站的超级链接，使得用户可以从合作网站中发现自己的网站，达到互相推广的目的。交换链接的作用主要表现在几个方面：获得访问量、增加用户浏览时的印象、在搜索引擎排名中增加优势、通过合作网站的推荐增加访问者的可信度等。更重要的是，交换链接的意义已经超出了是否可以增加访问量，比直接效果更重要的在于业内的认知和认可。

(二)网络广告

几乎所有的网络营销活动都与品牌形象有关，在所有与品牌推广有关的网络营销手段中，网络广告的作用最为直接。标准标志广告(BANNER)曾经是网上广告的主流(虽然不是唯一形式)，进入 2001 年之后，网络广告领域发起了一场轰轰烈烈的创新运动，新的广告形式不断出现，新型广告由于克服了标准条幅广告条承载信息量有限、交互性差等弱点，因此获得了相对比较高一些的点击率。

(三)信息发布

信息发布既是网络营销的基本职能，又是一种实用的操作手段，通过互联网，不仅可以浏览到大量商业信息，同时还可以自己发布信息。最重要的是将有价值的信息及时发布在自己的网站上，以充分发挥网站的功能，比如新产品信息、优惠促销信息等。

(四)许可 E-mail 营销

基于用户许可的 E-mail 营销比传统的推广方式或未经许可的 E-mail 营销具有明显的优势，比如可以减少广告对用户的滋扰、增加潜在客户定位的准确度、增强与客户的关系、提高品牌忠诚度等。开展 E-mail 营销的前提是拥有潜在用户的 E-mail 地址，这些地址可以是企业从用户、潜在用户资料中自行收集整理，也可以利用第三方的潜在用户资源。比如国内的 51mymail、拓鹏数据库营销都是属于此类。

(五)邮件列表

邮件列表实际上也是一种 E-mail 营销形式，邮件列表也是基于用户许可的原则，用户自愿加入、自由退出，稍微不同的是，E-mail 营销直接向用户发送促销信息，而邮件列表是通过为用户提供有价值的信息，在邮件内容中加入适量促销信息，从而实现营销的目的。邮件列表的主要价值表现在四个方面：作为公司产品或服务的促销工具、方便和用户交流、获得赞助或者出售广告空间、收费信息服务。邮件列表的表现形式很多，常见的有新闻邮件、各种电子刊物、新产品通知、优惠促销信息、重要事件提醒服务等。

(六)个性化营销

个性化营销的主要内容包括：用户定制自己感兴趣的信息内容、选择自己喜欢的网页设计形式、根据自己的需要设置信息的接收方式和接收时间等。个性化服务在改善顾客关系、培养顾客忠诚以及增加网上销售方面具有明显的效果，据研究，为了获得某些个性化服务，在个人信息可以得到保护的情况下，用户才愿意提供有限的个人信息，这正是开展个性化营销的前提保证。

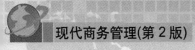

(七)会员制营销

会员制营销已经被证实为电子商务网站的有效营销手段，国外许多网上零售型网站都实施了会员制计划，几乎已经覆盖了所有行业，国内的会员制营销还处在发展初期，不过已经看出电子商务企业对此表现出的浓厚兴趣和旺盛的发展势头。

(八)网上商店

建立在第三方提供的电子商务平台上、由商家自行经营网上商店，如同在大型商场中租用场地开设商家的专卖店一样，是一种比较简单的电子商务形式。网上商店除了通过网络直接销售产品这一基本功能之外，还是一种有效的网络营销手段。从企业整体营销策略和顾客的角度考虑，网上商店的作用主要表现在两个方面：一方面，网上商店为企业扩展网上销售渠道提供了便利的条件；另一方面，建立在知名电子商务平台上的网上商店增加了顾客的信任度，从功能上来说，对不具备电子商务功能的企业网站也是一种有效的补充，对提升企业形象并直接增加销售具有良好效果，尤其是将企业网站与网上商店相结合，效果更为明显。

(九)病毒性营销

病毒性营销并非真的以传播病毒的方式开展营销，而是通过用户的口碑宣传网络，信息像病毒一样传播和扩散，利用快速复制的方式传向数以千计、数以百万计的受众。现在几乎所有的免费电子邮件提供商都采取类似的推广方法。

(十)来电付费

按接到客户有效电话的数量进行付费，英文"PayPerCall"，是近年在欧美国家出现的一种新的广告推广计费新模式，实现策划不收费，展示不收费，点击不收费，只有广告主接到客户有效电话后才收取相应费用。也就是说，按来电付费，是一种真正意义上的按效果付费的模式。

(十一)网络视频营销

通过数码技术将产品营销现场实时视频图像信号和企业形象视频信号传输至Internet网上，客户只需上网登录贵司网站就能看到对贵司产品和企业形象进行展示的电视现场直播，是"遥瞰网络监控发展科技有限公司"在网站建设和网站推广中、为加强浏览者对网站内容的可信性、可靠性而独家创造的。

(十二)论坛营销

论坛营销就是企业利用论坛这种网络交流的平台，通过文字、图片、视频等方式发布企业的产品和服务的信息，从而让目标客户更加深刻了解企业的产品和服务，最终达到企业宣传品牌、加深市场认知度的网络营销活动。

(十三)网络图片营销

我们时常会在 QQ 上接收到朋友发过来的有创意图片，在各大论坛上看到以图片为主线索的帖子，这些图片中多少也参有了一些广告信息，比如：图片右下角带有网址等。这其实就是图片营销的一种方式，目前，国内的图片营销方式，千奇百怪。

(十四)博客营销

博客营销是通过博客网站或博客论坛接触博客作者和浏览者，利用博客作者个人的知识、兴趣和生活体验等传播商品信息的营销活动。

(十五)网络品牌营销

企业或个人或组织机构利用互联网为媒介，利用各种网络营销推广手段进行产品或者服务的推广，在消费者心目中树立良好的品牌形象，最终把企业的产品或服务推广出去满足消费的需求，同时实现企业自身的价值就叫作网络品牌营销。

(十六)电子杂志营销

电子杂志营销是利用电子杂志为载体的一种营销方式，电子杂志是一种非常好的媒体表现形式，它兼具了平面与互联网两大特点，且融入了图像、文字、声音等相互动态结合来呈现给读者，是很享受的一种阅读方式。

(十七)数据库营销

数据库营销就是企业通过收集和积累会员(用户或消费者)信息，经过分析筛选后有针对性地使用电子邮件、短信、电话、信件等方式进行客户深度挖掘与关系维护的营销方式。或者，数据库营销就是以与顾客建立一对一的互动沟通关系为目标，并依赖庞大的顾客信息库进行长期促销活动的一种全新的销售手段，是一套内容涵盖现有顾客和潜在顾客，可以随时更新的动态数据库管理系统。数据库营销的核心是数据挖掘。而网络营销中的数据库营销更多的是以互联网为平台进行营销活动。

(十八)IM 营销

IM 营销又叫即时通信营销，是企业通过即时工具 IM 帮助企业推广产品和品牌的一种手段，常用的主要有两种情况。第一种，网络在线交流。中小企业建立了网店或者企业网站时一般会有即时通信在线，这样潜在的客户如果对产品或者服务感兴趣自然会主动和在线的商家联系。第二种，广告。中小企业可以通过 IM 营销通信工具，发布一些产品信息、

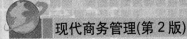

促销信息，或者可以通过图片发布一些网友喜闻乐见的表情，同时加上企业要宣传的标志。

(十九)SNS 营销

SNS 营销就是利用 SNS 网站的分享和共享功能，在六维理论的基础上实现的一种营销。通过病毒式传播的手段，让产品被更多的人知道。

(二十)视频营销

视频营销指的是企业将各种视频短片以各种形式放到互联网上，达到一定宣传目的的营销手段。网络视频广告的形式类似于电视视频短片，平台却在互联网上。"视频"与"互联网"的结合，让这种创新营销形式具备了两者的优点。

(二十一)RSS 营销

RSS 营销是指利用 RSS 这一互联网工具传递营销信息的网络营销模式，RSS 营销的特点决定了其比其他邮件列表营销具有更多的优势，是对邮件列表的替代和补充，RSS 营销 RSS 的送达率几乎为 100%，完全杜绝未经许可发送垃圾邮件。

(二十二)搜索引擎营销

搜索引擎营销(SEM)，是英文 Search Engine Marketing 的翻译，简称为 SEM，就是根据用户使用搜索引擎的方式，利用用户检索信息的机会尽可能将营销信息传递给目标用户。搜索引擎营销主要分为两类：一是有价的，被称为竞价排名；二是无价的，被称为 SEO(搜索引擎优化)。

第五节　电子商务分析与设计

一、"电子商务分析"的含义及目的

电子商务分析主要是用来了解组织的业务以及用户对新系统的需求。典型的分析活动为：了解现有流程，然后评价实施电子商务解决方案的途径。

提高工作效率和改善顾客服务水平的关键是向雇员和合作者传递高质量的信息或者实现流程中高质量的信息的互换，这便是电子商务分析的真正目的。

二、电子商务分析的内容

电子商务分析主要分为过程模型和数据模型。

(一)过程模型

传统的过程分析方法使用既定的系统分析和设计方法，这些方法是方法论的一部分，例如结构化系统分析和设计方法，类似于数据流程图技术。

1. 流程图

一个简单的流程图是描述工作流程的连续作业的出发点，其中工作流程是电子商务流程的一部分。虽然流程图很简单，但因其能够被无技术背景的员工所理解，同时又能够识别流程的瓶颈和无效率的部分，所以它很有效。

2. 工作时间分析

工作时间分析是我们实施细节分析时运用到的一种分析工具，这个工具可以用来计算一个流程的整体效率。在进行这种分析前，首先需要计算完成流程中的所有作业所需的平均时间，再除以整个流程总的时间，从而得到效率。后者通常大于前者，因为各任务之间可能出现间断，例如表格的传输，等待外盘和内盘等都导致任务的不连续。

3. 网络图

虽然数据流程图和流程图表可以表示作业和任务的发生次序，但是它们通常不能给流程次序一个十分严谨且正式的定义，然而流程次序是电子商务、工作流程或 ERP 系统的必备输入量。为达到能够定义次序的目的，我们使用网络图，即 GAN(整体化的作业网络)。这样的话，就需要代表人物的区间内加一个节点，来精确定义任务完成后的选项。在网络图中最常见的情形是，一项作业紧跟另一项作业，如顾客身份验证的随后作业就是信用核查。

4. 事件驱动流程链(EPC 模型)

EPC 是人们用来描绘经营事件和流程最常用的方法之一，这种方法因应用于企业管理再设计而广为人知。企业的管理再设计使用了 SAP R/3 ERP 这种产品(此产品全球销售额高达几亿美元)。其中，为支持这个系统，包含 800 多个标准的 EPC 被建立。它们在软件发行之前清晰地阐述着经营者所要表达的经营规章之意。

5. 验证一个新过程模型

不管用哪种方法对流程进行定义，都要核实流程的定义是否可行。

(二)数据模型

数据库模型分为三个阶段。

1. 实体识别

主体定义了广泛的数据源，例如人群、交易或产品的信息，具体的如顾客信息、雇员

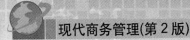

信息、销售订单信息和采购订单信息。每个设计实施时都会形成一张数据库表。

2. 实体属性识别

属性是对一个实体的任何一个个体的特征描述，因此实体有不同的属性。如客户实体有如下属性：姓名、电话以及电子邮箱地址。当实施设计时，每个属性将形成一个字段，主体的一个个体的所有字段收集起来就形成了一条记录，如一个特定的用户就会形成一条记录。

3. 实体间的关系识别

实体间关系需要进行表间链接的字段识别。例如，我们需要知道哪位客户发出了购买指令以及对哪种产品发出了指令。

三、电子商务设计

(一)电子商务系统结构体系设计

设计电子商务系统的出发点是确保公司中存在一个以软硬件技术、应用和经营流程为表现形式的通用结构体系。

电子商务系统设计模仿了许多商务信息系统的客户服务器模型的设计风格，后者产生于 20 世纪 90 年代。对电子商务而言，其客户主要是雇员、供应商或者客户的台式 PC。客户通过内联网、外联网或因特网连接到电子商务系统的后端服务器上。

在设计客户服务器系统时，一个重要的决策是如何在客户端与服务器间进行任务分配。这些任务包括向用户传递工作申请等。对于一个电子商务系统而言，这些任务出现的典型情形是：①数据存储：主要指数据在服务器上的存储；②问题处理。主要是服务器端的问题处理，尽管有时也指客户端的问题处理；③显示：主要指客户端功能；④应用逻辑。

典型的电子商务结构体系使用 3 层客户端——服务器模型。在此模型中，客户端用来显示应用逻辑，这是第一层。服务器上的经营规章分区是第二层。数据库服务器是第三层。由于大多数的数据处理是在服务上而不是在客户端执行的，所以客户端执行的程序数量小，有时又称客户端为"瘦客户端"。

尽管电子商务系统模型采用了一种相对简单的结构设计形式，但在实际应用这一系统是比较复杂的。为应对不同的客户需求，不同的服务器被用来链接应用逻辑和数据库存储，它们可能是分散的，也可能是链接的。典型的电子商务结构设计中每一种服务器及其功能如下。

- 网页服务器。管理客户的 HTTP 需求，并充当链接其他服务器的中介。返回或服务于网页。
- 商业服务器。它是应用逻辑的主要存储区，通过向其他服务器元件发出请求整合整个应用系统。

- 个性化服务器。提供一些特定内容或者商业服务器的部分功能。
- 支付商业服务器。管理支付系统并确保交易安全。
- 目录服务器。它是一种文档服务管理器，用来显示产品的详细信息和技术说明。
- CRM 服务器。存储客户合同上的所有信息。
- ERP 服务器。存储存货信息、存储客户支付信息、处理销售订单、存储历史记录、安排销售物流等。

很明显，不同元件的集成方法涉及并不简单——一个完全集成化的电子商务系统的开发不可能一蹴而就！简化设计的最好方法是减少供应商的元件数量，以简化数据和应用集成。

(二)以用户为中心的网站设计

由于电子商务系统往往是面对客户或者是雇员的，所以人机互动在网络设计中的重要性可想而知。提到网站设计，Nigel Bevan 说：网站只有满足目标使用者的需求，才能满足提供网络的组织的需求。网站的发展应以用户为中心，以满足用户需求程度来评价网站设计的进步与否。

用户—中心设计不仅仅包括界面设计，不能误认为这种设计应把注意力放在人身上，其设计的重心应放在影响可用性的要素上，如用户界面、计算机、工作地点以及环境。设计的性质和用户群的变量是用户中心设计的起点。根据 Bevan(1999)，设计人员需要考虑的问题如下：

(1) 谁是最重要的用户？
(2) 他们进入网站的目的是什么？
(3) 他们访问网站的频率是多少？
(4) 他们有什么样的经历和经验？
(5) 他们来自哪个国家？
(6) 他们能读懂英语吗？
(7) 他们寻找哪种类型的信息？
(8) 他们想以何种方式使用信息？网上阅读、打印版还是下载？
(9) 他们使用什么类型的浏览器？网站链接的速度如何？
(10) 他们使用多大的显示屏？屏幕分辨率是多少？

第六节 电子商务实施与维护

一、电子商务实施与维护的动态性

一旦电子商务被应用或电子商务网站建立了，可以说其维护阶段与传统商务应用的维

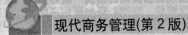

护阶段相比更重要，因为一个成功的电子商务应用系统是动态的，一个动态的电子商务软件意味着其内容和服务随着环境的变化而持续不断地更新。当市场研究揭示出顾客认为网站存在的问题或者竞争者提供新的服务时，为保持竞争优势，相关部门需要快速地更新电子商务系统。

　　分析、设计、实施和维护之间的关系显然已经非常明了。很明显，在原型开发过程中，实施活动如测试和审核紧随分析和设计之后。这些活动在系统形成之前的最后实施阶段也很可能发生。虽然分析和设计活动、实施和维护活动在系统生命周期模型中习惯上被认为是独立的阶段。实际上，这些阶段在很大程度上存在着重叠，并作为开发原型的一部分同时发生。当需求分析完成后，设计和实施会同时发生并制作出情节图脚本和原型。原型法中每个阶段可能是 30 天或者 60 天，每个阶段结束后，一个新的原型将会诞生。网络应用如 Google 和 Microsoft 的开发是一个持续改进的过程，在模块生效之前，需要认真地对其测试，并对主要错误进行修正。

　　一旦系统存在了，对其的测试和审核也将开始。对负荷量和影响服务器的使用者活动的测试可能被认为是试运行测试的延伸。对于应用系统，持续不断地对它的内容和服务进行较小的更新升级是必要的。每一次更新都会涉及分析、设计和测试原型程序。开发并测试每 6 个月、12 个月或 18 个月(分析和设计的另一个全循环周期)发生一次的重大更新。

二、建立电子商务系统的可选方案

1. 预定开发

在预定开发下，开发人员借助于解决方案的计划从无到有建立应用程序。

2. 现货供应

在打包实施下，组织从解决方案的供应商那里购得一个标准的系统，并把它安装到组织内的服务器和客户端上。或者使用免费或低成本的源码开放软件。网络设计工具如 Dream Weaver 就是现货供应打包实施的明显例证。

3. 主机方案(打包)

主机方案使用标准系统，但该标准系统不是由公司内部管理，而是由第三方应用程序服务供应商管理，他们被称为"按需提供"、"网络服务"或"管理解决方案"。

4. 定制开发

在定制开发下，应用系统或主机方案是根据公司的需要定制的。这种方案的具体做法是对从一个或几个供应商那里购得的部件进行整合。

　　这些可选方案已经被考核过了，组织普遍采用的方法是定制现货供应或主机方案，因为这两种方法在降低成本和减少开发时间的同时还充分考虑了组织的特殊需要。

三、选择解决方案的主要标准

在不考虑系统资源的情况下，用于选择解决方案的主要标准是相同的。

1. 功能性

应用程序的特性，它主要描述了电子商务如何满足交易需要的能力。

2. 易使用

每一个系统都要经过一段时间后才能被使用，但系统应当直观地减少学习如何使用它们的时间。一个结构完善的软件有利于系统很快地执行一般任务。

3. 性能

应用程序执行不同任务的速度。这可以通过使用者在完成个人职责后需要等待的时间来测量。它取决于计算机的功率，但也可能因应用程序的不同而不同。

4. 可测性

它是指系统适应新需求的能力，与性能有关。例如，随着公司的成长，一个 ERP 系统需要储存更多的顾客、供应商和生产商的详细资料。随着系统内部和外部使用者数量的不断增长，系统的工作量也会加大。

5. 兼容性和协同性

它是指一个应用程序与其他应用程序整合的难易程度。例如，系统有输入和输出设备吗？支持使用 XML 转移数据吗？

6. 延伸性

它是指通过增加来自原始或其他供应商的新模块来增加新功能的能力，与可测性和兼容性有关。

7. 稳定性和可靠性

所有应用程序都会存在错误，由于这些应用程序在首次引进时对其检测程度不同，使用时出现故障次数也会不同。

8. 安全性

我们应对系统限制接近应用程序的能力进行评估。这对主机方案尤为重要。

9. 支持

来自软件买主的支持水平和支持成本会有变化。在购买系统时存在这样的一种风险：

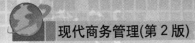

较小的公司可能停止交易，不再支持其产品。

四、内容管理与维护

(一)内容更新的频率和范围

组织需要不断地对电子商务系统的内容和服务进行更新。内容更新的不同类型能够被识别，每一个类型都需要一个识别方法。可以利用 Jorgenson 的错误分类法根据问题的类型决定一个电子商务站点的更新时间。可以看出，这种方法不同于应用于传统信息系统或分发给成千上万的顾客的打包软件的方法。例如，如果某个软件中存在拼写错误，那么需要花费大量的成本对其进行更新和再分配。在电子商务站点里，即使一个很小的拼写错误也能通过它在的网页、存储的数据库及内容管理系统被立即改正过来。的确，小的错误需要更正，因为它们会降低站点的可信性。

对于更多主要的错误，有必要尽快锁定问题，因为如果不改正这些错误，组织不仅不会从不能完成交易的顾客那里获得利润，也不能从因为不好的经历将来不打算使用这个站点的使用者那里获得利润。来自电子网页的数据表明，只有很少的电子商务系统具有持续的可用性。主要问题发生在电子商务软件和网络服务的硬件和软件上。有些系统的出错率高达90%。据估计，一个每天运行24小时，一周运行7天的站点能够获得的收入是10000000英镑，如果其可用性降到95%，在不考虑未来生产的顾客损失的情况下，直接的经济损失约为500000英镑。电子商务系统的模块方法和基于因素分析的方法能快速识别问题模块中的问题，然后尽快还原当前版本。

(二)维护程序和内容

为了有效地更新电子商务系统，组织有必要对改变的内容和服务有一个清楚的认识。正如前面章节介绍过的，需要根据改变的范围应用不同的程序。我们能识别两种类型的改变：第一，例行内容改变，如对站点文件的更新；第二，对站点结构、导航或服务所做的主要的改变。

1. 例行内容改变的过程

例行内容的改变过程应与所有为站点提供内容的职员进行沟通。他们的工作描述清楚地规定了他们的任务。制作站点更新的主要阶段包括设计、编写、测试和发行。

根据 Chaffey 等的观点，新副本维护过程中的任务如下所示。

(1) 编写。这个阶段涉及编写版本，如果有必要，可以同时设计副本的版面和相关的形象。

(2) 考核。在文件发行以前，有必要对副本进行一次独立的考核以检查副本中是否有错误。根据组织的大小，有必要由一个人或几个人来参与考核网页不同方面的质量，如公司形象、销售副本、商标和合法性。

(3) 修正。这个阶段很容易，主要包含对第二阶段的结果进行恰当的更新。

(4) 发行(测试环境)。发行阶段主要包括把修正过的副本放在网页上进一步考核。这一测试过程只能被公司内部人员看到。

(5) 测试。在完成网页制作后将其应用到万维网上，相关人员需要对网页的技术问题进行最后的测试，如网页是否能在不同的浏览器上被链接。

(6) 发行(现实环境)。一旦材料经过考核和测试，并且符合要求，它就会被发行到主要站点并被顾客使用。

这个过程存在的困难是在所有的这些阶段中都需要对质量进行控制。如果不同的人都参与这个过程，那么迅速、敏感的发行是不可能的。

2. 内容更新的频率

由于网络是一个动态媒介，所以顾客希望新信息直接放在站点上。如果资料是不正确的或者是"不新鲜的"，那么顾客就有可能不再访问这个站点。

当网页上的信息过时了，就需要对其进行更新。组织有必要使用一个设定的装置来启动这个更新程序。启动程序应当被开发利用，这样当价格发生改变、组织有必要使用一个设定的装置来启动这个更新程序。启动程序应当被开发利用，这样当价格发生改变、组织发行 RP 或产品被分类时，离线的宣传栏和目录就会相应地被更新，所有的改变也都会反映在站点上。如果组织不使用这种程序，其在线和离线的内容很容易不匹配。

作为定义站点更新程序和标准的一部分，一些公司可能想制定表明内容多久更新一次的指导条款。指导条款可能对内容更新的具体规定如下：①两天之内识别存在的错误；②每个月至少添加一条"新闻"条款；③当产品信息已经在网站上存在两个月后就要对其进行更新。

3. 主要改变的程序

站点的主要改变有改变菜单结构，给内容添加一个新部分或给使用者改变服务等。由于改变的不同，所需要的程序也不同。一般这样的改变需要一笔很大的投资。一般来说，组织的现存资金或投资能力是有限的，因此必须把这些主要改变的优先权先确定下来。为了实现这个目标，组织通常是设立一个指导委员会来确定是否执行这些改变。这些决策经常需要一个独立主席如电子商务管理者或者市场管理者来做最后的决定。

4. 保持网站内容的"新鲜"性

保持时新的内容对站点的"黏性"是至关重要的。由于新鲜的内容不是偶然发生的，所以公司不得不考虑采用用于控制文件质量尤其是保持时新性的方法。运行良好的方法如下。

(1) 给特殊内容类型或个体站点分配责任；

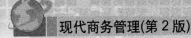

(2) 把网站内容质量作为绩效评价的一部分;

(3) 识别能启动新内容发布的事件如新产品的发行、价格的改变或报刊的发行;

(4) 识别参与更新过程的人员的责任——谁规定,谁制作,谁考核,谁核对,谁发行;

(5) 通过网络分析或站点使用者的反馈检测内容的使用;

(6) 当内容过时时,发布内容种类表显示过时的内容;

(7) 审计和发行内容并显示哪些内容是时新的。

5. 管理全球性站点的内容

上面提到的与开发内容管理政策有关的问题对于一个有许多方针的大组织尤其是跨国公司来说是复杂的。中央集权化能产生规模经济,能使品牌价值在全国范围内或国际范围内传播并达成一致。但内容需要根据区域性进行本土化开发,且这一做法可能对中央指导方针有所影响。一些自治区需要从不同地区买进所需的产品或服务。对于一个具有国际水平的公司,以下内容有助于其实施内容管理。

(1) 技术平台。一个普通软件系统(CMS)会降低购买、更新和培训的成本。客户关系管理的普通软件和评估、检测系统的整合将是最有效率的。

(2) 系统构造。一个一致的构造会避免在每个国家"重复发明轮子",并使不同国家进入 CMS 的职员、合作伙伴和顾客立即熟悉它。

(3) 程序/标准。关于销售、数据保护和法律因素的内容考核更新程序在前面部分已经描述过,备份和存档政策也需要被制定出来。

 **本章小结**

本章重点讲解了现代电子商务管理中应有的步骤,主要是:电子商务的基本原理,网站的建设、网络相关、网络的维护。

电子商务的核心内容是电子采购和电子营销。电子采购是由采购方发起的一种采购行为,是一种不见面的网上交易,如网上招标,网上竞标,网上谈判等。人们把企业之间在网络上进行的这种招标、竞价、谈判等活动定义为 B2B 电子商务,事实上,这也只是电子采购的一个组成部分。电子采购比一般的电子商务和一般性的采购在本质上有了更多的概念延伸,它不仅仅完成采购行为,而且利用信息和网络技术对采购全程的各个环节进行管理,有效地整合了企业的资源,帮助供求双方降低了成本,提高了企业的核心竞争力;电子营销是指借助互联网的手段,利用计算机通信技术、数字交互式媒体,以及现代通信技术来实现营销目标的一种营销方式。电子营销的特点是完全以客户为中心,互动性强、目标针对性强、客户准确性强、独具时空优势,传播范围广,还可以做到全方位展示,具有传统营销方式无可比拟的优势。

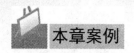

本章案例

家乐福超市数据库营销

1. 背景资料

法国"家乐福"公司，是世界上著名商业零售连锁企业，在全球拥有 2700 多家连锁店，年商业零售额达 650 多亿美元。位居世界 500 强第 36 位。家乐福超市于 1995 年入住上海市场，在上海本区域内圈地开张，已有门店 12 家，由于沃尔玛、欧尚等多家知名的大型零售卖场均已进驻上海，面对竞争强手如林的上海大型零售市场，如何树立起自己的一面旗帜，在卖场热潮中立于不败之地，这成为家乐福超市所要面对的问题。

上海市邮政公司市北邮政局下属的广中路邮局在这种背景下，以数据库营销为切入点，凭借自身实力与家乐福超市进行合作尝试，主动承担起它的广告宣传的重任。

2. 开发过程

(1) 捕捉信息 扩大宣传。

由于广中路邮局临靠市中心曲阳板块，家乐福超市曲阳店自然成为发展首选目标之一。家乐福超市曲阳店长期采用两家民营配送公司进行各类档期产品促销广告和目录册的配送，存在数据名址范围狭窄，投送区域不够宽泛的缺点。

广中路邮局及时捕捉到该信息，立刻联想到通过数据库营销与曲阳门店进行首次合作尝试，首要的就是强化该客户对邮政商函数据库的认知度。全局上下立刻成立了项目营销公关组，以团队营销、方案营销组合方式进行上门推介，有条不紊地向曲阳门店经理宣传我局名址数据库的优势：我们的数据库信息可以根据客户需求进行精细分类，并且可以根据地点划片选取数据，再通过投递人员，不断地修改完善全市个人及单位的名址信息，"家乐福"也可通过邮政名址信息数据库这一最佳途径发展及维护会员数据，进一步扩大产品的社会宣传力度。

但是，曲阳门店经理认为邮政数据库虽然带来的市场效益良好，然而相对于社会民营公司，邮政的有址直投成本较高，没有必要增加宣传成本，因此婉言谢绝了支局的推介方案。

(2) 精细服务 赢得市场。

"万事开头难"，项目组成员在上门营销多次碰壁后，毫不气馁，仍然与该门店相关负责人积极沟通。一次偶然的机会，该门店面临突发任务，有大量的高级会员需要在较短时限内办理护照，广中路邮局项目组得知这一消息后，立刻落实专人专项负责会员护照办理手续，精细服务，解决了用户的燃眉之急。

正是邮政积极、负责的工作态度感染了曲阳门店的相关负责人，经过半年的沟通与磨合，曲阳门店以 2000 份数据库商函作为尝试，决定与广中路邮局进行首次合作。

为了促成家乐福超市成为长期的合作伙伴，广中路邮局项目组指派专人协助进行选库，并在商函发布前，仔细筛选已选用的名址数据，并对商函的运作流程跟踪调查，努力提高妥投率。

(3) 以点带面 复制营销。

通过首次数据库合作后，家乐福曲阳门店对我们的数据库营销产生了浓厚的兴趣，肯定了数据库营销的优势。在各档期逐步增加数据商函的寄递量，经过长期的实践，它对数据库营销有较深入的理解，在数据库营销体系中成为较成熟的客户之一。2007 年 1—6 月，家乐福曲阳店寄递了 2.2 万份数据库商函，由于广中路邮局与家乐福曲阳店的成功合作以及邮政积极、认真的工作态度和精细的服务水平，逐步带动了家乐福武宁店、南方店的数据库商函业务，今年上半年，形成业务量累计达 112.7 万件，充分在该行业客户间复制营销。为发展函件业务开拓了一项重要手段。

3. 关键环节

由于家乐福超市原各类档期的产品促销广告、目录均通过两家民营配送公司配送，这些民营配送价格低(无名址投送 0.03 元/份，有名址投送 0.21 元/份)，投送效率高(当日下午收货，次日凌晨前投毕)，妥投率高(具超市抽查反馈达 90%)，确实具有一点的市场竞争潜力。而邮政数据库商函的运作流程，虽然具有一定的优势，但价格、投递时限不能完全满足该客户的需求。

针对开发过程中的主要问题，广中路邮局通过各个环节的积极努力，终于得到了该客户的认可。具体环节如下。

(1) 发挥团队营销优势，合理分工，紧密协作，与家乐福超市积极沟通：以严谨、周密的方案让客户知心；以诚信、仔细的流程让客户放心；以积极、负责的工作态度让客户称心。

(2) 主动出击，配合、协助各门店抽查妥投情况。

(3) 仔细筛选数据库，努力提高妥投率。

(4) 对于批量大而集中的数据库商函，在收寄结束后，积极同投递局联系，缩短处理时限加快投送速度。

4. 营销成果

(1) 年初，第一家门店首月数据库下载仅一个档期，2000 条涉及 2 个居民小区，形成业务收入 800.00 元。

(2) 截至今年 7 月，项目组及责任营销员已经发展到了 3 家门店，每月平均每家门店 3 个档期，数据库下载每月 22 万条信息，形成业务收入近 9 万元。

(3) 目前在洽谈的门店，有 3 家，其中有意向合作的有 2 家；除家乐福超市外，项目组借鉴家乐福超市的成功发展经验，与另一家大型超市进行洽谈，通过行业间客户复制营销，力求在数据库商函的发展上有一个新的突破。

(资料来源: https://wenku.baidu.com/view/a5182e1910a6f524ccbf85fl.html.)

 **思考题**

1. 电子商务有哪些基本原理?
2. 电子商务有哪些基础设施?
3. 电子商务运营模式有哪些?
4. 电子采购是如何完成的?
5. 电子营销方法有哪些?其核心思想是什么?

第十一章 现代商务冲突管理

■ 【学习要点及目标】

● 重点掌握商务冲突的概念及其产生的原因。
● 了解和掌握商务冲突管理的基本原则和影响。
● 掌握现代商务冲突管理的管理策略和具体方式。

■ 【核心概念】

商务冲突成因　商务冲突类型　冲突管理原则　冲突管理策略

■ 【引导案例】

乐视手机售后被指患"拖延症"乐视回应系供应链商务问题导致

近期有乐视手机的用户向媒体反映称，其购买的乐视手机在保修期内遇到问题，送到官方指定的售后点进行维修时，手机的售后处理一再拖延时间，几乎患上了"拖延症"，令人不胜其烦。

据悉该消费者 2016 年 5 月购买了一台乐视 2 手机，用了半年左右时间，在升级系统时突然遇到黑屏、无法启动手机的情况。之后该用户于 2016 年 11 月将手机送至官方指定的售后点维修，在此后的一个月内，他多次与售后联系，均被告知无配件、没法修理。在维修客服屡次承诺 48 小时一定会给出一个解决方案，如此循环往复多次之后，用户的手机维修问题未得到很好的解决。

财经网科技就用户关心的手机售后维修问题联系了乐视手机公关部门，该部门工作人员与售后了解情况后表示，造成乐视手机用户售后时间过长的原因是供应链商务问题，该问题导致售后零配件库存不足，进而产生维修延期情况。目前，乐视正全力推进售后零配件采购工作，并已经取得实质进展，售后维修分级处理工作正在积极推进中。

据财经网科技了解，这次乐视手机因为配件短缺造成维修周期过长并非个案，笔者在百度搜索中以"手机配件短缺用户维修难"为关键词进行搜索，结果显示因此类问题给用户造成不便的吐槽之声比比皆是，例如小米手机也因为配件短缺，造成消费者维修不便而遭人诟病。

由此可见，随着国内手机厂商出货量不断攀升，供应链问题不但表现在新机上市之时，同时也影响了售后服务。因此，手机厂商应本着对消费者负责的态度，保障供应链的良好运行，针对手机售后问题，做好维修配件储备，及时满足消费者的售后需求，这样才能赢得消费者对品牌的信赖。

(资料来源：乐视手机售后被指患"拖延症"乐视回应系供应链商务问题导致

http://tech.caijing.com.cn/20170224/4238509.shtml.)

【案例导学】

在商务活动中，由于各方利益的不同、看法和观点的不同以及社会文化背景的不同等问题，都会引发各种各样的商务冲突，可以说商务冲突是无时不在、无所不在。因此，在商务管理中，不承认商务冲突或试图完全消除商务冲突的做法都是不妥当的，同时也是无法实现的。随着电子商务的发展，网络渠道与传统渠道之争日益白热化，以淘宝天猫为代表的电子商务渠道商对传统的大卖场、百货等实体渠道造成了极大的挑战。两种渠道之争成为当下中国重要的商务冲突表现形式。我们只有正确认识商务冲突、掌握商务冲突的规律，才有可能解决企业的商务冲突问题，从而实现企业的经营目标。

第一节　商务冲突的形成与影响

在现代商务活动中，人们经常会由于认知、价值观、主观过错等方面的原因，彼此感觉到来自对方的某种抵触和差异而形成对立情绪，甚至是对抗的言行，这就是商务冲突。商务冲突可以采取多种形式而存在，一种形式是间接的，双方并没有直接的对抗和冲突，但是通过一些间接的行动所营造出的气氛使得人们感觉到他们之间存在的对立的状态；另一种形式是发生商务关系的双方所产生的直接的对立和冲突。从广义的角度，商务冲突可以被定义为在商务活动过程中，某些商务关系难以协调而导致的矛盾激化和行为对抗，并且被参与商务活动的各方感知到的差异。

商务冲突在商务运作过程中是一种较为普遍的现象。它经常发生在不同交易主体之间，有时同一个公司内部的不同部门或公司集团内部的不同子公司之间也会产生商务冲突。在经济全球化的时代，由于文化差异所带来的商务冲突经常出现在国际舞台上。随着市场经济的发展，中国企业的商务冲突已经由过去隐性、单一性冲突转化为显性、多样化、多层次的冲突，而且跨国商务冲突也变得普遍。面对企业越来越普遍的商务冲突状况，企业的商务冲突管理必须被高度重视和认真对待。只有通过有效的商务冲突管理，才能使企业更好地适应市场带来的商务冲突，掌握主动权。

一、商务冲突的成因

现代企业是一个开放的系统，它和社会中的其他组织、群体或个人有着千丝万缕的联系。企业组织和社会其他组织之间的这种相互影响关系不仅表现为相互间的适应和合作，有时也表现为相互间的对立和对抗，这种对立和对抗是引起商务冲突的最根本原因。商务冲突的形成经常不是一蹴而就的，其产生之前已经经历了一段时间的孕育期和萌芽期。企业之间商务冲突形成的具体原因较为复杂，有主观的原因，也有客观的原因；有的是由企业之间的某些关系不协调造成的，也有的是因外部环境因素的影响而引发的，而且各种因素之间的相互作用处在不断变化之中。企业商务冲突的具体原因一般可以概括为以下几个方面。

(一)认知偏差

认知是人们对事物的认识、了解和评价。由于人们的知识、经验、观念、态度各不相同，因而对于同一事物往往会有不同的认知。当这种差异导致人们之间自身利益或期望难以达成一致之时，冲突就产生了。例如，人们在商务交往中由于种种原因会导致对于同一客体有完全不同的认知，于是就会产生一些重大误解或显失公平的合同，从而引起关于合同效力的冲突。

(二)主观过错

由于故意或者过失而给对方造成利益上的损失，致使对方原来所期望的利益或目的不能实现而产生纠纷，这是商务活动中最为常见的冲突。例如，合同当事人一方由于追求自身的最大利益，或者由于疏忽大意而没有依约履行合同，致使对方生产或销售不能顺利进行，造成对方损失，由此引起的损害赔偿纠纷就是典型的商务活动冲突。这种故意不履行或过失不履行合同的过错行为是形成冲突的原因。

(三)价值观扭曲

价值观是一个人对客观事物是非、善恶、好坏和重要性的评价。由于人们的活动宗旨(信仰)、伦理道德(包括商务伦理和商务道德)、处世哲学和经营哲学以及所追求的目标及目标体系不同，人们对同一事物的选择和取舍也不同。这一不同如果发生在同一商务活动中就必然会产生冲突。例如，某些企业采用傍名牌的手段，模仿名牌产品的产品名称或标识，这显然会引发相关的商务冲突。

(四)政府行为不当

政府行为是一种行政行为，是国家机关在其职权范围内依法对行政管理相对人实施的具有法律效力的行为。在商务活动中，作为行政相对人的企业和其他经济组织，总是处在国家机关，特别是工商管理机关、产品质量监督机关、税务机关、司法机关的管理监督之下，上述机关的不当行政行为也会导致企业和其他经济组织与政府机关之间发生冲突。2009年美国连锁超市巨头沃尔玛对刚完成收购的智利销售与服务集团(D&S)旗下提出要求，要求被其收购的超市不得再销售来自古巴等遭美国制裁的国家的产品。此举引起智利消费者组织强烈抗议，因为古巴的朗姆酒等产品在智利拥有大量消费者。但是根据美国政府对古巴进行经济封锁的法律，沃尔玛在海外控股的商户也不能破例。此外，伊朗、朝鲜、苏丹、委内瑞拉等国的产品也在被禁之列。此例说明政府的某些法律条令或政策规定潜在地会带来各种商务冲突。

(五)情势变迁或不可抗力

在商务活动中人们常常会碰到一些当事人很难控制的情况，例如，自然灾害的发生，如泥石流、地震、山洪等，或者社会政治局势的动荡，如战争、社会动乱或罢工等。这些变化在一般被称为不可抗力。这是一类不能预见、不能避免，并且不能克服的环境或因素。当发生这种不可抗力时，往往会使当事人一方不能履行某些到期的商务合同，从而给另一方带来巨大的利益损失。由于不可抗力因而不可履行合同的一方是否应承担损害赔偿责任，若承担应承担多少，以及其所深受的灾害是否属于不可抗力，这些问题都会在当事人之间产生分歧，进而产生冲突。

除此以外，由于当事人所处的地理环境、社会地位和经营条件的不同使其获取信息的真伪及范围也不同，这种信息上的偏差也会导致商务活动中的行为偏差，从而引起商务冲突。一些企业或组织在经济人观念的影响下，只强调自身利益最大化，忽视了其他主体的利益，这也是产生冲突的一种原因；中国市场经济体制改革的不彻底所表现出的部分行业政策倾斜、地方保护主义和严重的行政性垄断干预等问题，也使得相关企业之间的商务冲突表现的更加复杂。

二、商务冲突的类型

在商务活动中，会发生多种冲突，它们主要表现在六个方面。

(一)合同履行中产生的冲突

由不履行合同或不完全履行合同发生的商务冲突是商务活动中最常见的商务冲突。合同履行中围绕合同的内容完成情况会产生许多纠纷和冲突，如标的物及其数量、质量、型号、规格；价格、定金；执行期限；付款日期、付款形式；赔偿金和违约金等。现实中由于认知局限性、主观过错、不可抗力等因素都会引起此种冲突的发生。例如，虽然中国钢铁产量是世界第一，但是铁矿石原料严重依赖国外进口。中国进口的铁矿石质量问题也一直存在着。2010年山东日照钢铁与澳大利亚吉布森山铁矿公司间沸沸扬扬的违约事件，或多或少也与铁矿石质量问题有关。

(二)假冒侵权产生的冲突

假冒就是假冒商标罪的简称，它是指以营利或者以获取其他非法利益为目的，违反商标管理法规，假冒他人的有效注册商标，故意侵犯他人注册商标专用权、情节严重、危害很大的行为。假冒的表现形式有：首先是假冒他人注册商标；其次是伪造、擅自制造他人注册商标或销售伪造、擅自制造注册商标标识；最后是销售明知是假冒注册商标的商品。

侵权是指商标侵权行为，一般是指他人在未经注册商标所有人许可的情况下，擅自使用某一注册商标，或者把注册商标的主要部分作为自己的商标或商标名称、装潢等，用在与注册商标人指定的商品相同或类似的商品上，从而产生商标混同和消费者的误认。具体表现为三种：一是未经注册商标所有人许可，在同一种商品或者类似商品上使用与其注册商标相同或近似的商标；二是擅自制造或销售他人注册商标标识；三是给他人注册商标专用权造成其他损害的行为(如销售侵犯他人商标权的商品)。不管假冒还是侵权，都是损害利益的行为。假冒与被假冒，侵权与被侵权，双方构成相互冲突的关系。

(三)为争夺技术权益引起的冲突

企业界为获取或垄断某种技术展开了激烈的争夺。他们猎取的目标有的是技术资料本身，有的是掌握技术资料的技术人员。有时部分企业采取挖墙脚的方法，通过高薪聘请的方式把对方企业中拥有核心技术信息的员工挖到自己企业中。但是如果该员工与原企业在之前已经签订了同业禁止协议，那么原企业就会与这家企业发生直接的商务冲突，前者一般会诉诸法律。例如，2005 年 7 月 20 日，前微软全球副总裁李开复正式加盟 Google，任全球副总裁、中国区总裁，掌管在华业务。由于李开复之前在微软身居要职，接触了大量的技术信息，因而围绕李开复跳槽事件，微软与 Google 进行了长达半年的法律诉讼。

(四)争夺原材料和销售渠道所引起的冲突

原材料是生产要素、工业的食粮；销售渠道是产品通向用户的途径：这一进一出，会对企业实现自身的竞争优势产生重要影响。因此在商界争夺原料和销售渠道的斗争一天也没停止过。为了争夺原料和渠道，商家使出浑身解数，进行着拼死的搏杀。世界三大铁矿石供应商：澳大利亚必和必拓公司、澳大利亚力拓集团和巴西淡水河谷公司，通过大规模兼并和收购，形成了三分天下的局面，掌控了世界铁矿石 70%以上的海运量。包括中国在内的大多数钢铁企业，每年都需要与这三大巨头就铁矿石的价格进行谈判，但经常处于弱势地位，结果导致铁矿石采购价很高，影响了下游钢铁产品的盈利空间。从渠道之争来看，2004 年 2 月国美电器执行"空调大战"计划，通过大幅度降价的方法来提升顾客的注意力和品牌人气，但严重损害了格力电器的利益。于是，格力电器一方面与大中电器、苏宁电器等其他大型家电零售连锁企业开展深度合作，另一方面在自身渠道——"股份制区域性销售公司模式"上下足了功夫。

(五)广告活动中的冲突

广告活动中的冲突是商贸冲突的公开化。企业的利益冲突，总是寻求多种解决途径，广告是其中最重要的手段之一。世界两大可乐从它们诞生那天起，为了争夺市场展开了激烈的广告战。2005 年 6 月，可口可乐携手《魔兽世界》掀起红色旋风，百事可乐联盟《梦幻国度》刮起蓝色风暴……同一个行业的两个巨头，几乎在同一段时间不约而同地采用了网络游戏作为广告的主要载体，两巨头的最新广告甚至在同一个电视频道次第登场。新一轮"两可乐广告战"爆发，持续至今。

(六)刑事犯罪所引起的冲突

刑事犯罪分子的犯罪行为，如投毒、放火、造谣等，可能对企业信誉和形象产生巨大的破坏。这样犯罪分子和企业之间就会形成对抗与冲突。企业设置不合理的规定，违法经营，侵犯消费者的权益，也会引起企业与消费者的冲突。三鹿集团前董事长田文华因为三鹿牌婴幼儿配方奶粉被发现含有三聚氰胺导致全国大量婴幼儿患肾结石，涉嫌生产、销售含有三聚氰胺的婴幼儿配方奶粉、液态奶制品，于 2008 年 9 月被免职、刑事拘留。后被判处无期徒刑。

三、电子商务环境下的商务冲突

电子商务的出现，带来了一种与传统营销渠道截然不同的全新渠道。基于互联网技术与信息技术，电子商务下的营销渠道改变了传统的消费方式及消费习惯和消费理念。电子商务平台上，几乎所有商品都要比实体店的价格便宜，幅度少则 10%~20%，多则过半。网店打出价格牌来吸引客户，同种商品销售网店为抢客流量会给予相同、甚至更低的折扣。越来越多的有心人在实体店感受实物，记下货号，然后在生产商或其他分销商的网店以低的价格购买，常见的有在商场试衣服却到淘宝下单；到国美选电器却在京东下单……传统终端成为附属于电子商务的免费体验店，实体店提供售前服务，却没有任何收益。因而电子商务环境下的商务冲突主要表现为电商渠道与传统营销渠道之间的冲突。

(一)渠道冲突的含义

渠道冲突是指分销渠道成员之间因目标差异、领域差异、信息差异等原因而产生争执、敌对、报复和决裂等行为的现象。渠道冲突区别于一般的渠道竞争。竞争是一种间接地，不受个人情感因素影响的，以目标为中心的行为；而冲突的传统定义一般被描述为：故意伤害、设法阻挠以及其他类似于损害他人利益的敌对行为。冲突一般都是一种比较直接的、受主观情感因素影响的、以挫败对手为目标的行为。竞争和冲突之间最重要的区别就在于是否干预对方的活动。从本质上说，渠道冲突是经济利益冲突。渠道冲突表现出一种强大的推动力量，迫使企业管理者不断积极地检讨和提高其渠道管理水平。企业只有及时调解渠道冲突，才能达到与渠道成员双赢的目的。

(二)渠道冲突的类型

电商时代渠道之间的冲突主要包括水平渠道冲突、渠道间冲突、垂直渠道冲突等。

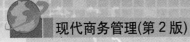

1. 水平渠道冲突

水平渠道冲突也称横向渠道冲突，是指存在于渠道同一层次的成员之间的冲突，主要是分销商之间的冲突。在电子商务环境下，生产制造企业可以同时选择多个网络分销商进行产品销售，但是由于各网络分销商在销售时间和销售区域上没有限制，可以同时面对所有的网上用户，为了扩大销售，分销商之间极易引发价格战。2012年暑期，京东商城和苏宁电器之间的电商价格大战就充分证明了这类冲突的严重性。

2. 渠道间冲突

渠道间冲突也称为多渠道冲突或交叉冲突。电子商务环境下，这种冲突主要表现为网络营销与传统营销的冲突。网络营销是基于互联网技术和信息技术的新型分销渠道，拥有着传统营销渠道所无法比拟的优势，这就决定了两种渠道共存时必然会产生矛盾与冲突。

首先，在价格方面的矛盾尤为突出。网络渠道由于没有实体经营的各项费用，因而在价格上的优势就变得明显起来，这造成同种商品在线上和线下的价格差异非常大，很多消费者在实体店选好了心仪的商品后再到网上进行购买，这严重影响了实体店的销售业绩，进而引发冲突的产生，这不但损害双方利益，甚至会破坏产品形象。其次，网络营销在地域界线上没有限制，这就为一些中间商窜货提供了方便，窜货一旦产生，就会破坏其他地区的传统营销渠道。

3. 垂直渠道冲突

垂直渠道冲突是指在同一渠道中，不同层次企业之间或者说生产商和中间商之间的冲突，主要表现为价格冲突、服务冲突、促销冲突和交易方式冲突等。电子商务环境下，主要表现为零售商与制造商的冲突。在电子商务环境下，通过网络渠道，制造商省去了大量的中间销售环节，因而能够将最终的产品销售价格降低，从而扩大产品的销售量，实现制造商利润最大化。尤其是在目前零售商对于终端的控制极为苛刻的情况下，制造商对零售企业名目繁多的苛捐杂税已经忍无可忍了，纷纷开始自建网络渠道或寻求可以合作的电子商务平台。这对传统的零售商来说是极大的挑战，况且目前制造商并未完全摆脱零售企业的控制，来自于零售商的压力仍然存在，因此，冲突的发生在所难免。

四、商务冲突的影响

对商务冲突的后果可以从正反两个方面来理解。

(一)消极影响

商务冲突如不能正确处理会损害企业之间的合作，影响组织目标的实现。带来物力和财力的损耗，有时甚至有损企业的声誉。商务冲突的危害性主要是由于处理不当所带来的严重后果，例如商务冲突后所产生的企业间的敌意和裂痕常常是以后双方相互报复的诱因，如此恶性循环将使企业间的商务关系陷入敌意的漩涡。

2004年,成都国美因发动价格战,单方面大幅降低格力空调的价格,降价幅度高达40%,此举使格力经销商产生极大的混乱。同期格力认为国美擅自降低格力空调品牌价格,破坏了格力空调在市场中长期稳定、统一的价格体系,并有损其一线品牌的良好形象,要求国美立即中止低价销售行为。在交涉未果后,格力于2月24日决定正式停止向国美供货。而国美也不甘示弱,由总部向全国各分公司发布"把格力清场、清库"的决定。该决定导致双方此前就存在的渠道争夺矛盾急剧恶化。由此,格力退出国美全国门店,转而致力自建门店、渠道。

(二)积极影响

管理学者史蒂芬·罗宾斯所说,"冲突可以促使变化的产生,如果企业不改进产品或服务来满足变动中的客户需求,顺应竞争者的行动及科技发展,企业组织将日益不健全,并最终走向衰落。很多组织的失败是因为组织冲突太少,而非冲突太多"。因而企业需要利用商务冲突契机为自身服务。如果商务冲突处理得当,不但可以消除商务冲突双方的敌意,而且可以促使双方以理性的态度来解决问题。例如由于商务冲突,双方找出了分歧;经过讨论和学习消除了分歧,这样冲突双方相互在感情上更加接近,使企业之间合作关系更加密切。此外,商务冲突为组织的问题提供诊断信息,推动企业领导正视面临的问题,思考更加深刻,更加合理,促使企业的潜能迸发,为企业预防和处理以后的商务冲突积累经验。

电子商务时代,传统渠道和网络渠道之间必然会产生许多冲突。许多企业迎难而上开始探索"鼠标+砖块"的渠道模式,具体来说就是企业只在电子商务平台上介绍企业以及产品的信息以及履行促销职能,只在线接受订单,而将其配送交给其分销伙伴来完成,并借助零售商的快速的物流配套设施来实现物流转移,并与其建立良好的伙伴关系。采用这种策略,有利于降低渠道冲突,能够快速地推动资金流、信息流的转移。

第二节　商务冲突管理的基本原则

一、做好商务冲突管理的重要性

(一)商务冲突管理是建立高质量工作环境的需要

冲突有建设性的,也有破坏性的。有些冲突解决得好,能转化为建设性的,解决不好会变为破坏性的。同时有些冲突本身就是破坏性的,它会给正常的商务活动带来破坏性影响。两种类型的冲突都需要管理,只有对冲突进行有效管理,才能建立高质量的商务工作环境。

(二)商务冲突管理关系到工作效率和事业的成功

据肯尼思·托马斯和沃伦·施米特的调查，在他们了解的 280 名管理人员中，解决冲突居然占了 20%的管理时间。如此重头的工作解决不好，就会严重干扰工作，影响工作效率。冲突管理和企业众多管理职能相比有十分重要的作用。格雷夫斯列举了 25 项指标，向管理者了解它们的重要性。管理者认为在 25 项指标中，处理冲突的效率与工作效率、事业成功的关系最大。

(三)商务冲突管理对企业的生存与发展至关重要

商务冲突涉及企业与政府、金融、税务、公安、社区、用户等多方面的关系。它关系到企业的外部环境，处理得好，企业就可以顺水顺风迅速发展；处理不好，就会使企业的千里大堤毁于蚁穴，一个环节的失控，使企业全线崩溃。这样的例子也屡见不鲜。在 1996年惊曝的"八瓶三株喝死一个老汉的事件中"，由于三株公司在处理企业与消费者的冲突中缺乏经验，应对不当，致使冲突升级。虽然最终三株公司打赢了官司，但给企业带来巨大损失。从当年 4 月下旬开始，三株的全国销售量急剧下降。月销售从数亿元一下子跌到不足 1000 万元。从 4 月到 7 月全面亏损，生产三株口服液的两个工厂全部停产。因此，如何有效地预防和消除商务冲突的不利因素，化不利为有利，是管理者应该重点关注的。

二、商务冲突管理的基本原则

商务管理者在处理企业商务冲突问题时，既需要相应的科学理论来指导，又需要依靠商务管理者的工作经验和管理艺术。

(一)兼顾双方利益，保持相互尊重

对于发生在企业之间的商务冲突，有时源于双方之间存在的认知偏差。这些认知偏差是很正常的，而这些偏差往往含有正确的成分，但双方必须通过正确的方式解决问题，而相互埋怨解决不了任何问题。作为企业管理者应首先调整好心态，以客观公正的态度看待企业之间存在的问题，如果真正能够兼顾双方利益，保持相互尊重，畅通的沟通便会开始，这就意味着双方具有了消除商务冲突的基础。对于涉及公众利益的商务冲突，企业必须注意自身行为引起的公众反映，并按照公众需求予以调整，直至公众满意为止。只有这样，企业才能得到公众的信任和支持，从而拥有企业的长远利益。反之，为了追求企业短期利益，不惜损害公众利益，必然会失去公众的信任和支持，急功近利，致使企业的利益最终丧失殆尽，这是商务冲突管理之大忌。

(二)坚持公平竞争的原则

在平等的基础上，进行公平竞争，一视同仁，这样不论是竞争的胜利者或是失败者，

甚至是第三方都会心悦诚服，发生商务冲突的机会就会减少。创办蒙牛乳业的牛根生是从伊利出来的，是伊利的功臣，二号人物，当年因为郑俊怀所不容而被迫出走。老牛的成功仰仗于他的"散财理论"和他的那句"小胜靠智，大胜靠德"。蒙牛创业之初也曾经打出"为民族争气，向伊利学习"、"争创内蒙乳业第二品牌"、"千里草原腾起伊利集团、蒙牛乳业——我们为内蒙古喝彩"等谦虚、实事求是的广告，也因此获得了尊敬和业界口碑。

(三)正确对待商务冲突

商务冲突爆发后，把冲突放到桌面上，使冲突的各种因素表面化，排除各种误传、误导、误会、误解，从众多矛盾中找出商务冲突的主要矛盾中的主要方面，再寻找解决的途径，运用恰当的方法，引导冲突双方自己判断是非曲直。

(四)及时有效地解决商务冲突

对于重大的商务冲突，如不及时制止，可能会蔓延与扩大，影响全局。这时，可参考借助权威的力量来解决，如请有关部门的专家学者或中介机构进行论证，对冲突问题可依据技术规定、有关条款、法规解决；对解决不了的问题可由经济仲裁部门裁定。

(五)灵活协调与沟通相结合

商务冲突发生后，若企业双方都有强烈的利益要求而且固执己见，不利于矛盾的解决，如果此时搁置矛盾，从其他一致的观点入手，暂时将分歧搁置下来，商务冲突或许会逐步缓解以至在后续沟通的过程中被解决。

(六)合理评估冲突管理绩效

冲突管理工作需要投入一定的人力和物力，会给企业经营带来一定的成本。因而需要合理评估冲突管理的绩效。不仅要看短期企业投入冲突管理中的相关费用，更要关注冲突应对的效果如何，具体包括冲突双方的分歧是否削减了，合作的关系是否得到了巩固，企业的市场绩效是否得到了进一步提升，企业的品牌形象是否得到了维护等。

总之，解决企业之间的商务冲突，必须要坚持相关原则。做到有的放矢，在坚持原则的前提下灵活运用各种方式，根据企业各自特点，因地制宜地提出具体思路。

第三节　商务冲突管理策略与具体方式

商务冲突管理是企业管理者一项十分重要的工作，同时也是一项政策性、操作性、艺术性很强的工作，使商务冲突双方在磋商和谈判中互相了解、谅解、理解，进行多层面、多渠道的沟通协调，消除矛盾、解决分歧。商务冲突的形成往往涉及诸多具体事物，如合同、行政管理、广告等，但就其核心不外乎两大方面，一是利益，二是原则。如果冲突的

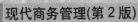

性质属于利益之争，其调解的可能性较大，如果属于原则问题，其调解的可能性较小。所以在界定商务冲突的性质时候，要力求回避原则问题，即将其化解为原则上的认同和利益上的分歧，这样就会使陷入僵局的矛盾有了化解的机会与解决的途径。

一、商务冲突管理基本策略

(一)树立正确的观念

我们要进行冲突管理，而不是简单的冲突解决。冲突管理与冲突解决之间存在许多区别。在假设前提方面，前者指冲突代表团体体系的正常部分，后者指冲突代表团体体系出了差错。在基本心态方面，前者意味着冲突是为了达成团体的目标，而后者指冲突的双方一定要分出胜负；在处理方式上，前者以理性态度寻找处理冲突的最佳途径，后者利用各种手段解除冲突。在处理态度上，前者开放自己，愿意改变立场，而后者防卫自己，压制他人。突破和超越本身意味着创新，创新是对冲突管理实践过程中的成功经验的总结和提高。

传统的商务管理理念认为：商务冲突是企业之间不可调和的矛盾，是企业自身无法消除的，一旦发生商务冲突必给企业带来危害。而现代商务管理理念认为：企业之间的商务冲突不仅仅是对企业的合作带来消极的影响，还会为企业的合作产生积极的作用。通过商务冲突管理，保持合理的成分，消除和改变其中不科学的成分，促进合作。其中，有些冲突非常琐碎，不值得花很多时间去处理；有些冲突虽很重要但不是管理者力所能及的，不宜插手。有些冲突难度很大，要花很多时间和精力，未必有好的回报，管理者不要轻易介入。为做好冲突管理工作，必须鼓励进行建设性的冲突管理活动，鼓励对立，分别向冲突双方提供必要的信息，适当拖延解决冲突的时间，让冲突更加明朗化；而对于破坏性冲突，应帮助双方进行转化，使用权威或采取回避的方式去应对。

(二)做好沟通工作

沟通可以被广泛地定义为各利益主体之间对于有意义的、即时性的信息的正式与非正式分享。沟通需要信息的交换，如价值、目标的分享等。其中对冲突双方代表人物的了解缺乏是沟通时的一个重要障碍，因而发生冲突时需要仔细研究冲突双方的代表人物，具体关注点包括是哪些人卷入了冲突，冲突双方的观点是什么，差异在哪里，双方真正感兴趣的是什么，代表人物的人格特点、价值观、经历和资源因素如何。只有深入研究冲突双方的代表人物，才能为下一步的沟通提供坚实的基础。

有相当数量的商务冲突是因为缺乏有效的沟通而产生的。商务沟通渠道畅通了，冲突管理就具备了一个良好的环境，冲突数量将大大减少；当冲突发生时，冲突双方之间的沟通可以避免双方相互认识的偏差，是一种有效的管理冲突的方法。采取以下一些方法对于双方之间的沟通会更有效：①在解决商务冲突问题的初期，减少双方的直接碰撞；②缩短问题解决的间隔时间；③采用灵活的表述方式；④限制过激行为的应用；⑤聘请第三方调解人。

(三)分析冲突原因和根源

冲突不会凭空产生，它的出现总是有理由的。解决冲突对策的选择在很大程度上取决于对冲突发生原因的判断，因而管理者需要很好地了解冲突源。缺乏沟通在一定程度上会造成双方的冲突，但事实上可能存在更为根本的冲突原因，企业间的价值观差异、不同的决策目标和利益诉求等因素往往是冲突的更为主要根源。去粗取精、由表及里是分析冲突的根源的根本法则。冲突可能是多种原因交叉作用的结果，如果是这样，还要进一步分析各种原因作用的强度。

从现实企业的销售渠道冲突来看，产生冲突的原因一般归纳为：角色不一致、观点差异、决策权分歧、沟通困难、期望差异、目标错位及渠道成员间存在的资源稀缺。渠道冲突原因主要为以下几点。①角色不一致。一个渠道成员的角色是指每一渠道成员都可接受的行为范围。当发生角色不一致时，一个渠道成员的行为就超出了由其他成员角色预期的可接受范围。②观点差异。观点差异是指一个渠道成员如何理解一种情景或如何对不同刺激做出反应。渠道成员也可能对同样的刺激做出不同的反应。③决策权分歧。决策权分歧是指渠道成员对他应当控制特定领域的交易的强烈感受。分歧发生在渠道成员们对外在影响的范围不满意的时候。④沟通困难。沟通困难是指渠道成员间缓慢或不精确的信息传递。目前，退换货问题极易引起渠道成员间不愉快的出现。为了减少沟通困难，可通过信息网络实现信息共享。⑤期望差异。期望差异涉及一个渠道成员对于其他成员行为的预期。⑥目标错位。目标错位是指不同渠道成员的目标可能不一致。

(四)妥善地选择处理办法

面对冲突，通常的处理办法有五种：回避、迁就、强制、妥协、正视。当冲突无关紧要时，或当冲突双方情绪极为激动、需要时间恢复平静时，可采用回避策略；当维持和谐关系十分重要时，可采用迁就策略；当必须对重大事件或紧急事件进行迅速处理时，可采用强制策略，用行政命令方式牺牲某一方利益处理后，再慢慢做安抚工作。当冲突双方势均力敌、争执不下需采取权宜之计时，只好双方都做出一些让步，实现妥协；当事件十分重大，双方不可能妥协，经过开诚布公的谈判，走向对双方均有利的合作，或双赢的解决方式。

1. 回避或者撤出

回避或者撤出是指卷入冲突的人们从实际情况中撤出来，避免发生实际冲突或者潜在冲突。这种方法有时并不是一种积极的解决途径，它可能会使冲突积累起来，甚至后来逐步升级。

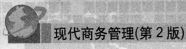

2. 竞争或者强制

这一策略的实质是"非赢即输",它认为在冲突中获胜要比"勉强"保持人际关系更为重要。这是一种积极解决冲突的方式。当然有时也可能出现一种极端的情形,如用权力进行强制处理,可能会导致团队成员的怨恨,恶化工作的氛围。

3. 缓和或调停

"求同存异"是这种策略的实质,即尽力在冲突中强调意见一致的方面,尽最大可能地忽视差异。尽管这一方式能够缓和冲突,避免一些矛盾,但它并不利于问题的解决。

4. 妥协

全部愿望无法实现时,退而求其次,使双方都各退一步的策略。这种策略也是化解冲突常用的一种方法。当一种冲突久拖不决时,往往为此所消耗的人力、物力会大大增加。为早日摆脱这种困境,采用"退一步海阔天空"的思维方式处理冲突,不失为一种上策。协商并寻求双方在一定程度上都满意的方法是这一策略的实质。这种方法的主要特征是寻求一种折中方案。尤其当两个方案势均力敌、难分优劣时,妥协也许是较为恰当的解决方式。但是,这种方法并非永远可行。

5. 正视

直接面对冲突是克服分歧、解决冲突的有效途径。通过这种方法。项目团队成员直接正视问题、面对冲突,共同探讨,采取解决问题的态度,使冲突得到一个明确的结局。这种方法是一种积极的冲突解决途径,它既正视问题的结局,也重视团队成员之间的关系。以诚待人、形成民主的氛围是这种方法的关键。它要求成员花更多的时间去理解把握其他成员的观点和方案,要善于处理而不是压制自己的情绪和想法。

二、电商渠道与传统渠道冲突管理对策

电商时代,要针对电商渠道与传统渠道的冲突进行有效的管理,必须从产品、价格、经营模式等方面进行认真的思考与设计。

(一)实施产品差异化战略

即通过差异化产品销售模式实现线上和线下渠道的区隔。企业可以将那些在网上销售的产品进行差异化设计和包装,避免消费者将其与传统渠道中的产品做直接的比较;或只在网上销售传统渠道中没有的产品;企业也可以将那些在实体店销售成本偏高,适合于网上销售的产品放在互联网上销售;企业还可以将市场重新细分,将网络分销的注意力集中在那部分愿意、喜欢或是习惯于网上购物的消费者身上。

(二)严格价格管理，平衡各渠道利益

渠道冲突的实质是利益冲突。价格是导致绝大多数渠道冲突产生的一个主要因素。所以企业应制定出较为系统的产品价格体系，进行合理的价格管理，避免由于不同渠道间因为价格差异形成直接冲突。企业可以在网络上以不低于零售商的价格进行产品销售，也可以根据消费者的个性化需求来实行定制生产，比如 Dell 公司专门针对中国市场设计了定制订购的主页，消费者根据需求自行选择不同的电脑配置，其价格也会相应显示出来。这样既为寻求网上购物低价格的客户提供了渠道，又不会损害传统渠道的利益。

(三)建立线上线下虚实结合的经营模式

即"线下体验"与"线上购物"无缝对接新渠道模式。连锁实体店经过多年的发展，拥有完善的服务体系及物流配送系统，这为发展电子商务尤其是 B2C 模式提供了保障。消费者只需在线支付货款并按要求填写个人信息，电子商务公司将根据消费者信息指派就近连锁经营企业分店送货并进行相关售后服务。如果消费者无法进行网络支付，连锁店还可以代收货款。目前，在淘宝商城家装平台上，已经有家具、建材、卫浴、灯饰和家纺等类别的各大知名厂商进驻，除此之外，还有相当多的家具企业有意进入"线下体验"与"线上购物"无缝对接新渠道模式。而电子商务巨头则借助其互联网优势开始尝试"虚网整合实网"，布局家居线下卖场，提供"标准化、定制化"产品。

 **本章小结**

(1) 商务冲突在商务运作过程中是一种较为普遍的现象。商务冲突可以被定义为在商务活动过程中，某些商务关系难以协调而导致的矛盾激化和行为对抗，并且被参与商务活动的各方感知到的差异。

(2) 企业商务冲突的具体原因可以概括为以下几个方面：认知偏差、主观过错、价值观扭曲、政府行为不当、情势变迁或不可抗力。

(3) 商务冲突的传统类型包括：合同履行中产生的冲突、假冒侵权产生的冲突、为争夺技术权益引起的冲突、争夺原材料和销售渠道所引起的冲突、刑事犯罪所引起的冲突；电子商务环境下的商务冲突主要指渠道冲突，其主要包括水平渠道冲突、渠道间冲突、垂直渠道冲突等。

(4) 对商务冲突的后果可以从正反两个方面来理解，必须充分认识到商务冲突管理是建立高质量工作环境的需要，商务冲突管理关系到工作效率和事业的成功，商务冲突管理对企业的生存与发展至关重要。

(5) 商务冲突管理的基本原则是：兼顾双方利益，保持相互尊重；坚持公平竞争的原则；灵活协调与沟通相结合；及时有效地解决商务冲突。有效进行商务冲突管理，必须树立正确的观念、做好沟通工作、分析冲突原因和根源、妥善地选择处理办法。针对电商渠道与

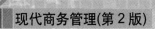

传统渠道之间的冲突管理，必须从产品、价格、经营模式等方面进行认真的思考。

 **本章案例**

传格力将与苏宁展开全面合作

2016年农历春节刚过，就有多位家电厂商向家电圈透露，今年格力将与苏宁达成集团层面的战略合作。届时，格力空调、晶弘冰箱，以及大松小家电，将进入苏宁线上、线下全平台铺开销售。

来自可靠渠道的消息透露：目前苏宁与格力双方已基本达成合作内容，相关谈判已基本结束，但还没有签署最后的战略协议。主要是在等待格力电器董事长兼总裁董明珠，与苏宁云商董事长张近东的碰面档期，届时双方将会正式对外宣布，从而开启格力的全渠道分销大幕。

库存高企，格力主动求和破僵局

值得注意的是，最近两年以来，受到董明珠许下的"5年再涨1000亿元"增长目标压力，以及空调市场需求整体下行趋势的影响，格力电器开始逐步打破此前与大连锁、大电商等分销渠道的合作僵局，意在建立多元化的渠道体系布局，化解库存压力。

2014年初始，格力在自建专营店渠道之外，率先与国美打破10年不合作的局面。当年双方就敲定150亿元的年度合作协议。此后，格力与国美还曾共同发起"3天销售50万台格力空调"创世界纪录的活动。毫无疑问，当年借助国美的渠道，对于格力来说，带来了一个宽大的出货新平台。

2015年底，格力相继又与阿里天猫、京东达成战略合作关系。在邀请京东创始人刘强东与董明珠一起担当格力空调促销活动的代言人同时，董明珠又亲自出镜给天猫电器城格力旗舰店代言。董明珠还利用自身的社会影响力，直接与刘强东、马云对接，为双方合作的快速推进打下基础。这也是格力首次规模化全面"触网"销售。

2016年初始，格力电器再度抛弃此前与苏宁之间的一些商业恩怨，展开与苏宁在战略层面的战略合作。一方面，是迫于自身的库存压力，必须要建立全渠道的分销体系，继国美、京东、阿里之后，苏宁无疑是最后一个快速出货的重要渠道；另一方面，则是基于苏宁过去多年以来，在中国空调产业的渠道分销能力无人能及。目前苏宁不只是拥有线上线下的分销网络，更为重要的是还拥有覆盖三四级市场的批发渠道网络。

有意思的是，就在去年董明珠发起空调业的"清场战役"之后，苏宁易购曾联手海尔、美的、志高、奥克斯等国内六大空调企业发起一场"破格行动"，虽然苏宁易购方面否认"破格"是针对格力，但却引发媒体对于格力董明珠在空调市场上遭遇"十面埋伏"的解读。

渠道多元化，格力当避免顾此失彼

其实，对于所有空调企业来说，渠道多元化并不是新鲜事。但是，这事放到格力身上，却是一条大新闻。特别是2003年之后，格力电器为了反制国美、苏宁等大渠道的霸权，一方面自建专营店渠道，目前已经在全国形成超过 4 万家专营店，另一方面对于不遵守格力游戏规则的国美、苏宁等大渠道采取了不合作，甚至退场反控。

2004 年格力就因国美方面的单边低价格，全面退出国美卖场。同时，在一些区域市场上，格力也因为苏宁的单边价格战而宣布撤场苏宁。时隔 10 年之后的 2014 年，格力才基于自身的渠道分销和业绩增长目标，主动与国美达成公司层面的合作关系。同样，过去 10 多年以来，格力与苏宁从来没有公司层面的战略合作关系，只是格力与苏宁分部之间的操作。

如今对于格力来说，随着与苏宁的合作有望于 2016 年拉开，接下来将迎来一个大连锁、大电商，以及专营店渠道并行的局面。这带来的结果，一方面是格力空调的出货量，会因为渠道的增长而出现一定的增长；另一方面则是，不同渠道之间的较量、冲突和矛盾也将进一步出现。特别是苏宁、京东、阿里这些渠道之间如何协同，避免恶性竞争。

更为重要的是，如何解决大连锁，大电商渠道全面铺开后，对于格力现有专营店市场份额造成的挤压和抢夺。因为在整个空调市场需求下行的背景下，苏宁、国美、京东同样也面临着分销任务，这必然会对格力原有的县镇专营店渠道造成冲击，届时将会让背负重压的专营店渠道面临更大的压力。

这些都考验着格力和董明珠，在市场持续下行通道中，通过渠道加速多元化解决库存压力和包袱之后，如何平衡各方渠道的利益，特别是如何保证过去 10 多年推动自身快速发展的专营店利益？

目前，苏宁和格力两方均未对外证实即将展开战略合作一事。在协议没有签署之前，不排除在最后一刻，双方合作的告吹等意外情况出现。

（资料来源：传格力将与苏宁展开全面合作[EB/OL].http://bao.hvacr.cn/201602_2063581.html.）

 思考题

1. 什么是商务冲突？如何认识商务冲突发生的必然性？
2. 分析商务冲突产生的原因。
3. 商务冲突管理的基本原则是什么？如何灵活运用这些原则？
4. 什么是商务冲突管理？商务冲突管理应坚持何种态度？
5. 举例说明解决商务冲突的策略与方法。

第十二章　现代资本运营与商务风险管理

【学习要点及目标】

- 了解现代资本运营的概念和作用。
- 掌握资本运营与生产经营的关系。
- 掌握资本运营的理论、内容方式、注意事项及实施策略。
- 了解商务风险的概念、来源和风险管理的意义。
- 重点掌握主要商务风险的识别与防范。
- 了解商务风险的管理程序。
- 了解商务风险的规避策略和控制技术。

【核心概念】

资本运营　生产经营　商务风险　资本运营风险　筹资风险　投资风险　贸易风险
风险控制

【引导案例】

2016 年并购事例一瞥

来自互联网消息，2016 年以来，尽管经历了资本寒冬、经济增长放缓，但企业并购狂潮一浪高过一浪。

蘑菇街、美丽说的合并，是 2016 年互联网行业首个合并事件。美丽说、蘑菇街 1 月 11 日宣布合并，两家公司不仅是国内创办的最早的女性垂直电商网站，而且都是以淘宝导购网站起家。2016 年 6 月 15 日，美丽说、蘑菇街、淘世界三个原先的独立品牌，正式对外宣布成立新的"美丽联合集团"。

2016 年 1 月 12 日，万达集团宣布以不超过 35 亿美元现金(约合人民币 230 亿元)的价格，收购美国传奇影业公司 100%股权，成为迄今中国企业在海外最大的文化产业并购案，也一举让万达影视成为全球收入最高的电影企业。

2016 年 1 月 15 日，海尔公告显示，拟通过现金方式购买通用家电，交易金额为 54 亿美元。此后，双方就交易金额进行了调整，最终金额定为 55.8 亿美元(约合人民币 366 亿元)。2016 年 6 月 7 日，海尔发表声明称二者已完成交割，通用家电正式成为海尔一员。该笔收购是中国家电业最大一笔海外并购。作为国内家电巨头，海尔的海外扩张之路并不顺畅。据报道，目前海尔在美国市场的份额只有 1.1%，而 GE 家电在美国市场占据了将近 14%的份额。此次并购是海尔继 2012 年收购新西兰家电明星品牌斐雪派克、2011 年收购日本三洋后又一大动作。

2016 年 5 月 23 日，A 股上市公司鼎泰新材发布公告称，拟置出全部资产及负债(作价 8 亿元)，与拟置入资产顺丰控股 100%股权(作价 433 亿元)中等值部分进行置换，交易完成后顺丰预计将持有鼎泰新材 94.42%的股权。按照《重组管理办法》规定，此次股权并购构成借壳上市。受顺丰拟借壳上市影响，鼎泰新材自 2016 年 5 月 31 日复牌后共收到 14 个涨停，累计涨幅接近 250%。顺丰 2016 年 2 月还在考虑 IPO，5 月就转变为借壳，背后是其对上市的渴望和迫切，力图通过资本市场的融资平台，发展多元化业务，建立竞争的新壁垒。中国快递行业已经进入全方位拥抱资本的阶段，资本市场的运作已经被视为维持地位或者弯道超车的必备条件，而资本的推波助澜也加剧了行业内的明争暗战。

2016 年 6 月 21 日，腾讯发公告称已决定收购 Supercell 84.3%的股权，交易总额约 86 亿美元(约合人民币 566 亿元)，这是腾讯史上最大一笔并购，腾讯也凭此从一家中国互联网大企业变身为全球游戏巨头。

2016 年 6 月 21 日凌晨，京东宣布和沃尔玛达成深度战略合作。据介绍，双方的合作协议将涉及广泛的业务领域，并覆盖线上线下零售市场。据合作的内容显示，京东将获得 1 号店的品牌、网站、App 以及沃尔玛背后的全球采购链条，而沃尔玛则依托京东进行线上布局，而此次交易的"核心"1 号店或许仅仅是双方合作的由头。京东将 1 号店收入囊中，进一步巩固了其在电商行业的巨头地位，继续死磕阿里巴巴。至此，电商行业形成了双龙戏珠的局面，其他综合性零售电商平台想要动摇这两大巨头的行业地位已经非常之难。

(资料来源：根据网络资料，和讯网：2016 年中国十大并购案例，
http://stock.hexun.com/2017-01-23/187908887.html，整理所得。)

【案例导学】

在商务活动中，资本运作每天都在发生。以中国互联网为代表的多个行业，在 2015 年和 2016 年这两年间迎来了汹涌的企业合并潮，其中有强强联手，有冤家联姻；有产业链整合，有用资本买断市场，也有行业洗牌。证明这些行业已经成为成熟行业，资源大量向巨头集中，行业格局已经形成，资本运营市场越来越占据主动，资本运营对于扩张企业规模，增加企业价值，增强资本控制能力也越发凸显。

第一节 认识资本运营

一、资本运营的概念及内涵

资本运营(Capital Operation)又称资本运作、资本经营，是指以利润最大化和资本增值为目的，以价值管理为特征，将本企业的各类资本，不断地与其他企业、部门的资本进行流

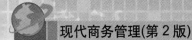

动与重组，实现生产要素的优化配置和产业结构的动态重组，以达到本企业自有资本不断增加这一最终目的的运作行为。

综合起来，可以大体上划分为广义资本运营和狭义资本运营。

(一)广义资本运营

广义资本运营是指企业通过对可以支配的资源和生产要素进行组织、管理、运筹、谋划和优化配置，以实现资本增值和利润最大化。广义资本运营的最终目标是要通过资本的运营，在资本安全的前提下，实现资本增值和获取最大收益。

广义资本运营内涵广泛，从资本的运动过程来看，资本运营涵盖整个生产、流通过程，既包括金融资本运营(证券、货币)、产权资本运营与无形资本运营，又包括产品的生产与经营。从资本的运动状态来看，既包括存量资本运营，又包括增量资本运营。存量资本运营是指企业通过兼并、收购、联合、股份制改造等产权转移方式促进资本存量的合理流动与优化配置。增量资本运营是指企业的投资。

(二)狭义资本运营

狭义资本运营是指以资本增值和市场控制力最大化为目标，以产权买卖和以资本增值和市场控制力最大化为目标，以产权买卖和"以少控多"、"以小推大"为策略，对企业和企业外部资本进行股份制改造、上市、并购、重组、企业联合等一系列资本营运活动的总称。狭义资本运营的总体目标是实现资本增值和市场控制力最大化。具体目标是加快资本增值，扩大资本规模，获取投资回报，提高企业的市场控制力和影响力，优化经营方向。

狭义资本运营主要研究的是存量资本的配置，具体运营方式包括股份制改造、上市、并购、重组、企业联合、产权转让等。

把握资本运营的内涵，需要注意以下几点。

(1) 资本运营的主体可以是资本的所有者，也可以是资本所有者委托或聘任的经营者，由他们承担资本运营的责任。

(2) 资本运营的对象，或是一种形态的资本，如金融资本，或者是两种形态以上的资本，如运营生产资本、商品资本、房地产资本等。

(3) 资本的各种形态必须投入某一经营领域之中或投入多个经营领域之中，即投入某一产业或多个产业之中，才能发挥资本的功能，有效利用资本的使用价值。

(4) 资本作为生产要素之一，必须同其他生产要素相互组合，优化配置，才能发挥资本的使用价值，才能创造价值。

(5) 资本运营的目的是要获取理想的利润，并使资本增值。

二、资本运营与生产经营的区别与联系

19 世纪末以前，企业组织形式采用个人业主制或合伙制，企业所有者与经营者合二为一，可以认为他既在进行资本运营，又在进行生产经营，二者互为条件，相互联系，相互渗透。到 19 世纪末，股份公司和证券市场迅速发展，所有权与经营权分离，企业的资本运营分离为所有者对资本的运作和经营者对资本的运作，经营者的资本运营侧重于抓生产经营。

20 世纪初，由于证券市场的发展和产权市场的形成，资本运营的内容和形式有了新发展，出现了企业兼并与收购、参股等产权交易，推动生产经营迅速发展。20 世纪 30 年代以后，西方国家企业普遍将资本运营原则和方法运用于生产经营之中。资本运营原则即资本效益最大化原则，并用资本利润率和资本回报率等指标考核企业经营业绩。

我国企业正在实行现代企业制度改革，强调所有权与经营权分离，国家作为所有者侧重于抓资本运营，而企业的经营者则按照资本运营的要求侧重于抓生产经营。

(一)资本运营和生产经营的区别

生产经营偏重于微观的经营管理，即人们常说的搞好企业经营管理；而资本运营包含了运筹、谋求和治理等含义，强调对资本的筹措和运用必须要有事先的运筹、规划和科学决策。资本运营是以微观的经营管理为基础，更重视宏观的筹划与管理。两者的主要区别如下。

(1) 经营对象不同。资本运营侧重的是企业经营过程的价值方面，追求资本增值。而生产经营的对象则是产品及其生产销售过程，经营的基础是厂房、机器设备、产品设计、工艺、专利等。生产经营侧重的是企业经营过程的使用价值方面，追求产品数量、品种的增多和质量的提高。

(2) 经营领域不同。资本运营主要是在资本市场上运作，而企业生产经营涉及的领域主要是产品的生产技术、原材料的采购和产品销售，主要是在生产资料市场、劳动力市场、技术市场和商品市场上运作。

(3) 经营方式不同。资本运营要运用吸收直接投资、发行股票、发行债券、银行借款和租赁等方式合理筹集资本，要运用直接投资、间接投资和产权投资等方式有效地运用资本，合理地配置资本，盘活存量资本，加速资本周转，提高资本效益。而生产经营主要通过调查社会需求，以销定产，以产定购，技术开发，研制新产品，革新工艺、设备，创名牌产品，开辟销售渠道，建立销售网络等方式，达到增加产品品种、数量，提高产品质量，提高市场占有率和增加产品销售利润的目的。

(二)资本运营与生产经营的联系

当然，资本运营与生产经营不是两个完全独立的概念，二者是相互联系和相互渗透的，主要体现在以下几个方面。

(1) 目的一致。企业进行资本运营的目的是追求资本的保值增值，而企业进行生产经营，根据市场需要生产和销售商品，目的在于赚取利润，以实现资本增值，因此生产经营实际上是以生产、经营商品为手段,以资本增值为目的的经营活动。

(2) 相互依存。企业是一个运用资本进行生产经营的单位,任何企业的生产经营都是以资本作为前提条件,如果没有资本,生产经营就无法进行;如果不进行生产经营活动,资本增值的目的就无法实现。因此,资本经营要为发展生产经营服务,并以生产经营为基础。

(3) 相互渗透。企业进行生产经营的过程,就是资本循环周转的过程,如果企业生产经营过程供产销各环节脱节,资本循环周转就会中断,如果企业的设备闲置,材料和在产品存量过多,商品销售不畅,资本就会发生积压,必然使资本效率和效益下降。因此,资本运营与生产经营密不可分。

总之,生产经营是基础,资本经营要为发展生产经营服务。通过资本经营,搞好融资、并购和资产重组等活动,增加资本积累,实现资本集中,目的是要扩大生产经营规模,优化生产结构,提高技术水平,以便更快地发展生产经营。

市场经济条件下,企业的生产经营活动就是一个谋求价值增值最大化的过程。从价值运动角度分析,企业的生产经营过程就是一个资本运营过程。企业存在的前提是有一定数量的货币资本,能用于购买生产资料和劳动力,即首先要筹集资本、垫支资本,然后选择投资方向,形成生产能力并创造产品和服务,最终将产品或服务销售出去,收回垫支资本并产生盈余。

可见,企业的资本运营过程是一个筹资、投资、创造价值、实现价值和价值增值的过程。在这个过程中,筹资决策和投资决策是关键。筹资决策是为企业经营准备资本,即企业采取何种方式聚集经营所需的资金。一般采用集资(由出资者投资)和举债(向金融机构和社会公众借入资金)方式,前者称为投资融资方式,后者称为举债融资方式。投资决策决定了企业经营方向、领域和方式,即企业资本投向哪里,如何投资。常见的投资形式主要有两种:一种是直接投资,即直接将资本投向某一产业领域生产特定项目的产品,如投资于纺织品行业生产服装等;另一种是间接投资,即采取炒作股票、证券等进行资本交易,也就是以资本为交易对象进行资本买卖。筹资决策和投资决策是资本运营的核心内容,对企业的生产和商务活动会产生重要影响,直接决定着企业生产和商务活动的方向、风险和效益。筹资和投资决策都是风险性决策,所以资本运营中的风险控制至关重要。

长期以来,我国企业界一直重视生产经营,忽视资本经营。重视增量投资,忽视存量资本。重视内部交易型战略的运用,忽视外部交易型战略的实施,这些误区已经严重影响国民经济和企业的发展,已经不能适应经济发展的内在需求。社会的生产和再生产是离不开资本的。在现代市场经济中,资本是经济活动得以持续运行的标志,资本就像一块巨大的磁石,将社会各种生产要素吸引到它的周围。资本流向何处,何处的经济运行就会活跃起来,资本聚集在何处,何处的经济就会不断地走向繁荣。因此,我们必须重视资本运营,尤其重视存量资本的运营。

三、资本运营在企业发展中的作用

1. 可实现自身经营规模的扩大

资本运营要求最大限度地支配和使用资本，以较少的资本调动支配更多的社会资本，为此，企业不仅需合理地运用内部资源，通过企业内部资源的优化组合达到资本增值的目的，并且还应运用收购、参股、控股等方式，实行资本的外部扩张，以此将企业内部资源与外部资源结合起来进行优化配置，从而促使资本集中和生产规模扩张，并最终形成规模经济和规模效益。

2. 有利于企业产业结构的调整

随着市场经济的不断发展，企业的产业结构不断由低级向高级，由简单向复杂的方向转变，因此，企业所面临的市场环境将越来越具有极大的不确定性。为此，企业应以市场为导向，不断调整自身的产业结构，力求在不断变化的市场竞争中获取更多的生存发展机会，增加其市场影响力和控制力，而资本运营正可以为企业借助市场高效率的调整优化产业结构指明方向。

3. 可优化企业资本结构

由于企业资本结构的构成主要由债务资本和权益资本两方面因素决定，因此这两者的构成比例也就决定了企业资本结构的合理性。虽然负债可为企业提供财务杠杆的有效作用，但过多的负债则会使企业陷入极高的财务风险漩涡之中。为此，企业应充分借助于资本运营，充分降低自身财务风险。

第二节　资本运营理论、内容及策略

一、资本运营的理论

产权理论的形成最早可以追溯到 1937 年科斯发表的《企业的性质》这篇论文。在 1960 年他又发表了另一篇《社会成本问题》的论文，由此逐渐形成了一个新制度经济学派，并提出了产权、交易费用、代理成本等概念。该理论的出现加深了经济学对企业的认识和研究，由此也促进了人们对资本运营问题的深入研究，以后信息经济学和博弈论的出现更是丰富了人们对企业的认识，形成了林林总总的资本运营理论。

1. 效率理论

效率理论的基本假定：承认兼并等资本运营活动对整个经济存在着潜在收益。并购活

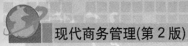

动能够给社会收益带来一个潜在的增量，而且对交易的参与者来说无疑能提高各自的效率。效率理论的基本逻辑顺序是：效率差异→并购行为→提高个体效率→提高整个社会经济的效率。这一理论包含两个基本的要点：①公司并购活动的发生有利于改进管理层的经营业绩；②公司并购将导致某种形式的协同效应。

2. 价值低估理论

价值低估理论认为，当目标企业的市场价值由于某种原因未能反映出其真实价值或潜在价值时，其他企业可能将其并购。因此，价值低估理论预言，在技术变化日新月异及市场销售条件与股价不稳定的情况下，并购活动一定很频繁。

3. 信息与信号理论

在实际发生的企业并购活动中，被收购企业的股票价值几乎都要被抬高，只不过程度上不一致而已。对这个问题的解释就形成了所谓的信息和信号理论。

4. 委托代理理论

在现代企业组织中，企业的最终所有者与企业的实际管理者实际上已发生了分离。由于企业的管理者不拥有企业的全部产权，因此其无论是经营良好。还是经营不善。都会对企业所有者产生正的或负的外部效应。从经济学对人都是自私的这个假定出发。企业管理者更多地带给所有者的是负的外部效应，如何克服这个负的外部效应的问题就引出了委托代理理论。

5. 税收节约理论

为了减少税收方面的支出。用对策论的语言来表述：通过企业并购活动而减少税收支出是在和财政部门进行"零和博弈"。

6. 市场垄断理论

从对社会经济有益的一面来看，并购带来的好处也许是规模经济和范围经济。从对社会经济不利的一面来看，并购活动有可能带来垄断。但是现在关于垄断也有人认为其有好的一面，或至少是不可避免的一面。因为垄断集中本身是竞争的产物。在现代经济中，由于竞争已从简单的价格竞争发展成为质量、技术、服务、产品类别等诸多方面立体的竞争，因此即使是大公司之间也很难就垄断达成什么共谋。此外，大公司和大企业在现代科技发展中的作用日益增大。这也是并购等资本运营活动对现代经济发展的贡献之一。

二、资本运营的主要内容和方式

(一)资本运营的主要内容

资本运营的内容有四个方面，就是资本的筹集与投入、资本的生产与增值、资本的循环与周转、资本结构的重新组合。

1. 资本的筹集与投入

在这一阶段，资本经营的内容是货币资本，经营的方式是以自有资本为基础，通过吸收直接投资发行股票，发行债券，银行借款，租赁补偿贸易和企业内部积累等方式来筹集资金，选择合理的投资方向，以最小成本和风险获得最大收益。

2. 资本的运用和增值

在资本的生产与增值阶段，资本经营的内容是生产资本，经营方式是依托人力资本，发挥人才优势，以技术创新为直接动力，实现资本价值最大限度的增值。

3. 资本的循环与周转

在这一阶段，资本经营的重点是商品资本，经营方式是在保持资本畅通的前提下加快资本周转速度。

4. 资本结构的重新组合

在这个过程中资本经营的内容是产权资本，资本运用形式有企业重组，资产重组和产权重组。所谓企业重组，侧重于企业整体的分立和组合，有股份制改造、兼并、收购、合并、合资、分立、破产等。资产重组侧重于改变资产形态及其数量比例，产权重组侧重于改变企业资产的产权关系(如减持国有股变成全流通)，包括产权的分离组合及产权立体的变化(如企业的债转股)。现实中三者是结合在一起的。都以产权市场和资本市场为依托。

(二)资本运营的主要方式

资本运营的方式是不断创新的。按照资本运作的扩张与收缩方式分为：扩张型资本运营；收缩型资本运营。

1. 扩张型资本运营模式

扩张型资本运营模式是指在现有的资本结构下，通过内部积累、追加投资、吸纳外部资源即兼并和收购等方式，使企业实现资本规模的扩大。具体分为纵向型资本运作、横向型资本运作和混合型资本运作。

2. 收缩型资本运营模式

收缩型资本运营模式是指企业把自己拥有的一部分资产、子公司、内部某一部门或分支机构转移到公司之外，从而缩小公司的规模。具体分为资产剥离、公司分立、分拆上市、股份回购等。收缩性资本运营从表面上看缩小了企业规模，似乎企业发展走入了劣势，其实不然，收缩性资本运营是扩张型资本运营的逆运营，这两种运营模式目的是一致的，都是为了实现企业价值最大化。

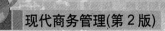

例如：2000 年，联想集团实施了有史以来最大规模的战略调整，对其核心业务进行拆分，分别成立新的"联想集团"和"神州数码"。2001 年 6 月 1 日，神州数码股票在香港上市。神州数码从联想中分拆出来不但解决了事业部层次上的激励机制问题，而且由于神州数码独立上市，联想集团、神州数码的股权结构大大改变，公司层次上的激励机制也得到了进一步的解决。

三、资本运营的注意事项

1. 避免重资本轻生产

资本运营以生产经营为基础，只有在生产经营发展到一定程度，资本运营才具有生命力。即首先搞好了企业的生产经营，才谈得上搞好其资本运营。如创造财富神话的李嘉诚是地产大王、码头大王、信息产业大王，产业做得很成功，而这为他在资本市场建立了很好的声誉。资本运营与生产经营两者缺一不可。生产经营的快速发展离不开有效的资本运营。生产经营都是以资本作为前提条件，如果没有资本，生产经营就无法进行。东方希望集团刘永行董事长对不创造财富只"运营"财富的企业家，称这些人"离骗子只有一步之遥"。

2. 避免资本盲目扩张

资本扩张是资本运营的一种方式。在资本扩张中，应以企业的优势产业为主，做大做强主导产业。然后，再逐步进行资本的外部扩张。在扩张过程中，切忌同时进入若干个完全生疏的行业，以防资金链断裂，最终陷入一片混乱，被资本的外部扩张拖垮。

例如：成立于 1992 年的华夏证券曾是我国三大证券公司之一，盲目扩张是拖累华夏证券衰败的主要原因。据知情人士透露，华夏证券破产主要是因为投资于各类实业，大规模地对外融资、增资扩股，财务成本越积越高，形成巨额亏损。2003 年，华夏证券耗资 5.8 亿元购买乌克兰航空母舰"瓦良格"号，就此成为国内首家投资购买航空母舰的证券公司。就是这样疯狂不计后果的扩张，使得华夏证券跌入了自己挖掘的坟墓之中，如今深陷债务泥潭，债台高筑 66 亿元。

四、企业实施资本运营的策略

(一)合理选择资本运营方式

从理论上说，资本运营方式的选择可在很大程度上决定企业资本运营效果的高低及成败。就目前而言，国内企业在其资本运营的实施过程中，普遍存在着过于偏重资本扩张，而忽视资本运营的适当收缩和内部整合的现象，从而使其资本运营的实际效果大打折扣。为此，各企业应合理地选择资本运营方式，根据自身实际状况，来进行扩张型运营、收缩型运营或者内变型运营模式的选择。另外，企业还应通过创新，来对上述各模式进行综合利用。

(二)明确资本运营实施思路

当前，国内外企业资本运营的实施思路就是在一定自有资本的基础上，依次通过直接融资和间接融资的方式，来达到对其资金的有效利用。为此，企业首先可通过出售闲置厂房、土地、设备、住宅等换取资金，并以此作为原始资本的注入；其次，企业可通过以股权置换资金的方式，在一级或二级市场上将其 51%之外的股权予以出售，并争取大企业、大财团的介入；最后，企业可将自身所拥有但却无力开发的资源对外出售，以换回资金进行再开发。

(三)积极拓展新的融资渠道

金融危机过后，全球经济的低迷为国内企业走出国门，积极参与对国外企业的并购提供了良机，而这种低成本的扩张方式可取得立竿见影的效果。为此，国内各企业要积极探索与资本市场融资运作问题，争取或创造条件早日在境外实现上市，或者通过收购境外小公司，用以"借壳"或"包装"上市。而就国内市场而言，企业也要努力抓住股权分置改革的机遇，尽快实现对国有股和法人股的上市，以尽可能地换取资金，为企业的发展注入新的活力。

(四)实现与生产经营的同步

无论从理论角度还是从实践角度来看，企业资本运营与其生产经营是相辅相成、密不可分的，两者并无主次之分，因而无须厚此薄彼。以资本运营为例，其从理论意义上看仅为服务生产经营的一种手段，或是在企业价值最大化目标的趋引下，实现其资本有效增值的一种经营方式，因此并非比生产经营更为高级。而从另一角度来看，资本运营还必须以生产经营为基础，服从或服务于生产经营，只有将二者充分结合起来，才能更好地推动企业发展。

第三节　商务风险及其来源

一、商务风险及来源

(一)风险及商务风险的概念

风险普遍存在于企业的生产经营活动中。从管理角度看，所谓风险是指发生某种不利事件或损失的各种可能状态的总称。从风险的定义可知，构成风险的基本要素有两个：一个是发生不利事件或损失的负面性;另一个是负面性出现的可能性或概率。通常人们认为风险就是危机,其实二者既有联系也有区别。危机是企业或组织处于意外事件所引起的危险和紧张的状态,是已经发生的情况,如果处理得当,可以减少损失;风险是未发生的状态,可能带来损失,也可能带来机会,有时甚至是巨大收益。风险如果处理不当,可以转化为危机。

商务风险是企业在开展商务活动中产生的风险,与其他风险一样具有负面性以及负面性出现的可能性这两个基本要素。商务风险有广义和狭义之分。狭义的商务风险是指在直接商务活动过程中产生的风险,如采购风险、运输风险、销售风险、结算风险等,也称为贸易风险。广义的商务风险泛指一切与商务相关的活动所产生的风险,包括交易风险、产品质量或服务与合同不相符所产生的风险、选择商业机会的风险、运输和结算风险,此外还包括筹资和投资风险等。因为筹资和投资活动直接决定了商务活动的绩效,而且筹资和投资的目的就是选择有利的商务竞争领域,实现企业效益最大化。因此,筹资和投资风险也可以称为广义的商务风险。

(二)商务风险的来源

企业所处的市场环境风云莫测,瞬息万变,影响商务活动盈亏的因素很多,有时一个细微的变化都有可能造成很大的风险来源。商务活动的风险主要来自于环境和企业的经营决策。

1. 环境因素带来的风险

企业的商务活动都是在一定环境中开展的,各种环境因素及其发展变化都会给企业带来风险。通常,政策、法律、经济、技术、人员等环境因素的变化会使企业的商务活动面临各种风险,如表 12-1 所示。

表 12-1 商务风险的环境因素

环境因素	风险产生原因
政策因素	政策的导向与企业内在发展方向不一致而产生的风险;或由于管理层政策口径发生突然变化而给企业造成的风险
法律因素	法律法规的变化使企业经营条件发生变化,或企业内部管理、经营行为等因素引发的法律风险
经济因素	由于利率、汇率、价格、成本等因素的变化,直接影响企业的经营成果
人员因素	商务活动中消费者消费行为、价值观的变化给企业的生产经营带来的风险;或参与人员的素质欠佳给企业造成不必要的损失
技术因素	技术进步可能使一些企业灭亡,也可能产生一批新的企业
信息因素	企业获得的有价值信息可能使其收益,也可能因信息泄露使企业面临风险和危机

2. 企业决策带来的风险

企业在经营决策过程中包含着各种风险。在确定型决策中，虽然决策方案的结果十分明确，但也可能因为决策者判断选择失误导致入选方案在实施中产生风险；在风险型决策中，事物的自然状态以一定的概率出现，概率本身就是一种可能性，这势必对决策方案的执行带来一定的风险；在不确定型决策中，事物自然状态出现的概率是不可知的，只能由人的经验和主观意志按一定方法来决策，这样风险也是不可避免的。在多种决策方法中，战略决策的风险更大，这是因为战略决策不是经常和反复出现的，有关决策的信息不充分，决策实施时间长，所有这些因素既增加了决策的难度，也增加了决策的风险。

3. 资本运营中的风险

资本运营风险按资本运营内容可分为：筹资风险、投资风险、经营风险、外汇风险等。

(1) 筹资风险。是由企业筹资收益的不确定性形成的，有筹资本身的内因，也有筹资之外的因素，内因主要有举债的规模，负债利息率及期间结构等，外因指企业的经营风险，预期的现金流入量，资产的流动性及金融市场。筹资风险表现为商业信用筹资风险、股票发行风险、债券发行风险、负债经营风险、国外筹资风险。

(2) 投资风险。任何投资方案都存在多种不确定性因素，对投资方案做出决策时，对风险因素考虑不周或因某种不确定因素出现投资决策失误而带来风险。

(3) 经营风险。指企业在生产经营过程中由于产销量等因素的变动而导致税息前收益的变动或不确定性，包括各种物价、利率、原材料供求变化等，资金不能回收的风险等。

(4) 外汇风险。国际贸易和国际合作的迅猛发展给企业造成了外汇风险，汇率变动是政治、经济、科技等因素的综合影响，企业难以对此加以预料和控制，企业有可能因汇率的变动而受到损失。

二、商务风险管理的意义

风险管理是企业对生产经营过程中可能产生的风险因素采取预防或消除措施，以及在风险发生之后采取弥补措施的科学管理方法。因此，风险管理的本质是运用管理原理处理有关各种资源和组织的活动，从而使组织及其周围的意外损失降到最低限度，包括对风险发生后损失的处理，同时还包括风险发生前对损失的防止和控制。

企业商务活动中的风险管理对企业的经营和发展的重要意义在于以下几点。

(1) 成功的风险管理可以使企业成员产生安全感。员工对企业都有一种依赖性和依附欲，甚至有与企业同命运、共生存的信念。因此，企业的风险少，员工就能在安全的环境中努力工作，从而为企业创造更多的价值。

(2) 通过风险管理，采取一系列预防、减少风险的措施，能够减轻企业年度收益和资金流的波动。这既是风险管理的结果，也是新的经营良性循环的基础，它有助于企业制订正

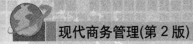

确的计划，保持生产经营活动的稳定性。

(3) 通过对潜在风险的分析，能为预测未来事态做好准备，及时捕捉有利的时机，扩大企业的经营规模。通过潜在的风险分析，也可以采取预防措施，减少企业损失，维持正常生产经营活动。

(4) 通过风险管理，能提高企业管理人员的管理水平和能力。在风险管理条件下，要求管理者临危不惧、有胆有识、出奇制胜。在风险较少的情况下，要求管理者能居安思危，有远见卓识，以战略眼光看待"太平盛世"，不至于在环境恶劣时束手无策。

(5) 风险管理能使企业在竞争中立于不败之地。风险管理就是要以战略的眼光看待未来，使自己在竞争中扬长避短，保护发展自身，战胜对手。

(6) 在未发生风险之前，对企业各项活动进行计划和监督，对已发生的损失进行检查分析，在责任范围内，力争损失最小。

除此之外，有效的风险管理还可以避免危机的发生，保护企业财产、人身安全，保护社会和自然环境。因此，加强企业的商务风险管理是企业获得安全经营的基本保障，直接关系到企业经营成败，西方学者也把商务风险管理形象地称为现代企业的"救生圈"。

第四节　商务风险识别与防范

一、筹资风险的识别与防范

企业生存与发展所需要的资金主要来源于权益资金和负债资金。负债是企业一项重要的资金来源，然而，负债资金在为企业带来杠杆效应，增加股东收益的同时，也增加了企业的筹资风险，而较大的筹资风险甚至可能导致企业生命的终止。因此，控制资本结构，防范和降低筹资风险就显得尤为重要。

(一)筹资风险的含义及分类

由于权益资金属于企业长期占用的资金，不存在还本付息的压力，也就不存在偿债的风险；而负债资金则需要还本付息，是一种法律义务，因此，筹资风险主要是指由负债筹资而引起的到期不能偿债的可能性。筹资风险可分为现金性筹资风险和损益性筹资风险两大类。

1. 现金性筹资风险

现金性筹资风险是指企业在特定时点上，现金流出量超过现金流入量而产生的到期暂时不能偿付债务本息的风险。形成现金性筹资风险的主要原因是由于企业债务的期限结构与其资产的使用期间搭配不当，负债比例过高等。现金性筹资风险的基本特征主要有四点：①它是一种暂时的风险，表现为企业在某一特定的时点无法清偿某些债务，但不表明企业的长期偿债能力有问题；②它是一种个别风险，表现为企业某一项的债务不能即时即刻偿还；③它是一种支付风险，与企业盈利状况无关；④它是一种纯粹的筹资风险，是由于筹资不当引起的，表现为现金预算与实际状况的不符等。

2. 损益性筹资风险

损益性筹资风险是指企业损益状况恶化出现的不能依约偿还到期债务本息的风险。引起损益性筹资风险的原因主要是由于企业资金结构不当，经营状况恶化。损益性筹资风险的基本特征主要有：①损益性风险不是个别风险，体现为企业的整体风险，它对全部债务的偿还都将产生不利的影响；②损益性风险本质上是经营风险引起的筹资风险，它不是一种支付风险，企业经营处于亏损状态时，偿还债务的能力会逐步丧失；③损益性风险是一种终极风险，不是一种暂时的风险，企业经营亏损的状况若不能得到改观，企业将会陷入破产的边缘。

(二)筹资风险的成因

企业筹资风险的成因来自内外两个方面。

1. 筹资风险的内因

(1) 负债规模过大。企业负债规模大，则利息费用支出增加，由于收益降低而导致丧失偿付能力或破产的可能性也增大。同时，负债比重越高，企业的财务杠杆系数[息税前利润÷(息税前利润-利息)]越大，股东收益变化的幅度也越大。所以负债规模越大，财务风险越大。

(2) 资本结构不当。这是指企业资本总额中自有资本和借入资本比例不恰当对收益产生负面影响而形成的财务风险。企业借入资本比例越大，资产负债率越高，财务杠杆利益越大，伴随其产生的财务风险也就越大。合理地利用债务融资、配比好债务资本与权益资本之间的比例关系，对于企业降低综合资本成本、获取财务杠杆利益和降低财务风险是非常关键的。

(3) 筹资方式选择不当。目前在我国，可供企业选择的筹资方式主要有银行贷款、发行股票、发行债券、融资租赁和商业信用。不同的筹资方式在不同的时间会有各自的优点与弊端，如果选择不恰当，就会增加企业的额外费用，减少企业的应得利益，影响企业的资金周转而形成财务风险。

(4) 负债的利息率。在同样负债规模的条件下，负债的利息率越高，企业所负担的利息费用支出就越多，企业破产风险也就越大。同时，负债的利息率对股东收益的变动幅度也有较大影响。因为在息税前利润一定的条件下，负债的利息率越高，财务杠杆系数越大，股东收益受影响的程度也越大。

(5) 负债期限结构不当。这一方面是指短期负债和长期负债的安排，另一方面是指取得

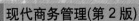

资金和偿还负债的时间安排。如果应筹集长期资金却采用了短期借款，或者应筹集短期资金却采用了长期借款，则会增加企业的筹资风险。所以企业在举债时也要考虑债务到期的时间安排及举债方式的选择，才能在债务偿还期不至于因资金周转出现困难而无法偿还到期债务。

(6) 筹资顺序安排不当。这种风险主要针对股份有限公司而言。在筹资顺序上，要求债务融资必须置于流通股融资之后，并注意保持间隔期。如果发行时间、筹资顺序不当，则必然会加大筹资风险，对企业造成不利影响。

2. 筹资风险的外因

(1) 经营风险。经营风险是企业生产经营活动本身所固有的风险，其直接表现为企业息税前利润的不确定性。经营风险不同于筹资风险，但又影响筹资风险。当企业完全采用股权融资时，经营风险即为企业的总风险，完全由股东均摊。当企业采用股权融资和债务融资时，由于财务杠杆对股东收益的扩张性作用，股东收益的波动性会更大，所承担的风险将大于经营风险，其差额即为筹资风险。如果企业经营不善，营业利润不足以支付利息费用，则不仅股东收益化为泡影，而且要用股本支付利息，严重时企业将丧失偿债能力，被迫宣告破产。

(2) 预期现金流入量和资产的流动性。负债的本息一般要求以现金偿还，因此，即使企业的盈利状况良好，但其能否按合同规定偿还本息，还要看企业预期的现金流入量是否足额、及时和资产流动性的强弱。现金流入量反映的是现实的偿债能力，资产的流动性反映的是潜在的偿债能力。如果企业投资决策失误或信用政策过宽，不能足额、及时地实现预期的现金流入量以支付到期的借款本息，就会面临财务危机。此时，企业为了防止破产可以变现其资产。各种资产的流动性(变现能力)是不一样的，其中库存现金的流动性最强，固定资产的变现能力最弱。企业资产的整体流动性，即各类资产在资产总额中所占比重，对企业的财务风险影响最大，很多企业破产不是没有资产，而是因为其资产不能在较短时间内变现，结果不能按时偿还债务而宣告破产。

(3) 金融市场。金融市场是资金融通的场所，企业负债经营要受金融市场的影响，如负债的利息率就取决于取得借款时金融市场的资金供求情况。金融市场的波动，如利率、汇率的变动，会导致企业的筹资风险。当企业主要采取短期贷款方式融资时，如遇到金融紧缩、银根抽紧、短期借款利息率大幅度上升，就会引起利息费用剧增高利润下降，更有甚者，一些企业由于无法支付高涨的利息费用而破产清算。

(三)筹资风险的防范

筹资活动是个系统工程，为了降低筹资风险，企业必须拟定正确的筹资方案，并对筹资活动进行监控。为了防范筹资风险，商务企业应做到以下几点。

1. 应树立风险意识

在市场经济体制下，企业是自主经营、自负盈亏、自我约束、自我发展的独立商品生产者和经营者，企业必须独立承担风险。企业在从事生产经营活动时，内外部环境的变化，导致实际结果与预期效果相偏离的情况是难以避免的。如果在风险临头时，企业毫无准备，一筹莫展，必然会招致失败。因此，企业必须树立风险意识，即正确承认风险，科学估测风险，预防发生风险，并且有效应对风险。

2. 建立有效的风险防范机制

企业必须立足市场，建立一套完善的风险预防机制和财务信息网络，及时地对财务风险进行预测和防范，制订适合企业实际情况的风险规避方案，通过合理的筹资结构来分散风险。如通过控制经营风险来减少筹资风险，充分利用财务杠杆原理来控制投资风险，使企业按市场需要组织生产经营，及时调整产品结构，不断提高企业的盈利水平，避免由于决策失误而造成的财务危机，把风险减少到最低限度。

3. 保持合理的负债比率

企业筹集资金是为了满足生产经营的需要，但不能过剩，否则也会加大筹资的风险。当外部筹资运营后所获利润高于利息支出时，负债经营有利，借入的资金越多，获利越多。但应确定适度的负债数额，保持合理的负债比率。负债经营能获得财务杠杆利益，同时企业还要承担由负债带来的筹资风险损失。为了在获取财务杠杆利益的同时避免筹资风险，企业一定要做到适度负债经营。企业负债经营是否适度，是指企业的资金结构是否合理，即企业负债比率是否与企业的具体情况相适应，以实现风险与报酬的最优组合。在实际工作中，如何选择最优化的资金结构，是复杂和困难的。对一些生产经营好，产品适销对路，资金周转快的企业，负债比率可以适当高些；对于经营不理想，产销不畅，资金周转缓慢的企业，其负债比率应适当低些，否则就会使企业在原来商业风险的基础上，又增加了筹资风险。

4. 合理制订负债财务计划

企业应按照需要与可能安排适量的负债，同时，还应根据负债的情况制订出还款计划。如果举债不当，可能会到了债务偿还日无法偿还，从而影响企业信誉。因此，企业利用负债经营，就必须从加强管理，加速资金周转上下功夫。企业应努力降低资金占用额，尽量缩短生产周期，提高产销率，降低应收账款，增强对风险的防范意识，在充分考虑影响负债各项因素的基础上谨慎负债。在制订负债计划的同时须制订出还款计划，使其具有一定的还款保证，企业负债后的速动比率应不低于 1∶1，流动比率应保持在 2∶1 左右的安全区域。只有这样，才能最大限度地降低风险，提高企业的盈利水平。同时还要注意，在借入资金中，长短期资金应根据需要合理安排，使其结构趋于合理，并要防止还款期过分集中。

5. 根据利率走势做出筹资安排

针对由利率变动带来的筹资风险，企业应认真研究资金市场的供求情况，根据利率走势及其发展趋势，做出相应的筹资安排。在利率处于高水平时期，尽量少筹资或只筹集急需的短期资金；在利率处于由高向低过渡时期，也应尽量少筹资，不得不筹集的资金应采用浮动利率的计息方式；在利率处于低水平时，筹资较为有利；在利率处于由低向高过渡时期，应积极筹集长期资金，并尽量采用固定利率的计息方式。

企业负债经营，就必须承担筹资风险。筹资风险控制得好，能为企业筹得必要的资金，扩大生产经营规模，促进企业发展；如果筹资风险较大又无力控制，会给企业带来金融危机，甚至威胁企业的生存。因此，筹资风险的识别与控制是商务风险管理的首道关口。企业应在正确认识筹资风险的基础上，充分重视筹资风险的作用及影响，掌握筹资风险的防范措施，使企业既获得负债经营带来的财务杠杆收益，同时将风险降低到最低限度，使负债经营更有利于提高企业的经营效益，增强企业市场竞争力。

二、投资风险的识别与防范

投资是继筹资之后企业的又一个关键性经营活动，它不仅是企业生存与开拓的动力，更是企业成功与发展的机遇。同样，投资形式的多样性和环境的复杂性也使企业面临着各种投资风险，其防范和控制的措施也各不相同。

(一)投资风险的概念及成因

投资风险是投资决策时必须考虑的一种特种风险，由于投资活动受到多种不确定因素的共同影响，而使得实际投资出现不利结果的可能性。投资风险表现为实际投资结果与期望投资收益之间的不一致。一般来说，实际投资出现不利结果的可能性越大，偏离期望投资收益越远，投资的风险也就越大。在投资风险存在的情况下，可能出现截然不同的两种结果：好的结果是投资收益的实际结果超过期望水平；坏的结果是投资的实际结果低于期望水平。

导致投资风险产生的原因主要有以下几个：①整个投资期内投资费用的不确定性；②投资收益的不确定性；③投资期间金融市场变化导致的购买力风险和利率风险，对投资项目的收益结果会产生很大影响；④政治环境的变化和自然灾害等因素也会影响投资项目的收益，从而形成投资风险；⑤人为因素造成的投资决策失误。

(二)投资风险的分类

投资风险通常包括系统性风险和非系统性风险两大类。

1. 系统性风险

系统性风险是指由于政治、经济及社会环境的变动而造成的所有投资行为的风险。它包括经济周期风险、利率风险、通货膨胀风险等。这类风险的共同特点是：它们的影响不是作用于某一种投资对象，而是对整个投资行为发生作用，导致所有投资行为出现风险。由于系统性风险对所有投资行为普遍存在且无法通过多样化的方法来加以回避与消除，因此又称为非多样化风险。

2. 非系统性风险

非系统性风险是指由于市场、行业以及企业本身等因素导致个别投资行为的风险。它包括行业风险、企业经营风险、财务风险、企业违约风险等，这是由单一因素造成的，只影响某种投资收益的风险。尽管目前不同类别的投资行为在不同程度上都具有非系统性风险，但根据投资理论研究的结果，非系统性风险属于个别风险，能够通过投资多样化的方法将其分解并且可以进行有效的防范，因此又称为多样化风险。

(三)投资风险的识别

投资风险识别是风险管理人员运用有关的知识和方法，系统、全面和连续地发现投资活动所面临的风险的来源、确定风险发生的条件、描述风险的特征并评价风险影响的过程。投资风险识别是风险管理的首要步骤，只有全面、准确地发现和识别投资风险，才能衡量风险和选择应对风险的策略。投资风险的识别具有以下几个特点。

(1) 投资风险的识别是一项复杂的系统工程。由于风险的无时无处不在，决定了投资过程中的风险都属于风险识别的范围；同时，为了准确、全面地发现和识别风险，需要风险管理部门和生产部门、财务部门等方面密切配合。

(2) 投资风险识别是一个连续的过程。一般来说，投资活动及其所处的环境随时都处在不断的变化中，所以，根据投资活动的变化适时、定期进行风险识别，才能连续不间断地识别各种风险。

(3) 投资风险识别是一个长期过程。投资风险是客观存在的，它的发生是一个渐变的过程，所以在投资风险发展、变化的过程中，风险管理人员需要进行大量的跟踪、调查。对投资风险的识别不能偶尔为之，更不能一蹴而就。

(4) 投资风险识别的目的是衡量和应对风险。投资风险识别是否全面、准确，直接影响风险管理工作的质量，进而影响风险管理的成果。识别风险的目的是为衡量风险和应对风险提供方向和依据。

(四)企业投资风险的防范

投资活动是一个较长期的过程，而不仅仅是注入资金获得权益的一瞬间，其内容包括获得权益前后一系列管理运作行为，时间上则包括从项目物色准备直至投资收回的各个阶段。所以，对风险的防范和控制应贯穿投资的全过程。

1. 投资预算与企业的战略计划一致

企业战略计划和投资预算的关系是企业战略决定投资预算。没有好的战略，投资失误会使一个企业在很短的时间内破产。如果投资预算和战略计划脱节、背离，投资就会失去方向和重点，可能会出现各个项目相互矛盾的情况。如果投资方案和战略计划不一致，还会导致投资的错误分配。比如，战略计划中希望得到扩充的地区分不到投资，或者得到较少；反之，战略计划要收缩的地区或业务，投资预算却继续增加。为了防止这种现象发生，企业的战略计划需要通过正式的方式让所有项目投资者都知道，并共同遵守其规定的基本原则；战略计划必须在编制投资预算以前就制订出来，以便使它成为投资预算的指南；在编制投资预算的过程中，投资项目要和战略计划的关键规定及约束条件相对照；如果战略计划过程还没有完全结束，或还没有正式批准，投资预算不要最后拍板。

2. 投资预算与企业实力相符合

投资预算必须在资金能力的范围内进行评价。制订投资预算的最初阶段，要将资金产生的能力数量化，也就是说要根据实际情况来计划和安排资金来源。公司的资金一般有下列几个来源：从公司税后利润中扣除分红及其他应付款项后可以重新投入企业经营的部分；提取固定资产折旧以及其他如土地、资源所摊提的资金；非现金的流动资金(包括会计应收款和期票)，可以变现的库存物资(包括原材料、在制品、制成品等)；其他来源(包括期初的富余现金、变卖固定资产的收入，以及发行新的债券和股票所筹集的现金收入等)。这些资金来源构成了公司支持投资的财力约束条件。计算出来的总财力往往偏高，但它毕竟为投资额预算规定了一个上限。

以上有关财力的分析，也包括以货币表现的物力，剩下的就是人力如何与投资预算相适应，这也是投资成败的关键因素。如果企业的技能、管理能力与投资需要不平衡，贸然将资金投向某个行业，也可能会犯大错误。在这种情况下，投资应当受到严格的限制，直到企业采用了新技术，人员经过培训等能够胜任为止。

3. 投资必须进行严格的控制

由于企业外部环境和内部条件的变化，一项投资计划也可能会被证明是错误的，或者是不合时宜的，这时控制职能可以为追踪决策提供必要的反馈信息。退一步说，即使是有希望获得成功的投资预算，也需要对其实施过程进行控制。控制的方法是将主要投资项目分解成若干个子项目，以提供一个检查、控制开支的基础；对已批准的投资项目，在正式签订合同或采购之前，必须按子项目进行具体细致的审查；按时间顺序拨款，定期检查预算开支情况，以控制成本超支等问题。

4. 控制风险要贯彻到投资过程的各个阶段

在投资的准备阶段：投资的准备即对项目的储备、筛选，在发掘项目的过程中，就应充分考虑项目实施将可能发生的种种风险，将风险度作为考察项目的重要因素，甚至是首要因素。

在投资的决策阶段：科学合理的决策体系可有效防范风险。集团决策系统应充分发挥集体智慧，采用先进的决策方法，在对研发机构的项目建议和可行性研究报告进行详细审查，通过答辩程序进一步论证的基础上，方才做出决策。避免凭感觉"拍脑袋"决策。

在投资的实施阶段：投资项目的执行实施单位始终要具备风险防范意识，在运作过程中要及时发现潜在风险，采取相应措施。集团要加强风险监控体系，建议集团设立专门的风险管理职能部门或专职人员，对每项投资实施实时监测，及时反馈有关信息。

三、贸易风险的识别与防范

(一)买卖风险的识别与防范

买卖风险是指商品所有权转移过程中产生的各种风险，包括采购风险、销售风险和变价风险。

1. 采购风险及其防范

采购风险是由于采购商品过程中发生的不利于采购方的行为的总称，主要有以下几种情况。①质量不符，即供方提供的货物不符合采购合同规定的品质要求，如劣质商品、假冒商品、需提供使用说明书但未提供的商品、需负责安装但未履行安装责任的商品、需提供配套产品而未提供配套产品的行为等。②数量不符，即供方提交货物不足合同规定数量或超过合同规定数量。③时间不符，即供方延时或提前交付货物，前者影响到买方的生产或转售，造成经济损失，后者增加买方的储存费用。④地点不符，即供方交货的地点与合同的要求不符。⑤采购数量不当，即占压过多企业流动资金，或货源供应不充分。

防范采购风险，首先应认真签订采购合同。合同的条款一定要具体、明确，如对质量要求要注明品质标准和检验办法；对数量要明确溢交或短交的比率等。其次，应合理确定采购批量，按需采购。再次，严把质量检验关，尤其要提高采购人员的责任心，对每笔采购品都要认真查验，不让劣质产品进入企业。最后，慎重选择预付款手段。预付货款采购商品是许多商品交易中的惯例，应根据供求状况慎重确定预付款的数量。对供过于求的商品，一般采取货到付款的形式；对供不应求的紧缺商品，可适当多付预付款。

2. 销售风险及其防范

销售风险是企业在出售商品过程中产生的风险，通常有买方拒收货物造成损失、买方不付款或不按时付款造成损失两种情况。

防范销售风险，一方面应严格按合同要求交付货物和全面了解买方的资信情况，凡在合同中明确了交货数量、质量、时间和地点的，必须按要求认真履行销售合同，如遇特殊

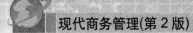

情况影响按要求履行合同时，必须及时与买方联系，取得买方的谅解和支持；当买方发生拒收货物行为时，要认真分析原因，及时化解纠纷。另一方面，考察买方资信情况是保证买方是否按时付款的关键，对资信好的企业，可采取货到付款方式；对资信不好的企业，要采取款到交货方式。

3. 变价风险及其防范

对于大多数合同交易的商品，通常存在交易的时间和空间差异。从合同签订到履行的间隔期内，市场形势可能发生变化，从而引起商品价格的涨落，产生合同价格与实际市场价格不相符的现象，带来变价风险。采购和销售活动都存在这种风险。如签订采购合同时市场价格高，而履行合同时市场价格明显下降，采购方需按合同中的价格履行合同，就要承担价格变动所带来的损失；又如签订销售合同时市场价格低，而履行合同时市场价格显著上升，销售方需按合同中价格履行合同，也要承受变价损失。

防范变价风险的重要措施是准确预测市场信息，掌握市场变化规律。对于市场变化(波动)大的商品，要在签订合同时订立"变价处理办法"的条款，同时缩短签约与履约的时间；对季节性商品，在定价时要充分考虑储存费用对价格的影响。

(二)运输风险的识别与防范

运输风险是货物在运送过程中产生的风险，包括货物的短少、损坏和灭失。造成运输风险的原因主要有装卸不当、运输事故及不可抗力事件等。运输风险是货物运输中客观存在的风险，在贸易过程中需要慎重对待。

防范运输风险需要注意：①要认真签订运输合同，明确承运人与受托人的权利和责任，以便当货物在运输过程中发生灭损时采取有效的损害救济方法；②要对货物进行运输保险，货物运输保险是商务活动中常用的手段，尤其在国际贸易中使用最为广泛，通过保险可使损失减少到最低限度；③货物运输中发生不可抗力事件后，要及时采取抢救措施，减少损失。

(三)结算风险的识别和防范

结算风险是在贸易结算过程中产生的各种风险，最常见的风险有两类：①由于货币价格变动产生的风险，最典型的是由于通货膨胀对买方或卖方带来的损失；②由于采用不同的结算方式而带来的风险，如采取远期信用证结算方式可能产生较大风险。

商务活动，特别是对外商务活动中比较突出的就是外汇风险，这是企业在一定时期内对外贸易活动中，以外币表现的资产或负债因未预料到外汇汇率变动或结算方式选择不当可能带来巨大的贸易损失。

防范外汇风险可以采取以下几项避险措施：①出口以硬货币、进口以软货币或多种货币报价；②如未能达成出口以硬货币、进口以软货币或多种货币报价，则可采取加价保值或压价保值的办法，即出口企业接受以软货币计价成交时将汇价变动所造成的损失摊入出口商品的价格中，以转移汇率风险；③在出口贸易中，如预测到计价货币在结算期可能贬值，要设法提早结算收款；相反，如计价货币升值时应推迟付款，避开汇率变动期；④为减少因时间推移带来的风险，出口企业应按期交货、迅速收汇，缩短收汇时间；⑤如果企业在进出口贸易中预测到收付货币汇率的变动，可以在进出口交易的基础上以远期外汇买卖转嫁外汇风险。

第五节　商务风险管理与控制

一、商务风险管理程序

商务风险管理程序的合理化是有效进行风险管理的重要环节，一般包括风险的识别，风险估测、风险评价以及对风险实施有效的控制和妥善处理风险所致的损失等几个主要步骤，以达到以最小成本获得最大安全保障。同时，风险管理是一个动态反馈的过程，在这一过程中需要对决策进行定期的评价和修正。随着时间的推移和情况发生变化，可能产生新的风险，风险的可能性和严重性可能会产生变化，管理这些风险的方法亦要随之而变。

(一)风险的识别

风险识别是商务风险管理的第一步，是指对所面临的以及潜在的风险加以判断、分类和鉴定风险性质的过程。一方面，对风险的识别可以通过感性认识和经验进行判断；另一方面，则必须对各种客观的会计、统计资料进行分析、归纳和整理，发现各种风险的损害情况。

企业在商务活动中面临的风险有多种，如纯粹风险与投机风险、静态风险与动态风险、特殊风险与基本风险、筹资风险与投资风险、财产风险与责任风险、股市风险与外汇风险等。但一定时期内不可能各种风险同时存在，在经营期的不同阶段，会有不同的主要风险。如企业创办期筹资和投资风险是主要的，在正常经营期，交易风险和财务风险可能较多；在经营不善时可能会有债务风险；在某些年份可能遇到自然风险等。风险管理人员应全面了解企业的风险结构，集中力量识别和处理关系全局的主要风险。

(二)风险的估测

风险估测是在风险识别的基础上，通过对所收集的大量资料加以分析，运用概率论和数理统计方法，估计和预测风险发生的概率和损失幅度。风险估测的重要性在于不仅使风险管理建立在科学的基础上，而且使风险分析定量化，为选择最佳管理技术提供较可靠的依据。预测风险发生概率的主要方法如下。

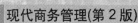

(1) 根据历史实绩统计，计算出风险发生概率。例如，某商店在不能确切知道市场需求的情况下，采购的商品就存在销售风险问题。若该店一个季度内完成日销售量的天数已知，每日的采购量有四种方案，则可求得完成销售任务的概率值与风险值，如表 12-2 所示。

表 12-2　概率与风险值计算表

日收购方案(件)	完成日销售量天数	概　率　值	风险概率值
100	18	18/90=0.2	1−0.2=0.8
110	36	36/90=0.4	1−0.4=0.6
120	27	27/90=0.3	1−0.3=0.7
130	9	9/90=0.1	1−0.1=0.9

从表 12-2 可以看出，若一个季度以 90 天计算，每天购进 100 件，正好销完的概率为 0.2，完不成(或不够销的概率)为 0.8。以此类推，其他采购方案完成的概率为 0.4，0.3，0.1，风险概率为 0.6，0.7，0.9。

(2) 在缺乏历史资料或历史资料不足的情况下，可采用合理性标准，即假设各自然状态发生的概率相等。如果有 n 种自然状态，则每一种自然状态发生的概率为 $\dfrac{1}{n}$。如上例采用合理性标准，则每一种采购方案(自然状态)发生的概率为 $\dfrac{1}{n}$，即 $\dfrac{1}{4}$=0.25，每一种自然状态不能出现的风险概率值为 1−0.25=0.75，四种方案相同。

(3) 根据决策者的风险倾向确定风险概率值。若决策者对某种自然状态出现的可能性持乐观态度，即可定出乐观系数，假设为 0.8，则悲观性系数为 0.2。这两个系数，可看成成功的概率值和不成功的风险值。

风险发生的概率只能说明风险出现的可能性，不能说明风险带来损失的程度。根据风险的概率值以及每种自然状态下的损益值，可计算出决策方案的期望值，在此基础上即可确定风险造成的损失程度。

(三)风险的评价

风险的评价是在前两个步骤的基础上，把风险发生的概率、损失严重程度，结合其他因素综合起来考虑，得出系统发生风险的可能性及其危害程度，并与安全指标比较，确定系统的危险等级，然后根据系统的危险等级决定是否需要采取控制措施，以及控制措施采取到什么程度。

(四)选择风险管理技术

根据风险评价的结果，为实现风险管理目标，选择与实施最佳风险管理技术是风险管理的第四步。风险管理技术分为两大类：一类为控制型技术(Control Method)；另一类为财务型技术(Financing Method)。前者是为了避免、消除和减少意外事故发生的机会，采取限制已发生损失继续扩大的一切措施，重点在于改变引起意外事故和扩大损失的各种条件；后者则是在实施控制技术后，对无法控制的风险所做的财务安排，这一技术的核心是将消除和减少风险的成本均匀地分布在一定时期内，以便减少因随机性的巨大损失发生而引起的财务上的波动，通过财务处理，可以把风险成本降低到最小限度。实际中，通常采用几种管理技术优化组合，使其达到最佳状态。

(五)风险管理效果评价

风险管理效果评价是指对风险管理技术适用性及其收益性情况的分析，检查、修正与评估。风险管理效益的大小取决于是否能以最小的风险成本取得最大的安全保障。成本的大小等于为采取某项管理技术所支付的各项费用与机会成本之和。而保障程度的高低取决于由于采取了该项管理技术后减少的风险直接损失和间接损失之和，若前者大于后者，说明该项管理技术是不可取的；若后者大于前者，该项技术是可取的，但不一定是最佳的。从经济效益来讲，最佳技术是指各项可供选择的技术中，下述比值最大的风险管理技术，即：

效益比值=(采取某项技术后减少风险的直接损失和间接损失之和)÷(采取某项技术所付各项费用和机会成本之和)

二、商务风险管理与控制技术

为实现风险管理目标，根据风险评价结果，选择最佳风险管理技术与实施是风险管理中最为重要的环节。风险管理技术分为控制型和财务型两大类，前者的目的是降低损失频率和减少损失程度，重点在于改变引起风险事故和扩大损失的各种条件；后者是事先做好吸纳风险成本的财务安排。

(一)控制型风险管理技术

控制型风险管理技术是指在风险分析基础上，针对企业存在的风险因素，积极采取控制技术以消除风险，或减少风险因素的危险性，其目的主要有两个：①在事故发生前，降低事故发生的频率；②在事故发生时控制损失继续扩大，将损失减少到最低限度。具体的控制方法如下。

1. 回避风险

回避风险即通过放弃或拒绝合作，停止业务活动来回避风险源。回避风险是最彻底的风险控制方法，即从根本上消除风险，但其局限与缺陷也是显而易见的。虽然潜在的或不确定的损失能就此避免，但获得利益的机会也会因此丧失。回避风险时，还应考虑风险回避的可能性和合理性。有些风险是无法回避的，如履行责任有风险，但不能因此什么也不做；有些风险可以回避，如卖方拒绝与信用不好的买方签订买卖合同等。风险回避的合理性，就是比较接受损失和回避损失的成本，如果为了回避风险的费用超过损失本身，就得不偿失；或为了回避损失而带来更大的风险也是不可取的。

回避风险的方法一般在某特定风险所致损失频率和损失程度相当高或处理风险的成本大于其产生的效益时采用，它是一种最彻底、最简单的方法，但也是一种消极的方法。

2. 预防风险

预防风险是指在风险发生之前采取措施减少风险的发生频率与损失程度，它是通过消除或减少风险因素来实现的，目的在于降低损失发生的频率。一般企业在损失频率高而损失幅度小的情况下可以采用这种策略。风险预防侧重于风险的物质因素，所以也称为工程物理法，如设计防火、防盗装置，设备的安全检查等；风险预防的另一类方法是侧重于人的行为，也称为人类行为法，如加强职业教育，提高思想觉悟等。在商务活动中搜集必要的信息，选择合适的中间商也可以预防风险，减少损失。

3. 抑制风险

抑制风险是指在风险发生时或发生后，为了防止风险的蔓延和损失扩大而采取的一系列措施，是处理风险的有效技术。如安装自动报警装置或自动喷淋系统，以便及时发现和扑灭火灾。风险抑制的一种特殊形态是割离，它是将风险单位割离成许多独立的小单位而达到缩小损失程度的一种方法。风险抑制常在损失幅度高且风险又无法回避和转嫁的情况下采用。

4. 分散风险

分散风险是指以增加风险单位数量来提高风险的可测性，平衡风险损失，降低风险成本。在现实生活中分散风险的实例很多，如炒股人士持有不同种类和数量的股票就是防止某种股票过分下跌而带来的风险损失。人们常说的不要把鸡蛋放在一个篮子里，也是为了分散风险。

分散是集合有同类风险的多数单位，将风险损失分散到众多的单位，使某一单位所承担的风险较以前减少；或者将具有不同风险的单位组合起来，使之互相协作，提高各单位应付风险的能力，由于大数法则的作用，使损失的不确定性相对减小。通过集中与分散，达到降低风险的目的。如企业通过合并、扩张、联营或采用商品品种多元化经营的方式，以利于分散或减轻可能遭到的风险；再如在贷款、投资方面，可以采取贷款期限多样化、贷款种类多样化、货币种类多样化和联合投资的方式来分散风险。

(二)财务型风险管理技术

由于人们对风险的认识受许多因素的制约，因而对风险的预测和估计不可能达到绝对精确的地步，而各种控制处理方法，都有一定的缺陷。为此，有必要采取财务法，通过预先提留各种风险准备金，消除风险事故发生时所造成的经济困难和精神忧虑，包括风险自留或承担和风险转移两种。

1. 风险自留

风险自留是指对风险的自我承担，即企业或单位自我承受风险损害后果的方法。自留风险可以是被动的，也可以是主动的；可以是无意识的，也可以是有意识的。当风险在没有被预见，因而没有做出处理风险的准备时，风险自留就是被动的或者无计划的。这种风险自留的方式是常见的，在一定程度上不可避免。主动的或有计划的风险自留，通常是采取建立一笔专项基金，以此来抵偿可能遭遇的不测事件所带来的损失。对一些无法避免和转移的风险，采取积极的态度，在不影响投资者根本或局部利益的前提下，将风险自愿承担下来不失为一种规避风险的方式。

一般来说，在风险所致损失频率和幅度低、损失短期内可预测以及最大损失不足以影响企业的财务稳定时，宜采用自留方法。但有时会因风险单位数量的限制而无法实现其处理风险的功效，一旦发生损失，可能导致财务调度上的困难而失去其作用。

2. 风险转移

风险转移是一些单位或个人为避免承担风险损失而有意识地将风险损失或与风险损失有关的财务后果转嫁给另一单位或个人承担的一种风险管理方法。

风险转移分为直接转移和间接转移。直接转移是将与风险有关的财务或业务直接转嫁给他人；间接转移是指在不转移财产或业务本身的条件下将财产或业务的风险转移给他人。前者主要包括转让、转包等；后者主要包括租赁、保证、保险等。其中，转让是将可能面临风险的标的通过买卖或赠与的方式将标的所有权让渡给他人；转包是将可能面临风险的标的通过承保的方式将标的经营权或管理权让渡给他人；租赁是通过出租财产或业务的方式将与该项财产或业务有关的风险转移给承租人；保证是保证人和债权人约定，当债务人不履行债务时，保证人按照约定履行债务或承担责任的行为；保险则是通过支付保费购买保险将自身面临的风险转嫁给保险人的行为。如企业通过分包合同将土木建筑工程中水下作业转移出去，将带有较大风险的建筑物出售等都属于风险转移。

风险转移并没有直接改变风险的频率和程度，而是将风险转移给他人，间接地达到了降低损失频率和减小损失幅度的目的。

 **本章小结**

(1) 本章首先介绍了资本运营的概念与内涵，指出资本运营与生产经营的区别与联系。企业的资本运营是一个筹资、投资、创造价值、实现价值和价值增值的过程，在这个过程中，筹资决策和投资决策是关键，这两项决策都是风险性决策，其风险控制至关重要。进而，对资本运营对企业的重要作用从三方面进行了论述。

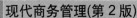
(2) 对资本运营的理论进行了简要介绍，并说明了资本运营中资本的筹集和投入、运用和增值、循环和周转及资本结构的重新组合四方面的内容。在资本运营中主要包括了扩张型和收缩型两种模式，应注意避免重资本轻经营和盲目扩张两种情况。在此基础上，提出企业实施资本运作的策略。

(3) 从环境因素和内部决策因素分析了商务风险的主要来源。环境因素主要包括政治、经济、法律、人员、技术和信息等几个方面，内部决策主要是指企业在不同类型的决策过程中面临的风险；资本运营中包括了投资、筹资、贸易、汇率等方面的风险因素。同时指出了商务风险管理对企业经营发展的重要意义。

(4) 主要分析了商务风险中的筹资风险、投资风险和交易风险的成因及防范措施。筹资风险的防范主要是通过保持合理的负债比率、合理制订负债财务计划以及根据利率走势做出筹资安排；投资风险的防范要使投资预算与企业的实力相符合，并贯彻到投资过程的各个阶段；贸易风险主要从交易风险、运输风险和结算风险三个方面防范。

(5) 本章最后介绍了商务风险管理的主要流程，包括风险的识别，风险估测、风险评价以及对风险实施有效的控制和对风险管理效果的评价等几个主要步骤。一般来看，规避风险主要有完全回避风险、风险损失控制、风险转移、风险自留和分散风险等方式，应针对不同的风险采取不同的风险规避措施。总之，风险规避不仅是消灭风险，而是在减少未来可能损失的同时寻求可能的收益增长机会。

 本章案例

旅游业的资本运营时代

随着旅游业资本运营发展，企业并购活动向境外延伸，国际化资本运营走势显现。2016年来，旅游业的并购风生水起，可谓你方唱罢我登场。如携程旅游宣布与去哪儿度假合并，这是继中国旅游集团公司诞生后，旅游界又一重大并购举措。几个月前，中国国旅集团有限公司整体并入中国港中旅集团公司，诞生了巨无霸式的中国旅游集团公司。

旅游业的并购预示着旅游业资本运营时代的到来。旅游业并购之风劲吹，既有横向并购，也有纵向并购。2015 年旅游业投资超过 1 万亿元，2016 年上半年，全国完成旅游投资4211.5 亿元。光是 2016 年上半年国内旅游上市公司就有 105 起资本活动，涉及兼并重组的规模为 173.49 亿元。近期发布的《中国旅游发展报告 2016》预测，未来 5 年，中国酒店业、民航、旅行社等领域还将持续发生大规模并购。最终，市场上将形成数个大型多元化企业集团，成为中国旅游业持续发展的有力支撑。

非但如此，随着旅游业资本运营发展，企业并购活动向境外延伸，国际化资本运营走势显现。一方面，不少企业运用市场战略，逐鹿出境游市场。如阿里旅行改名后运用新品牌"飞猪"，推出"出境超市"，声称"一站购齐"，以年轻群体为目标市场，进行深耕细作。携程在并购海鸥旅游、纵横集团后，再加上与途风网的战略合作，与竞争对手争夺出境游市场。另一方面，进行全球化整合并购。这两年中资企业的海外并购日趋活跃，尤其是酒店的项目抢手，这是中国旅游业走出去的重大举措，也是运用国际品牌发展壮大自身的必然选择。

中国旅游业在敞开胸怀迎接国际化资本运营时代的同时，也要谨慎操作。如果旅游业的并购难以达成真正的交易成本节约与多赢局面，其结果就有违初心。

一是旅游业的并购应带来产品与服务的提升。其一，品牌战略的运用。并购会带来品牌整合、拓展与延伸。并购之后的品牌战略非常重要，如利用并购的名牌可采用子品牌加母品牌战略，或重新规划不同品牌的定位。如同程旅游与万达旅业合并构建旅行社巨头，将"百旅会"定位于中老年旅游市场，这样可以将产品做得更加垂直和深入。其二，服务升级。并购后的资源整合，可以给旅游企业带来更多服务能力，包括产品、品牌、信誉、管理模式等。这就可以服务两个市场：一个是旅游企业，通过分工协作，建立新的分工体系；另一个是游客，用更高效与智慧化服务，增强终端竞争力。其三是产品线重组与延伸。旅游业通过并购产生巨无霸，这是资本积累一下子难以达到的，如并购后的中国旅游集团布局旅行社、酒店、景区、地产、金融、物流和资产等 7 个板块，就可以为游客提供更加多样化、高品质的产品。

二是旅游业的并购必须理性。在旅游业走出去的并购中，既有携程以 1.8 亿美元投资印度最大在线旅游公司这样的横向并购，也有驴妈妈收购菲律宾长滩岛中文游客中心这样的纵向并购。通常认为，横向并购缘于规模经济效应或消除恶性竞争；纵向并购缘于降低交易成本与进行市场控制；混合并购除了以多样化经营应对市场多变外，还包括获得资源、管理、财务、服务等多方面的整合作用。

三是旅游业的并购要立足于环境分析与企业长远战略。旅游业发展与环境密切相关，并购必须要综合考虑产业的环境及政策，考虑企业的市场地位以及行业生命周期等。随着旅游业国际化发展，光是"一带一路"战略实施，未来 5 年便可能给沿线国家带来 1.5 亿人次中国游客。在旅游业快速成长时期，横向并购达成规模经济的可能性比较大。随着行业到了成熟阶段，适合运用纵向并购来整合资源，实现垂直一体化经营，以降低交易成本。到了衰退阶段应该考虑收割或退出，混合并购或许是一大良策。

因此，旅游业的并购如果没有长远谋略，只是一味地买买买，忽视企业核心竞争力的发挥，忽视价值链环的衍生扩展，忽视具有竞争力的技术与产品开发，最终将使得并购不经济，增大摩擦成本与协调成本，便得不偿失了。

(资料来源：张苗荧.迎接国际化资本运营时代，旅游企业该做好哪些准备[N].

中国旅游报，2017-01-03，第 003 版.)

 思考题

1. 企业资本运营与生产经营的主要区别是什么？
2. 商务活动中风险的主要来源有哪些？
3. 如何评析资本运营的相关理论。举例说明资本运营的主要运作模式。
4. 如何识别和防范商务活动中的筹资风险？
5. 如何识别与防范商务活动中的投资风险？
6. 如何识别与防范贸易风险？
7. 商务风险管理的主要程序是什么？
8. 商务风险回避的策略有哪些？

参 考 文 献

[1] 王资. 商务管理[M]. 北京：中国水利水电出版社，2009.

[2] 戴夫·查菲. 电子商务与管理[M]. 大连：东北财经大学出版社，2011.

[3] 杨丽. 商务管理综合应用[M]. 北京：中国财政经济出版社，2012.

[4] 陈运涛. 商务运营管理[M]. 北京：中国财政经济出版社，2013.

[5] 廖进球. 商务管理学[M]. 北京：中国财政经济出版社，1998.

[6] 蒋国平，等. 现代管理学[M]. 北京：机械工业出版社，2013.

[7] 斯蒂芬·P. 罗宾斯，等. 管理学[M]. 北京：中国人民大学出版社，2012.

[8] 易中天. 中国智慧[M]. 上海：上海文艺出版社，2011.

[9] 李建中，等. 中国文化概论[M]. 武汉：武汉大学出版社，2005.

[10] 李浚源，等. 中国商业史[M]. 北京：中央广播电视大学出版社，1985.

[11] [德]卡尔·马克思，弗里德里希·恩格斯. 马克思恩格斯全集[M]. 北京：人民出版社，1995.

[12] [英]托马斯·孟. 英国得自对外贸易的财富[M]. 北京：商务印书馆，1997.

[13] [英]亚当·斯密. 国富论[M]. 北京：华夏出版社，2005.

[14] [英]阿尔弗雷德·马歇尔. 经济学原理[M]. 北京：人民日报出版社，2009.

[15] [美]爱德华·张伯伦. 垄断竞争理论[M]. 北京：三联书店，1958.

[16] [美]约瑟夫·熊彼特. 资本主义、社会主义和民主主义[M]. 北京：商务印书馆，1979.

[17] 邓春玲. 经济学说史[M]. 大连：东北财经大学出版社，2006.

[18] 孙国辉，曲扬. 国际商务管理[M]. 北京：清华大学出版社，2007.

[19] 黄旭. 战略管理思维与要径[M]. 北京：机械工业出版社，2013.

[20] [美]米歇尔·R. 贝叶. 管理经济学与商务战略[M]. 北京：社会科学文献出版社，2003.

[21] 帕特里克·M. 邓恩，罗伯特·M. 勒斯克. 零售管理(第五版)[M]. 北京：清华大学出版社，2007.

[22] 杨言洪. 国际商务环境研究[M]. 北京：北京对外经济贸易大学出版社，2011.

[23] [美]特班. 电子商务：管理视角(原书第五版)[M]. 严建援，等，译. 北京：机械工业出版社，2010.

[24] [日]辻村清行. 移动互联时代的商机[M]. 王慧，译. 北京：中信出版社，2013.

[25] 刘兴倍. 商务管理[M]. 北京：清华大学出版社，2008.

[26] [美]迈克尔·R. 钦科陶，伊尔卡·A. 隆凯宁，迈克尔·H. 莫菲特. 国际商务[M] 姚新超，史纪明，译. 北京：机械工业出版社，2011.

[27] [美]约翰·D. 丹尼尔斯，李·H. 拉德巴赫，丹尼尔·P. 沙利文. 国际商务环境与运作[M]. 第 11 版. 石永恒，译. 北京：机械工业出版社，2008.

[28] 张静. 现代商务管理实操[M]. 北京：对外经济贸易大学出版社，2012.

[29] [美]菲利普·科特勒等. 营销管理[M]. 第 14 版. 王永贵，等，译. 北京：中国人民大学出版社，2012.

[30] [美]维微克·拉纳维夫. 看到未来商业机会[M](第二版). 北京：东方出版社，2010.

[31] 李双喜. 企业信息化与管理[M]. 北京：清华大学出版社，2008.

[32] [美]里基·格里芬，罗纳德·埃伯特. 商学[M]. 北京：中国人民大学出版社，2007.

[33] [美]查尔斯·福德雷尔. 销售管理：团队、领导与方法[M]. 北京：机械工业出版社，2004.

[34] [美]威廉·皮诺特等. 营销精要[M]. 北京：北京大学出版社、科文(香港)出版有限公司，2002.

[35] [英]乔纳森·雷诺兹，等. 制胜零售业[M]. 北京：电子工业出版社，2005.

[36] 黄国雄. 现代商学概论[M]. 北京：高等教育出版社，2008.

[37] 熊银解，等. 销售管理[M]. 北京：高等教育出版社，2010.

[38] 吴宪和. 现代流通经济学[M]. 上海：复旦大学出版社，2009.

[39] 马龙龙. 流通产业经济理论研究[M]. 北京：中国经济出版社，2010.

[40] 赵红梅，岳建集. 生产与运作管理[M]. 北京：人民邮电出版社，2007.

[41] 汪涛. 浅谈企业供应链管理[J]. 煤炭经济研究，2007(12)：50-51.

[42] 陶敏，彭磊. 采购战略与策略分析[J]. 现代管理科学，2003(2)：67-68.

[43] 危永波，等. 采购战略四要素[J]. 商场现代化，2005(1)：63.

[44] 你有采购战略吗？[J]. 中国商贸，2001(21)：46-48.

[45] 汤晓华. 采购管理工具箱[M]. 北京：机械工业出版社，2012.

[46] 冯利伟. 采购过程控制精细化管理手册[M]. 北京：人民邮电出版社，2012.

[47] 魏炜，等. 发现商业模式[M]. 北京：机械工业出版社，2011.

[48] [美]詹姆斯·菲茨西蒙斯，等. 服务管理：运作、战略与信息技术[M]. 北京：机械工业出版社，2013.

[49] [英]道格拉斯·霍夫曼，等. 服务营销精要[M]. 大连：东北财经大学出版社，2009.

[50] [美]赫伯特·伯尔曼，等. 商法：企业的法律、道德和国际环境[M]. 北京：清华大学出版社，2004.

[51] [美]拉尔夫·福尔瑟姆，等. 国际商业交易法概要[M]. 北京：中国社会科学出版社，1999.

[52] [美]雷·伦斯勒. 商业新范式[M]. 成都：西南财经大学出版社，2004.

[53] 田东文. 国际商法[M]. 北京：机械工业出版社，2010.

[54] 赵晓耕，等. 经济法概论[M]. 北京：中国人民大学出版社，2012.

[55] 陈燕玲，刘哲. 经济法教程[M]. 北京：经济科学出版社，2011.

[56] 吴汉东. 知识产权法[M]. 北京：北京大学出版社，2005.

[57] 种明钊. 竞争法学[M]. 北京：高等教育出版社，2002.

[58] 肖光恩，陈继勇. 国际商务概论[M]. 武汉：武汉大学出版社，2012.

[59] 金润圭. 国际企业管理(第 2 版)[M]. 北京：中国人民大学出版社，2009.

[60] 马述忠，廖红. 国际企业管理(第 2 版)[M]. 北京：北京大学出版社，2010.

[61] 肖卫国，刘跃斌. 国际商务管理[M]. 武汉：武汉大学出版社，2010.

[62] 海闻，P. 林德特，王新奎. 国际贸易[M]. 上海：上海人民出版社，2003.

[63] 梁秀伶，王虹. 跨国公司管理[M]. 北京：清华大学出版社，2010.

[64] 周泽信. 现代商务管理学教程[M]. 北京：中国商务出版社，2005.

[65] 单宝，周立公. 管理学：理论·过程·方法[M]. 上海：立信会计出版社，2005.

[66] 缪兴锋，李丽，叶小明. 现代商务管理与实务[M]. 广州：中山大学出版社，2006.

[67] 王慧敏. 商务沟通教程[M]. 北京：中国发展出版社，2006.

[68] 周立公. 企业商务冲突管理探论[J]. 上海企业，2004(06)：48-51.

[69] 陈伟，杨晓蒙. 现代商务谈判[M]. 哈尔滨：哈尔滨工程大学出版社，2012.

[70] 许瑾良. 风险管理(第四版)[M]. 北京：中国金融出版社，2011.

[71] 宋建波. 内部控制与风险管理[M]. 北京：中国人民大学出版社，2013.

[72] 上海国家会计学院. 企业风险管理[M]. 北京：经济科学出版社，2012.

[73] 保罗·霍普金. 风险管理：理解、评估和实施有效的风险管理[M]. 北京：中国铁道出版社，2013.

[74] 王战勤. 企业筹资风险管理分析[J]. 会计之友，2011(32)：54-55.

[75] 何慧. 企业财务风险控制研究[J]. 合作经济与科技，2013(20)：87-88.

[76] 徐莉. 中国企业对外直接投资风险影响因素及控制策略研究[D]. 济南：山东大学，2012.

[77] 梅新育. TCL 在越南：一个相对成功的中国企业海外投资案例[J]. 中国市场，2009(11)：53-68.